中国军事专家文库

21世纪
美军作战研究

樊高月　著

北京出版集团
北京人民出版社

图书在版编目（CIP）数据

21世纪美军作战研究 / 樊高月著. — 北京：北京
人民出版社，2025.4
（中国军事专家文库）
ISBN 978 - 7 - 5300 - 0611 - 5

Ⅰ．①2… Ⅱ．①樊… Ⅲ．①作战—研究—美国—
21世纪 Ⅳ．①E712

中国国家版本馆 CIP 数据核字（2024）第 033971 号

中国军事专家文库
21 世纪美军作战研究
21 SHIJI MEIJUN ZUOZHAN YANJIU

樊高月　著

*

北 京 出 版 集 团　出版
北 京 人 民 出 版 社
（北京北三环中路 6 号）
邮政编码：100120

网　　　址：www. bph. com. cn
北 京 出 版 集 团 总 发 行
新 华 书 店 经 销
北 京 华 联 印 刷 有 限 公 司 印刷

*

787 毫米 ×1092 毫米　16 开本　33.25 印张　425 千字
2025 年 4 月第 1 版　2025 年 4 月第 1 次印刷
ISBN 978 - 7 - 5300 - 0611 - 5
定价：148.00 元
如有印装质量问题，由本社负责调换
质量监督电话：010 - 58572393
编辑部电话：010 - 58572414；发行部电话：010 - 58572371

樊高月

　　四川简阳人，陆军大校（退休），现为四川大学美国研究中心特聘教授和国家社会科学基金学科规划评审组专家，长期从事美国军事和亚太安全合作研究。已出版《西点军校》《美国陆军扫描》《美国特种部队》《观察美军点与面》《美国军情解析》等专著，主编《美军联合作战与联合训练》《伊拉克战争研究》《冷战后外国新军事思想研究》《不流血的战争——网络攻防经典之战》《美国军事思想》等著作，撰写研究报告50余份，组织翻译美军联合作战条令73部。有27项科研成果获奖，3次荣立三等功，获"军队杰出专业技术人才"称号。

内容简介

　　本书充分运用 2001 年以来国内外研究美军作战的最新权威研究成果，从信息时代战争的各个方面和各个层次，客观深入地研究 21 世纪美军作战问题，对做好对美军事斗争准备、有效应对美国军事威胁和打赢未来反侵略战争具有重要参考价值。作者从研究美国奥巴马政府、特朗普政府和拜登政府的国家安全战略、国防战略、军事战略、战区战略、军种战略、联盟战略、核战略、太空战略、网空战略和北极战略入手，系统深入地研究了 21 世纪美军的规模结构、军事基地、兵力部署、战争动员、作战指挥、联合与军种作战理论、作战训练、军事演习、战争实践等内容及其主要特点，并在此基础上分析预测了 2030 年前后的美军作战环境、武器装备和作战样式，客观真实地反映了美军作战指导、战争准备、作战能力和可能采用的作战样式，揭示出 21 世纪美军作战的一些规律性特点，是一部研究 21 世纪美军作战的力作。

总　序

在2021年举国隆重庆祝中国共产党百年华诞后，2027年将迎来中国人民解放军建军的百年华诞。百年征程，华章异彩。以毛泽东同志为代表的中国共产党人坚持把马克思主义的普遍真理与中国革命战争的具体实践相结合，创立了毛泽东军事思想的科学理论体系，指导我军从无到有，从小到大，从弱到强，从胜利走向胜利。我军也由此具备了高度的理论自觉，形成了重视总结经验、重视理论创造的优良传统，军事理论建设取得了极其丰硕的成果。习近平主席强调指出，科学的军事理论就是战斗力，一支强大的军队必须有科学理论作指导，要紧紧扭住战争和作战问题推进军事理论创新，构建具有我军特色、符合现代战争规律的先进作战理论体系，不断开辟当代中国马克思主义军事理论发展的新境界，从而为推进军事理论创新指明了方向。

值此建军百年之际，我们在北京出版集团北京人民出版社支持下，策划出版"中国军事专家文库"（简称"文库"），旨在总结和展现新中国成立特别是改革开放以来我国军事科学研究取得的丰硕成果，为新时代国防和军队建设尽一份绵薄之力。我们相信，"文库"的出版发行，不仅可以为我军官兵加强理论学习、提高理论素养和开发思维能力发挥积极作用，而且可以为关心中国国防和军队建设的人们提供一个了解中国军事理论建设发展的重要窗口。

为了确保"文库"发挥应有的价值和效益,我们在编辑过程中主要遵循以下几条原则。

第一,突出完整性,尽可能覆盖中国军事科学的各个学科方向,包括军事思想、军事战略、战役战术、作战指挥、军事制度、军队建设、军队政治工作、军事历史、军事经济、外国军事等,其中有专著也有论文集,能比较系统地反映中国军事科学发展的情况。

第二,突出学术性,重点关注基础理论研究,着重反映中国军事科学基础理论建设的情况,同时保持对现实的观照,体现军事理论对军事实践的先导作用。

第三,突出权威性,所收著作的作者均为中国军事科研领域中有深厚学术造诣的专家,是各学科方向的领军人物,在军内外享有盛誉,他们的科研成果为推进中国军事科学发展发挥了积极作用。

第四,突出全面性,力求反映中国军事科学发展全貌,所收入著作创作的年代跨度要尽可能大,能够反映中国军事科学发展的大体脉络。

第五,突出实用性,面对的读者群主要是党、政、军高层领导和机关人员,军事科研机构人员和军事院校研究生及地方高校的国防教育人员,以及众多的军事爱好者等。

"文库"是一个长线产品,前期规划出版40本,约1200万字。其中,第一批出版12本,作者主要是曾在中国人民解放军军事科学院从事过军事理论研究工作的专家。军事科学院是叶剑英元帅建议创办的我国专门从事军事科学研究的机构,是军事科研信息的"集散地"。军事科学院各个时期专家的科研成果反映了那个时期的军队作战和建设理论需求的前沿性问题,对军事理论研究发挥了引领作用。我军的各级院校、科研机构和领导机关也活跃着一批军事专家,他们是我军军事理论研究队伍的重要力量,其在各个时期的研究和创作丰富了我军军事理论的内涵,推动了我军军事理论的发展。在"文库"后续推出的著作中，我们将扩大作者范围，收纳军队各级院校、科研机构和领导机关的军事专家在各个时期的优秀理论成果。

"兵者，国之大事，死生之地，存亡之道，不可不察也。"军事理论研究探寻的是国家安危之道，关乎江山社稷，是世界范围内军事竞争的重要领域。唯有军事理论先进、军事理论素养高的军队，方能在残酷的军事竞争中占据主动，这已经被世界战争史，包括我军历史所充分证明。新时代，我军正在习近平强军思想的指引下开启新征程，为迎接世界新军事革命加速发展的挑战，向着全面建设世界一流军队的方向迈出坚定步伐。"实践发展永无止境，认识真理永无止境，理论创新永无止境。强军是具有很强开创性的事业，我们要不断适应新形势、应对新挑战、解决新问题，在实践上大胆探索，在理论上勇于突破，不断丰富和发展党在新时期的强军思想，让马克思主义军事理论在强军伟大实践中放射出更加灿烂的真理光芒。"

在此，我们特别要向中国人民解放军军事科学院原副院长任海泉中将表示由衷的感谢。他给予"文库"以极大支持和热情鼓励，不仅对"文库"编辑提出了很重要的指导性意见，而且亲自审阅了一部分书稿，非常负责任地撰写了修改意见，展现了军事科研战线领导干部的使命感和高尚情怀。

由于时间仓促，"文库"难免有挂一漏万之处，敬请各位读者批评指正。

"中国军事专家文库"编委会

2024 年 7 月

导　语

刚刚跨入21世纪，美国就遭受恐怖攻击，"9·11"事件震惊全球。2001年10月8日，美军发动阿富汗战争，报复塔利班和基地组织的恐怖攻击，拉开了美国反恐怖战争的序幕。阿富汗战争还未落下帷幕，美军又于2003年3月20日发动了第二场反恐怖战争——伊拉克战争，以莫须有的罪名推翻了萨达姆政权，建立起亲美的伊拉克政权。

21世纪伊始的这两场战争，特别是伊拉克战争，不仅体现了美国军事革命、军事转型和军队信息化建设的成果，而且检验了美军"快速决定性作战""网络中心战""一体化联合作战"等创新性作战思想，对美军21世纪防务战略、作战理论、武器装备和体制编制的创新发展起了巨大的推动作用。

目　录

前　言

2017年12月18日，美国总统特朗普签发新版《美国国家安全战略》文件，把"美国优先"（America First）作为美国的全球战略，把印太战略（Indo-Pacific Strategy）作为美国的地区战略。

在"美国优先"战略指引下，美国推行单边主义，先后退出跨太平洋伙伴关系协定、巴黎气候协定、伊朗核协议、中导条约、北美自贸协定、维也纳外交关系公约、联合国教科文组织、联合国人权理事会、世界卫生组织等国际条约和组织，导致国际安全局势动荡不安。美国推行贸易保护主义，严重违反世贸组织规定对从所有国家进口的钢铝产品分别征收25%和10%的关税，对从中国进口的5500亿美元产品征收25%的关税，使中国的对外贸易遭受重大损失。美国的倒行逆施遭到了世界多数国家的坚决反对，其出口产品也被中国、欧盟、加拿大、墨西哥、土耳其、印度等国家和地区征收报复性关税，结果导致相关国家和地区国民经济增长率下降，全球经济发展放缓。

在印太战略指引下，美国指责"中国挑战美国权力、影响力和利益，企图侵蚀美国的安全和繁荣"，明确将中国定义为修正主义国家、长期战略竞争对手和美国最大安全威胁，从根本上改变了中美关系性质；2018—2020年，先后6次将中国197家高科技公司、科研机构和11所大学列入"实体清单"，阻挠中国科技发展；迫使日本、韩国、澳大利亚、英国、法国等盟国表态支持印太战略，企图通过巩固和加强军事联盟和伙伴关系，把印度塑造成遏制中国的前线，从东西两线钳制和威慑中国，延缓中国发展步伐，阻止中国崛起。

2020年，中美两国针锋相对，激烈交锋，中美关系降至历史最低点：一是美国政府把新冠肺炎疫情政治化、污名化，导致中美进行激烈口水战；二是美国政府于5月20日发布政策性文件《美国对中华人民共和国的战略方针》，宣称美国对华接触政策已经失败，把中国共产党看作美国价值观、法律、制度和国际体系的颠覆力量；三是美国国家安全顾问罗伯特·奥布莱恩、中央情报局局长克里斯托弗·雷、司法部长威廉·巴尔和国务卿迈克·蓬佩奥在6、7月先后发表演讲，无中生有地疯狂攻击中国共产党和中国政府，把美国反华情绪推向高潮；四是美国7月派出两个航母战斗群到中国南海进行军事演习，对中国东南沿海进行抵近侦察，向中国施加强大军事压力；五是7月21日特朗普政府要求中国驻休斯敦总领事馆在72小时内关闭，而作为报复，中国政府于24日要求美国驻成都总领事馆在72小时内关闭，导致两国冲突升级；六是美国卫生与公众服务部部长阿扎和美国副国务卿克拉奇违反一个中国原则，于8月和9月分别率团访问中国台湾，同时美国驻华大使特里·布兰斯塔德于9月13日突然宣布辞职离开北京，导致中美关系陷入困境。

2021年，拜登政府上台后，中美双方致力于中美关系止跌企稳，出现转机，但拜登总统公开声称美国将"协防台湾"，继续在台湾问题上挑战中国底线。2022年8月2日，美国国会众议长南希·佩洛西不顾中方坚决反对，窜访台湾，引发第4次台海危机，使中美两国处于战争边缘。2023年2月的"气球事件"，又使中美关系雪上加霜。尽管拜登总统在巴厘峰会作出了"不寻求改变中国体制，不寻求新冷战，不寻求通过强化盟友关系反对中国，不支持台湾独立，无意同中国发生冲突"（即"四不一无意"）的承诺，在2023年下半年先后派遣国务卿布林肯、财政部长耶伦、总统气候特使克里、商务部长雷蒙多等政府高官访问中国，并在旧金山会见了习近平主席，但是拜登政府全面围堵和遏制中国、阻止中国快速崛起的战略目标没有变，打台湾牌、以台制华的策略没有变。

与此同时，美军推出新的联合与军种作战概念，明确将中国军队作为主要作战对象，公开推演对华作战思想和战法，明目张胆地拉拢盟国和伙伴国对华构建军事包围圈，企图随时发动侵华战争，破坏中国经济发展进程，阻止中国实现民族复兴。2003 年，美国国防部正式颁布联合作战概念、联合行动概念、联合职能概念、联合赋能概念等概念文件，并于 2008 年、2013 年、2019 年三次调整联合作战概念体系，把中国军队明确定义为美军作战对象，先后提出"决定性快速作战""基于效果作战""网络中心战""联合作战进入""全球一体化作战"等联合作战概念。2005 年，美国陆军提出陆军未来部队"拱顶石"作战概念、行动概念和职能概念，又于 2017 年提出"多域交战：2025—2040 年合同作战演变""美国陆军情报职能概念"等作战概念，2018 年提出"多域作战"概念。美国空军提出全球警戒、全球到达、全球力量、国土安全、太空与 C^4ISR、全球机动、核反应、全球打击、全球持续攻击等作战概念，还于 2009 年提出"空海一体战"概念，2015 年提出"空军未来作战"概念，2017 年提出"多域指挥与控制"概念。美国陆战队提出远征机动作战、由海向陆机动作战、舰对目标机动等行动概念，城市地形军事行动、2010 年及之后海上预置部队、未来海军水雷对抗措施等职能概念和增强型网络化海上基地、地面作战部队战役计划 2004 等赋能概念，还于 2012 年与陆军共同提出"美国陆军和陆战队的跨军种概念：实现并维持进入"，2017 年与海军共同提出"对抗环境中的濒海作战"等作战概念。美国海军也先后提出了网络中心战、空海一体战、分布式杀伤等作战概念。此外，美国战略与预算评估中心、美国战略与国际研究中心、美国兰德公司、新美国安全中心等地方智库，也纷纷加入作战概念创新活动，相继提出空海一体战、分布式防御、蜂群作战、马赛克战等作战概念。这些作战概念的共同特点，就是把中国视为美国的长期战略竞争对手和最大安全威胁，把中国军队作为主要作战对象，千方百计地研究入侵中国和打败中国军队的作战样式和作战方法。

为配合美军对华作战研究，美国媒体如《陆军时报》《海军时报》《空军时报》《联合部队季刊》《参数》《海军纪事》《空天力量杂志》《战略研究季刊》等，连篇累牍地刊登对华作战文章，包括《中国仍然是美国的最大挑战》《如何强硬应对中国》《逐步升级——这就是如何与中国作战》《欢迎中美上演核噩梦》《美国空军军官详解F-35如何与中国作战》等，不遗余力地推动美军对华作战研究。

面对如此严峻的国际安全环境，我们必须刻不容缓地加强对美军作战研究。"知己知彼，百战不殆。"要战胜美军，就必须了解美军、熟悉美军，这样才能找到行之有效的应对方法。作为从事美国军事研究的一名老研究员，我有责任有义务把几十年来研究美军作战的成果奉献出来，帮助大家加深对美军作战的了解和认识，有的放矢地做好对美军事斗争准备，为打赢未来反侵略战争贡献绵薄之力。因此，我撰写了这本《21世纪美军作战研究》。

美军作战是一个综合性问题，内容多、范围广，涉及美国防务战略、综合实力、国防工业、战争潜力、军队规模、指挥体制、部队编制、武器装备、作战理论、作战训练、军事基地、兵力部署等。由于篇幅所限，本书集中研究21世纪的美国防务战略、军事实力、战争动员、作战指挥体制、作战理论、作战训练、作战实践、发展趋势等内容。

此外，我还从已发表的280余篇文章中挑选了90篇文章附于书后，供读者参考。"荒原"和"森林"是我用过的笔名，并非其他作者。

我从事美国军事研究30多年，一个切身感受就是，研究美国问题，不仅要看美国政府是怎样说的，更要看它是怎样做的，因为它常常口是心非、言行不一，说一套，做一套，话是说给别人听的，事是为自己做的，只有看它是怎样做的，才容易看清事情的真相和本质。我的研究工作虽然取得了一些成绩，但研究的广度和深度还远远不能满足对美军事斗争需要。希望拙作能够起到抛砖引玉的作用，激励更多的人去研究美军作战问题，真正做到知彼知己，从而有的放矢地做好对美军事斗争准备，确保打赢未来反侵略战争。

樊高月

2024 年 3 月 29 日

21世纪美国防务战略

美国军队的目的，是保卫我们的国家和打赢我们的战争。我们通过保卫美国本土、建设全球安全、投送军事力量、赢取决定性胜利等军事行动，实现这个目的。

——2015年版《美国军事战略》[①]

美国防务战略是一个思想体系，包括国家安全战略、国防战略、军事战略、战区战略、军种战略和各特定领域的战略。国家安全战略考虑综合运用政治、经济、外交、信息和军事力量达成国家目标，层次最高。国防战略协调国防部各业务局和国家力量的其他手段，运用美国武装部队实现国家安全战略目标，位于国家安全战略之下。国家军事战略分配和运用军事力量达成国家安全战略和国防战略目标，位于国防战略之下。战区战略寻求与其他国家力量手段协调一致地同步实施军事活动和作战行动，以达成国家战略目标，位于国家军事战略之下。军种战略是贯彻执行国防战略和军事战略，动员、编组、装备、训练部队并进行军事设施建设，为作战司令部司令提供高质量的作战和支援部队去实现国家战略目标，也位于国家军事战略之下。位于国家军事战略之下的，还有指导某些特定领域的战略，如联盟战略、威慑战略、核战略、太空战略、网络空间安全战略等。

---

① Joint Chiefs of Staff: JP3－0, Joint Operations, P.I－1, October 22, 2018.

这四个层次的战略自上而下形成指导关系，自下而上构成服从和服务关系。也就是说，上个层次的战略是制定下个层次战略的依据，下个层次的战略服从和服务于上个层次的战略，是上个层次战略的基础。例如，国防战略是根据国家安全战略制定的，服从和服务于国家安全战略，但它同时又是制定国家军事战略的依据，规定着国家军事战略的方向和内容。

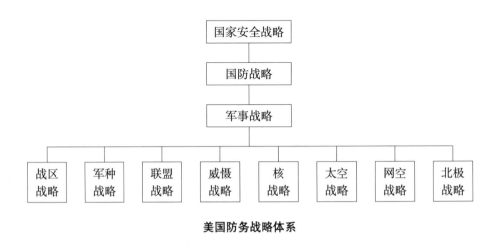

美国防务战略体系

每届美国政府都有自己的防务战略。由于篇幅所限，本书仅研究奥巴马政府、特朗普政府和拜登政府的防务战略。

美国安全战略

国家安全战略（national security strategy）是"一个由美国总统批准的文件，用于发展、运用和协调国家力量手段去实现有助于国家安全的目标"[①]。根据美国1947年《国家安全法》和1986年《戈德华特—尼科尔斯国防部改

---

① Joint Chiefs of Staff: JP1-02, Department of Defense Dictionary of Military and Associated Terms, P.191, November 8, 2010 (As Amended Through September 15, 2013).

组法》的规定，美国总统应向国会提交《国家安全战略》报告，全面阐述下列内容：（1）对美国国家安全至关重要的全球利益、目标和目的；（2）为慑止侵略和执行国家安全战略美国所必需的外交政策、全球义务和国防能力；（3）保护或促进美国利益，实现款（1）中的目标和目的，提出短期和长期使用美国政治、经济、军事和其他国家力量要素的建议；（4）实施美国国家安全战略（包括评估支持推行国家安全战略的所有国家力量要素能力之间的平衡）所需能力的适当性；（5）有助于国会了解美国国家安全战略事务的其他信息。[1]由此可见，美国政府对国家安全的基本观点和看法，主要体现在总统批准的《国家安全战略》文件中。

"重振美国，领导世界"（National Renewal and Global Leadership）战略

2010年5月27日，奥巴马政府公布了其首份《国家安全战略》报告。报告针对美国面临的战略环境，提出了"重振美国，领导世界"的战略，试图通过"国内建设、国外塑造"的方式，恢复美国的全球领导力[2]，其主要内容包括以下几个方面。

一、确认大规模杀伤性武器是美国面临的最严重威胁

奥巴马政府认为，虽然美国正在结束伊拉克战争和打赢阿富汗战争，但"美国人民和世界安全面临的最严重威胁仍然来自大规模杀伤性武器，尤其是核武器"[3]。其他威胁包括来自太空和网络空间的威胁、对矿物燃料的依赖及其带来的污染、气候变化、流行病传播、失败国家导致的冲突、全球犯罪网络、非法移民、毒品走私等。因此，美国寻求推进

---

[1] United States Code, Title 50, War and National Defense, Chapter 15, *National Security*, Section 404a.

[2] The White House: National Security Strategy, May 2010.

[3] Ibid, P. 8.

一个以各国的权利和义务为基础的、全面的防扩散和核安全日程，在确保威慑的可靠性和有效性的同时，削减美国的核武库，降低美国对核武器的依赖。此外，美国还将以《核不扩散条约》为基础，迫使伊朗和朝鲜对它们未能履行国际义务的行为负责，确保所有易流失核材料远离恐怖分子。

二、确认安全、繁荣、价值观和国际秩序是美国的长期利益

奥巴马政府认为，安全、繁荣、价值观和国际秩序是美国的"长期国家利益"。安全，即美国、美国公民及其盟国与伙伴国的安全。为实现这种安全利益，美国必须：（1）加强国内安全和恢复能力；（2）瓦解、摧毁和击败全世界的基地组织及其追随者；（3）使用军事力量保卫美国及其盟国；（4）扭转核、生物武器的扩散趋势，确保核材料的安全；（5）推进"大中东"地区的和平、安全和机遇；（6）培养强大的、有能力的伙伴；（7）确保网络空间安全。繁荣，即处于开放的国际经济体系中，能够提供机遇和促进繁荣的，强大、创新和持续增长的美国经济。要实现美国经济繁荣，就必须：（1）加强教育和人力资本；（2）提高科技和创新能力；（3）实现均衡与可持续增长；（4）加快可持续发展；（5）合理使用税收。价值观，即在美国国内和全球尊重普遍的价值观。要做到这一点，就必须：（1）增强榜样的力量；（2）在国外促进民主和人权；（3）满足基本需求，提升人的尊严。国际秩序，即在美国领导下，建立一种通过强有力的合作来应对全球挑战和促进和平、安全与机会的国际秩序。要建立这样一种秩序，美国必须：（1）拥有强大的联盟；（2）与21世纪的其他力量中心建立合作关系；（3）加强合作制度与机制；（4）在应对全球重大挑战上保持广泛的合作。这些利益紧密联系、互相支持，每一个领域的积极行动都将有利于促进其他利益。

三、提出"国内建设、国外塑造"的战略途径

奥巴马政府认为，要重振美国的世界领导地位，必须从国内建设和国外塑造两个方面入手，因为国内状况决定其在境外的力量和影响力。在国内建设方面，奥巴马政府主张恢复经济，强固基础，其主要措施是：（1）重建基础设施，提高抗击恐怖袭击和自然灾害的能力；（2）提供公平的教育，增强科技和创新力；（3）发展新能源，减少对进口石油的依赖；（4）发展新产业，创造新的就业机会；（5）降低行业和个人的医保支出，减少联邦赤字；（6）推广美国价值观，实现对民主、人权和法制的承诺。在国外塑造方面，奥巴马政府主张重视现存国际体系的缺陷，通过接触加强国际体系，服务共同利益，其主要措施是：（1）加强与欧洲、亚洲、美洲和中东地区盟友的亲密关系，奠定接触政策的基石；（2）与其他重要的"影响力中心"（包括中国、印度和俄罗斯）建立更深入和更有效的伙伴关系，在双边和全球领域展开合作；（3）扩大同新兴国家特别是那些有望成为地区成功与稳定样板的国家的接触；（4）寻求与敌对国家开展接触，以试探其意图和给其政府改弦更张的机会；（5）强调对建立在权利与责任基础上的国际秩序的承诺，违反规则的国家必须承担后果。奥巴马政府认为，国际组织的现代化、国际规则的加强和国际法的执行，不只是美国的任务，更是立场相近国家的共同任务，但美国可在其中承担领导责任；美国领导地位的重要来源是促进别国实现自身利益；美国将在与其他国家和人民的交往中把自身利益与别国利益联系在一起。

四、采用"巧实力"促进美国利益

"巧实力"思想由苏珊娜·诺塞尔、约瑟夫·奈、希拉里·克林顿等人提出和发展，后来被奥巴马政府采纳。"巧实力既不是硬实力也不是软

实力，而是两者的巧妙结合。巧实力凭借硬和软两种实力，确定实现美国目标的综合战略、资源基础和工具箱。它是一种方法，既强调强大军事力量的必要性，又特别重视各种层次的联盟、伙伴关系和社会机构，其目的是扩大美国影响，确立美国行为的合法性。"[1]奥巴马政府认为，在多个大国崛起、美国相对衰落、非传统安全威胁复杂多变的今天，美国只有采用"巧实力"，灵活运用软硬两手，才能全面促进美国利益，恢复和维持美国的世界领导者地位。

奥巴马政府"重振美国，领导世界"战略表明：（1）美国整体实力开始衰落，世界领导地位受到削弱，而为了挽回正在出现的颓势，美国将重视国内建设，尽快复兴经济，全面增强实力，从而恢复和保持对世界事务的影响力，维持美国的世界领导者地位；（2）奥巴马放弃了单边主义，主张全面接触，希望通过加强与其他力量中心的有效合作，促进世界稳定与和平；（3）奥巴马主张慎用军事手段，力求在用尽其他手段之前避免采用军事手段，如果确需采用，也必须仔细衡量其成本与风险。虽然"重振美国，领导世界"战略是奥巴马政府根据正在下降的美国实力地位、变化了的国际安全环境和新的国际战略格局提出来的，但是并未收到亡羊补牢的效果。

"再平衡"（Rebalancing）战略

"再平衡"战略是奥巴马政府第二个任期推行的战略。它要求在全球范围内，重新平衡美国在政治、经济、军事、外交、文化等方面的优先顺序和资源投入，其目的是积极参与亚太地区的政治、经济、安全和外交事务，努力主导亚太地区的发展方向，极力维护美国的全球利益和世界领导者地位。

---

[1] Nye, Joseph, and Richard Armitage: Report of CSIS Commission on Smart Power. CSIS. November 6, 2007.

但美国至今并未正式发表全面阐述"再平衡"战略的官方文件，其内容主要包含在美国高官发表的演讲和文章中。美国国务卿希拉里2010年1月12日在夏威夷的讲话《亚洲的地区结构：原则与重点》、2011年7月25日在中国香港的讲话《亚太地区繁荣的原则》、2011年11月在《外交政策》杂志上发表的文章《美国的太平洋世纪》，美国总统奥巴马2011年11月17日在澳大利亚议会的讲话，美国国防部长帕内塔2012年6月2日在新加坡"香格里拉安全对话"上的讲话，美国总统国家安全事务助理多尼伦2012年11月15日在美国战略与国际研究中心的讲话、2013年3月11日在美国亚洲协会的讲话，等等，从不同侧面阐述了"再平衡"战略的基本观点和内容。根据这些讲话和文章，美国"再平衡"战略的主要内容可以归纳为以下几个方面。

一、阐明美国推行"再平衡"战略的原因

奥巴马政府认为，美国推行向亚太"再平衡"战略的主要原因如下：一是美国决定恢复全球领导地位的根基——经济力量，而亚太对此至关重要；二是美国要恢复领导地位不仅需要关注当前的威胁，还需要将资源和精力投向未来几十年可能塑造全球秩序的地区，而亚太正是这样的地区；三是美国以外地区的经济增长近一半将来自亚洲，而经济增长正在成为塑造地区格局的强大地缘政治力量；四是亚太地区领导人要求美国保持在该地区的领导地位、加强经济接触、持续关注地区机制的发展并捍卫国际准则和规范。

二、阐明美国"再平衡"战略的目标

奥巴马政府认为，"再平衡"战略的目标是在经济开放、和平解决冲突、民主治理和政治自由的基础上，长期保持稳定的安全环境和地区秩序，

而不是企图遏制任何国家。

三、提出实施"再平衡"战略的主要途径

奥巴马政府认为，实施"再平衡"战略有以下途径：一是加强与日、韩、澳、菲、泰等亚太盟国的联盟关系；二是谋求与新兴国家（如印度和印度尼西亚）建立更加深入的伙伴关系；三是更加深入地发展全球和地区机制，促进地区合作，和平解决争端，尊重人权和国际法；四是与中国发展稳定的和富有成效的建设性关系，使崛起的中国和美国之间的关系是合作的，而不是冲突和敌对的；五是推进建立亚太经济框架，即跨太平洋伙伴关系；六是加强亚太地区的军事存在，即在2020年前把海军60％的战舰部署在太平洋地区。

四、提出美国对朝政策的四项原则

"再平衡"战略认为，美国对朝政策必须坚持四项原则：一是扩大与日韩的合作，团结应对朝鲜的挑战，寻求外交解决方案或加强对朝威慑；二是不对朝鲜的错误行径给予补偿，不再接受朝鲜的空洞承诺或屈服于其威胁；三是继续致力于维护本土安全和坚持对盟国的防御承诺，阻止朝鲜使用大规模杀伤性武器，同时防止其将核武器或核材料扩散到其他国家或非国家行为体；四是继续鼓励朝鲜选择更好的道路，美国可以向朝鲜提供粮食援助并帮助其发展经济，但朝鲜必须改变现行路线。

五、回应中国建立新型大国关系的倡议

多尼伦在美国亚洲协会的讲话中声称，中美应建立一种"现状大国"与崛起大国之间的新型关系。这是美国官方对中国领导人提出的构建新型大国关系较为少见的公开回应，是中美关系朝积极方向发展的风向标。此

后，中国国家主席习近平和美国总统奥巴马于2013年6月7—8日，在美国加利福尼亚州安纳伯格庄园举行了非正式首脑会晤，双方对构建新型大国关系达成了基本共识。

然而，奥巴马政府的亚太"再平衡"战略似乎与其目标相悖。它使原本平静而稳定的亚太安全局势发生了急剧变化：中国南海和东海突然风起云涌，中菲、中日、中越领海争端骤然升级，争端各方剑拔弩张，危机一触即发。中国政府以和平与稳定的大局为重，在坚持原则的前提下，主动采取措施，缓和局势，才使冲突得以避免。因此，美国"再平衡"战略不仅遭到部分亚太国家而且遭到美国国内有识之士的反对和质疑。

"美国优先"战略（America First Strategy）

2017年12月18日，美国总统特朗普公布了其首份《美国国家安全战略》（以下简称《国家安全战略》）文件。[①]该文件共68页，包括前言，引言，保护美国人民、本土和美国生活方式，促进美国繁荣，以实力保和平，增强美国影响力，地区战略，结论等部分，是特朗普执政的纲领性文件。与美国前总统奥巴马和小布什的《国家安全战略》相比，特朗普的《国家安全战略》在威胁判断、战略思想、战略重点等方面表现出许多新思想，打上了清晰的特朗普烙印。

一、"美国优先"成为国家安全战略，标志着多边主义的终结和单边主义的兴起

在总统竞选期间，特朗普的竞选口号是"美国优先"和"使美国再次伟大"。就任美国总统后，特朗普根据"美国优先"原则，颁布了一系列内

---

① The White House: National Security Strategy of the United States of America, December 2017.

外政策。《国家安全战略》文件的前言和引言明确无误地写道，"这一国家安全战略把美国放在第一位"，"美国优先国家安全战略基于美国的原则、对美国利益头脑清醒的评估和应对面临挑战的决心，是一种靠结果而不是靠意识形态导向的有原则的现实主义"。"美国优先"思想从竞选口号上升为国家安全战略，并正式成为特朗普政府执政的指导思想。"美国优先"成为国家安全战略，标志着奥巴马多边主义的终结和特朗普单边主义的兴起，遭到了美国盟国、伙伴国和其他国家的反对，吹响了加速美国全球领导地位衰落的号角。

二、把中国作为首要安全威胁，标志着美国的威胁判断发生了根本性转变

奥巴马政府的2015年版《国家安全战略》把伊斯兰极端主义、恐怖主义、大规模杀伤性武器、气候变化等非传统安全挑战置于首位，把俄罗斯、中国等传统安全挑战置于次要地位，并且在威胁排序上把俄罗斯排在中国之前（15次提到俄罗斯，10次提到中国），把俄罗斯作为现实威胁，把中国作为潜在威胁。特朗普《国家安全战略》把中国和俄罗斯挑战排在第一位，朝鲜和伊朗挑战排在第二位，跨国犯罪集团排在第三位；把中国作为首要挑战（33次提到中国），把俄罗斯作为次要挑战（20次提到俄罗斯），明确指出中国和俄罗斯是修正主义国家，"中国和俄罗斯挑战美国权力、影响力和利益，企图侵蚀美国的安全和繁荣"。这表明特朗普已经否定奥巴马政府的威胁判断，把中国、俄罗斯等传统安全挑战作为主要威胁，把伊斯兰极端主义、恐怖主义、大规模杀伤性武器等非传统安全挑战作为次要威胁，并把中国排在俄罗斯之前作为首要威胁，标志着美国的威胁判断已经发生根本性转变，中美走向对抗和冲突的可能性增加。

三、用"竞争战略"取代"接触战略",预示着美国对外政策将更具对抗性

特朗普《国家安全战略》认为,美国奉行20年的接触政策已经失败,不仅没能把对手融入西方体系,反而使其快速发展,成为削弱西方体系的主要力量;美国必须抛弃"接触战略",转而采取"竞争战略",在政治、经济、军事、外交等方面同对手展开全面竞争,认为"美国能够成功地进行竞争是防止冲突的最好方法"。在这种思想指导下,美国对外政策特别是对华政策可能更具对抗性,中美建设性合作关系将转变为你输我赢的零和竞争关系,中美之间的摩擦和对抗可能增多,中美关系可能更加复杂多变,需要中国预做准备。

四、用印太战略和"南亚中亚战略"取代"再平衡"战略,预示着中美博弈范围将更加广阔

特朗普在2017年8月提出"阿富汗战略",在11月访问亚洲时提出"印太"概念,又在《国家安全战略》中把印太战略和"南亚中亚战略"作为地区战略,正式用印太战略和"南亚中亚战略"取代了奥巴马的亚太"再平衡"战略。印太战略和"南亚中亚战略"在地理范围上比"再平衡"战略更加广阔,即从印度西海岸到美国西海岸、从南亚到中亚的广阔地域,而不只是"再平衡"战略所指的西太平洋地区。从地缘政治的角度看,印太战略和"南亚中亚战略"强调美日澳印四国联手抗衡中国,支持印度在印度洋和南亚地区发挥领导作用,鼓励印度成为全球性大国,而"再平衡"战略则强调美日、美韩联盟,支持日本在西太地区发挥领导作用,但其根本用意都是要借助盟国与伙伴国的力量来遏制中国崛起。特朗普期待日本、韩国、澳大利亚等盟国和印度、新加坡、越南等伙伴国在其印太战略和

"南亚中亚战略"中发挥更多更大作用。这意味着中美博弈的战场将从西太平洋地区扩展到整个太平洋、印度洋、南亚和中亚地区，中美、中日、中印、中澳之间的摩擦和对抗可能增多，中国的国际安全环境将更具挑战性。

五、用"重建军事能力"取代"自动减支计划"，旨在增加国防预算和扩大军队规模

奥巴马政府根据变化了的国际安全形势和美国国防技术发展水平，于2013年开始执行"自动减支计划"，打算在未来10年内削减国防预算1万亿美元，同时大量裁减军队规模，用军事技术优势取代人力优势，到2017年已将陆军裁减8万人，海军裁减3400人，陆战队裁减2万人，空军裁减4200人。特朗普则要求国会废除"自动减支计划"，重建美国竞争优势和军事能力，使国防预算从2017财年的5827亿美元暴涨至2018财年的7000亿美元，并且还将增至2019财年的7160亿美元；美军规模也将在2018财年扩大2万多人，其中陆军增加7500人，海军增加4000人，陆战队增加1000人，空军增加4100人，后备役部队增加3400人。美国国防预算和军队规模的大幅增长，已对中国和俄罗斯的国家安全、国防预算和军队规模构成巨大挑战。

六、用"美国核力量和核基础设施现代化"取代"无核武器世界"，表明核武器在美国国家安全战略中的重要性正在增加

奥巴马主张减少美国核武库中核武器的数量，降低核武器在国家安全战略中的作用，建设一个没有核武器的世界。特朗普则主张加大对核力量和核基础设施的投入（约占国防预算的6.4%），支持美国陆、海、空"三位一体"核力量和核基础设施的现代化，确保美国核部队训练有素、战备程度高、生存能力强，能够有效应对俄罗斯核挑衅，强调核武器在美国国家

安全战略中至关重要的作用。这与奥巴马的核政策背道而驰，同时也违反了美俄签署的《削减战略武器条约》，不利于伊核、朝核问题的顺利解决，有害于国际核不扩散机制。

七、用"现实主义"取代"理想主义"，表明特朗普将更加务实

无论是小布什的《国家安全战略》，还是奥巴马的《国家安全战略》，都充满理想主义色彩，都把美国价值观和美国主导下的国际秩序作为重要战略支柱，置于一级标题，用大量篇幅进行阐述，要求推广美国价值观和维护现存国际秩序，而不顾美国日渐衰落的客观现实。在特朗普的《国家安全战略》中，"捍卫美国价值观"仅出现在二级标题，并且只用了一页的篇幅加以阐述；"国际秩序"不仅没有出现在标题中，而且在行文中也只出现了两次。特朗普《国家安全战略》指出，"它是一种有原则的现实主义战略，靠结果而不是靠意识形态导向"，"我们也很现实，知道美国生活方式不能强加于人"。由此可见，特朗普对美国实力和影响力日渐衰落的现实已有清醒认识，不再像其前任那样不顾一切地推广美国价值观和维护现存国际秩序。此外，特朗普的《国家安全战略》文件也比较务实，在每个问题下都列出了需要优先采取的行动。所有这些都表明特朗普可能更加务实，更加看重结果，而不愿在人权、价值观等虚无缥缈的事情上投入太多的资源和精力。

特朗普《国家安全战略》的这些新思想，充满冷战与零和竞争思维，如果完全得到贯彻执行，不仅将深刻影响美国对内对外政策，而且将在一定程度上影响世界战略格局，值得高度关注。特别是该战略将中国和俄罗斯称为修正主义国家和长期战略竞争对手，把中国、俄罗斯、朝鲜、伊朗和跨国犯罪集团并列为美国国家安全和国家利益的威胁和挑战，很可能引发新的冷战，值得高度警惕。

大国竞争战略（Strategy for Competition between the Major Powers）

2022年10月12日，拜登政府发布《国家安全战略》文件，正式提出"大国竞争"战略，阐述将如何利用"决定性的十年"，竞胜对手，促进国家安全、经济繁荣和民主价值观。该文件共有48页，包括"第一章：竞争未来""第二章：投资我们的力量""第三章：我们的全球重点""第四章：我们的地区战略""第五章：结论"。其主要内容包括以下几个方面。

一、明确中国和俄罗斯是主要竞争对手

拜登政府认为，世界正在发生深刻变化，大国竞争重新登场。这份《国家安全战略》文件指出，"后冷战时代已经彻底结束，大国之间正在展开一场塑造未来走向的竞争。""俄罗斯和中国带来了不同的挑战。俄罗斯对自由开放的国际体系构成了直接威胁，肆无忌惮地藐视维护当今国际秩序的基本法律，对乌克兰的野蛮侵略战争就是最好的证明。相比之下，中国是唯一一个既有重塑国际秩序意图，又越来越具有经济、外交、军事和技术实力去推进那个目标的竞争者。"因此，拜登政府把中国定义为"美国最重要的地缘政治挑战"，把俄罗斯定义为"对欧洲地区安全秩序持续存在的紧迫威胁"。

二、投资美国实力

拜登政府认为，战略竞争是国家实力的竞争。美国打算从3个方面投资国家实力。一是投资美国国力，保持竞争优势，包括实施现代工业和创新战略、投资美国人民、强化美国民主3个方面。二是使用外交手段建立尽可能强大的临时联盟，包括进行起改造作用的合作、建立包容的世界和繁荣的世界。三是使美国军队现代化，包括重点开发作战概念和更新作战

能力，使美国联合部队更致命、更富有弹性、可持续、可生存、更敏捷和更具反应能力；保持充满活力的国防工业基地；及时投资和列装一批先进技术和作战能力；确保一支安全、可靠、有效的核力量；消除加深与盟国和伙伴国合作的障碍；改善现役军人、文职人员及其家庭的待遇和福利。

三、确定美国全球优先事项

在这份《国家安全战略》文件中，拜登政府列出了三大全球优先事项，包括竞胜中国和遏制俄罗斯、在共同挑战问题上开展合作、塑造赛道规则，把对中国保持持久竞争优势和遏制俄罗斯放在最优先的位置。美国对付中国的战略包括3个方面：（1）投资美国国内力量基础——竞争力、创新力、恢复力和民主；（2）使美国的努力与盟国和伙伴国保持一致，在共同的事业中为共同目的行动；（3）为保卫美国利益和建设美国未来，认真负责地同中国竞争。美国对付俄罗斯的战略包括5个方面：（1）继续支持乌克兰为自由而战，鼓励乌克兰与欧盟实现区域一体化；（2）保卫北约的每一寸领土，防止俄罗斯进一步危害欧洲安全、民主和制度；（3）威慑并对俄罗斯威胁美国核心利益的行动作出反应；（4）削弱俄罗斯常规军力，不允许俄罗斯使用核武器实现其作战目标；（5）以互利的方式同俄罗斯保持互动。美国在气候与能源安全、流行病与生物防御、食品安全、军控和不扩散、恐怖主义等共同挑战方面，将同中俄开展合作；在技术、网络安全、贸易与经济等未来发展方面，将塑造赛道规则。

四、确定美国地区战略

拜登政府认为，美国人依赖美国同每一个地区广泛而深入的关系并从中受益，几乎在每一个国家进行投资和贸易，在每一个大陆学习、工作和生活；美国的未来与世界的未来互相连接在一起。在印太，美国将推进一个自由和开放的印太；在欧洲，美国将深化联盟关系；在西半球，美国将培育民主，共享繁荣；在中东，美国将支持缓和紧张局势，促进地区融合，建立长期稳定的基础；在非洲，美国将建设21世纪美—非伙伴关系；美国将保持一个和平的北极并保卫海洋、天空和太空。①

拜登政府的这份《国家安全战略》，是美国以世界领导者和全球霸主的心态，向世界各国发出的独霸全球的宣言书，是宣扬美国世界观和价值观的旧调重弹，是向中国和俄罗斯发出的战斗檄文，值得中国、俄罗斯等国高度重视，认真应对。

美国国防战略

国防战略（national defense strategy）是"一个由美国国防部长批准的文件，用于指导美国武装部队和国防部机构及其他国家力量手段协调一致地实现国家安全战略目标"②。2005年3月，美国国防部公布了首份由国防部长拉姆斯菲尔德签发的《美国国防战略》文件，使美国防务战略体系由原来的国家安全战略、国家军事战略、战区战略三个层次变为国家安全战略、国防战略、国家军事战略、战区战略四个层次，充实和完善了美国防务战略体系。从此，美国防务战略体系中有了"美国国防战略"的位置。

"平衡"（Balancing）战略

2008年7月31日，美国国防部公布新版《美国国防战略》文件，正式

---

① The White House, National Security Strategy, October 2022.

② Joint Chiefs of Staff: JP1－02, Department of Defense Dictionary of Military and Associated Terms, P.189, November 8, 2010 (As Amended Through September 15, 2013).

提出"平衡"战略，要求在各种战略风险、经济与军事、风险与资源、"总体力量"的各种组成要素、各伙伴国的明确需求之间保持平衡。[①]2010年2月1日，美国国防部发布新版《四年防务审查报告》，重申了"平衡"战略思想。该战略要求美军在三个方面保持平衡：在"尽我们所能赢得我们正在进行的斗争"和"为其他地方或将来可能出现的其他不测事件做好准备"之间保持平衡；在持续增强镇压叛乱与稳定行动能力、帮助伙伴国建设能力和对其他民族国家军队保持传统优势特别是技术优势之间保持平衡；在保留那些激励和鼓舞美国武装部队官兵取得成功的文化特性和摆脱那些有碍于完成任务的文化元素之间保持平衡。其主要内容包括以下几个方面。

一、在战略环境判断上，准备应对包括极端主义在内的多样化安全威胁

"平衡"战略认为，美国面临多样化安全威胁：(1)恐怖主义等暴力极端势力崇尚暴力，谋求改变国际体系现状，不承认国际体系的规则和结构，不尊重国家主权、国界划分、民族自决和人类尊严，构成了跨国性威胁。(2)缺乏治理能力的国家和地区已成为暴力组织的温床和避难所，这可能会威胁到美国及其盟友的利益。(3)伊朗支持恐怖主义，破坏伊拉克和阿富汗的民主进程，并开发核武器技术，对所在地区构成了严重安全挑战；朝鲜发展和扩散核武器和导弹，并伪造货币和走私毒品，是美国和其他利益攸关方的严重安全关切。(4)中国远程打击力量、太空力量、信息战力量等"反介入和区域拒止"能力的发展，已对美国构成潜在安全威胁，需要采取"对冲"战略加以防范。(5)俄罗斯在开放和民主道路上出现倒退，

---

① The Department of Defense: The national Defense Strategy of the United States of America, 2008.

对美国及其盟国和地区伙伴具有"重大"安全影响。（6）敌对势力谋求发展非对称能力，采取非对称方式抵消美国的传统优势，限制美国的行动自由。（7）在未来20年里，人口增长、资源紧缺、能源争夺、气候和环境变化等，可能与社会、文化、技术和地缘政治的快速变化结合在一起，给国际和地区安全带来更多不确定因素。①

二、明确战略目标和实现途径，强调综合运用硬软两种实力确保美国安全

"平衡"战略明确提出五大战略目标，即保卫国土、打赢长期战争、促进安全、慑止冲突和打赢国家间战争，同时规定了实现这些目标的五种途径，即影响关键国家的政策选择、阻止敌人获得和使用大规模杀伤性武器、加强和拓展联盟与伙伴关系、确保美国拥有"战略进入"能力和行动自由、整合与统一美国的行动；强调综合运用"新三位一体"战略威慑力量、前沿部署、精确打击等硬实力和跨机构合作、盟友与伙伴关系、国际组织协作等软实力，实现国家安全战略的总目标。

三、提出防务能力建设具体措施，强调通过深化转型提高联合作战能力

"平衡"战略认为，必须通过深化军事转型提高联合地面、联合海上、联合空中、特种作战、"新三位一体"、抗击大规模杀伤性武器、联合机动、情报监视侦察、网络中心战、联合指挥与控制等十种联合作战能力，其具体措施包括：注重建设总体力量，扩建特种作战部队和地面部队，发展模块化和适应性强的联合部队；加强战略沟通，提高国防部与国务院等美国政府机构的合作水平；提高情报和信息共享能力，改进国防部在各个领域

---

① 聂送来：《对美国新版〈国防战略〉的初步考察》，《外国军事学术》，第1—2页，2008年第8期。

的情报获取能力，获得快速可靠的信息等。

四、继续防范中、俄，强调通过合作弱化其潜在威胁

"平衡"战略认为，中国是"正在崛起的国家，拥有与美国竞争的潜力"，要求防范中国的军队现代化；俄罗斯在"开放和民主程度上倒退"，可能会"对美国及其盟国和伙伴国的安全产生重大影响"。建议与中、俄开展长期、全方位交往，以减少对美国的近期挑战。希望将中、俄作为国际体系中的"利益攸关方"，建立合作与互信，避免中、俄成为美国的潜在敌人。[①]

《防务战略指南》(*Strategic Defense Guidance*)

2012年1月5日，美国总统奥巴马和美国国防部长帕内塔首次联合签发战略文件《维持美国的全球领导地位：21世纪防务重点》。该文件被称为《防务战略指南》(以下简称《指南》)，既不是国家安全战略文件(应由总统单独签发)，也不是国防战略文件(应由国防部长单独签发)，但从其历史背景和内容看，应是美国"再平衡"战略在军事领域的应用，因此可以被看作新版《美国国防战略》。在美国推行向亚太"再平衡"战略和国防预算持续递减的形势下，2008年确定的"平衡"国防战略已经难以满足新安全形势的需要，必须尽快进行调整，但制定新版《美国国防战略》需要较长时间，难以应对眼前亟须解决的问题，于是《指南》便应运而生。从《指南》对安全环境、美国武装部队的任务、建设2020年联合部队等问题的阐述看，其目的是企图在收缩中谋求发展，在调整中重新布局，实现美军"减钱不减战斗力"的目标，确保美国全球领导地位不动摇。《指南》的

---

① 杨晖主编：《美国国家安全战略文件选编（2005—2008年）》，军事谊文出版社，2009年。

主要内容包括以下几个方面。

一、将中国作为最大安全挑战

《指南》认为，从西太平洋、东亚延伸至印度洋和南亚的"弧形地带"与美国的经济和安全利益息息相关。这里既存在正在崛起的地区大国，又涉及朝核问题、资源争端等热点问题，给美国既带来了挑战，也带来了机遇。中东地区的恐怖势力虽然遭受沉重打击，但基地组织及其追随者仍活跃在巴基斯坦、阿富汗、也门和索马里等地，南亚和中东可能沦为极端暴力分子的聚集地。"阿拉伯觉醒"运动可能引发区内国家政权更迭，造成地区局势动荡。欧洲有着美国最坚定的盟友和伙伴，不少国家曾与美国一起出兵阿富汗和伊拉克，大多数欧洲国家如今都是安全的"生产者"而不是"消费者"。从具体国家看，中国和伊朗尤其令美国关注。《指南》先后三次提到中国，认为"中国崛起变成地区强国后，可能从多方面影响美国的经济与安全"，"像中国和伊朗这样的国家将继续寻求非对称方式对付美国的兵力投送能力"。由此可见，在威胁判断上，美国已将中国作为最大安全挑战，将伊朗、朝鲜作为重点威慑和防范对象，将暴力极端主义恐怖分子作为打击对象，重点已从应对恐怖主义转向应对大国和地区挑战。

二、确定美军未来十大任务

"历经十年反恐战争，美国正处于战略转折点"，美军正处于转型过渡期，"从注重打赢当前反恐战争转向着手准备应对未来挑战"。为了牵引能力建设和明确资源投向，《指南》为美军规定了十大任务：一是遂行反恐和非正规战；二是威慑并击败侵略；三是应对"反介入和区域拒止"威胁；四是应对大规模杀伤性武器；五是有效开展网空与太空作战行动；六是维持安全、可靠和有效的核威慑；七是保卫国家，并为民事机构提供支援；

八是发挥海外驻军的积极作用；九是注重使用非军事手段或通过军事合作的方式处理反叛乱问题；十是开展人道主义行动和抢险救灾行动。由此可见，在作战准备上，美军将准备打赢核威慑背景下的高端常规战争，重点应对"反介入和区域拒止"威胁，确保在打赢一场大规模战争的同时，能够慑止和挫败第二个敌国在其他地区发起的攻击。

三、确立2020年联合部队建设原则

《指南》明确指出，美国要在2020年建立一支"规模精干、行动灵活、技术先进"的联合部队，就必须遵循八条指导原则。第一，要做到"多能"，具备完成上述任务的各种能力。由于这些任务本身以及它们与其他任务之间存在着轻重缓急之分，各种能力的发展将有明显差异，但不能完全放弃完成某种任务的能力，需要保护"再生能力"。第二，军事投资方面应有所侧重，区分出哪些属于当务之急、哪些可以延缓进行，包括考虑到能够因应战略、作战、经济和技术等多种因素引发的投资变动，把"可逆性"思想贯穿于决策过程。第三，保持和提升战备状态。即使美军整体力量受到削减，也不能降低战备程度，必须保持军队随时可用。第四，继续降低"业务开支"，提高国防部机构的运作效率，降低人员工资和医疗费的涨幅。第五，评估战略影响。研究《指南》对现行战役计划和应急计划带来的影响，以便将有限的资源投入关键领域。第六，根据未来作战行动的特点，确定现役与预备役部队之间恰当的编配比例，明确预备役部队的战备程度。第七，采取特别措施，保持和推动网络化战争取得重要进展，最终使联合部队互相依存，融为一体。第八，保持充足的工业基础和科技投入，鼓励作战理论创新。由此可见，在军队建设上，美军将根据国防预算削减情况和空海一体战设想，对军队规模结构进行调整，从发展庞大的陆、海、空军事力量转向建设精干、敏捷、先进的联合部队和太空、

网空等新兴作战力量。[1]

《指南》是对"平衡"思想的进一步修正。在美国综合实力下降、国防预算持续裁减的背景下，要想全面平衡美军未来与现实的作战需求已经不太现实，必须放弃一些不太紧迫的项目和需求，重点突出太空、网空、特种作战、远程精确打击等新兴作战力量和联合部队的建设，才可能在军费持续裁减的情况下继续保持强大的军事优势，为美国独霸世界提供有力支撑。

印太战略（Indo-Pacific Strategy）

2017年12月18日，特朗普政府发布《美国国家安全战略》，正式提出印太战略。2018年1月19日，美国国防部发布《国防战略摘要》，渲染中国、俄罗斯等大国竞争挑战，阐述美国国防和军队建设目标。6月2日，美国国防部长马蒂斯在新加坡香格里拉对话会上，向与会人员阐释美国印太战略。2019年6月1日，美国国防部发布《印太战略报告》，全面系统地阐述美国印太战略，概括地讲，其主要内容可归纳为：以美国为主导，以印度为重点，以日澳为支点，以联盟与伙伴关系、经济合作和前沿军事存在为支柱，构建范围更大的地缘战略，全面遏制中国崛起。具体地讲，其主要内容包括以下几个方面。

一、强调美国是太平洋国家，要在印太地区发挥关键作用

该战略强调，美国是太平洋国家，与印太地区的接触可追溯到200多年前。美国为印太地区的自由、开放、机会和繁荣贡献了鲜血和财富。美国的过去、现在和将来都与印太密不可分。美国要作为一支稳定力量，在

---

[1] 焦亮、俞晓鹏：《美"防务战略指南"及其影响》，《外国军事学术》，第9—12页，2012年第2期。

印太地区发挥关键作用，支持美国的外交和经济抱负。①

二、确认中国是主要威胁，俄朝伊和跨国挑战是次要威胁

该战略认为，美国的"接触战略"已经失败，印太地区正在上演激烈地缘政治竞争。中国正在采用经济引诱和惩罚、影响造势、军事威胁等手段，迫使其他国家注意其政治与安全安排。中国的基础设施投资和贸易战略强化了其地缘政治抱负；中国的南海军事化危及贸易自由流动，威胁其他国家的主权，破坏地区稳定；中国加速军事现代化，旨在限制美国进入印太地区。②因此，中国已成为修正主义国家、长期战略竞争对手和美国主要威胁，必须采取措施加以应对。此外，美国还把俄罗斯称为"已复兴的恶棍"（revitalized malign actor），把朝鲜和伊朗称为"流氓国家"（rogue state），把恐怖活动、非法武器买卖、毒品和野生动物走私、海盗等称为"跨国挑战"（transnational challenges），并把它们列为美国次要威胁。③

三、提出自由开放印太原则和愿景，树立印太"主导者"形象

该战略提出的自由开放印太原则包括：（1）尊重所有国家的主权和独立；（2）和平解决争端；（3）自由、公平和互惠的贸易；（4）坚持国际规定和准则。该战略提出的自由开放印太愿景是：所有国家无论大小都能自由行使主权；每个国家都能得到良好治理，确保公民享有基本权利和自由；所有国家都能遵守国际规定和准则，自由进入国际水域、空域、网络空间和太空，都能和平解决领土和海洋争端，都能进行公平、互惠的贸易，都能拥有公开、透明的投资环境和协议。美国将与日本、韩国、法国、印度、

① The Department of Defense: Indo-Pacific Strategy Report, PP.2-3, June 1, 2019.

② The White House: National Security Strategy of the United States of America, P. 46, December 2017.

③ The Department of Defense: Indo-Pacific Strategy Report, PP.9-13, June 1, 2019.

澳大利亚、新西兰等盟国和伙伴国一起追求这个愿景。[①]

四、强化联盟与伙伴关系，壮大印太战略基本力量

联盟与伙伴关系是印太战略的首要支柱。加强与盟国、伙伴国的合作，是印太战略的重中之重。印太战略的地理范围远比"再平衡"战略广阔，基本力量也由美日澳三国扩展为美日澳印四国，形成了以美国为主导，以印度为重点，以日澳为支点，以韩国、澳大利亚、新西兰、菲律宾、泰国等盟国和越南、印度尼西亚、马来西亚、新加坡等伙伴国为辅助的力量体系，巩固和壮大实施印太战略的基本力量。[②]

五、鼓励区域经济合作，促进美国经济繁荣

经济合作是印太战略的第二大支柱。美国鼓励印太地区国家进行经济合作，保持海上通道自由开放，寻求通过双边贸易协定扩大美国出口，促进美国经济繁荣。美国将在基础设施、自由市场、国家网络、和平解决争端等方面，与盟国和伙伴国加强合作，确保美国经济利益。[③]

六、加强前沿军事存在，共建防御网络

前沿军事存在是印太战略的第三大支柱。美国要与日韩共建区域导弹防御能力，增强与东南亚伙伴国家的执法、防务与情报合作，满足中国台湾的防务需求，扩大与印度的防务合作，恢复与菲律宾、泰国的联盟活力并加强与新加坡、越南、印度尼西亚和马来西亚的伙伴关系，凸显前沿军事存在，共建防御网络，提升互操作性，保持对华军事优势，确保在必要

---

① The Department of Defense: Indo-Pacific Strategy Report, PP.3-6, June 1, 2019.

② The White House: National Strategy of the United States of America, P. 46, December 2017.

③ The White House: National Strategy of the United States of America, P. 47, December 2017.

时能够战胜任何敌人。^①

七、重视海上公域，加深与区域合作机制的联系

该战略认为，海上公域是全球共享的利益，海上通道是经济活力的主动脉。美国将通过帮助伙伴国发展海军和海上执法能力，改善对海洋秩序和利益的监管和保护，保持经济活力。美国将维护东盟的中心地位，加深与东盟地区论坛、东盟国防部长会议＋、东亚高峰会、亚太经济合作论坛等区域合作机制的联系，共同打造自由、开放、繁荣的新印太。^②

八、要求盟国和伙伴国贡献力量，共同落实印太战略

该战略在承诺保卫美国、盟国和伙伴国利益的同时，对盟国和伙伴国提出了6项要求：（1）为本国防务投入足够的经费和资源，减少薄弱环节；（2）合作建设伙伴能力；（3）坚持基于规则的国际秩序；（4）提供应急反应所需要的进入；（5）增强互操作性，包括与美国和区域内其他志同道合的国家共享信息；（6）推动并积极参与区域倡议，支持一个自由开放的印太。^③

美国印太战略以阻挠中国发展、阻止中华民族伟大复兴、延续美国霸权为目的，违背世界和平、发展、合作、共赢的历史潮流，不符合印太地区和世界相关国家利益，必将遭到相关国家抵制，最终难逃失败命运。

一是特朗普推行"美国优先"战略，不惜牺牲盟国和伙伴国利益去获取美国利益，必定使盟国和伙伴国心怀不满。例如，为了保护美国贸易，特朗普政府对世界各国出口到美国的产品征收10%～25%的关税；为了减

---

① The White House: National Strategy of the United States of America, P. 47, December 2017.

② James N. Mattis: Remarks by Secretary Mattis at the plenary Session of the 2018 Shangri La Dialogue, June 2, 2018.

③ The Department of Defense: Indo-Pacific Strategy Report, P. 54, June 1, 2019.

轻防务负担，特朗普政府要求北约成员国和韩国增加国防预算；为了以更高的价格把美国天然气卖给德国和其他欧盟国家，特朗普政府威胁制裁参与"北溪2号"项目的国家。美国这种损人利己的做法，必定使受损国家和人民心怀不满，憎恨美国。

二是特朗普政府不断退群，导致美国信誉大幅下降，世界各国不敢轻易相信美国承诺。特朗普政府先后退出了跨太平洋伙伴关系协定、巴黎气候协定、伊朗核协议、中导条约等国际协定，先后退出了联合国教科文组织、联合国人权理事会、世界卫生组织等国际机构，正式承认以色列对戈兰高地的主权，把伊朗伊斯兰革命卫队列入"外国恐怖组织"名单并实施制裁，等等。这些举动导致美国国际信誉大幅下降，世界各国不敢轻易相信美国承诺。

三是美国社会深度分裂，挺特朗普和反特朗普两派争斗激烈，特朗普政府难以集中精力推进印太战略。特朗普刚就任美国总统时，反特朗普示威游行遍及多州，给新上任的特朗普浇了一盆冷水；特朗普政府发布的"旅行禁令"遭多数州抵制，仅13个州表示支持；"俄罗斯门"遭受长时间调查，特朗普本人遭到众议院弹劾，后被参议院否决才幸免于难；2020年5月，美国警察暴力执法致黑人乔治·弗洛伊德死亡，在美国几十个城市引发大规模抗议示威活动，并与警方发生冲突，致使美国社会动荡不安。这些乱象无疑会分散特朗普政府的大量时间和精力，使其难以聚精会神地贯彻落实印太战略。

四是特朗普政府对新冠肺炎疫情控制不力，确诊和死亡病例全球第一，国民经济雪上加霜，美国对印太国家的承诺必将是口惠而实不至。面对快速扩散的新冠病毒，特朗普政府不是积极采取措施进行防护，而是甩锅中国，将疫情政治化、污名化，结果导致新冠病毒在美国迅速传播。根据Worldometer实时统计数据，截至2020年12月30日6时30分，美国累计确诊新冠肺炎病例19923966例，累计死亡病例345885例①，感染病例和死亡病例都成为全球之最，甚至连美国总统特朗普及其夫人梅拉尼娅都被感染。由于疫情肆虐，美国许多行业停工停产，失业人数不断攀升，最多时每周超过100万人申请失业救济金。②大量人员失业，又导致国民经济大幅下滑，使美国第二季度GDP年化萎缩31.4%。2019年，美国GDP为21.38万亿美元。2019年，美国债务高达22.72万亿美元，是其GDP的106.3%。2020年，美国债务将再创新高。在经济萧条、债台高筑的情况下，美国对印太战略的投入必将大打折扣，对印太地区国家的承诺也将是口惠而实不至。

五是大多数印太国家的经济发展与中国紧密相连，不会毫无顾忌地迎合美国。2018年，中国与东盟之间的贸易达到5878.7亿美元（出口3192.4亿美元，进口2686.3亿美元），增长14.1%，中国连续10年成为东盟最大贸易伙伴，东盟连续8年成为中国第三大贸易伙伴。中国对东盟国家的非金融直接投资达99.5亿美元，增长5.1%，而东盟国家对中国的投资达57.2亿美元，增长12.5%。同年，中韩贸易达2686.4亿美元（出口1621.6亿美元，进口1064.8亿美元），增长11.9%；中日贸易达3175.3亿美元（出口1439.9亿美元，进口1735.4亿美元），增长6.8%。③这些国家在经济上与中国联系紧密，在没有真正中国威胁的情况下决不会轻易迎合美国的印太战略。

六是中国综合国力增强，"一带一路"倡议和"人类命运共同体"理念广受赞誉，印太战略无法阻止中国发展。近些年来，中国经济以6%左右的增速向前发展，2018年GDP达到13.46万亿美元，约占美国当年GDP的2/3；"山东"号航母、歼-20隐形战机、东风-41导弹等新型武器陆续列装部队，中国军事能力显著提升；高铁、5G、量子通信等高科技飞速

---

① 中国新闻网：《美国新冠确诊人数超1950万，首次确诊变异新冠病毒感染病例》，2020年12月30日。

② 中国经济网：《疫情下的美国经济：航空业纾困大限已过，大企业密集裁员》，2020年10月3日。

③ Fan Gaoyue: Ten Reasons the US Indo-Pacific Strategy is Doomed to Fail, China-US Focus, January 14, 2020.

发展，综合国力明显增强。中国提出的"一带一路"倡议和"人类命运共同体"理念广受赞誉并被写入联合国文件。截至2023年8月底，中国已与152个国家、32个国际组织签署了200多份共建"一带一路"合作文件，覆盖我国83%的建交国。①面对社会稳定、经济繁荣的中国，印太战略遏制中国崛起的目标难以实现。

七是印度作为金砖国家和上合组织成员国，不会甘为美国棋子，任由美国摆布。印度正在努力成为世界强国，在中美印大三角关系中处于有利地位。如果它能够在中美之间保持平衡，将两面受益。因此，印度总理莫迪说："包容、开放和东盟的中心地位与团结是新印太的核心。印度既不把印太地区看作一种战略或成员有限的俱乐部，也不把它看作寻求主导权的小圈子。我们决不认为它针对任何国家。"②正如日本是奥巴马"再平衡"战略的关键一样，印度是特朗普印太战略的关键。如果印度不能提供大力支持，印太战略就难以落到实处，特朗普阻止中华民族复兴的愿望也将化为泡影。

八是美国压力迫使中俄朝伊联手，共同应对印太战略威胁。美国印太战略把中国列为主要威胁，把俄罗斯、朝鲜和伊朗列为次要威胁。美国对中国发动贸易战、科技战、金融战并在南海、东海和台湾海峡进行大规模军事演习和抵近侦察，不断触碰中国底线；阻止俄罗斯同伊朗和叙利亚合作、退出美俄《中导条约》、为"北溪2号"天然气管道项目制裁俄罗斯；尽管朝鲜停止了核试验并拆除了部分核设施，美国仍拒绝取消联合国安理会对朝鲜的部分制裁；退出美国、俄罗斯、英国、法国、中国和德国与伊朗签署的《联合全面行动计划》并制裁伊朗，还把伊朗伊斯兰革命卫队列为恐怖组织并用无人机杀害其指挥官卡西姆·苏莱曼尼。美国的这些行动，

---

① 新华网：《我国已与152个国家、32个国际组织签署共建"一带一路"合作文件》，http://www.xinhuanet.com/2023-08/24/c_1129822163.htm。

② Narendra Modi: Prime Minister's Keynote Address at Shangri La Dialogue, June 1, 2018.

迫使中俄朝伊结成统一战线，共同应对印太战略威胁。

2022年2月11日，拜登政府发布《美国印太战略》文件，阐释新一届美国政府的印太战略。该文件由印太的前途、美国印太战略、印太行动计划、结论4个部分组成，主要内容包括推进自由开放的印太、建立印太地区的内外连接、推动印太繁荣、促进印太安全、建设面向21世纪跨国威胁的地区弹性，同时提出10项行动计划，包括：向印太地区投入新资源，领导印太经济框架，加强威慑，巩固强大统一的东南亚国家联盟，支持印度的持续崛起和地区领导地位，兑现对四边机制的承诺，扩大美日韩合作，与伙伴国一起共建太平洋岛国的弹性，支持良治和责任，支持开放、弹性、安全和可靠的技术。[①]一般情况下，美国新一届政府都会提出与上一届政府不同的战略，即使实质相同也会在名称上有所变化。但拜登政府不仅全面继承了特朗普政府印太战略的实质，而且在名称上也完全相同，可见美国共和、民主两党在霸凌、打压、遏制中国的问题上，意见完全一致。

一体化威慑战略（Integrated Deterrence Strategy）

2022年10月27日，美国国防部公布《2022年美国国防战略》文件，正式提出一体化威慑战略。该文件首次以一体化的方式，把《国防战略》《核态势审查》和《导弹防御审查》放在一起审查，以确保国防战略与国防资源的紧密联结。该文件包括引言、安全环境、防务重点、一体化威慑、实施战役活动、在盟国和伙伴国中锚定美国战略和推进地区目标、兵力计划、建设持久优势、风险管理、结论10个部分以及《2022年核态势审查》《2022年导弹防御审查》，详细描述美国国防部进入决定性十年的路线图，主要内容包括以下几个方面。

---

① The White House, Indo-Pacific Strategy of the United States, February, 2022.

一、认为中国是"步步紧逼的挑战"，俄罗斯是"严重威胁"，朝鲜和伊朗是"持久威胁"

该战略认为，中国重塑印太地区和国际体系的胁迫侵略行为是"美国国家安全的最全面、最严峻挑战"；中国人民解放军现代化的目的是抵消美国军事优势，是美国国防部"步步紧逼的挑战"。该战略把俄罗斯定义为"严重威胁"，因为它威胁使用核武器打击美国本土及其盟国和伙伴国，实施网络攻击、太空攻击、水下攻击和信息战，开展广泛的灰色地带行动；把朝鲜和伊朗列为"持久威胁"，因为朝鲜继续扩大核和导弹能力，威胁美国本土和驻韩驻日美军部队，而伊朗正在采取可能提升核武器生产能力的行动，支持恐怖组织并进行军事挑衅。[①]

二、确定美国防务的四大优先事项

根据安全环境快速变化的特点，该战略确定了美国防务的四大优先事项：一是保卫国土，加快应对中国日益增长的多领域威胁；二是慑止对美国及其盟国与伙伴国的战略攻击；三是威慑侵略，并做好必要时在冲突中获胜的准备，在印太优先应对中国挑战，在欧洲优先应对俄罗斯挑战；四是建立强大的联合部队和国防生态系统，包括大幅增加国防预算，加强国防部与军工集团、私营企业、科研机构之间的合作，研发颠覆性技术装备，开发新型作战概念，等等。

三、全面阐述一体化威慑战略内涵

美国国防战略依靠一体化威慑，即各种能力的无缝结合，使潜在对手

---

① The Department of Defense, 2022 National Defense Strategy of the United States of America, PP.4−5, 2022.

确信其敌对活动的成本远大于收益。一体化威慑需要在5个方面实现一体化：（1）跨域一体化，即跨军事（陆、海、空、太空和网络）和非军事（经济、技术、信息）领域实现一体化；（2）跨地区一体化，即美军各战区和美国本土实现一体化；（3）跨冲突频谱一体化，即低于武装冲突的军事接触、安全合作、战略竞争和武装冲突行动实现一体化；（4）跨美国政府一体化，即国防部与美国外交、情报、经贸、金融、能源、安全援助等部门实现一体化；（5）与盟国和伙伴国一体化，即通过投资互通性和联合能力开发、合作态势计划、协调的外交和经济途径等实现一体化。[①]美国国防部将通过拒止、恢复力、直接和集体施加成本、发挥信息作用等方式，量体裁衣地威慑对美国本土的攻击、战略攻击、中国的攻击、俄罗斯的攻击、朝鲜的攻击和伊朗的攻击。

四、联手共建持久军事优势

该战略认为，美国的竞争对手越来越使美国国防生态系统（国防部、国防工业基地、私营部门和学术企业）处于风险之中。美国国防部将联手美国联邦部门和机构、国会、私营部门、盟国和伙伴国，从5个方面构建美国未来军事优势的持久基础：（1）转型未来部队基础，鼓励快速实验、采购和列装；（2）进行正确的技术投资，刺激定向能、超声速等先进能力的研究与开发，播种生物技术、量子科学等机遇技术，采用人工智能、一体化网络、微电子等成熟技术；（3）适应和加强国防生态系统，巩固国防工业基地，支持研究机构网络和先进制造流程；（4）采用高效清洁能源技术，减少能源需求，增强弹性和适应能力；（5）招聘、培训和保留最具才华的美国人，造就能够在复杂的全球环境中创造性地解决国家安全挑战的生力军。

---

① The White House, National Security Strategy, P. 22, October 2022.

五、实现核与反导力量现代化

该版国防战略首次将核态势审查和导弹防御审查纳入其中，凸显了核与反导力量在国防战略中的重要地位。在核态势方面，该战略延续强核政策，突出实战威慑，推动"三位一体"核力量现代化升级，强化首次打击、跨域打击和有限核战争能力，确保能够同时威慑中俄两个核大国。计划用"哨兵"洲际弹道导弹替换现役"民兵3"导弹，用至少12艘新一代"哥伦比亚"级弹道导弹核潜艇替换现役"俄亥俄"级核潜艇，用至少100架B-21"突袭者"轰炸机取代B-2轰炸机。强调针对不同对手国家采用不同威慑方式，包括定制威慑、拒止威慑、延伸威慑和一体化威慑。在导弹防御方面，该战略认为来自中国、俄罗斯、朝鲜、伊朗和非国家行为体的空天威胁日益严峻，要求提升关岛的一体化防空反导能力，与部署在其他地区的陆基、海基和空基反导系统一起，形成一张多层次、分布式、可移动的防空反导网，重点保护美国本土安全。[①]

《2022年美国国防战略》以拜登政府"大国竞争战略"为指导，把中国定义为美国"未来几十年最重要的战略竞争者"，对美国形成"最重要、最系统的挑战"，是美国国防部"步步紧逼的挑战"，其中有90多处提到中国，有的地方甚至直接称中国为"威胁"。《美国国防战略》是指导美国进行国防建设、军队建设、武器装备建设和战场建设的权威文件，可以预见，在"决定性的十年"甚至更长时间内，美国的国防建设和军事斗争准备都会以击败中国为根本目标，值得我们高度重视，认真对待。

---

① The Department of Defense, 2022 National Defense Strategy of the United States of America, 2022.

美国军事战略

国家军事战略（national military strategy）是"一个由参谋长联席会议主席批准的文件，用于分配和运用军事力量去达成国家安全战略和国防战略目标"[①]。《美国法典》第10编第153条d款规定："偶数年的2月15日之前，对国家军事战略进行两年一次的审查；对国家军事战略的描述必须与最新的国家安全战略、最新的国防部长向总统和国会所做的年度报告、最新的四年防务审查报告保持一致；必须描述战略环境、机遇和挑战，必须描述对美国利益的地区威胁和国际威胁；必须确定军事战略的目标及其与战略环境、地区和国际威胁的关系；必须确定实现军事目标的战略、基本概念和组成要素；必须评估美国部队的能力和充足性，必须评估地区盟友和其他友好国家支持美国的能力、充足性和互操作能力，必须评估战略和军事风险的性质和大小。"[②]

从美国制定国家军事战略的实际情况看，每两年进行一次审查并不意味着每两年必须制定一份新的国家军事战略。一般情况下，每届美国政府都会制定一份军事战略文件；如果总统连任，再加之国际安全形势没有大的变化，也可以不再制定新的军事战略文件。例如，克林顿政府第一任期提出了"灵活与选择性参与"军事战略，第二任期提出了"塑造、反应、准备"军事战略；小布什政府第一任期提出了"保护、预防、战胜"军事战略，第二任期就没有再提出新的军事战略。

---

① Joint Chiefs of Staff: JP1-02, Department of Defense Dictionary of Military and Associated Terms, P.190, November 8, 2010 (As Amended Through September 15, 2013).

② RDML John Roberti: The 2011 National Military Strategy Briefing to the Precision Strike Association, P. 3, February 23, 2011.

从20世纪90年代克林顿政府往后，美国政府都以颁布《美国国家军事战略》文件的方式提出军事战略。但在此之前，提出军事战略的形式并不固定，有的是在国防部长向总统和国会提交的年度报告中提出的，有的是在国防部长或参联会主席发布的其他相关文件中提出的。而在冷战时期，美国并没有明确区分什么是国家安全战略，什么是国家军事战略，只是笼而统之地称之为"战略"、"大战略"或"国家战略"。

"反击、威慑和击败、巩固、塑造"（Counter, Deter and Defeat, Strengthen, Shape）战略

2011年2月8日，美国参联会颁布新版《美国国家军事战略》（以下简称新版军事战略）文件，评估了美军面临的战略环境，提出了新的军事战略目标，规定了美军发挥军事领导作用的新方法，其主要内容包括以下几个方面。

一、认为国际政治正在向"多节点"的世界演进

新版军事战略认为，国际力量的对比和国际秩序已发展到一个转折点。在可预见的未来，美国仍将是最大的经济与军事大国，但国际政治正在向"多节点"（multi-nodal）的世界演进。在这个世界上，各国间的合作受到不断变化的利益驱动，已经不存在对立集团之间的刚性对抗，国际政治正向"多节点"发展，各国之间的联系更加紧密，但一些全球性和地区性大国所表现出的民族主义和自信，正在考验美国的领导地位和美国盟友的适应力。

二、将战略关注点指向亚太

新版军事战略分析了亚太地区的形势及其对美国的影响，明确指出亚洲有中国、印度这两个崛起的全球性大国，还有一批重要的地区性强国；中东也有为数不少的地区性强国；亚洲和中东的形势发展很可能会影响地

区稳定。文件同时指出，亚太地区的财富在增长，军事实力也在增强；美国的战略重点和利益将越来越多地取决于亚太地区形势的发展；亚太地区的安全结构正在迅速发生变化，这给美国的安全与领导地位带来了新的机遇和挑战。由此可见，美军的战略关注点已经明显地转向亚太，美军遏制和打击的对象主要是朝鲜和伊朗，防范的对象主要是中国。

三、提出"反击、威慑和击败、巩固、塑造"的战略目标

新版军事战略提出了四大军事战略目标：反击暴力极端主义；威慑和击败侵略；巩固国际和地区安全；塑造未来部队。反击暴力极端主义，就是要建设伙伴的反恐怖能力，对极端分子采用威慑政策，运用军事和国家力量的其他手段，全国协调一致地反击恐怖主义，取得中亚、南亚反恐怖斗争的胜利。威慑和击败侵略，就是要保持核常战略威慑能力，反击大规模杀伤性武器扩散，向全球投送力量，反击"反介入和区域拒止"战略，确保进入全球公域。巩固国际和地区安全，就是要保卫美国本土，强调以区域安全促进全球安全，增加对亚太地区的关注和优先权，利用美国的"召集力"，培育安全合作。塑造未来部队，就是要特别关注美军领导人才建设，提高部队的作战能力和战备水平。

四、重振美国军事领导地位

新版军事战略把"重新定义美国的军事领导地位"作为副标题，其目的是强调要在军事合作中加强美国的军事领导地位。它要求美军在军事行动中，充当推进者（Facilitator），即支持美国其他政府机构和组织，共同推进美国利益；充当赋能者（Enabler），即帮助其他国家达成安全目标，从而实现共同利益；充当召集者（Convener），即负责把相关国家召集在一起，迎接共同的安全挑战；充当保证者（Guarantor），即帮助盟国应对威胁和侵

略，为盟友提供安全。如果美军能够发挥这四种作用，就能建立起更广泛和更具建设性的伙伴关系，把美国的军事领导权落到实处。

五、采用合作加防范的对华战略

新版军事战略重申了美国的既定对华政策，即在强调发展对华关系的同时，要求关注中国军力发展对美国构成的挑战。一方面，美军要求加强同中国的军事交流，加深理解，减少误解，防止误判，并希望在打击海盗、防扩散、朝核问题等方面加强合作；另一方面，又显示出对中国军事发展的不信任和忧虑，要求继续监视中国军力的发展及其对台海军事平衡的影响，要求关注中国军事现代化以及中国积极发展太空、网络空间能力的长远和战略意图，同时警告美军将坚决挫败任何试图阻止美军进入和使用公共空间的行为，击败对美国及其盟友构成的威胁。[①]

2016年10月5日，美国参联会主席邓福德表示，美军已起草完成2016年版《国家军事战略》，但该战略被定为秘密级，不再公开发表。据透露，该战略着重应对"4+1"威胁，即4个国家行为体（俄罗斯、中国、朝鲜、伊朗）和1个非国家行为体（"伊斯兰国"）的威胁，强调以"一体化军事战略"指导国防与军队改革，促进美国"一体化"军事建设，提高战略资源和作战能力在全球范围内的高效配置与有效融合。[②]

"运用、发展、设计"（ Employment, Development, Design ）战略

2018年上半年，美国参联会发表《2018年国家军事战略说明》一文，对新版美国军事战略进行简要介绍。由于从2016年起，美国不再公开军事战略，外界很难了解美国军事战略的全貌。根据这份说明，可以把特朗普政府

---

① Joint Chiefs of Staff: the National Military Strategy of the United States of America, 2011.
② 中国战略文化促进会：《2016年美国军力评估报告》，第3页，2017年8月。

军事战略大致归纳为"运用、发展、设计",其主要内容包括以下几个方面。

一、提出"联合合成兵种"新概念,旨在实现对敌军事优势

为实现对竞争对手和敌人的军事优势,新军事战略引进了"联合合成兵种"（joint combined arms）概念,即通过所有作战域联合能力的一体化实施战役法（operational art）,要求联合部队及其指挥官必须像在陆、海、空传统作战域中那样,在太空和网络空间舒适地进行战斗。

二、动态运用兵力,保持联合部队竞争优势

为指导兵力运用,2018年国家军事战略以国防战略确定的防务目标为方向,提出5个互相支持的任务领域,作为联合部队在多个地区所有作战域的各种冲突中采取行动的主要途径。这5个互相支持的任务领域包括对威胁作出反应、慑止战略攻击和大规模杀伤性武器扩散、慑止常规攻击、让盟国和伙伴国放心、在低于武装冲突的层面进行竞争。动态兵力运用（Dynamic Force Employment）作为兵力管理框架,在满足日常行动兵力需求的同时优先做好战争准备。动态兵力运用通过识别和利用战略机遇积极主动地塑造安全环境,综合考虑全球多个战役计划、关键防御任务、时间范围、作战域、地理边界等因素,调整联合部队行动,有助于在当前作战需求和战备恢复及现代化之间保持平衡,保持联合部队的竞争优势。

三、重视兵力发展和兵力设计,提升联合部队适应性和创新性

兵力发展（Force Development）是使联合部队适应当前的计划、决策和部队管理程序,把该做的事情做得更好。兵力设计（Force Design）是使联合部队能够以完全不同的颠覆性的方法去做它所做的事情,确保能够威慑或

击败未来对手。实施兵力发展和兵力设计的目的，是使联合部队能够保卫美国国土、威慑竞争者和击败敌人。国家军事战略要求投资于联合部队的人员、思想和装备，保持联合部队的竞争优势。

四、强调互操作能力、致命能力和生存能力，建设强大、灵活、坚韧的联合部队

新军事战略认可盟国和伙伴国是美军联合部队的战略力量来源，要求联合部队与国内外的跨机构伙伴进行接触，通过开发顶层联合作战概念和实施联合军事演习，提升盟国、伙伴国和跨机构伙伴的互操作能力、致命战斗力和强大生存力，把美军建设成一支强大、灵活、坚韧的联合部队。

2018年美国军事战略标志着向"概念驱动、针对威胁、能力开发"（concept-driven, threat-informed, capability development）过程的转变，为统一军种装备和非装备能力提供了一种战役方法。①

"保卫、威慑、战胜、聚焦"（Defend, Deter, Prevail, Focus）战略

2022年，美军参联会主席马克·米利发布公开版《国家军事战略》，简要介绍拜登政府的"保卫、威慑、战胜、聚焦"军事战略。该文件仅6页，包括主席前言、战略环境、一体化威慑、实施一体化威慑、战略自制力、联合部队任务、联合部队战略目标和结论8个部分，主要内容包括以下几个方面。

一、明确面临的威胁，预测未来战略环境，提出核心军事问题

拜登政府军事战略认为，中国是"步步紧逼的挑战"，俄罗斯是"最严

---

① The Joint Staff: Description of the National Military Strategy 2018.

重的威胁"，朝鲜、伊朗和暴力极端主义组织是"持续的威胁"，与《2022年美国国防战略》的威胁判断保持一致。

该战略对未来战略环境的预测认为，竞争对手将测试二战后的国际秩序，企图削弱美国领导地位，并根据他们的自身利益改写国际规则和标准；不断增长的经济力量将强化国家力量的其他要素，提升竞争对手的全球影响力，加剧其胁迫行动；商用和军用技术的迅速进步和扩散，将塑造战略竞争结果；流行病、气候变化、人口变化和资源稀缺，将使安全环境发生动荡，迫使国内政治环境发生变化；美国将首次同时与两个核大国竞争，未来战争将包括对美国本土的新威胁、灰色地带中的各种群体和竞争环境中的长期冲突。

美军面临的核心军事问题就是：在中国"步步紧逼的挑战"背景下，联合部队如何才能在今天实施有效威慑，同时快速发展未来作战优势？

二、实施一体化威慑

一体化威慑通过同步作战域、战区、冲突频谱、国家力量工具、跨机构、私营部门、盟国和伙伴国的行动产生作战优势，通过影响对手对成本、收益、克制后果的感知，影响对手决策算计。联合部队由于受到安全、可靠、有效核威慑力量的支持，有助于减少对手感知到的收益，增加对手感知到的侵略成本，激励对手采取克制态度，能为一体化威慑战略作出最大贡献。

三、运用战略自制力

成功的军事战略理论，是运用战略自制力（strategic discipline）在实施战役活动与快速建立作战优势之间不断地调整努力重心，以威慑现在并减少未来风险。

战略自制力是联合部队在实施战役活动和建立作战优势的之间，坚决按优先顺序校准联合部队作战、活动和投资，与政策指导和战略目的保持一致。

战略自制力来自对战略环境的深刻了解，包括对对手、对自己、对盟国和伙伴国以及对未来作战特点的深刻了解。战略评估有助于加深这种了解，减少决策风险。

实施战役活动是国防部如何按顺序安排日常防务倡议、如何发展威慑冲突的有利条件、如何实现战略目标和如何在各种冲突中（包括灰色地带）战胜对手。

建立作战优势需要深思熟虑的投资，采用物资和非物资方法去培养领导者、开发作战概念和作战能力，以实现未来战略目标。

四、确定联合部队任务

该战略为美国联合部队确定了10项任务：（1）巩固国防；（2）强化威慑；（3）准备打赢对外战争；（4）使联合部队和联军部队行动一体化；（5）利用实施战役活动中的机遇；（6）增援美国外交活动；（7）巩固盟国和伙伴国关系；（8）优化作战概念和资源；（9）建设弹性联合部队；（10）快速整合作战能力。

五、确定联合部队战略目标

该战略为美国联合部队确定了4个战略目标：（1）保卫美国本土，反对全域威胁，特别是中国威胁；（2）威慑对美国、盟国和伙伴国的战略攻击和其他侵略；（3）确保联合部队拥有必要的可靠战斗能力，能够在印太战胜中国，在欧洲战胜俄罗斯；（4）聚焦弹性联合部队的技术和非技术现代化，保持对危机的反应能力。[①]

[①] Chairman of the Joint Chiefs of Staff, National Military Strategy, 2022.

该战略贯彻了拜登政府《国家安全战略》和《国防战略》的核心思想，以中俄军队为主要作战对象，注重军事能力和国家其他力量手段的一体化运用，企图通过实施战役活动和建立未来作战优势，在战略竞争和武装冲突中战胜中俄军队。我们应从美军兵力部署、作战任务、作战指挥、兵力运用等层面，加强对美国军事战略的研究，努力找到有效的应对策略和战法。

美军战区战略

战区战略（theater strategy）是"一种起决定性作用的构思，它概括地论述作战司令部司令为实现国家战略目标而把军事活动和作战行动与国家力量的其他手段结合起来并同步实施的构想"[①]。美国设有印太司令部（原太平洋司令部）、中央司令部、欧洲司令部、北方司令部、南方司令部、非洲司令部、太空司令部等7个地区司令部和战略司令部、特种作战司令部、运输司令部、网络司令部等4个职能司令部。每个地区司令部都根据自己所处的安全环境、所面临的挑战和威胁、所承担的责任和义务等，制定符合自身情况的战区战略。由于每个地区司令部的战区战略基本上是大同小异，这里仅以美国印太司令部的战区战略为例。

美国印太司令部制定战区战略的依据，是国家安全战略、国防战略和国家军事战略。印太司令部战区战略确定该司令部处理印太地区事务的方法，反映该司令部为落实美国"再平衡"战略和印太战略所做的努力。根据国家指导方针，印太司令部所期望的最终状态，是在美国领导下确保印

---

① Joint Chiefs of Staff: JP1-02, Department of Defense Dictionary of Military and Associated Terms, P.282, November 8, 2010 (As Amended Through September 15, 2013).

太地区的安全和繁荣，维持一种基于规则的国际秩序。为了这个目的，印太司令部将加强联盟和伙伴关系，保持感到放心的军事存在和有效传递保卫国家利益的意图和决心。①

美国印太司令部的责任区约占地球表面积的一半，拥有一半以上的世界人口，有36个国家，包括全球三大经济体中的两个，10个最小国家中的9个，人口最多的国家，最大的民主国家，最大的穆斯林占多数的国家和世界上最小的共和国。印太地区是全球经济必不可少的发动机，包括世界上最繁忙的国际海上通道，全球十大港口中的9个，全球十大常规军队中的7支，世界公认核国家中的5个。要在这样一个充满挑战的地区保卫美国的国家利益，印太司令部的战区战略要求：

一、遵循7条原则

在履行使命的过程中，印太司令部必须遵循以下7条原则：（1）国际规则。推行一套所有国家都尊重和遵循的国际规则，强调自由进入共享的海域、空域、太空和网络空间，不以强制或使用武力解决争端。（2）伙伴关系。巩固联盟和伙伴关系，并使之现代化。（3）加强军事存在。在印太地区加强持久性军事存在，与伙伴国一起更有效地参与印太事务。（4）力量投送。作出战略决策，进行持续投资，增强美国在印太地区的军事能力。（5）统一行动。支持可能牵涉到地区对手的事情，为美国以全政府方式解决地区安全挑战作贡献。（6）战略沟通。确保美国的意图和决心得到明确传达，确保言行一致。（7）准备好战而胜之。美国印太司令部是第一个也是最前沿的作战司令部，致力于在所有作战领域、所有作战行动中保持优势。

---

① USPACOM Strategy, http://www.pacom.mil/About USPACOM Strategy.aspx .

二、塑造地区安全环境

印太司令部认为，在可以预见的将来，印太地区将成为贸易经济中心；印太地区的持续繁荣，将与中国的和平崛起紧密联系在一起。鉴于此，美国自由进入共享的海域、空域、太空和网空的持久利益进一步扩大。在这种情况下，印太司令部将专注于地区安全环境的关键方面：（1）保卫美国本土。美国是一个太平洋国家，在印太司令部责任区内的美国领土包括阿拉斯加、夏威夷、关岛、美属萨摩亚和北马里亚纳群岛自治区。美国还有保护密克罗尼西亚联邦、马绍尔群岛和帕劳共和国的义务。（2）加强盟国。澳大利亚、日本、韩国、菲律宾和泰国是美国的条约盟国，是美国参与印太事务的基石，印太司令部将通过提升它们与美军一起训练和作战的能力、联合开发高技术能力、扩大信息共享、探索新合作领域等方式，增强这些盟国的能力。（3）巩固现有伙伴关系，建设新伙伴关系。印度是塑造安全环境中特别重要的伙伴，印太司令部将继续加深与印度的合作，共同应对印太地区的挑战。印太司令部还将努力加强与印度尼西亚、印度、新加坡、越南、马来西亚以及其他国家的伙伴关系，推进共同利益，应对共同面临的威胁。（4）确保自由进入共享领域。在与印太地区其他国家和组织的共同利益中，最重要的利益是自由进入海域、空域、太空和网空。网络空间出现的新挑战，为与其他国家和多边组织合作加强国际行为准则提供了机遇。印太司令部将与盟国和伙伴国共同努力，加强国际行为准则，并在印太地区保持目的明确的互操作能力，确保能够自由进入那些共享的领域。（5）继续寻求一种更透明、更持久、更稳定、更可靠的美中两军关系。美国继续欢迎繁荣而成功的中国在全球事务中发挥更大的作用，但中国持续增长的军力和缺少透明度让人担心。印太司令部认为，美中两军在人道主义救援、抢险救灾、反海盗、防扩散、反恐怖、非战斗人员撤离、军事医学、海上安全等领域有合作的机会。这种机会将增强两军关系。（6）慑止和反击朝鲜挑衅。美国将朝鲜寻求核武器和弹道导弹能力的活动看作急迫的安全威胁。印太司令部将与盟国和印太地区其他国家进行有效合作，慑止和反击朝鲜的军事挑衅、武器扩散和非法贸易，支持国际社会对朝鲜进行制裁，致力于维持朝鲜半岛的和平。（7）增强反大规模杀伤性武器能力。朝鲜和恐怖分子团伙利用大规模杀伤性武器相关知识、技术、两用材料和其他资源，去获取化学或生物武器。这种形势要求印太司令部与国内外伙伴一起行动，继续加强其应对大规模杀伤性武器开发和扩散的能力。（8）监控和反击暴力极端主义。暴力极端主义、恐怖组织和跨国犯罪威胁印太地区主权国家的有效治理。非法贸易和其他犯罪活动与恐怖主义同武器扩散交织在一起，破坏地区安全。印太司令部将与地区伙伴一起，监控和反击非国家威胁，确保地方政府和团体与暴力极端主义水火不容。（9）援助灾民。自然的和人为的灾害通常影响印太地区的稳定。一旦发生灾害，印太司令部将应召支援美国其他政府机构和国际组织，对灾民提供援助，降低易受影响人群的风险。

三、建设牢固的合作关系

美国2010年版《国家安全战略》指出："没有一个国家——不管它有多么强大——能够独自应对全球挑战。"印太地区未来的安全和繁荣，主要取决于建设多边关系。这些强大的关系在美国前沿部署的推动下，能够推进共同利益，应对共同威胁。建设强大关系的主要措施包括以下四个方面。（1）加强安全合作。印太司令部将增强与盟国和伙伴国的互操作能力，发展与伙伴国合作应对地区挑战的能力。这种努力将超越传统关系，包括与中国和其他国家在有共同利益的方面进行安全合作。（2）鼓励多边关系。印太司令部将与东盟这样的地区论坛合作，鼓励建立信任的多边关系，防止可能导致冲突的错觉，加强国际行为准则。（3）邀请高级领导人参与。印太司令部将利用高级领导人的访问展开对话，建设关系，传递美国对印太地区的承诺。（4）加强跨司令部协调。在跨责任区挑战方面，印太司令部不仅将加强与其他地区司令部和职能司令部的协调，还将加强与政府其他部门、非政府组织和私营部门的协调。

四、保持感到放心的军事存在

印太司令部在建设国际关系时，将向印太地区提供美国的安全承诺保证。印太司令部的部队，包括来自其他战区的部队，将用于表明美国在本地区的持久安全利益和美国对盟友和伙伴所关心问题的理解。保持感到放心的军事存在的关键要素包括以下几个方面。（1）部署态势。印太司令部通过持续的轮换部署，支持盟国、伙伴国和美国安全利益。（2）前沿存在。前沿存在是约束盟国和伙伴国、快速应急反应和传递美国决心的关键。印太司令部将利用前沿存在进行双边和多边训练和演习，增强态势感知和反应能力，建立信任，促进负责任地使用共享领域。（3）新概念和新系统。精心制定新概念和列装新系统，对保持可信的威慑是极其重要的。印太司令部将开发和支持新概念、新战术，并将它们融入重要的军事演习。（4）关键能力。印太司令部主张拥有在塑造战略环境中能够提供决定性优势的平台、能力和技术。（5）战备。慑止侵略并在危机中取胜的能力，是印太司令部履行其使命的基础。这就需要一支能够与伙伴国军队一起训练、演习和作战的前沿部署部队。在和平时期，印太司令部将通过上述努力设定取胜的条件；在危机期间，将确保国内外关键的防务基础设施得到保护。

五、有效传递印太司令部的意图和决心

为了保护美国利益，确保印太地区的安全和稳定，印太司令部必须清

晰而准确地向关键听众（包括盟友、伙伴和潜在敌人）传递其意图和决心，以便降低误解和误判的可能性，促进目标的实现。要使所传递信息的积累效果最大化，就需要深入了解不同的听众，周全地考虑潜在的效果，并通过一体化信息传递计划始终如一地、可靠地传递信息。

总而言之，印太司令部将通过建设与盟国和伙伴国的牢固关系，保持感到放心的军事存在和有效传递战略意图和决心，保卫和保护美国、美国的领地和美国利益，促进印太地区的安全和稳定，慑止侵略，并准备好一旦威慑失败就作出反应并战而胜之。

美军军种战略

美国军事研究界认为，美国防务战略包括国家安全战略、国防战略、军事战略、战区战略和军种战略。从当前的情况看，学术界对美国国家安全战略、国防战略和军事战略研究较多，对战区战略研究很少，对军种战略的研究则完全是一片空白。那么，美国究竟有没有军种战略呢？

首先，我们看一看美国有哪几个军种。习惯上，我们认为美国有陆军、海军、空军3个军种，因为美国国防部有陆军部、海军部、空军部3个军种部。美国《国防部军事和相关术语词典》对军种（Service）这个条目的解释是："根据国会法案建立的美国武装部队的一个分部，即陆军、陆战队、海军、空军和海岸警卫队。"[①]这个定义告诉我们，美国有5个军种而不是3个军种。加上2019年末成立的美国太空军，美国实际上有6个军种。《美国法典》规定，陆战队司令部和海岸警卫队是海军部的执行部门，其职责是协

---

① Joint Chiefs of Staff: JP1-02, Department of Defense Dictionary of Military and Associated Terms, P.221, November 8, 2010 (As Amended Through January 15, 2015).

助海军部长履行职责。海岸警卫队平时归美国国土安全部（过去归美国交通部）领导，战时归海军部指挥。这样一来，海军部就成了海军、陆战队和海岸警卫队3个军种的领导机构。

在2015年和以前版本的美国《国防部军事和相关术语词典》中，都可以查到"军种"这个条目，但却查不到"军种战略"这个条目。那么，美军究竟有没有军种战略呢？回答应该是肯定的。美国军队从1958年起实行军政、军令分立的领导指挥体制。军种部属于军政系统，没有作战指挥权，主要负责各军种的人事管理、教育训练、军事科研、武器装备、后勤保障等。也就是说，军种部主要负责建设并向作战司令部司令提供专业化的军种部队。作战司令部（包括地区司令部和职能司令部）属于军令系统，享有作战指挥权，主要负责运用各军种部队和国家力量的其他手段，去打赢美国的战争。

军种部要研制出打赢未来战争需要的武器装备，要培养出打赢未来战争需要的高质量专业化军种部队，必然需要前瞻性战略思想指导。因此，美国各军种肯定有军种战略，只不过没有使用"军种战略"这个标签而已。根据长期从事美国军事研究所接触到的资料，笔者认为美国军种战略实质上是军种发展战略，主要包含在各军种的作战构想、战略规划指南和各军种部长向国会所做的年度报告中。

美国陆军的"全谱优势"战略

1996年，美国陆军提出了"后天的陆军"计划，打算到2010年建成过渡性知识型部队——"21世纪部队"，到2025年建成强大的"后天的陆军"。"21世纪部队"是陆军当时正在实施的计划，旨在以世界上最有能力的陆军应付不断变化的形势。"后天的陆军"是陆军当时正在酝酿的远景规划，是迈向下一代战略思想、士兵队伍、部队结构和武器系统的蓝图。1996年7月，美国参联会颁布《2010年联合构想》。接着，陆军公布了《2010年陆军构想》，要求将新兴的理论与技术具体化，提高部队全谱作战能力，具备全谱作战优势。实际上，《2010年陆军构想》把"21世纪部队"和"后天的陆军"联系了起来，三者相互配合，阐明了适应各自环境的能力类型和技术领域及其对条令、训练、指挥官培养、编制体制、物资和士兵的影响。2000年5月，美国参联会颁布《2020年联合构想》。接着，陆军公布了《陆军构想：士兵为国出征》《2013年陆军战略规划》等文件，要求建设一支能够对各种危机作出快速反应、能够实施持久的地面作战、能够作为联合部队的一部分去完成一切任务的陆军部队。2018年10月，美国陆军参谋长马克·米利和陆军部长马克·埃斯珀联合签发首份《美国陆军战略》。该战略文件分为引言、战略环境、战略途径、结论等4个部分，主要内容包括：（1）提出美国陆军2028年愿景；（2）分析美国陆军面临的战略环境；（3）提出实现2028年愿景的战略途径。这表明美军已开始正式使用"某军战略"这一术语。

"全谱优势"战略认为，陆军具有其他军种无法取代的地位和作用，即打赢国家的战争、参与非战争军事行动和遏制侵略。陆军肩负着七大任务：（1）应对大规模地区冲突或小规模地区冲突，保卫或解放领土；（2）实施惩罚性入侵，包括缉毒、反恐怖和反扩散行动；（3）进行非战争军事行动，遏制冲突；（4）保持技术优势，包括战区导弹防御、航天应用技术、C4系统一体化和战场态势感知；（5）保持海外军事存在，确保承诺；（6）遂行国家导弹防御、缉毒、反非法移民、反城市犯罪等行动，保卫核心目标安全；（7）人道主义行动，包括救灾、人员撤离、难民保护、合作、交流与训练等行动。陆军必须具备七种能力，即反应、部署（在96小时内向世界任何地方投送一支旅规模战斗部队；在120小时内向地面部署1个战斗师，在30天内部署5个师）、灵敏、多能、杀伤、生存和持久能力。为了拥有这七种能力，陆军必须开发兵力投送、决定性行动、塑造作战空间、兵力保护、部队保障、信息优势等六大作战概念及其需要的手段和技术，努力夺取和保持全谱优势。

美国海军的"由海向陆"战略

冷战结束后，美国的安全环境发生了巨大变化。原用于应对苏联海军的美国远洋舰队没有了旗鼓相当的对手，美国海军将何去何从？面对这种疑问，美国海军和陆战队于1992年联合发表白皮书《由海向陆》，阐明海军和陆战队未来将致力于在近岸地带和由近岸向陆上作战，注重舰上部队与岸上部队的密切合作，并提出了"海军远征部队"这一概念。1994年海军和陆战队发表了《前沿——由海向陆》，阐明海军和陆战队将实施前沿行动，确保能够自由地利用海洋，将美国的影响和兵力投送到世界各地的近岸地带。1996年7月《2010年联合构想》颁布后，海军发表《2010年海军构想：前沿——由海向陆》，确认了"前沿——由海向陆"的思想。2000年3月，海军部长理查德·丹齐格提出新的战略性构想《力量和影响——由海向陆》，认为"通过保持前沿存在，海军远征部队能确保美国的影响到达陆上，保证在有重要利益的地区塑造有利环境"①。2000年5月《2020年联合构想》颁布后，海军发表了《2020年海军构想：未来——由海向陆》，强调从海上投送美国的力量和施加影响，通过平时、危机时和战时的全频谱军事行动，对陆地的事态施加直接的和决定性的影响。

海军的"由海向陆"战略思想，主要包含在这些文件和海军部长每年向国会所做的例行性报告中，其主要内容包括：从海上投送美国的力量和施加影响是海军为国家安全作出的主要贡献，前沿部署的海军远征部队具有无可匹敌的战略灵敏性和作战灵活性，为美国提供了非同寻常的海外

---

① 军事科学院外国军事研究部译：《备战2020——美军21世纪初构想》，第298—299页，军事科学出版社，2001年。

抵达和通行能力；海军将继续关注并致力于在近岸地带和由近岸向陆上作战，主要肩负六大任务，即海上力量投送、主导作战空间、加强战备、部队防护、参与本土防御和保卫国家安全。海军革新和现代化工作重点包括：（1）为联合部队提供舰载的公开的和秘密的监视、侦察和信息战能力，并提供上至联合特混部队的舰载指挥控制能力；（2）全面参与制定新的两栖作战原则，并使之形成能力，以落实陆战队"由海向陆作战机动"的思想；（3）在整个作战空间按照行动要求极其准确地提供国家所需的各种联合火力；（4）凭借业已明显的信息、空中和海上优势，为联合和多国部队提供一体化的保护；（5）通过革新改进战略空运和舰载后勤能力。总而言之，"由海向陆"战略的根本目的，就是要通过保持强有力的和一定规模的前沿存在和对作战空间的感知能力，从海上投送美国力量和施加影响，通过平时、危机时和战时的全谱军事行动，对陆地的事态施加直接的和决定性的影响。

美国空军的"全球参与"战略

1990年6月，美国空军发表白皮书《全球到达，全球力量》，认为先进技术将使美国空军拥有对付潜在的装备精良之敌的决定性战斗力，不仅能支援陆上战役或海上战役，而且能在空中战役中直接投送力量。美国参联会的《2010年联合构想》和《2020年联合构想》颁布后，空军先后公布了《全球参与——21世纪空军构想》《2020年空军构想：全球警戒，全球到达和全球力量》《航空航天部队：21世纪保卫美国》《美国空军：召唤未来》等文件，较为集中而系统地阐明了美国空军的发展理念、建设项目和转型计划，为空军的发展和建设指明了方向。

"全球参与"战略思想，就包含在这些文件和空军部长每年向国会所做的例行性报告中，其主要内容包括：（1）保证美国安全和国际稳定，需要空军这支"全球警戒、全球到达和全球力量";（2）空军必须具备航空与航天优势、全球攻击、全球快速机动（48小时内部署1支航空航天远征部队，15天内部署5支）、精确打击、信息优势、灵活的作战支援等核心作战能力;（3）空军必须在航天、空军远征部队、战斗管理、部队防护、信息战、无人驾驶飞行器等六大领域发展创新并组建6个相应的战斗实验室。空军的未来目标是：在21世纪提供有效的战略威慑；保持强大而灵活的全球一体化情报监视侦察能力；确保成为一支聚焦高端冲突、能够全频谱行动的部队；探索以多域方式履行空天优势、情报监视侦察、全球快速机动、全球打击、指挥控制等五大核心使命；寻求改变游戏规则的技术（包括特超声学、纳米技术、定向能、无人系统、自主系统等），其目的是为应对明天的挑战做好准备。[①]

美国陆战队的"由海向陆作战机动"战略

冷战结束后，陆战队和海军共同制定了《由海向陆》和《前沿——由海向陆》白皮书，提出未来将巧妙安排海军部队，以使美国能够在世界各地的近岸地带施加影响。《2010年联合构想》颁布后，陆战队制定了《2010年陆战队构想：由海向陆作战机动》，阐明陆战队必将面对新技术带来的各种挑战、危险和机遇，必将变革机动战的传统，使之不仅适应两栖作战，而且适应在濒海水域及周边所实施的各种战争。《2020年联合构想》颁布后，陆战队制定了《21世纪陆战队战略》，指明了陆战队迈向21世纪的道路、目标和着眼点。

陆战队"由海向陆作战机动"的战略思想就包含在这些文件和陆战队司令每年向国会所做的例行性报告中，其主要内容包括：（1）作为远征型

---

① the United States Air Force: America's Air Force: A Call to the Future, P. 3, July 2014.

"总体戒备部队"的主力，不论在国内还是在国外，陆战队将编组成听从国家召唤的部队，促进国家利益，影响重要地区，打赢国家的战争；（2）陆战队必须具备机动性、情报、指挥与控制、火力支援、航空作战、反水雷、作战勤务支援等7种作战能力；（3）提出三大建设目标，即招募、发展、组织和保持一支高素质的"总体部队"，使陆战队成为远征型"总体戒备部队"的主力，完善陆战队作战部队、后勤支持和基地维持以及对全部危机和冲突作出反应所独有的能力，充分利用创新、实验和技术，建设在21世纪取得成功的陆战队。

美国海岸警卫队的"时刻准备着"战略

美国海岸警卫队是美国武装力量的六大军种之一，肩负着多项海上使命。《2020年联合构想》颁布后，海岸警卫队发表了题为《2020年海岸警卫队构想：今天准备就绪——为明天做准备》的战略文件。它分析了2020年前后海岸警卫队可能面临的威胁、挑战和机遇，重新评估了海岸警卫队的地位作用，指明了海岸警卫队的发展方向和需要加强的能力，认为海岸警卫队将有能力与技能实现自己的誓言"为美国时刻准备着"，是一份雄心勃勃的发展蓝图。

海岸警卫队的"时刻准备着"战略思想就包含在这份文件和其他一些文件中，其主要内容包括：（1）海岸警卫队是美国海上卫士、海洋环境管理者、海事法律执行者和生命救护者；（2）海岸警卫队必须具备三种能力，即关键性决策能力、作战能力和执行任务的能力；（3）荣誉、尊重与献身精神是最重要的力量，技术永远不能取代具有远见卓识和富有献身精神的人。

美国太空军的"太空优势"战略

2019年12月20日，美国总统特朗普签署2020财年《国防授权法》，正式建立美国太空军，使其成为继美国陆军、海军、陆战队、空军和海岸警卫队之后的第六个军种。美国计划用5年时间（2020—2024）健全美国太空军。美国太空军由于正处于筹建过程中，尚未明确提出自己的军种战略，但从特朗普发布的《第4号太空政策指令》《2020财年国防授权法》《美国国家太空政策》《美国国家太空战略》《太空防御战略摘要》《美国太空部队》等文件看，仍然可以把美国太空军的发展战略归纳为"太空优势"战略。

"太空优势"战略的主要内容包括：（1）太空既是国家力量、繁荣和尊严的来源，也是国家力量、繁荣和尊严的通道，对美国生活方式、国家安全、经济繁荣、科技发展和现代战争极其重要。（2）太空已成为美国与中国和俄罗斯进行大国竞争的中心舞台。（3）确定太空防务目标，即保持太空优势，为国家、联合和联军作战行动提供太空支援和确保太空稳定。（4）赋予太空军六大任务，即保护美国太空利益；确保美国不受限制地使用太空；慑止侵略，保护美国、盟国和美国利益免遭来自太空的敌对行为；确保所需要的太空作战能力得到整合，可供所有美国作战司令部使用；在太空、从太空或向太空投送军事力量，支持美国利益；发展、保留和完善专注于太空国家安全需求的专业人才队伍。①（5）明确实现战略目标的四个途径：在太空构建全面军事优势；使太空军事力量融入国家、联合和联军作战行动；塑造战略环境；与盟国、伙伴国、工业部门和其他政府部门及机构合作。

美军联盟战略

联盟（alliance）是"导致两个或多个国家之间为促进成员国共同利益的

---

① 中国战略文化促进会：《2019年美国军力评估报告》，第3页，2020年10月。

长远、广泛目标而签订正式协定的那种关系"。战略（strategy）是"一种或一整套以结合和同步的方式运用国家力量手段达成战区、国家和/或多国目标的深谋远虑的想法"。那么，联盟战略就是一种或一整套协调一致地运用正式缔约国的国家力量手段去实现战区、国家和多国目标的精明想法。

美国联盟战略有着悠久的历史和丰富的实践，在200多年的时间里不断得到发展和完善。早在独立战争时期，美国就开始奉行联盟战略，于1778年与法国签订了军事同盟条约，并借助法国、西班牙等国军队的力量，打败了英国军队。但是，美国今天的军事联盟体系，都是第二次世界大战后建立起来的。到2020年，与美国签有正式共同防御条约的盟国共有52个，分布在五大洲，其中欧洲28个，北美洲和南美洲18个，亚洲4个，大洋洲2个。如果算上通过签署法律效力低于条约的行政协定而建立的联盟，美国的盟国则更多。①

一、美国联盟战略的发展

美国联盟战略的发展，大致可以分为3个时期：借助盟国，壮大自己，共同应对威胁时期；借助盟国，争霸世界，共同对付华约集团时期；借助盟国，维持单极独霸，共同确保美国绝对安全时期。

（一）借助盟国，壮大自己，共同应对威胁时期（1775—1945年）

在这个时期，美国在独立战争中与法国结盟，并在法国、西班牙军队和俄国、普鲁士、荷兰、丹麦、瑞典等武装中立同盟国军队的支援下，打败了英国军队，赢得了独立战争的胜利。在第一次世界大战中，美国在战争前期采取中立立场，指望交战列强在战争中相互削弱，以便坐收渔利。直到后来德国发动"无限制潜艇战"严重威胁到美国的利益，并且整个战

---

① 崔磊：《盟国与冷战期间的美国核战略》，第27页，世界知识出版社，2013年。

局对协约国不利，美国才改变立场，于1917年4月6日正式对德宣战，加入协约国一方，最终打败同盟国，成为一战的胜利者。在第二次世界大战中，美国于1939年9月8日宣布"有限紧急状态"，开始扩充武装力量，为参战做准备；1941年12月7日，日本偷袭珍珠港，美国立即宣布"无限期紧急状态"，实行战争总动员，加入同盟国一边，同德、意、日轴心国联盟作战，最终打败轴心国联盟，成为二战的胜利者。

（二）借助盟国，争霸世界，共同对付华约集团时期（1946—1991年）

在这个时期，美国把强大的联盟体系看作美国安全战略的"重要基石"和军事战略的"重要组成部分"。从安全战略上看，美国是后起的帝国主义国家，要实现自己称霸全球的战略目标，就不能走老牌帝国主义国家向其他帝国主义国家开战的道路，而是应凭借两次世界大战积累起来的世界"首富""首强"地位，建立以自己为首的帝国主义、资本主义国家联盟，把它们纳入自己设计的战略轨道。这样就可以达成4个战略目的：分享其他帝国主义国家的既得利益，向它们的势力范围渗透；控制其他帝国主义国家，使之不至于发展成为挑战美国盟主地位的潜在敌人；共同对外扩张和谋取更大的利益，同时以此缓解相互矛盾、协调相互关系；共同对付苏联集团的挑战，按照西方的价值观和社会制度改造世界。从军事战略上看，实行集体防御，壮大防御力量，扩大防御纵深，分担防务负担，同时为美国建立安全缓冲地带，使美国本土永远不遭战火蹂躏。出于以上考虑，第二次世界大战后的美国十分重视推行联盟战略，先后建立了5个地区性军事联盟，即1947年建立的"美洲联防条约"（又称"里约热内卢公约"）组织、1949年建立的"北大西洋公约"组织、1951年建立的"美澳新安全条约"组织、1954年建立的"东南亚集体防御条约"组织（已于1977年解散）和1959年加入的"巴格达条约"组织（已于1979年解体）。此外，美国还同日本、韩国、菲律宾等签有双边防御条约，同以色列、沙特阿拉伯、埃及、约旦、丹麦、冰岛、利比里亚、巴基斯坦等国签有防务合作协定。这种联盟战略保证了美国在西方世界的霸主地位，以及美国在美苏军事对抗中的相对优势，也保证了美国对世界各关键地区的稳定控制，并最终赢得了冷战的胜利。[1]

（三）借助盟国，维持单极独霸，共同确保美国绝对安全时期（1992年至今）

在这个时期，美国一边分享冷战结束带来的红利，一边加强和巩固既有军事联盟关系，同时还大力发展安全合作伙伴关系，企图借助盟国和伙伴国力量，长期维持单极独霸的世界政治格局，确保美国绝对安全。冷战结束后，美国没有了旗鼓相当的对手，没有了明确与其作对的国家或国家集团，也没有了严峻的现实威胁，但美国不仅没有解散冷战期间结成的军事联盟，反而采取多种措施加强和扩大军事联盟。一是鼓动北约东扩，挤压俄罗斯战略空间。冷战时期，北约只有16个成员国。冷战结束后，美国利用有利的国际形势和安全环境，鼓动北约大力东扩，致使14个国家相继加入北约（1999年，波兰、捷克、匈牙利加入；2004年，立陶宛、爱沙尼亚、拉脱维亚、斯洛伐克、罗马尼亚、保加利亚、斯洛文尼亚等7国家加入；2008年，克罗地亚和阿尔巴尼亚加入；2017年，黑山加入；2020年，北马其顿加入），使北约成员国猛增至30个，还声称乌克兰和格鲁吉亚最终都将成为北约成员国。这引起俄罗斯极大的焦虑和不满，坚决反对乌克兰加入北约，并最终导致俄罗斯于2022年2月24日对乌克兰发动军事打击。俄乌冲突爆发后，中立国芬兰和瑞典于2022年5月17日同时向北约提交加入申请。2023年4月4日，芬兰正式加入北约，成为第31个北约成员国。2024年3月7日，瑞典正式加入北约，成为第32个北约成员国。二是推动

---

[1] 符成礼主编：《当代外国军事思想教程》，第30—31页，军事科学出版社，2000年。

双边联盟向多边联盟发展，意在打造"亚洲版北约"。冷战时期，美国在亚洲的军事联盟都是双边联盟，如美日、美韩、美菲联盟。冷战结束后，美国大力推动双边联盟向美日韩、美日菲、美日澳、美日菲澳等多边联盟发展，其目的是希望在亚太构建北约那样的集体安全体系，借助盟国的力量平衡正在快速发展的中国军力。三是利用军售和军事部署，建立和保持准军事联盟关系。美国与新加坡、马来西亚和中国台湾不是军事联盟，但却通过军售和兵力部署与它们建立和保持准军事联盟关系。四是发展新型伙伴关系，拉拢越南、印度等国参与安全合作对话，加强在中国南海问题上的沟通合作。五是把军事合作扩展到政治、经济合作。美国参与东亚峰会，主导亚太经合组织会议，并力推跨太平洋伙伴关系协定，力图以全方位合作强化军事合作。

二、美国军事联盟的形式

美国与其他国家结成军事联盟关系，主要采用正式联盟、非正式联盟和临时联盟三种形式。此外，冷战结束后美国大力推行的安全合作伙伴关系，也可以被看作广义联盟战略的一部分，这是对前三种联盟形式的一种补充。

（一）正式联盟

正式联盟是指签订了正式共同防御条约或协定的国家组织。与美国建有正式联盟关系的国家包括北大西洋公约组织欧洲成员国（28个国家）、亚太联盟体系成员国（6个国家）和美洲国家间互助条约成员国（18个国家）。正式军事联盟要求缔约双方承担共同防御义务，虽然不用担心被盟国抛弃，但是容易被盟国裹挟到危险的冲突之中。一般而言，正式联盟国家在政治上联系更加紧密，在军事上一体化程度较高，如采用一体化的指挥控制体制、标准化的武器装备和弹药、标准化的作业程序、统一的作战理论和作战标识等。

（二）非正式联盟

非正式联盟是指没有同美国正式签订共同防御条约或协定，但与美国签有某种防务合作协定，或通过军售和军事部署，已与美国建立起某种非正式的军事联盟关系。与美国保持非正式军事联盟关系的国家大约30个，包括以色列、沙特阿拉伯、埃及、约旦、巴林、卡塔尔、科威特、丹麦、冰岛、利比里亚、巴基斯坦、新加坡等。非正式联盟更为灵活，既能增加威慑力量，又能享有充分的行动自由，避免卷入冲突，因此受到美国的青睐。

（三）临时联盟

临时联盟（coalition）是指"两个或更多国家为共同行动而进行的一种安排"。[①]临时联盟既不签署正式的共同防御条约，也不签署行政性质的安全合作协定，而是通过一系列外交活动在一场涉及共同利益的战争中结成联盟，应对共同的敌人。一旦战争结束，临时联盟便自动解散，相互之间互不约束。在1991年的海湾战争中，以美国为首的北约国家便与以沙特为首的阿拉伯国家结成临时联盟，共同反对伊拉克。"9·11"事件后，有122个国家直接或间接对美国表示支持；40多个国家在美国领导下，组成国际联军，在阿富汗境内开展打击基地组织的反恐战争。伊拉克战争爆发前，有45个国家结成"自愿联盟"，支持美国出兵伊拉克。

（四）安全合作伙伴关系

冷战结束后，美国在加强和巩固军事联盟体系的同时，大力发展安全合作伙伴关系，希望以此进一步促进世界和平与稳定，确保美国绝对安全，确保美国在全球的利益不受损失。这种伙伴关系既能为世界和平与稳定贡献力量，又能为美国扩展军事联盟奠定基础。美国在欧洲的部分安全合作伙伴国现在已经成为北约成员国，如波兰、捷克、匈牙利、立陶宛、爱沙

---

① Joint Chiefs of Staff: JP1-02, Department of Defense Dictionary of Military and Associated Terms, P.42, November 8, 2010 (As Amended Through September 15, 2013).

尼亚、拉脱维亚、斯洛伐克、罗马尼亚、保加利亚、斯洛文尼亚、克罗地亚、阿尔巴尼亚等。美国在亚太地区的伙伴关系国主要有印度、印度尼西亚、马来西亚、文莱、越南、缅甸、蒙古等。

三、美国军事联盟的作用

美国之所以坚持不懈地发展和巩固军事联盟，是因为它能为美国打赢战争、维持霸权、保护和扩展国家利益作出贡献。概言之，美国军事联盟的作用主要体现在以下几个方面。

（一）为美国提供兵力支持

美国参加的所有战争都毫无例外地利用了盟国的兵力。仅以二战后的战争为例，在朝鲜战争中，菲律宾、泰国、澳大利亚、新西兰、土耳其等10余个盟国派军队参战；在越南战争期间，韩国、澳大利亚和新西兰出兵协同美军作战，其中韩国派出32万人；在海湾战争中，38个国家参加了美国主导的军事行动，其中28个国家出兵33万人，派出坦克1600多辆、战舰127艘、作战飞机710多架；在科索沃、阿富汗、伊拉克战争中，也有不少盟国提供兵力。虽然与美军数量相比，盟国的兵力相对较少，但其参战不仅增强了美国军队的总体实力，还制造了有利的国际舆论，提高了己方士气和对敌方的威慑力，使美国出兵更容易获得国内民众的支持。

（二）为美国提供军事基地

第二次世界大战后，美国曾在世界各地建立军事基地和设施5000多个，后因国内经济困难和驻在国人民反对，基地数量逐渐减少。到2012财年，美国设在海外40个国家的军事基地和设施仍有666个，其中232个在德国，109个在日本，85个在韩国。这些基地和设施不仅可以为美军实施军事行动提供补给和情报，还可以控制苏伊士运河、霍尔木兹海峡、马六甲海峡、巴拿马运河等海上交通要道，是美国控制全球、称霸世界的重要工具。

（三）为美国分担防务开支

在很多情况下，美国都会要求盟国为其分担防务开支。在海湾战争中，盟国为战争提供了540亿美元，还为美军提供了后勤保障。美国在日本驻军的费用也由日本政府分担。20世纪90年代初，日本每年向美国支付60亿美元，相当于驻日美军开支的70%。后来，盟国分担的防务开支逐渐增加。到2002年，北约盟国支付美国驻军费用的28%，韩国支付50%，日本支付75%。美日就迁移驻冲绳美军基地问题进行了长时间的谈判，但搬迁费用最终也多由日本买单。

（四）为美国控制盟国提供便利

美国的联盟体系可以有效地约束盟国，防止其威胁美国的霸主地位。冷战期间，美国将联邦德国纳入北约，与日本结盟，就是为了塑造这些国家的政治发展方向，排除其与苏联结盟的可能性。美洲国家间互助条约组织也是美国控制拉美盟国的工具。拉美历来是美国的后院，其他大国不敢染指，没有遭受侵略之虞，但美国屡屡打着保护盟国的旗号，干涉其内政，以武力推翻反美政权。此外，美国不准盟国之间抱团取暖，害怕它们会威胁美国的独大地位。冷战时期，美国曾迫使联邦德国放弃以法德联盟为轴心建立欧洲独立防务集团。冷战结束后，美国在欧洲防务建设上的立场有所松动，但附加了三个条件：不得脱离北约战略，不得与北约搞重复建设，不得歧视不属于欧盟的北约成员国。这些限制使人口和经济总量都超过了美国的欧盟无法改变在安全上依附美国的地位。

（五）为美国提供政治支持

在战争和危机中，美国经常需要借助盟国的支持获得合法地位。古巴导弹危机本是美苏之间的较量，但在1962年10月的美洲国家组织会议上，大多数拉美国家都投票赞同美国采取封锁措施，许多国家还采取具体行动响应美国政府的封锁令。时任美国司法部长的罗伯特·肯尼迪承认，正是美洲国家组织的决议才给了隔离政策合法的基础，它们愿意听从美国的领导是对赫鲁晓夫出乎意料的沉重一击。伊拉克战争前，美国无法在联合国安理会获得军事打击伊拉克的授权，只得求助于其联盟体系，宣布有40多个国家支持其军事行动。盟国在政治上的支持，最终使美国成为冷战的胜利者。如果没有盟国的支持，美国对华约集团实施的政治孤立、军事威慑和经济封锁政策将很难奏效。

（六）为美国主导国际经济提供服务

联盟虽是安全领域的互惠安排，但也给美国带来了可观的经济收益。冷战开始后，由于美国对苏联采取遏制政策，东西方之间的贸易联系被切断，美国只能与其盟国开展贸易和投资，互为主要的贸易伙伴和对外直接投资目的地。这一状态并未因冷战结束而发生实质性变化。至今，美国及其盟国仍是联合国、世界银行、国际货币基金组织、世贸组织、七国集团等国际机构的积极参加者和主要出资国。2008年金融危机爆发后，新兴经济体的影响力迅速上升，但美国及其盟国仍占据二十国集团的多数席位。澳大利亚、韩国和土耳其等盟国作为新兴经济体参与其中，有利于维护美国全球领导地位。[1]

美军威慑战略

威慑是"由于存在可信的不可接受的对抗和/或相信行动的成本将超过感觉到的益处而防止行动的发生"[2]。美国《国防部军事和相关术语词典》中

---

[1] 崔磊：《盟国与冷战期间的美国核战略》，第28—37页，世界知识出版社，2013年。

[2] Joint Chiefs of Staff: JP1-02, Department of Defense Dictionary of Military and Associated Terms, P.78, November 8, 2010 (As Amended Through September 15, 2013).

没有"威慑战略"这个词条，但美国威慑战略确实存在。美国的现代威慑战略概念，是伯纳德·布罗迪在1945年发表的《原子弹与美国的安全》一文中首先提出来的。1946年，布罗迪将该文收进了他主编的《绝对武器：原子力量与世界秩序》一书。他估计苏联在10～15年后将拥有大量核武器，并认为对美苏核大战毁灭性后果的恐惧，是美国奉行核威慑战略的根本原因。随着美苏对抗的发展，美国对威慑战略的认识不断深化，大致可以归纳为以下几点：（1）威慑的目的不是进行战争，而是避免发生针对美国及其盟友的战争；（2）威慑的途径是设法使企图进攻美国及其盟友的敌人确信，进攻所得到的好处远远小于所付出的代价；（3）威慑的过程是从心理上震慑敌方的过程，即使敌方因惧怕不堪设想的后果而不敢发动战争；（4）威慑是综合性的，依靠国力的各要素，但以军事力量为主体；（5）由于美苏双方军事力量尤其是核力量的发展，威慑的战略意义上升了，同时威慑的过程也简单化了，因为双方对战争的严重后果都看得清清楚楚；（6）在核时代，军队的主要作用已不是打赢美苏之间的战争，而是慑止这种战争。

一、威慑战略的发展

第二次世界大战后的10年间，美国实行以常规威慑为主、核威慑为辅的威慑战略，原因是那时美国还保持核垄断地位，且美国的核武器还未成体系，核武器还只是被看作"摧毁敌人工业中心的一种更为有效的爆炸物"（基辛格语）。1954年美国开始推行"大规模报复战略"，其核心是通过维护和发展美国核优势，以强大的"第一次打击能力"威慑苏联，使之不敢发动任何形式的战争。在肯尼迪—约翰逊执政期间，由于迅速发展的苏联导弹核武器对美国本土构成了现实的威胁，而美国的核武器尚未具备准确打击苏联军事目标的能力，美国改为以"第二次打击力量"打击对方人口和工业中心慑止苏联进攻的威慑战略，即"相互确保摧毁战略"。到了60年代后期，美苏战略力量对比趋向均衡，双方核导弹的精度、威力和突防能力都有很大提高，且有了分导式弹头，苏联的常规力量也出现快速发展势头。因此，在整个70年代，美国不得不奉行常规威慑和有限核威慑相结合的威慑战略。这种战略强调以慑止常规战争为主；在核威慑方面，以侧重打击敌军事目标的"抵消战略"慑止核战争。在80年代，美国政府认为美苏力量对比不利于美，而且苏联的军事态势咄咄逼人，决心对苏采取"整体威慑战略"。这一战略既包含常规威慑，也包含核威慑和太空威慑；既包含进攻性威慑，也包含防御性威慑（战略防御计划）；既包含战争爆发前的威慑，也包含战争爆发后的多层次威慑（分前沿防御、战争升级和全面报复三个层次）；既包含战略威慑，也包含战区威慑；既包含延伸的威慑，也包含有区别的威慑。冷战结束后，随着高新技术武器装备的快速发展和美国常规作战能力的提升，核威慑的地位作用下降，常规威慑的地位作用上升。

二、威慑的要素

亨利·基辛格在其1961年出版的《选择的必要》一书中写道："威慑需要兼具以下因素：有力量，有使用力量的意志和潜在的侵略者估计到这两点。……如果有一种因素不存在，威慑就不起作用。"[①]基辛格的这一"威慑三要素"，实际上是对美国过去十几年威慑实践的理论总结，并被美国各届政府所采用。为了使威慑更加有效和可靠，里根政府在"威慑三要素"的基础上进一步提出了"威慑的四性"：第一，生存性，即能够在敌人先发制人的进攻中生存下来，并能够对敌人进行使敌"失远大于得"的反击；第二，可信性，即要使潜在敌人相信，美国一定会对其进攻作出反应，而且反应是坚决而有力的；第三，明晰性，即要让潜在敌人明白什么样的

---

① ［美］亨利·基辛格：《选择的必要》，第17页，世界知识出版社，1962年。

行动是美国不能容忍的，从而使其不敢轻举妄动；第四，安全性，即将由意外事故、未经批准或估计错误而导致战争的风险，降至最低程度。[①]

三、威慑的类型

美国有关威慑的理论很多，包括最低限度威慑论、最大限度威慑论、有限威慑论、主体有限威慑论、可靠的第一次打击论、可靠的第二次打击论、打击军事力量论、打击社会财富论等。这些理论的实质，是探讨在什么样的时机，选择什么样的手段，针对什么样的目标，在什么样的程度上使用威慑力量，才能可靠、有效地达成威慑目的。于是，美国威慑理论根据威慑时机、手段、目标和冲突的不同，把威慑分为以下6类。

（一）拒止威慑与惩罚威慑

美国战略学者格伦·施奈德在其《威慑与防御：构建国家安全的理论》一书中把威慑区分为"拒止威慑"（deterrence by denial）和"惩罚威慑"（deterrence by punishment）。拒止行动是指使用武力直接抵抗敌方的进攻和侵犯，或使用武力直接进攻敌方领土。以拒止行动相威胁，就是使敌方相信其采取的军事行动不会成功而放弃该行动。惩罚行动是为惩罚敌方军事行动而实施的报复性军事打击。以惩罚行动相威胁，就是使敌方相信如果他采取行动，遭到报复打击所付出的代价肯定会超过其行动成功后所获得的收益，从而放弃其行动。

（二）核威慑与常规威慑

根据军事力量的类型，威慑可以分为核威慑（nuclear deterrence）与常规威慑（conventional deterrence）。以核武器为手段的是核威慑，以常规武器为手段的是常规威慑。20世纪五六十年代，核威慑是美国整体威慑的核心

---

① 江新凤主编：《当代外国军事思想教程》，第39—40页，军事科学出版社，2013年。

内容和基础，常规威慑处于边缘地带。70年代，苏联战略核武器数量已经超过美国，常规威慑开始受到重视。80年代，美国开始拥有常规武器技术优势，认为常规力量不但是对付常规威胁的主要工具，而且是提高核门槛、防止核战争的重要手段；常规威慑力量越大，战争的危险性就越小；常规威慑所发挥的作用越大，对核手段的依赖性就越小。冷战结束后，随着高新技术武器装备的快速发展，美国在常规作战能力方面的优势进一步扩大，核武器在威慑战略中的地位作用进一步下降。

（三）中心威慑、延伸威慑和边缘威慑

根据冲突的类型，威慑可以分为中心威慑（central deterrence）、延伸威慑（extended deterrence）和边缘威慑（peripheral deterrence）。中心威慑是为阻止对手进攻本土而进行的核威慑，通常涉及双方生死攸关的利益，哪一方也不敢轻举妄动，战略均势可以导致稳定的互相威慑状态。延伸威慑是美国为阻止对其盟国采取军事行动而进行的核和常规威慑，通常涉及三个以上的国家，关系比较复杂。边缘威慑是对其他有损于美国利益的军事或非军事行动进行威慑，通常涉及边缘地区，是一般安全利益。

（四）平时威慑与战时威慑

根据威慑发挥的时间，可以把威慑分为平时威慑（peacetime deterrence）和战时威慑（intra-war deterrence）。平时威慑是指在和平时期为了防止战争爆发而实施的威慑。要慑止的威胁强度越高，就越有必要实施平时威慑。美国为防止美苏之间爆发核大战，侧重运用的就是平时威慑。战时威慑是指战争过程中为了控制军事行动的规模和强度而实施的威慑。实施战时威慑的主要方式，是在每一更高强度上形成对敌优势，使对方明白战争升级的后果比结束战争的后果更不利，从而愿意结束敌对行动。

（五）普遍威慑与特定威慑

根据针对的威胁的不同，可以把威慑分为普遍威慑（general deterrence）

和特定威慑（immediate deterrence）。普遍威慑强调对付安全环境中的一种或数种威胁，而不管它们来自哪个国家，其针对的威胁是长期存在的，具有潜在性和普遍性。特定威慑强调对付突然发生的危机，针对的国家和要慑止的威胁都是明确的，其针对的威胁是突发的，具有现实性和具体性。例如，伊拉克入侵科威特之前两周内美国针对伊拉克实施的威慑。

（六）威慑与威逼

根据要阻止的行动未发生还是已发生，威慑可以分为威慑（deterrence）与威逼（compellence）。在对方采取行动之前阻止其行动的措施是威慑，在对方已经采取行动后逼迫其停止和放弃行动的措施是威逼。威逼往往比威慑更难成功，因为中止和放弃已经开始的行动所要承担的损失很大。威逼要想成功，就应以更有力的拒止或报复行动相威胁。[1]

美军核战略

"核战略是指筹划和指导核力量发展和运用的方略和政策。核战略仅涉及有关核武器的国家安全政策，不涉及民用核能事务。在美国政府核武器决策的过程中，一个具体的决定建立在核政策的基础上，而具体的核政策则被涵盖在总体核战略或国家安全战略中。"[2]

美国没有制定专门的核战略文件，其核战略思想主要包含在国家安全委员会的相关文件、总统国情咨文、核不扩散政策，以及《核态势审查报告》《核力量使用战略报告》等文件中。冷战时期，美国的国家安全战略、军事战略和核战略融为一体，未做明确的区分。"大规模报复"战略、"灵

---

① 姚云竹：《战后美国威慑理论与政策》，第11—16页，国防大学出版社，1998年。
② 崔磊：《盟国与冷战期间的美国核战略》，第1页，世界知识出版社，2013年。

活反应"战略、"有限核选择"战略、"抵消"战略等，既是国家安全战略和国家军事战略，也是核战略。冷战结束后，国家安全战略、国家军事战略、核战略等才有了比较明确的区分。但是，这些战略都是互相联系的，上一级战略是下一级战略的指导，下一级战略是上一级战略的支撑，是一个互为依存的整体。冷战后的美国核战略思想，主要包括以下几个方面。

一、"新三位一体"（new triad）思想

冷战结束后，美国政府对核战略进行了5次审查。第一次是克林顿政府在1994年进行的，第二次是小布什政府在2001年进行的，第三次是奥巴马政府在2010年进行的，第四次是特朗普政府在2018年进行的，第五次是拜登政府在2022年进行的，审查结果以《核态势审查报告》（*Nuclear Posture Review Report*）的形式提交国会审议。第二份《核态势审查报告》认为，美国的战略力量结构基本上还是冷战时期的"三位一体"模式，而为了适应21世纪的安全环境，必须从根本上调整这一结构，因此，应用10年左右的时间，把美国的战略力量结构由旧"三位一体"改变为"新三位一体"[1]。奥巴马政府的《核态势审查报告》重申了这一思想。

美国认为，建立"新三位一体"将减少美国对核武器的依赖，能以两种方式改善美国慑止攻击的能力：一是增加防御能力意味着美国不再像冷战时期那样严重依赖进攻性打击部队实施威慑；二是增加非核打击部队意味着美国将比过去更少地依赖核部队提供进攻性威慑能力。其主要内容包括以下几个方面。

（一）建设核与非核打击系统

核与非核打击系统是战略打击力量，包括了核武器和高技术常规武器，

---

① The Department of Defense: Findings of the Nuclear Posture Review, January 9, 2002.

超越了冷战时期的"三位一体"。核打击系统包括洲际核弹道导弹、潜射核弹道导弹和远程核轰炸机。非核打击系统包括远程常规作战平台和远程精确打击弹药。非核打击能力对于限制附带损伤和防止冲突升级特别有用，核武器则主要用于打击能够抵御非核武器攻击的目标，如深入地下的掩体、生物武器设施等。增强核与非核打击系统能极大地提高美国的战略威慑能力。

（二）建设主动与被动防御系统

主动与被动防御系统包括导弹防御系统、导弹潜艇、机载激光、防区外联合空地导弹、小直径炸弹、无人驾驶战斗航空器等主动和被动防御系统，通过拒止敌人的有限攻击或降低其有效性，能够阻止敌人发动攻击，为管理危机提供新能力，确保在传统威慑失败时有应对之策。

（三）建设快速反应的国防基础设施

快速反应的国防基础设施，包括恢复过去生产能力的机制，研发新武器系统的能力，支援、维持、修复各种基础设施的能力等，以便在不到20年的时间里就可以列装新一代武器系统，保持对大的战略变化作出快速反应的能力，使美国在减少核武器的同时，劝止对手与美国进行核军备竞赛。

（四）建设增强型指挥、控制和情报系统

美国军事力量的"硬件"能否协调一致地发挥出最大效能，有赖于连接它们的指挥、控制、情报与计划这种"软件"。有关敌人意图和能力的灵敏情报，使美国能够及时对力量作出调整，提高打击和防御的精度；快速而灵活地计划和使用防御力量的能力，可为美国管理危机、威慑攻击和实施军事行动提供巨大优势。[1]

---

[1] Donald H. Rumsfeld: Nuclear Posture Review Report Foreword, http://www.globalsecurity.org.

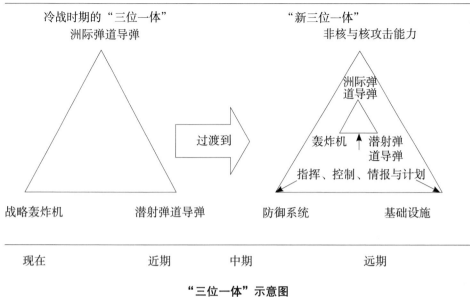

冷战时期的"三位一体"　　　　　　　　"新三位一体"
洲际弹道导弹　　　　　　　　　　　非核与核攻击能力

过渡到

洲际弹
道导弹

轰炸机　↑　潜射弹
　　　　　道导弹
指挥、控制、情报与计划

战略轰炸机　　　潜射弹道导弹　　防御系统　　　　基础设施

现在　　　　　近期　　　中期　　　　　远期

"三位一体"示意图

与过去的"三位一体"相比，"新三位一体"具有4个突出特点：一是强调核打击与常规打击能力相结合；二是强调进攻能力与防御能力兼备；三是强调军事实力与军事潜力并重；四是强调"硬件"与"软件"的协调发展，突出"软件"的"倍增器"作用。"新三位一体"思想对美国战略威慑力量的建设提出了更高的要求，也对美国核战略力量的裁减、重组与更新提供了及时的指导。

二、"无核武器世界"（a world without nuclear weapons）思想

2009年4月5日，美国总统奥巴马在捷克首都布拉格发表演讲时表示，美国将"寻求建立一个和平与安全的无核武器世界"[①]。2010年4月6日，奥巴马政府公布新版《核态势审查报告》，把"减少核危险，寻求无核武器世界"作为美国核战略的根本目标。4月8日，美国与俄罗斯在捷克首都布拉格签署《新战略武器裁减条约》，向"无核武器世界"迈出了坚实的一步。

---

① http://prague.usembassy.gov/obama.htm (1 von 5) 10.05.2009 23: 46: 58.

4月12—13日，全球核峰会在美国首都华盛顿召开，47个国家的领导人（或代表）和联合国、国际原子能机构、欧盟等组织的负责人出席了本次核峰会。奥巴马主持了此次峰会并成功地劝说46个国家签署了在4年内不让恐怖分子获得核材料的计划。至此，"无核武器世界"思想成为美国核战略的组成部分，其主要内容包括以下几个方面。

（一）"无核武器世界"是一个远期目标

奥巴马认为，作为唯一使用过核武器的核大国，美国有采取行动建立无核武器世界的道德责任。但仅靠美国的努力是不能成功的，美国只能在其中起带头作用。由于问题的复杂性，"无核武器世界"将是一个远期目标，"不能很快实现——可能在我的有生之年都不能实现。它需要耐心和坚持"[①]。

（二）全球核大战威胁下降，但核攻击的危险上升

虽然占世界核武器总量96%的美国和俄罗斯对核武库进行了大量裁减，乌克兰、白俄罗斯、哈萨克斯坦、伊拉克和南非放弃了核武器和核武器项目，数十个国家加入了核不扩散条约共同加强核不扩散工作，但核不扩散机制遭受了严重挫折：更多的国家获得了核武器；核试验在继续；黑市在进行核秘密和核材料交易；制造原子弹的技术在扩散；恐怖分子决心购买、制造或偷窃核武器。

（三）提出核武器政策的关键目标

美国核武器政策的5个关键目标包括：防止核扩散和核恐怖主义；降低核武器在美国国家安全中的作用；在已裁减核力量水平上保持战略威慑和稳定；加强地区威慑，让美国的盟友和伙伴放心；维持安全、可靠和有效的核武库。

---

① http://prague.usembassy.gov/obama.htm (1 von 5) 10.05.2009 23: 46: 58.

（四）提出迈向"无核武器世界"的具体措施

美国决定在近期内采取落实《核不扩散条约》、扩大核不扩散机制、确保核材料不落入恐怖分子手中、寻求批准和执行《全面核禁试条约》、立即开始《裂变材料截断条约》谈判、找出任何隐蔽的核攻击线索等14项措施，还打算采取：在批准和开始执行《新战略武器裁减条约》后，与俄罗斯开展谈判，以实现核力量的进一步大规模裁减和所有核武器（已部署的和未部署的、战略的和非战略的）的完全透明；采取措施扩大合作和透明度，加强与俄罗斯和中国的战略稳定；继续加强区域安全结构，消除化学和生物武器等7个远期步骤。[①]

（五）确保恐怖分子永远得不到核武器

美国为了确保恐怖分子永远得不到核武器，将采取以下措施：在4年内使全世界所有易于获取的核材料受到安全保护；持续增加打击黑市的力度，阻止核交易；侦察和拦截运输中的核材料；使用金融手段破坏核交易；将《防扩散安全倡议》《全球反核恐怖主义倡议》等防扩散计划变成永久性国际制度。

奥巴马提出建立"无核武器世界"的主张后，美国实战部署的核武器数量略有削减，但美国军方和保守势力对"无核武器世界"主张持反对态度。因此，美国政府能否真正实行"无核武器世界"主张，令人怀疑。

三、"美国核武器仅用于慑止核攻击"（making deterrence of nuclear attack the sole purpose of U.S. nuclear weapons）思想

2013年6月12日，美国国防部发布了新版《美国核力量使用战略报告》。该报告认为，冷战结束以来，国际安全环境发生了巨大变化，全球核

---

① The Department of Defense: Nuclear Posture Review Report, PP. 45—48, April 2010.

大战的威胁已经远去，但核攻击的风险却在增加。为此，美国修改以往的核力量使用战略，提出了"美国核武器仅用于慑止核攻击"的思想，其主要内容包括以下几个方面。

（一）明确美国在核领域面临的威胁与挑战

该报告认为，美国面临的最现实和最极端的危险仍然是核恐怖主义。基地组织及其极端主义盟友正在寻求核武器，一旦其图谋得逞，就会使用核武器。美国面临的另一个紧迫威胁是核扩散。美国反对并致力于阻止伊朗获取核武器，不接受朝鲜致力于获得核武器的合法性。美国将通过外交、严厉的国际制裁和其他措施，继续迫使伊朗和朝鲜对其持续违反国际义务的行为负责，并迫使其遵守国际义务。与此同时，美国还必须应对与俄、中保持战略稳定的挑战。俄罗斯不仅拥有"三位一体"的战略核力量，还拥有非战略核力量，而且还在使其核力量现代化。虽然美俄不再是对手，军事冲突的可能性大大下降，但与俄罗斯保持和增强战略稳定十分重要。美国对中国常规军力现代化的许多方面都很关注，并且密切注视其核武库的增长和现代化。美国仍致力于保持中美关系的战略稳定，支持开展核对话，以便与中国建设一种更稳定、更富有活力和更透明的安全关系。

（二）提出使用核力量的指导原则

该报告提出了美国使用核力量的4条指导原则：（1）美国核武器的基本作用仍然是慑止对美国、盟国和伙伴国的核攻击；（2）只有在极端情况下，美国才会考虑使用核武器保卫美国、盟国和伙伴国生死攸关的利益；（3）美国将维持一支可信的核威慑力量，使潜在对手相信攻击美国及其盟国和伙伴国的负面后果，要远远大于它们所能获得的收益；（4）美国的政策是，以尽可能少的核武器维持可信的威慑力量，以满足美国、盟国和伙伴国现在和未来的安全需求。

（三）要求降低核武器的作用

该报告认为，尽管美国今天还不能采用"核武器仅用于慑止核攻击"的政策，但新战略指南已经指示国防部采取具体措施降低核武器在国家安全战略中的作用。国防部已开始制订非核打击选择计划，评估非核打击选择可能实现什么样的目标和效果，以便提出实现那些目标和效果的可能方法。虽然非核打击选择不是核武器的替代品，但制订非核打击选择计划是降低核武器作用的核心部分。

（四）确定核态势和核武器规模

该报告要求，继续保持以洲际弹道导弹、潜射弹道导弹和战略轰炸机为组成部分的"三位一体"核力量，并把核武器瞄向公海以防任何偶然的、非授权的核发射；继续在欧洲部署战术核武器，为盟友与伙伴国提供"延伸威慑"；维持足够数量的非部署核弹头，以防核武器或投送系统出现技术故障；在《新削减战略武器条约》规定的水平上，再裁减1/3的已部署核武器。[①]

美国虽然提出了"核武器仅用于慑止核攻击"的政策，但什么时候才能执行还有待于观察。当前，美国共和党和军方认为，核裁军会给美国、盟国和伙伴国带来安全隐患，反对深度核裁军。俄罗斯则始终坚持美国撤走部署在欧洲的战术核武器和导弹防御系统，才能进行深度核裁军，同时坚持未来核裁军应是包含所有核武器国家在内的多边行为。在这种背景下，美国仍然提出"核武器仅用于慑止核攻击"的政策，其主要目的是在确保美国核威慑安全、可靠、有效的基础上，逐步降低核武器的战略作用，加大对常规打击（或非核打击）和导弹防御能力的依赖，确保美国战略威慑力量的适应性和灵活性。

---

① The Department of Defense: Report on Nuclear Employment Strategy of the United States, June 12, 2013.

— 73 —

四、特朗普政府核战略思想

2018年2月，美国国防部公布了时隔8年的新版《核态势审查报告》。该报告包括国防部长序言、摘要、美国核政策和核战略引言、不断发展的和不确定的国际安全环境、美国为什么要拥有核能力、持久国家目标和核武器在美国国家安全战略中的作用、特定的战略与灵活的能力、美国应对当代威胁的战略、当前和未来的美国核能力、核武器基础设施、打击核恐怖主义、核不扩散和军控等部分，其主要内容包括以下几个方面。

（一）美国面临严重的核威胁

该报告认为，尽管俄罗斯最初对战略核部队进行了大量裁减，但仍然保留了大量非战略核武器，并且严重依赖升级核力量维持其军事战略和军事能力。中国的核部队已经相当可观，还在进行现代化和扩编，意在挑战美国传统军事优势。朝鲜核挑衅威胁着地区和世界和平。伊朗仍然存在核野心。核恐怖主义仍是现实威胁。所有这些都对美国造成了严重的核威胁。

（二）美国需要针对性强的核威慑战略

该报告认为，美国核"三位一体"是确保核威慑最合算的战略手段，既可防范技术和地缘政治环境出现突然变化，也可为总统决策提供灵活性。因此，美国应针对俄罗斯、中国、朝鲜、伊朗等不同的潜在对手及其不同的能力和战略目标，制定灵活的、针对性强的核威胁战略，并对冷战遗留下来的核部队进行再投资，确保其有效性。

（三）确认需要现代化的核项目

该报告认为，美国战略核潜艇、战略核轰炸机、陆基核洲际导弹和核指挥控制设施大多是20世纪80年代甚至更早装备的，已经接近寿命期，必须进行现代化。现代化的项目包括核弹道导弹潜艇、核战略轰炸机、空射核巡航导弹、核洲际弹道导弹、非战略核武器（包括核炸弹、核战役战术导弹等）、下一代F-35战斗机、核指挥控制通信设施、核武器实验室、核武器工厂、核材料等。

（四）规定核武器现代化所需要的国防预算

该报告表示，美国在未来10多年中将持续加大对核武器现代化项目的投入。目前，美国维持核威慑力的费用大约是国防预算的3%。未来，美国将在此基础上每年再增加3%～4%的国防预算，以替换那些正在老化的系统，确保到2030年及以后都拥有令人信服的核威慑力。

（五）重申美国仍将坚持核军控和核不扩散目标

该报告认为，虽然核武器仍将在慑止核攻击和防止核国家之间发生大规模常规战争方面发挥重要作用，但美国加强核力量建设并不意味着将放弃长期坚持的核军控、核不扩散和核安全目标。美国仍将坚守对核不扩散条约目标的承诺，可能延长并执行《新战略武器裁减条约》，并说服其他有核国家参加有意义的核军控倡议。

特朗普政府的《核态势审查报告》背离奥巴马政府的核政策，片面夸大美国面临的核威胁，过分强调核武器在确保国家安全中的巨大作用，其实质是为美国进行核武器核设施更新换代和争取更多国防预算鸣锣开道，必将对国际核不扩散机制和核裁军产生负面影响。

五、拜登政府核战略思想

2022年10月27日，美国国防部发布《2022年核态势审查》报告。与往届政府不同的是，拜登政府把《核态势审查》和《导弹防御审查》作为《2022年美国国防战略》的组成部分一起发表。虽然在同一名称下发表，但这三个文件还是各自独立的。《2022年核态势审查》报告由保卫至关重要的国家安全利益和降低核风险的综合平衡途径，安全环境和威慑挑战，核武器在美国战略中的作用，量身定制的核威慑战略，加强地区核威慑，军备控制、核不扩散和反对恐怖主义，美国核作战能力，弹性和适应性的核安全企业，结论由9个部分组成，主要阐述美国核战略、核政策、核态势和核部队对国家安全战略和国防战略的支持。其内容主要包括以下几个方面。

（一）认为美国将在历史上首次面对两个核大国成为战略竞争者和潜在对手

美国认为，中国已经初步建立"三位一体"的核力量，正在扩大核部队规模，并对核武器进行现代化升级和多样化改造，到20230年至少会拥有1000枚可投射的核弹头。俄罗斯更换传统的战略核系统，扩大和多样化核系统，在战略投送工具上部署了多达1550枚核弹头，还有多达2000枚非战略核弹头和庞大的核部队，对北约和邻近国家构成直接威胁。到2030年，美国将在历史上首次面对两个核大国成为战略竞争者和潜在对手，可能处于"与两个核武装国家同时爆发冲突的极端环境"。

（二）为潜在对手量身定制核威慑战略

美国将根据潜在对手的核能力和对美国核威胁的大小，量身定制针对特定国家的核威慑战略。美国将用W76-2低当量潜射弹道导弹弹头、可全球部署的轰炸机、具有双重能力的战斗机和空射巡航导弹威慑中国；将用现代弹性"三位一体"核力量、装备B61-12炸弹和W76-2弹头的F-35战斗机和远程防区外发射武器威慑俄罗斯；将用摧毁其政权威慑朝鲜；将用超强非核力量慑止伊朗获得核武器。此外，美国还将管理对手误判和冲突升级的风险。

（三）主张核军控和核不扩散

美国认为，核军控、风险消减和核不扩散在进一步降低核危险中发挥着不可或缺的作用。与威慑一起，它们成为保持稳定、威慑侵略，以及避免军备竞赛和核战争互相加强的工具。俄罗斯仍然是美国关注的重点，但在未来的美俄军控谈判中也会讨论中国的核扩张问题。美国主张继续进行核军控和风险消减、核不扩散、多边军控和裁军等方面的谈判，同时通过外交和伙伴关系继续推行美国反对核恐怖战略。

（四）强化美国核作战能力

美国认为，尽管其核武库仍然安全、可靠、有效，但大多数核武器已经超出设计寿命。美国将继续部署"三位一体"核力量，持续列装已现代化的核系统，继续使美国双重作战能力飞机、核武库、核指挥控制通信结构和武器生产基础设施现代化，包括用400枚"哨兵"洲际弹道导弹替换400枚"民兵3"导弹，列装W87-0/Mk21和W87-1/Mk21A弹头和减速伞，用至少12艘"哥伦比亚"级弹道导弹核潜艇替换"俄亥俄"级核潜艇，用至少100架B-21"袭击者"轰炸机取代B-2轰炸机，用远程防区外发射武器和相关W80-4弹头替换空射巡航导弹等。①

拜登政府在报告中声称要"采取负责任的措施推进降低核武器在美国战略中的作用这个目标"，实际上不仅全盘继承了特朗普政府的核战略思想，而且借口中俄核威胁，强力推进美国"三位一体"核力量的全面现代化，强化核武器在国家安全中的重要作用，已经对核军控和核不扩散机制产生不良影响，必将使没有核武器的世界离我们越来越远。

美军太空战略

太空战略，亦称空间战略，是指"筹划和指导航天技术力量发展，对宇宙空间进行探索与利用的方针和策略"②。美国太空战略思想始于20世纪

---

① The Department of Defense, 2022 National Defense Strategy of the United States of America, 2022.
② 全军军事术语管理委员会、军事科学院：《中国人民解放军军语（全本）》，第51页，军事科学出版社，2011年。

50年代，但美国并未使用"太空战略"这个术语，美国《国防部军事和相关术语词典》中也没有收录这个词条。美国太空战略思想主要包含在《国家太空政策》《国家安全战略》《国家防务战略》《国家军事战略》《四年防务审查报告》等文件中。2011年奥巴马政府制定了首部《国家太空安全战略》并公布了解密摘要。2018年特朗普政府制定了美国首部《国家太空战略》并公布了概要说明。

奥巴马政府（2009—2016年）的太空战略

奥巴马政府上台后不久，就成立了一个调查委员会，对小布什政府的太空政策进行评估，并在此基础上制定了自己的太空战略。2010年6月，奥巴马政府发布《美国国家太空政策》。2011年1月，美国国防部长罗伯特·盖茨和国家情报总监詹姆斯·克拉珀联名签发美国首部《国家太空安全战略》（解密摘要）。这两份文件体现了奥巴马政府太空战略的主要思想。

《美国国家太空政策》提出了进行太空活动的原则，包括：（1）负责任地在太空采取行动，防止不幸事件、误解和不信任的事情发生，是所有国家的共同利益；（2）健康的竞争性商业太空部门，对太空的持续进步生死攸关；（3）为了和平目的和全人类利益，所有国家都有按照国际法探索和使用太空的权利；（4）根据国际法，没有任何国家对外层空间或任何天体拥有主权；（5）美国将采取多种措施保证所有责任方能够使用太空，慑止他人的干扰和攻击，保护美国和盟国的太空系统，如果威慑失败，就击败他人的攻击。与这些原则相一致，美国将在国家太空活动中追求以下目标：（1）使国内竞争性工业充满活力，参与全球市场，促进卫星制造、卫星服务、太空发射等方面的发展；（2）扩大国际合作；（3）增强太空稳定；（4）增加基本任务功能的确定性和弹性；（5）推行人类与机器人计划，开发创新性技术，培育新工业，加强国际伙伴关系，鼓励美国和全世界，增加人类对地球的了解，加强科学发现，探索太阳系和宇宙以外的地方；（6）改善天基地球和太阳系观测能力。此外，该文件还提出了美国政府所有部门和机构都必须执行的跨部门和部门指导方针。[①]

《国家太空安全战略》认为，太空环境面临三大趋势。一是太空越来越拥挤。不断增长的全球太空活动和中国试验毁灭性反卫星系统，已经使太空中的重要区域变得越来越拥挤。二是太空越来越具有对抗性。太空系统及其支持性基础设施面临一系列可能拒止、降低、欺骗、破坏或摧毁太空资源的人为威胁，未来10年将有更多的国家和非国家行为体发展反太空能力，对美国太空系统的威胁和对太空环境稳定与安全的挑战将上升。三是太空越来越具有竞争性。尽管美国在太空能力上仍然保持全面优势，但随着市场准入门槛降低，美国的竞争优势在下降。随着其他国家专门知识的增长，美国的技术领先地位受到侵蚀。美国的太空安全战略目标是：（1）加强太空的安全、稳定和可靠性；（2）保持和增强太空给予美国的国家安全战略优势；（3）使太空工业基地充满活力，支持美国国家安全。实现这些目标的战略途径包括：（1）推动负责任地、和平地、安全地利用太空；（2）提供得到改善的美国太空能力；（3）与负责任的国家、国际组织和商业公司结成伙伴；（4）预防和慑止对支撑美国国家安全的太空基础设施的侵犯；（5）准备在变坏的环境中作战并战胜任何进攻。归根到底，美国将通过建立标准、增强太空态势感知、增加透明度和信息共享，应对太空越来越拥挤的问题；将通过多层威慑的方式，处理太空的对抗性问题；将通过增强自身能力、改善自己的采办程序、培育健康的美国工业基地和加强合作，解决太空的竞争问题。[②]

奥巴马政府太空战略思想的主要特点：一是从单边主义转向多边主

---

① The White House: National Space Policy of the United States of America, June 28, 2010.

② Office of the director of national intelligence: national security space strategy, January 2011.

义，但仍致力于维持美国在太空的领导地位和在太空科技发展中的优势；二是接受为和平目的使用太空的提法，但继续发展太空军事能力；三是积极促进商业太空的发展；四是计划登上火星并在月球建立以机器人为主的基地。

特朗普政府（2017—2020年）的太空战略

2018年3月23日，美国政府发布首部《国家太空战略》（概要说明），取代了奥巴马政府2011年发布的《国家太空安全战略》。该文件体现了特朗普政府的"美国优先"理念，寻求通过改进军事航天方法和商业监管改革来保护美国太空利益，其主要内容包括以下几个方面。

一、奉行"美国优先"战略

特朗普政府的《国家太空战略》遵循更广泛的美国国家安全政策，将美国利益置于首要位置：（1）将美国利益作为首要优先事项，使其更加强健、更具竞争力、更加伟大；（2）强调保持国家安全航天、商业航天以及民用航天部门的活力，加强相互之间的合作，确保美国企业在太空技术方面保持世界领先地位；（3）确保国际协议把美国人民、工人和企业的利益置于首位；（4）将监管改革作为重要优先事项，寻求为美国工业界扫除障碍，确保美国始终是全球领先的太空服务和技术供应商。

二、保持美国太空优势地位

特朗普政府的《国家太空战略》要求发扬美国精神，延续探索和开拓太空的传统：（1）发扬勇于开拓的太空传统，为下一代太空探索奠定基础；（2）继续创建和维护关键的太空系统，确保美国在太空的科学、商业和安全利益；（3）提出太空振兴路径，确保美国的太空领先地位。

三、用实力保持太空和平

特朗普政府的《国家太空战略》强调用实力保持太空和平：（1）确保美国无障碍地进入太空并在太空自由行动，以促进美国安全、经济繁荣和科技进步；（2）如果美国太空体系结构的关键部分受到有害干扰或攻击，美国将在选定的时间、地点、方式和领域予以审慎回应；（3）竞争对手和敌人已将太空变为一个作战域，美国将准备好迎接和战胜任何挑战；（4）美国将设法慑止、应对和挫败危害美国及其盟友国家利益的太空威胁。

四、提出《国家太空战略》的四大支柱

特朗普政府的《国家太空战略》寻求与私营部门和盟友进行密切合作，确保美国在太空领域的领先地位，其主要支柱包括：（1）加快太空体系结构转型，增强弹性、防御能力和受损后重建能力；（2）增强美国和盟国的作战选项，慑止潜在对手将冲突扩展到太空，并在威慑失败时反击对手的恶意威胁；（3）改进态势感知、情报能力和采办程序，实现有效的太空作战；（4）简化监管框架、政策和程序，利用和支持美国商业产业，追求双边和多边合作，支持人类探索、促进责任分担，合作应对威胁。

五、确定美国太空政策新方向

特朗普政府已采取重要举措调整美国太空政策，为美国太空发展设定方向。2017年6月30日，特朗普总统在24年内首次重建了国家太空委员会。12月11日，特朗普总统通过签署"太空政策指令–1"，再度将美国的目标投向星际探索。该指令要求美国航天局把美国航天员送回月球进行长期探索和利用，后续再执行前往火星和其他目的地的载人探索任务。

可以预见，在特朗普政府的《国家太空战略》指导下，美国将加大对

太空领域的资金投入和关注度，确保美国企业在太空技术领域的世界领先地位，确保美国在太空的军事优势和制太空权，确保美国能够无阻碍地进入太空和无约束地在太空自由行动，确保平时维护美国利益，战时打赢对外战争。总而言之，特朗普政府的太空战略将使和平利用太空成为一纸空文。

拜登政府（2021年至今）的太空战略

拜登政府在2023年底之前没有公开发布《国家太空战略》，但美国国防部长劳埃德·奥斯汀于2021年7月7日向各军种部长、参联会主席、副国防部长、军种参谋长、作战司令部司令、国防部法律总顾问和国防部直属局局长发布了备忘录《负责任的太空行为原则》（Tenets of Responsible Behavior in Space），指导国防部所属部队的太空行动。

奥斯汀认为，自太空时代来临，美国国防部就一直是太空行动的领导者，展示和认可负责任的太空行为原则，是国防部职责所在。如果没有另外的指示，国防部所属部队遂行太空行动时将遵守下列原则：

• 在太空、从太空、向太空和通过太空采取行动时，应以专业的方式适当考虑其他人的利益；

• 限制产生长期存在的残骸；

• 避免产生有害的干扰；

• 保持安全的距离和安全的轨道；

• 传递信息并发布通告，以增强太空领域的安全性和稳定性。

奥斯汀责成美国太空司令部司令与国防部利益攸关方，合作开发和协调有关这些原则和相关行为的指南，并报国防部长批准；责成负责政策的国防部副部长领导国防部推进这些原则的活动。[1]

---

[1] Secretary of Defense, Tenets of Responsible Behavior in Space, July 7, 2021.

美军网空战略

网络空间是信息环境中的一种全球性领域，是由信息技术基础设施和存于其中的数据所构成的互相依存的网络，包括互联网、通信网络、计算机系统和嵌入的处理器与控制器。[①]美军网络空间战略（以下简称"网空战略"）是指包含在美国颁布的有关美国网络信息安全文件中的思想和策略。

奥巴马政府（2009—2016年）的网空战略

2009年5月29日，奥巴马政府公布《美国网络空间政策评估报告》，对美国政府的网络空间安全战略、策略和标准进行了评估，指出了存在的问题，提出了行动计划。2010年3月，美国陆军公布《美国陆军网络作战概念能力构想》，明确了网络作战能力发展路线图。2010年5月，美国公布《国家安全战略报告》，认为网络安全威胁是美国面临的最严重挑战之一。2011年5月，美国白宫发布《美国网络空间国际战略》，分析了全球面临的网络空间威胁和挑战，提出了建设未来全球网络空间的目标和途径，明确了网络空间建设的重要领域和原则。2011年7月14日，美国国防部发布《网络空间行动战略》，对美国面临的机遇与挑战进行了评估，提出了维护网络安全的具体目标和战略举措。2015年12月，美国白宫发布《网络威慑政策》，提出美国网络威慑目标、战略和美国网络威慑政策构成要素，其主要内容包括以下几个方面。

---

① Joint Chiefs of Staff: JP1-02, Department of Defense Dictionary of Military and Associated Terms, P.55, January 2020.

一、阐明网络空间的重要性

美国网络空间战略认为，网络空间已成为现代生活的重要特征，其重要性怎么强调都不过分。一是全球已有超过40亿台数字无线设备，已有20多亿网络用户在网上处理日常事务，全球互联网年度交易额高达10多万亿美元，而且这一数字还在激增，网络为人类作出了巨大贡献。二是美国关键基础设施（包括能源、银行、金融、交通、通信和国防工业基础）的安全有效运行依赖网络空间，并且网络已成为促进美国技术进步、经济发展、企业创新和言论自由的孵化器。三是美国国防部严重依赖网络空间行使自身职能。国防部在全球数十个国家的数百个地点，运行着1.5万多个网络和700万台计算机装置，正是这些网络使其军事、情报和业务运作（包括人员与物资的运动、全谱军事行动的指挥与控制）成为可能。随着网络系统、装置和平台持续不断的增长，网络空间将越来越多地与美军作战能力联系在一起。四是网络空间已经成为与陆、海、空、天同等重要甚至更为重要的作战领域。未来战争将首先在网络空间展开。

二、指出网络空间面临多种威胁

美国国防部认为，美国的网络空间主要面临外部威胁、内部威胁、供应链漏洞和对国防部行动能力的威胁。外部威胁包括政府和非政府实施的网络入侵活动。外国政府针对美国公共和私营部门系统的网络入侵行动越来越多，每天多达百万次，导致上千份文件从国防部网络和美国盟友、工业伙伴网络中流失。在政府入侵活动之外，网络黑客能够在数百万个受感染的主机内控制僵尸网络，随时发动网络攻击。这些威胁对国家安全和经济发展构成复杂而致命的挑战。内部威胁是指怀有恶意的内部人员，可能在外国政府、恐怖团体、犯罪分子、无道德的社交人员或者自己本意的指使下，利用其网络接入能力实施破坏。无论他们是为了从事间谍活动，发表政治声明，还是表达个人不满，都可能对国防部和国家安全带来毁灭性后果。供应链漏洞是指美国所使用的信息技术产品大多数是在海外进行制造和组装的，其运行系统处于被恶意篡改的风险之中。对国防部行动能力的威胁，是指美国的潜在对手可能会利用、破坏、拒绝和降低国防部所依赖网络和系统的能力。因此，国防部特别关注潜在对手在以下三个方面的活动：盗窃或利用数据；破坏或拒绝进入基于网络的信息服务；造成网络或联网系统受损或降级的破坏性行动。[①]

三、提出建设网络空间的总目标和具体目标

《美国网络空间国际战略》提出的网络空间建设总体目标是：与国际社会共同建立一个开放、共享、安全和可靠的网络世界，以支持国际商业贸易，加强全球安全，促进言论自由和技术创新；用负责任的行动规范、指导各国网络空间行为，维持合作关系，支持网络空间法治。《网络空间行动战略》提出的具体目标是：利用网络空间给自己带来的机遇，保护国防部的网络和系统免遭入侵和破坏，支持旨在增强机构间、国家间和关键行业合作伙伴间网络安全的种种努力，发展强大的网络空间能力和合作关系，保护美国在网络空间的利益，使美国及其盟友与合作伙伴能够继续从信息时代的创新中获益。

四、提出五项战略倡议

为应对网络空间面临的多种威胁，《网络空间行动战略》提出了五项战略倡议。一是建立、装备和训练网络空间作战力量，确保能够在网络空

---

① 樊高月、赵力昌主编：《不流血的战争——网络攻防经典之战》，第251—252页，解放军出版社，2014年。

间实施有效作战行动。美军不仅建立和装备了美国网络司令部、各军种网络司令部和网络空间作战部队，而且赋予美国网络司令部协调各军种网络部队同步发展的职责，要求把各种网络空间行动方案融入各类演习和训练中，使美国武装部队为各种各样的不测事件做好准备。二是采用新防御行动概念保护国防部的网络和系统，包括改进网络空间的洁净程度，加强内部人员监控与管理，实施主动网络空间防御，以及开发新的防御行动概念和计算设施，从而在网络尚未遭到影响之前阻止恶意行为。三是与美国政府其他部门、机构和私营企业合作，实现全政府网络安全战略，在保护军事网络安全的同时，加强电网、运输系统等重要基础设施的网络安全防护。四是加强与盟国和国际伙伴的合作，发展国际共享的态势感知和预警能力，实现集体自卫和集体威慑；并通过及时提示网络事件、恶意代码威胁特征和新出现的威胁，增强盟国和国际合作伙伴的集体防御。五是加大人员、技术和研发投入，发展和保留优秀网络人才；为中小企业提供参与机会，促使创新性思想快速从概念向可行性项目转变，并最终进入国防部的采办程序；在信息技术采办中坚持速度优先、增量发展和测试、快速递增发展、基于关键系统优先顺序、改进安全保密措施等五项原则。[①]

五、提出网络空间行为十大规则

《美国网络空间国际战略》提出了网络空间行为的十大规则：一是尊重言论、集会和结社的基本自由；二是各国应通过国内法律尊重知识产权；三是互联网用户的隐私免受非法干涉；四是通过立法和执法手段防范、打击网络犯罪；五是在遵守《联合国宪章》条件下，各国对网络入侵具有自卫权；六是各国要加强合作和互联网的互操作性；七是各国要尊重信息在

---

① 樊高月、赵力昌主编：《不流血的战争——网络攻防经典之战》，第252—259页，解放军出版社，2014年。

国内和国际网络内的自由流通；八是各国不应阻止个人接入互联网和获取相关网络技术；九是各国政府应吸纳各利益攸关方，对互联网实施共管共治；十是各国要确保国家信息基础设施不受侵害。[①]

六、确认将以武力捍卫网络空间安全

《美国网络空间国际战略》明确提出，将在被迫的情况下使用包括武力在内的一切手段，保护美国和盟国的网络空间不受侵害。这是美国在公开的官方文件中，首次确认自己享有用武力捍卫网络空间安全的权利。《网络空间行动战略》也指出："随着恶意网络活动的日益增长，国防部已经采取了网络主动防御措施防止入侵并击退针对国防部网络和系统的敌对行动。网络主动防御措施是国防部同步实时发现、检测、分析和减轻威胁和漏洞的能力。"在《网络空间行动战略》公布当日，美国参谋长联席会议副主席詹姆斯·卡特赖特也对媒体表示，目前美军在加强网络安全方面几乎把全部精力放在防御层面，这只是一个开始，美军未来将会把重点逐步转向战略威慑；美国将保留武力回应严重网络攻击的权利，会在"我们选择的时间和地点作出相称且正当的军事回应"。所有这些都表明，美军将以武力捍卫网络空间安全，在必要时甚至不惜发动"先发制人"的网络攻击行动。

从上述内容可以看出，美国网络空间战略思想的实质，是要争夺网络空间的话语权和制定网络空间规则的主导权，以便进一步扩大美国的网络空间优势，慑止网络空间领域的敌对行动，确保美国及其盟友和伙伴的网络空间安全。

---

① The White House: International Strategy for Cyberspace, P. 10, May 2011.

特朗普政府（2017—2020年）的网空战略

2018年9月20日，特朗普政府发表其首份《国家网络战略》报告，也是美国时隔15年后再次发布国家层面的网络战略报告。该报告提出了国家网络战略的四大支柱，即保护美国人民、国土和美国生活方式，促进美国的繁荣，以实力保和平和扩大美国影响力，放宽了使用数字武器保护国家的规定，允许军方和其他机构采取进攻性网络行动保护美国网络安全，其主要内容包括以下几个方面。

一、保护美国人民、国土和美国生活方式

该支柱的主要目标是管控网络安全风险，提升国家信息与信息系统的安全与韧性，包括3项举措。（1）保护联邦网络与信息，包括深化联邦民用网络安全的集中管理和监督，授权国土安全部承担联邦政府网络安全的主要职责；协调风险管理和信息技术活动，强调首席信息官的整合职责；改进联邦供应链风险管理，将供应链风险管理整合到机构采购和风险管理流程中；加强联邦政府承包商的网络安全，对其进行风险管理审查和定期测试；强化政府在最佳和创新实践方面起带头作用。（2）保护关键基础设施，包括重新确定联邦机构与私营部门在关键基础设施保护中的角色和责任，根据国家风险排序优先采取行动；引导信息和通信技术供应商成为网络安全推动者；保护民主，针对州和地方政府的选举基础设施提供技术和风险管理服务；激励网络安全投资；更新国家关键基础设施安全研究和发展计划；改善交通、海上和太空网络安全。（3）打击网络犯罪，完善事故报告制度，包括改进事故报告和应对；更新电子监视和计算机犯罪法；减少来自网络空间跨国犯罪组织的威胁；加强对海外犯罪分子的抓捕；加强伙伴国家打击网络犯罪活动的执法能力；等等。

二、促进美国的繁荣

该支柱的主要目标是维护美国在科技生态系统和网络空间发展中的影响力，包括3项举措。（1）培育一个充满活力和弹性的数字经济，包括激励建立一个适应性强、安全的技术市场；促进标准和最佳实践的实施和更新，优先创新；投资下一代基础设施如5G技术；促进数据跨境自由流动；保持美国在新兴技术领域的领导地位；促进全寿命周期网络安全；等等。（2）培育和保护美国的创造力，包括保持强大和平衡的知识产权保护体系；保护美国创新的机密性和完整性；打击外国竞争者窃取美国机密商业信息、技术数据和知识的行为。（3）培养优秀的网络安全人才，包括建设和维持人才渠道；扩大美国工人的受教育机会；强化联邦政府网络安全人才培养；提升和奖励优秀人才。

三、以实力保和平

该支柱的主要目标是识别、反击、破坏、降级和制止网络空间中破坏稳定和违背国家利益的行为，同时保持美国在网络空间中的优势，包括两项举措。（1）通过负责任的国家行为规范，增强网络稳定性；建立在国际法基础上的网络空间负责任国家行为框架，鼓励普遍遵守网络规范。（2）对网络空间中的不可接受的行为进行归因和威慑，确保情报部门在全源网络情报的使用上处于世界领先地位；发展快速、公开和潜在的"后果"措施，以遏制潜在的恶意行为者；联合志同道合的国家启动一项国际网络威慑倡议；抵制恶意网络影响和信息行动。

四、扩大美国影响力

该支柱的主要目标是保持互联网的长期开放性、互操作性、安全性和可靠性，包括两项举措。（1）促进开放、互操作、可靠和安全的互联网，包括保护和促进互联网自由；与志同道合的国家、产业界、学术界和公民社会合作；促进互联网治理的多利益攸关方模式；建立可互操作和可靠的互联网基础设施；促进和维护美国在世界范围内的创新市场。（2）建设网络能力，主要是加强盟友和合作伙伴的能力和互操作性，优化美国综合技能、资源、能力和思考方法，以应对共同的威胁。

与美国近年来发布的网络安全报告相比，特朗普政府的《国家网络战略》有三大特点。一是战略对手瞄准中、俄。在美国国防部发布的2015年版《网络空间战略》报告中，并未明确提及美国在网络安全领域的主要对手，只是宣称"希望慑止恶意行动，同时能够保护美国免遭网络攻击"。而在2017年底发布的《国家安全战略》报告明确将中国和俄罗斯列为"战略对手"后，此次报告重点关注"中国、俄罗斯等给美国造成战略威胁的国家"，并强调从军事、经济和科技等领域，与中、俄展开全方位的网络安全博弈。二是战略布局立足体系构建。美国之前发布的网络安全报告，侧重于阐述单个部门（如国防部、国土安全部等）或单一领域（如互联网、军用信息系统等）的网络安全态势、职责分工和前瞻设计。而此次发布的报告力图举全国之力，变"各自为政"为"集中管理"，变"被动防御"为"防御牵制"，构建一个由美国政府和军方合力参与、军用和民用前沿技术深度嵌入、传统和非传统威胁共同应对的网络安全体系，实现美军网络威慑能力的整体跃升。三是战略目标侧重服务经济。特朗普政府的网络安全战略散发着强烈的"美国优先"味道，具有务实收缩和重点调整的特点，强调为美国经济增长服务。从报告内容可以看出，特朗普政府希望通过营造良好的网络安全环境，牵引全球网络技术发展，最终实现美国的网络市场发展和经济繁荣。

拜登政府（2021年至今）的网空战略

2023年3月1日，拜登政府颁布《国家网络安全战略》。该战略包括前言、支柱一、支柱二、支柱三、支柱四、支柱五和实施7个部分，要求围绕五根支柱进行合作，通过重新平衡保卫网络空间的责任和调整有利于长期投资的激励措施，确保网络空间弹性。其主要内容包括以下几个方面。

一、保卫关键基础设施

保卫关键基础设施是第一根支柱，它的战略目标是：（1）确定网络安全需求，支持国家安全和公共安全；（2）按比例调节公共和私人合作；（3）整合联邦网络安全中心；（4）更新联邦事故反应计划和程序；（5）使联邦网络防御现代化。

二、阻止和消除威胁行为者

阻止和消除威胁行为者是第二根支柱，它的战略目标是：（1）使联邦阻止威胁行为体的活动一体化；（2）加强公共和私人阻止敌人行动的协作；（3）提高情报分享速度，扩大受害者通报范围；（4）防止滥用美国本土的基础设施；（5）反击网络犯罪，战胜勒索软件。

三、塑造推动安全与弹性的市场力量

塑造推动安全与弹性的市场力量是第三根支柱，它的战略目标是：（1）追究数据主管的责任；（2）推动开发安全的物联网设备；（3）转移不安全软件产品和服务的责任；（4）使用联邦拨款和其他激励措施，内置安全；（5）利用联邦采购提高责任心；（6）探索联邦网络保险后备方案。

四、投资弹性未来

投资弹性未来是第四根支柱，它的战略目标是：（1）保证互联网技术基础的安全；（2）振兴联邦网络安全的研究与开发；（3）为后量子时代做好准备；（4）确保清洁能源的未来；（5）支持开发数字身份生态系统；（6）制定增强网络劳动力的国家战略。

五、造就追求共同目标的国际伙伴关系

造就追求共同目标的国际伙伴关系是第五根支柱，它的战略目标是：（1）建立对抗数字生态威胁的临时联盟；（2）增强国际伙伴的能力；（3）发展美国援助盟国和伙伴国的能力；（4）建立加强全球负责任国家行为规范的临时联盟；（5）确保信息、通信和操作技术产品和服务的全球供应链。

实现这些战略目标需要强有力的实施。在国家安全委员会的监督下，国家网络主任办公室将与管理和预算办公室协调实施这个战略，将与跨机构伙伴一起制订和出版实施计划，详细描述联邦政府执行这个战略所必需的行动路线。[①]

与奥巴马政府和特朗普政府的网空战略相比，拜登政府的网空战略具有3个明显特征：一是保护网络安全的措施更加具体，战略目标更加明确，可操作性更强；二是指定了实施网空战略的负责机构，要求联邦政府各部门和跨机构伙伴协调实施这个战略；三是重视盟国和伙伴国的作用，要求发展国际伙伴关系，增强国际伙伴能力，共同维护网络空间安全。

---

① The White House, National Cybersecurity Strategy, March 2023.

美军北极战略

美国总统曾于1983年、1994年、2009年发布过"北极政策指令"，但从未将北极问题上升到国家战略层次。进入21世纪的第二个十年后，俄罗斯、加拿大、北欧五国等北极国家和日本、印度、韩国等非北极国家开始高度关注北极。在这种局势下，美国开始推出《北极地区国家战略》和《北极战略》，意在弥补国家战略在这个领域的空白，弥补自身能力建设的短板，在气候形势难料、国防预算削减等背景下，以一种适度参与、灵活应对的姿态，力求在北极事务上发挥领导作用。

奥巴马政府（2009—2016年）的北极战略

2013年5月11日，美国发布首份《北极地区国家战略》。11月，美国国防部推出《北极战略》。其他部门也陆续出台相关战略文件，从不同角度阐述美国北极战略思想。主要内容包括以下几个方面。

一、阐明美国在北极地区的利益

《北极地区国家战略》认为，美国在北极地区的主要利益包括：（1）为美国的安全预做准备；（2）保护资源和商业的自由流动；（3）保护环境；（4）满足当地社区的需要；（5）支持科学研究。[①]美国国防部《北极战略》则把美国在北极地区的利益归纳为3个方面：（1）导弹防御和早期预警；（2）为战略海运、战略威慑、海上存在和海上安全行动，部署海上和空中

[①] The White House: National Strategy for the Arctic Region, P. 4, May 2013.

系统；（3）确保海上自由，包括使用海区和邻近空间的所有权利和自由。[①]

二、提出行动路线和支持性目标

《北极地区国家战略》提出了3条行动路线及其支持性目标。第一条行动路线是推进美国安全利益。美国将通过单独行动、双边倡议和多边合作，确认、发展和保持促进北极地区安全与稳定的力量和能力，保护美国及其盟国的安全利益，其支持性目标包括：（1）逐步建成北极基础设施和战略能力；（2）增强对北极地域的感知；（3）保障北极地区的海空自由；（4）为美国未来的能源安全预做准备。第二条行动路线是负责任地管理北极地区。美国必须改善预见北极地区未来条件的能力，关注未预料到的发展可能带来的潜在问题，其支持性目标包括：（1）保护北极环境和自然资源；（2）使用北极一体化管理方法，在经济发展、环境保护和文化价值观之间保持平衡；（3）通过科学研究和传统知识，增加对北极的了解；（4）绘制北极地区的海图和地图。第三条行动路线是加强国际合作。美国将通过现存多边论坛和法律框架，加强伙伴关系，还将就共同利益或共同关心的问题进行合作作出新的安排，其支持性目标包括：（1）作出能够促进北极国家共同繁荣、保护环境和增强安全的安排；（2）通过在北极委员会的工作，推进美国在北极地区的利益；（3）加入海洋法公约；（4）与其他利益攸关方合作。[②]根据《北极地区国家战略》的精神，《北极战略》提出了两个支持性目标：（1）确保安全，支持稳定，促进防务合作；（2）为应对多种挑战和应急事件做好准备。

---

① The Department of Defense: Arctic Strategy, P.3, November 2013.

② The White House: National Strategy for the Arctic Region, P. 6-10, May 2013.

三、提出四项指导原则

《北极地区国家战略》为美国参与北极活动和事务提出了四项指导原则：（1）根据现行国际法，和平解决争端，确保北极地区的和平与稳定；（2）利用前沿科技和传统知识，获取最佳信息并据此决策；（3）进行创新性安排，支持对科研、海运基础设施和其他配套性设施与能力的投入；（4）根据总统行政命令和《阿拉斯加原住民研究指南》，与阿拉斯加原住民进行协商和协调。[①]

四、提出实现目标的战略途径

为了实现"确保安全、支持稳定、促进防务合作和为应对多种挑战与应急事件做好准备"的支持性目标，美国国防部将逐步在北极建设基础设施、强化军事存在，其基本途径是：（1）行使主权，保护美国本土；（2）与公共和私营部门伙伴接触，改善对北极地区的感知程度；（3）保留在北极地区的航行自由；（4）根据不断变化的条件逐步在北极建设基础设施、强化军事存在；（5）支持与盟国和伙伴国现有的协定，同时争取与关键的地区伙伴签订建立信任的新协定；（6）根据指示向民政当局提供支持；（7）与其他部门、机构和国家结成伙伴，支持人文和环境安全；（8）支持北极委员会和其他国际机构的发展，促进地区合作和法治。

五、预测可能面临的挑战与风险

《北极战略》认为，上述8个基本途径可以使美国在未来几十年中利用好北极出现的机遇，但也存在一定的挑战和风险。一是美国对未来进入北

---

① The White House: National Strategy for the Arctic Region, P. 10—11, May 2013.

极和在北极开展活动的预测可能不准确，因为气候变化的速度和影响的范围十分不确定，北极地区未来的经济条件和人类活动增加的频率也不确定。二是财政限制可能推迟或拒绝建设北极能力所需要的投入，并且可能减少在北极地区的训练和行动。三是有关边界争端和资源争夺的政治辞令和新闻报道，可能加剧北极地区的紧张局势。四是过于积极地采取步骤去应对预见中的未来安全风险，可能造成不信任和错误传达信息的条件，反而使风险成为现实。①

奥巴马政府推出北极战略的目的，是企图通过整合国家资源、与加拿大和北欧五国协调立场以及加入《联合国海洋法公约》，增强在北极事务上的发言权、影响力和规制权。美国的举动必将刺激其他国家推出相应的政策和发展相应的能力，并围绕北极资源归属、北极事务话语权、北极理事会主导权、北极地区军事存在等问题，展开激烈竞争。

特朗普政府（2017—2020年）的北极战略

2019年6月，美国国防部根据对北极安全环境的评估和2018年《国家防务战略》提出的战略目标和优先事项，发布新版《国防部北极战略》，概述战略竞争时代国防部保护美国北极安全利益的战略途径，其主要内容包括以下几个方面。

一、认为北极安全环境复杂且具不确定性

该战略认为，北极安全环境是复杂的、不确定的，因为北极地区的气温上升幅度是全球平均气温上升幅度的两倍，北极雪覆盖面积在缩小，冰面融化在加快，航道在开辟，夏季可以开采北极自然资源；俄罗斯和加拿

---

① The Department of Defense: Arctic Strategy, P.5－13, November 2013.

大都宣称自己有权对北极水域进行管控，要求外国船只必须得到许可才能进入；俄罗斯2014年建立了北方舰队联合战略司令部，在北极地区部署部队、修缮机场、建立导弹防御系统和预警雷达等军事设施；中国破冰船在北极进行民事研究活动，未来可能出现中国军事存在，包括向北极部署潜艇；中国宣称自己是近北极国家，目前正通过"一带一路"倡议寻求在北极治理中发挥作用。所有这些都增加了北极安全环境的不确定性。

二、宣称美国在北极拥有安全利益

该战略宣称，美国在北极地区有3种广泛而互相联系的国家安全利益：一是北极作为美国本土，美国拥有领土领海主权，其安全利益包括保卫美国主权和本土、保护美国基础设施和实现北极地区感知；二是北极作为共享地区，美国的安全利益是通过美国领导的联盟与伙伴网络进行地区合作，共建一个安全和稳定的北极；三是北极作为潜在战略竞争走廊，美国的安全利益包括灵活进行全球力量投送和限制中、俄把北极作为战略竞争走廊的能力。

三、确定国防部的北极战略目标

该战略为国防部确定了3个北极战略目标。一是保卫美国本土。北极是进入美国的北部通道，国防部必须做好准备，既要保卫美国在北极的主权，又要战胜来自这条通道的威胁，保卫美国本土。二是保持有利于美国的地区力量平衡。国防部必须准备在北极地区采取适当竞争行动，在印太和欧洲地区保持有利于美国的力量平衡，保护美国安全利益。三是确保公域自由和开放。北极是一个共享地区，包括北极周围8个国家的领土和北冰洋。国防部将与美国政府其他部门和机构、北极盟国和伙伴国合作，确保持续进入北极，实现美国民用、商用和军事目的。

四、确定实现北极目标的战略途径

该战略确定了国防部实现北极战略目标的3条途径。一是建立盟国和伙伴国网络。与盟国和伙伴国合作是这一战略途径的基石，与盟国和伙伴国结成网络是美国在北极地区的最大优势，能够增强美国进行战略竞争的能力。二是进行战略威慑。美国在北极的威慑力需要一支有能力向北极地区灵活投送力量并在那里作战的远征部队，而不是像竞争对手那样在那里部署数量和能力相近的部队、作战系统或军事基地。三是发挥美国其他部门、机构和团体的作用。在保护美国北极安全利益方面，其他政府部门和机构发挥着重要作用。国防部将在识别和通报战略竞争对手在北极的活动、美国跨机构伙伴在北极的研究与开发、应急事件反应等方面，与其他政府部门和机构加强合作。

五、确定实现北极目标的方法与手段

该战略认为，实现北极战略目标需要3种方法与手段：一是建立北极感知，包括有效监视北美海域空域、改善北极地区的通信情报监视侦察能力、增强现场观察和环境模拟和支持海岸警卫队的国土安全使命；二是增强北极行动，包括在北极进行定期军事演习和部署、严寒天气训练、完善北极态势、支持富有弹性的基础设施、与其他政府部门和机构合作应对民事突发事件；三是巩固基于规则的北极秩序，包括与盟国和伙伴国合作慑止侵略和保持北极航行和飞越自由。

该战略的突出特点是把中、俄视为美国长期安全和繁荣的主要挑战，要同中、俄在北极展开战略竞争。它污蔑中、俄挑战基于规则的北极秩序，不承认中国的"近北极国家"地位，反对中国在北极治理中发挥作用。其目的是拉拢盟国和伙伴国，支持美国主导北极事务，实现美国利益最大化。

拜登政府（2021年至今）的北极战略

截至2023年底，拜登政府没有发布单独的北极战略文件，但在2022年发布的《国家安全战略》中提出了本届政府的北极战略。其中心思想是，"美国寻求一个和平、稳定、繁荣与合作的北极地区"。其主要内容包括：俄罗斯在北极地区大量建设军事设施，进行军事训练和演习活动，引发地缘政治紧张局势，造成意外冲突新风险，妨碍合作；中国快速增加北极地区投资，进行新的科学活动和军民两用研究，意在增强对北极的影响力；美国将通过改善海域感知、通信、灾害响应能力和破冰能力，准备进行更多的国际活动，维护美国在北极地区的安全；美国将在北极显示美国政府的存在；美国将加深与北极地区盟国和伙伴国的合作，与他们一起维持北极委员会和其他北极机构；美国将继续保护航行自由并根据国际规则决定美国的延伸大陆架①……总而言之，美国将维护在北极地区的霸权和主导权，一切都要"美国优先"。

美国防务战略主要特点

21世纪美国防务战略涉及面广、内容丰富、全面系统，是指导美国武装力量和其他国家力量主张、保卫和扩张美国国家利益的行动指南，具有以下鲜明特点。

一、战略理论不断创新，战略思想体系逐渐形成

美国建国之初，军事理论比较贫乏，战略理论更为滞后。直到"20世

---

① The White House, National Security Strategy, PP.44-45, October, 2022.

纪初，甚至直到第二次世界大战，几乎没有一个美国人对战略表示过关心"①。美国战略理论主要来源于欧洲，但欧洲战略理论中只有极少一部分内容真正被美国战略理论体系所吸收。美国南北战争、美西战争、第一次世界大战、第二次世界大战都对美国战略理论的产生和发展产生过重要影响，但第二次世界大战结束后美国国家安全面临的错综复杂挑战，使得美国战略理论步入发展的快车道，各种战略理论不断涌现。总的来看，美国战略理论创新主要集中在3个方面。一是创新战略理论内容。从美西战争到第一次世界大战期间，美国提出了本土战略、加勒比海战略、太平洋战略等战略思想；在第二次世界大战期间，美国提出了全面胜利、半球防御、战略轰炸、联盟作战等战略思想；冷战时期，美国提出了遏制、大规模报复、灵活反应、现实威慑等战略思想；冷战结束后，美国提出了超越遏制、选择性参与、反恐怖、巧实力等战略思想。所有这些，极大地丰富了美国战略理论内容。二是创新战略理论层次。起初，美国战略思想只有"大战略"一个层次，后来分为"国家安全战略""国家军事战略""战区战略"3个层次。2005年，美国又在"国家安全战略"和"国家军事战略"之间增加了"国家防务战略"这个层次，使美国防务战略体系由原来的3个层次变为4个层次。三是创新战略理论领域。随着战略理论的发展，美国在综合性战略理论之下，又区分出各个职能领域的战略理论，如联盟战略、威慑战略、核战略、太空战略、网络空间战略、北极战略等。这样，综合性战略理论和职能性战略理论一起，就形成了一个比较完善的美国防务战略理论体系。

二、战略文件层出不穷，但万变不离其宗

无论是美国国家安全战略、国家防务战略，还是国家军事战略、战区

---

① 美国陆军军事学院编，军事科学院外国军事研究部译：《军事战略》，第18页，军事科学出版社，1986年。

战略，都是每隔几年就要进行修订，颁发新的版本。因此，美国各级战略文件翻新很快，层出不穷。究其原因，一是制定和颁发战略文件的人变了，新一任美国总统、国防部长、参联会主席和战区司令，必须依法制定自己的战略文件；二是所面临的安全环境、挑战和威胁变了，新一任总统、国防部长、参联会主席和战区司令必须根据已经变化的安全环境、挑战和威胁，制定针对性、适用性和可操作性都很强的战略文件，对未来任务和相关事情进行及时指导。新战略文件在阐述所面临的威胁与挑战、需要解决的问题的轻重缓急程度、实现目标的方法手段等方面可能会有所不同，但其战略目标始终不变。这些战略目标包括：（1）保卫美国领土和主权不受侵犯；（2）促进美国经济繁荣；（3）维持美国主导的国际秩序；（4）保卫美国生活方式和价值观；（5）维持美国的全球领导地位；（6）保护盟国和伙伴国的利益。

三、联盟战略根深蒂固，危机处理得心应手

美国虽然在独立战争之初就采用了国际联盟战略，联合法国、西班牙等国打败英国，取得了独立战争的胜利，但直到第一次世界大战才开始参加由国家联盟实施的战争，并在第二次世界大战中成为打败"轴心国"的主要盟国之一。第二次世界大战结束后，美国更是全面推行联盟与国际合作战略，与世界不同地区的不同国家建立起正式联盟关系、非正式联盟关系、临时联盟关系和安全合作伙伴关系，形成以美国为首的最广泛统一战线，共同捍卫美国的国家利益。正是在这些盟国与伙伴国的支持下，美国才能够以较小的代价打赢了冷战，以较少的伤亡和物资消耗打赢了海湾战争、科索沃战争、阿富汗战争和伊拉克战争。也正是在这些盟国与伙伴国的支持下，美国才能够维持自己的世界领导地位和主导国际事务，以符合美国国家利益的方式应对和处理各种危机。

四、进攻战略贯穿始终，国家利益不断扩展

在独立战争中，美国采用进攻战略，打败了英国军队，赶走了英国政府，实现了国家独立。在与印第安人的斗争中，美国采用进攻战略，国土由东部13个殖民地逐步扩展到美国中部和西海岸。在第一、第二次世界大战中，美国采用进攻战略，使美军冲出美洲，把美国的利益扩展到欧洲和非洲。在冷战中，美国采用进攻战略，从政治、经济、军事、外交上搞垮了苏联，解散了华约，打赢了冷战，成为世界唯一超级大国，把美国国家利益扩展到全世界。现在，美国继续在太空、网空和北极问题上采取进攻战略，企图在太空和网空获取更大的优势，企图在北极获得更多的利益。美国的战略思想史，就是一部为扩展美国国家利益而推行进攻战略的历史。

五、重视综合实力，争夺和保持世界领导权

美国战略思想奠基于现实主义和实用主义，奉行丛林法则、弱肉强食。第二次世界大战以后，美国政治、经济、军事实力世界第一。在国家强大综合实力的基础上，美国一方面通过与不同地区的不同国家结成不同层次的联盟关系或伙伴关系，首先形成对盟国或伙伴国的领导关系，另一方面又在盟国和伙伴国的支持下，与以苏联为首的东方集团争夺对世界事务的主导权和领导权。冷战结束后，美国成为世界唯一超级大国和世界霸主，独享世界领导权。然而，两场持续十几年的所谓"反恐战争"和2008年爆发的金融危机，大大削弱了美国的综合实力地位，美国的世界领导地位发生动摇。面对美国无可奈何的衰落和世界各国对美国的信任危机，奥巴马政府颁布的《国家安全战略》和《国家军事战略》均把"振兴美国经济，维持美国的世界领导地位"作为首要战略目标。可以预见，在未来相当长的一段时间内，"维持美国的世界领导地位"都将是美国各届政府的首要奋斗目标。

21世纪美国军事实力和战争动员

今天，美国在地面、海洋、天空、太空和网络空间的军事力量是无法超越的。各军种逐渐形成的作战能力和胜任力能够使其效力在其作战领域最大化。更为重要的是，把这些不同的作战能力整合成为一种大于军种部分之和的联合整体力量的能力，是美国不容置疑的战略优势。

——美国参谋长联席会议主席M.G.穆伦海军上将①

美国军事实力是指美国的军队规模（包括现役、预备役和文职人员）、武器装备和军事设施数量质量等。美国战争动员是指美国为应对战争，使社会诸领域全部或部分由平时状态转入战时状态的活动，其目的是将战争潜力转化为战争实力，从人力、物力、财力等方面满足战争需要。

美国军事实力和兵力部署

一、军事实力

根据美国国防部副部长（负责审计和财务）办公室《国防预算概述：美

---

① Joint Chiefs of Staff: JP3-0, Joint Operations, P.Ⅳ-1, August 11, 2011.

国国防部2024财年预算申请》、美国传统基金会《2024年美国军事实力索引》等资料，2023财年美国现役总兵力129.62万人，比2022财年（131.71万人）减少2.09万人（见表2-1）；预备役部队76.53万人，比2022财年（76.67万人）减少0.14万人（见表2-2）；文职人员79.15万人（不包括外国间接雇用人员）。

表2-1　2022财年、2023财年美国现役兵力

单位：万人

时间	陆军	海军	空军	陆战队	太空军	现役兵力
2022财年	46.56	34.44	32.44	17.46	0.81	131.71
2023财年	45.2	34.17	32.18	17.21	0.86	129.62

来源：《国防预算概述：美国国防部2024财年预算申请》

表2-2　2022财年、2023财年美国预备役部队

单位：万人

时间	陆军	海军	空军	陆战队	预备役部队
2022财年	50.59	5.52	17.3	3.26	76.67
2023财年	50.2	5.62	17.4	3.31	76.53

来源：《国防预算概述：美国国防部2024财年预算申请》

美国陆军现役部队45.2万人，比2022财年（46.56万人）减少1.36万人；预备役部队50.2万人（包括陆军国民警卫队32.5万人、陆军后备队17.7万人），比2022财年（50.59万人）减少0.39万人。陆军现役部队编有31个旅战斗队（包括11个装甲旅、6个"斯特赖克"旅、14个步兵旅）和11个航空战斗旅。每个装甲旅大约4700人，装备M1"艾布拉姆斯"坦克87辆、"布雷德利"步兵战车152辆；每个"斯特赖克"旅大约4500人，

装备"斯特赖克"装甲车321辆；每个步兵旅大约4400人，装备卡车和高机动多用途车1400余辆。航空战斗旅主要装备AH-64"阿帕奇"攻击直升机、UH-60"黑鹰"中型直升机和CH-47"支奴干"重型直升机。陆军国民警卫队编有27个旅战斗队（包括5个装甲旅、2个"斯特赖克"旅、20个步兵旅）和10个航空旅（8个远征战斗航空旅、2个战区航空旅）。陆军共装备M1A1/2"艾布拉姆斯"坦克540/1605辆、M2"布雷德利"步兵战车3721辆、"斯特赖克"装甲车4223辆、M113装甲人员输送车4800辆、高机动多用途轮式车106767辆、AH-64D/E"阿帕奇"攻击直升机250/490架、UH-60A/M"黑鹰"直升机20/931架、CH-47F"支奴干"重型直升机450架以及MQ-1C"灰鹰"无人机180架。

2023年，美国陆军着眼"2030年陆军愿景"，加紧发展和列装先进武器系统。3月，开始装备新型装甲多用途战车，替换老式M113装甲人员输送车。4月，宣布全速生产综合战斗指挥系统。该系统采用开放性、模块化和可扩展架构，可将多军种传感器数据连接和融合到多军种武器，具备联合全域指挥与控制能力。7月，开始装备最新版"集成视觉增强系统"，利用增强现实技术提高单兵战场态势感知能力。9月，向第60防空炮兵团交付4套定向能机动短程防空系统，构建陆军首支定向能战术力量。

美国海军现役部队34.17万人，比2022年（34.44万人）减少0.27万人；预备役部队5.62万人，比2022年（5.52万人）增加0.1万人。海军现役部队共有7个编号舰队（第二、三、四、五、六、七、十舰队）[①]，装备各型有人舰艇297艘（2022年为298艘），包括航空母舰11艘（"尼米兹"级10艘、"福特"级1艘）、"提康德罗加"级巡洋舰17艘、"朱姆沃尔特"级驱逐舰1艘、"伯克"级驱逐舰73艘、濒海战斗舰27艘、"复仇者"级扫雷舰8艘、"俄亥

---

① 注：美国海军第十舰队不设常规作战舰艇，隶属美国舰队网络司令部，主要负责美国海军网络空间、信号和电磁领域作战任务。

俄"级巡航导弹潜艇4艘、"海狼"级攻击潜艇3艘、"洛杉矶"级攻击潜艇25艘、"弗吉尼亚"级攻击潜艇21艘、"俄亥俄"级弹道导弹潜艇14艘、两栖作战舰艇9艘以及若干战斗后勤舰、指挥与支援舰和小型水面舰艇。装备若干无人舰艇，包括"游骑兵"号、"水手"号、"海上猎人"号和"海鹰"号等大中型无人水面舰艇。装备各型战机897架，包括E-2C"鹰眼"预警机20架、E-2D"高级鹰眼"预警机54架、EA-18G"咆哮者"电子攻击机158架、F/A-18E/F"超级大黄蜂"613架以及F-35C"联合打击战斗机"52架。

2023年，美国海军加快推进无人系统作战能力发展。1月，宣布第59特遣部队实现全面作战能力。该特遣部队隶属第五舰队，配备无人机、水面无人艇和水下无人潜航器，与有人平台结合运用，探索新型海上无人作战模式。12月，从波音公司接收首艘"虎鲸"超大型无人潜航器。该潜航器可长期在恶劣环境中执行反潜作战、反水面作战、电子战、扫雷和布雷任务，能潜入对手近海或港口实施作战行动。此外，美海军计划通过列装MQ-25舰载无人机以及"协同作战飞机"等无人平台，将航母舰载机联队无人驾驶平台比例提高至60%。

美国空军现役部队32.18万人，比2022年（32.44万人）减少0.26万人；预备役部队17.4万人（包括空军国民警卫队10.51万人、空军后备队6.89万人），比2022年（17.3万人）增加0.1万人。空军现役部队编有31个战斗机中队，包括F-16战斗机中队11个、F-15E战斗机中队6个、F-22战斗机中队4个、F-35战斗机中队6个、A-10攻击机中队4个。空军国民警卫队和后备队编有战斗机中队24个，包括F-16战斗机中队12个、F-15C战斗机中队5个、F-22战斗机中队1个、F-35战斗机中队1个、A-10攻击机中队5个。装备各型战机5154架，包括战略轰炸机B-52H 76架、B-1B 45架、B-2A 20架，对地攻击/多用途飞机A-10 260架、F-16C 696架、F-35A 432架、F-15E 218架、F-15C/D 149架、F-22A 185架，加油机KC-10 26架、

KC-135 365架、KC-46 102架，重型运输机C-5M 52架、C-17A 222架；中型运输机C-130J 153架，情报、监视和侦察机RQ-4 10架、MQ-9A 246架、RC-135 25架、U-2 31架，指挥与控制机E-3 18架、E-8 3架。

2023年，美国空军加紧调整和完善部队编制。2月，在罗宾斯基地成立第728战斗管理控制中队，强化美国中央司令部空中指挥与控制能力。5月，将内利斯空军基地预备役第706中队从战斗机中队重组为"侵略者"中队，专注模拟第4代战机威胁，以便让装备F-35A战机的第64、第65"侵略者"中队更专注于模拟对手第5代战机，从而提升空军整体作战训练水平。6月，在卢克空军基地恢复第310战斗机中队编制，装备F-35战机。8月，在圣安东尼奥·拉卡兰联合基地成立第342训练中队，隶属第37训练大队，为飞行员提供初级训练及复训。

美国陆战队现役部队17.21万人，比2022年（17.46万人）减少0.25万人；预备役部队3.31万人，比2022年（3.26万人）增加0.05万人。陆战队现役部队编为3支远征部队，下辖22个步兵营。装备高机动中型轮式车（HMMWV）10607辆、联合轻型战术车（JLTV）3626辆、两栖突击车（AAV）417辆、轻型装甲车（LAV-25）298辆、两栖战斗车（ACV）341辆，攻击直升机AH-1Z 134架，战术飞机AV-8B 53架、F/A-18 C-D 213架、F-35B/C 145架，中型运输机MV-22B 273架、重型直升机CH-53E 129架，KC-130J加油机46架。

2023年，美国陆战队根据《力量设计2030倡议》开展兵力建设。4月，在米拉玛陆战队航空站恢复第311战斗攻击机中队编制，建立陆战队第2支F-35C战斗机中队。7月，在彭德尔顿兵营建立首个"战斧"巡航导弹连，配属"战斧"导弹轻型机动发射车，强化陆基远程打击能力。另外，着手将步兵营重组为轻型敏捷、装备先进的作战部队，以应对未来分布式作战挑战。

美国太空军现役军职人员8600人，比2022年（8100人）增加500人；文职人员4714人，比2022年（4363人）增加351人。太空军下辖3个一级司令部（太空作战司令部、太空系统司令部、太空训练与战备司令部），所属任务部队编组为24支"德尔塔"部队（含4支临时"德尔塔"部队）。装备各型卫星147颗，包括定位、导航和授时卫星37颗（GPS）、气象卫星6颗（DMSP4颗、EWS-G 2颗）、通信卫星69颗（Milstar 5颗、AEHF 6颗、DSCS 6颗、WGS 10颗、FLTSATCOM 6颗、UFO 10颗、MUOS 5颗、CBAS 2颗、PWSA 19颗）、太空监视卫星15颗（GSSAP 6颗、"沉默吠犬"2颗、LPDE 3颗、SBSS 1颗、STSS-ATR 1颗、Tetra1-GEO 1颗、Ascent 1颗）、导弹预警/核爆炸探测卫星20颗（SBIRS 10颗、DSP 5颗、PWSA 4颗、STPSat-6 1颗）。

2023年，美国太空军加速推进能力建设。一方面扩建力量，成立第15"德尔塔"部队以加强太空指挥与控制能力，下辖第15指挥与控制中队、第15 ISR中队、第15网络空间中队、第15作战训练中队；在第7"德尔塔"部队下新设第75和第76 ISR中队，强化太空情报能力。另一方面，推进以任务为中心的组织架构调整，先后在太空作战司令部下成立2支临时"综合任务德尔塔"部队，在太空系统司令部下成立2支临时"系统德尔塔"部队，由后者为前者直接提供支持，简化能力开发流程。

美国网络部队包括由美国网络空间司令部指挥的网络任务部队、军种自留的网络作战力量以及部分作战保障力量。网络任务部队是主体，编为133支网络任务分队，包括13支国家任务分队、68支网络防护分队、27支作战任务分队、25支支援分队，共约6000人。

美国拥有12种类型的核弹头共3708枚，其中已部署的战略核弹头为1419枚；拥有"民兵Ⅲ"洲际弹道导弹、"俄亥俄"级弹道导弹核潜艇、B-52H、B-2等核武器投射系统。美国核武器综合设施详见图2-1。

① 劳伦斯利弗莫尔国家实验室　　④ 桑迪亚国家实验室　　　　⑦ 堪萨斯城工厂
　核武器研发　　　　　　　　　　核武器研发和系统工程　　　核弹头非核零部件生产

② 桑迪亚国家实验室　　　　　　⑤ 洛斯阿拉莫斯国家实验室　⑧ Y-12国家安全综合设施
　核武器研发和系统工程　　　　　核武器研发和钚弹芯生产　　核弹头高浓缩铀生产

③ 内华达国家安全场站　　　　　⑥ 潘太克斯工厂　　　　　　⑨ 萨凡纳河场站
　亚临界实验和测试准备　　　　　核弹头组装　　　　　　　　钚弹芯和氚生产

图2-1　美国核武器综合设施

来源：美国传统基金会《2024年美国军事实力索引》

美国导弹防御系统包括44枚陆基拦截弹、47艘装备"标准-3"导弹的"宙斯盾"舰、7个"萨德"导弹连和15个"爱国者-3"导弹营，能够拦截中段和末段来袭导弹。

二、兵力部署

美军是一支全球部署型军队，长期维持高比例的"海外存在"和"前沿存在"，可在全球范围内快速投送力量。

印太方向，美军海空兵力占美军海空总兵力的60%以上，兵力部署更趋灵活、分散，更具指向性、威胁性。美国印太司令部下辖3个联合司令部和5个军种司令部。驻日美军司令部，总部设在日本东京横田空军基地，下辖兵力5.5万人，是美国规模最大的海外驻军和美军在西太前沿的主战力量。驻韩美军司令部，总部设在韩国汉弗莱斯兵营，下辖兵力3.8万人。太平洋特种作战司令部，总部设在夏威夷史密斯兵营。太平洋陆军司令部，总部设在夏威夷斯科菲尔德兵营，下辖美国驻日陆军司令部等12个下级司令部。太平洋空军司令部，总部设在夏威夷希卡姆空军基地，下辖3个航空队。太平洋舰队司令部，总部设在夏威夷珍珠港海军基地，下辖第三、第七舰队。太平洋陆战队司令部，总部设在夏威夷史密斯兵营，控制美国陆战队约2/3的兵力，下辖第1、第3远征部队。印太太空军司令部，总部设在夏威夷。2023年，美军持续巩固第一岛链的"桥头堡"地位，努力提升第二岛链的"连接器"作用。在第一岛链，在日本组建具有快速反应能力的陆战队濒海作战团，这是美军组建的第2支濒海作战部队；与菲律宾签订《强化防务合作协议》，获得卡米洛·奥西亚斯海军基地、拉尔洛机场、梅尔乔·德拉·科鲁兹营地、巴拉巴克岛等4个新军事基地的使用权，使美驻菲军事基地增至9个。在第二岛链，增强关岛兵力部署，将驻扎在冲绳的美国陆战队第3远征部队逐步转移至关岛布莱兹兵营；升级澳大利亚斯特灵海军基地，计划未来由美英两国潜艇部队轮流驻防该基地，扩建澳大利亚廷德尔空军基地并常态化保持6架B-52H轰炸机轮换部署；与巴布亚新几内亚签署防务合作协议，获准使用该国隆布鲁姆海军基地等6处设施，期限15年。

欧洲方向，驻有美国欧洲司令部、美国非洲司令部、军种组成司令部和特种作战司令部。2023年，美国以确保北约东翼安全为由，强化在欧洲的兵力部署，驻军规模达10万余人（截至2023年3月），其中3.9万人驻德国、1.6万人驻波兰、1.3万人驻意大利、1万人驻英国、2.2万余人驻欧洲其他国家。一方面，提升与北欧国家的军事合作。2023年，分别与芬兰、瑞典和丹麦达成新的防务合作协议，获取芬兰15处军事设施、瑞典17处军事设施、丹麦3个空军基地的使用权。挪威已于2021年与美国签署协议，允许美军自由进入和使用该国4个基地。至此，美国与北欧四国均已签署此类协议，未来结合北约机制可构筑针对俄罗斯的"双边＋多边"联动式战略攻防前沿。另一方面，以波兰为重点强化在东欧的兵力部署。在波兰建立美国陆军第5军永久前进指挥部，部署32架F-18战机，提前2年交付"一体化防空反导作战指挥系统"，部署陆基"宙斯盾"反导系统，并计划部署"爱国者"防空反导系统，试图将波兰打造成威慑俄罗斯的前沿基地。

中东方向，美国中央司令部部署了大约4.5万人，其中科威特驻军超过1.35万人，分布在阿里夫兵营、艾哈迈德贾比尔空军基地和阿里萨勒姆空军基地；巴林驻军约9000人，主要是美国海军，其中麦纳麦海军基地是美国第五舰队司令部驻地；卡塔尔驻军约8000人，主要为美国空军，乌代德空军基地是美国中央司令部的前进指挥部；阿联酋驻军约3500人，主要驻扎在杰贝尔阿里港、达夫拉空军基地和富查伊拉海军基地；约旦驻军约3000人，包括1个战斗轰炸机中队和1个无人机中队；沙特阿拉伯驻军约2700人，负责提供防空反导能力；伊拉克驻军约2500人，负责训练和支持伊拉克安全部队。2023年，面对巴以新一轮冲突带来的不确定性以及也门胡塞武装在红海的敌对行动，美军相继派遣以"福特"号和"艾森豪威尔"号航空母舰为首的双航母打击群、由1艘两栖攻击舰和3艘驱逐舰组成的两栖戒备群奔赴地中海海域；向中东派遣了一支2000人规模的陆战队快速反应部队；在沙特部署1套"萨德"反导系统，在科威特、约旦等阿拉伯国家部署11套"爱国者"防空反导系统，提升在中东地区的应急反应能力。

此外，美国在拉丁美洲建有 10 余个陆、海、空军基地，主要为雷达设施和监听站。在非洲，美国建有 10 多个无人机基地和 5 个小型海军基地（埃及 2 个、肯尼亚 2 个、吉布提 1 个），常驻人员不多。

美国军事基地

美国军事基地是组织、指挥、训练、部署和驻扎美国军事人员的场所，是展现美国军事结构的平台，是确保部队完成各项任务的基础设施，通常包括 3 个部分。第一部分包括被纳入美国国防部不动产，由各军种管理和使用的兵营、哨所、兵工厂、港口、机场、航空站、海航站及其配套设施，是一个具有军事职能作用的地域。第二部分包括该军事基地的地基，以及地下与地面的建筑物、道路、网线和主要公用系统。第三部分包括驻该基地的现役人员、预备役人员、文职人员、雇员、全时合同商等。美军认为，军事基地是军队战斗力的重要组成部分，是提升部队联合作战水平的重要因素。

第二次世界大战后，美国在世界各地建立了 5000 多个军事基地，后来随着安全环境变化和驻在国人民反对，美军外海军事基地逐渐减少。特别是冷战结束后，美国分别于 1991 年、1993 年、1995 年、2006 年对全球军事基地进行了较大规模的调整。截至 2012 年 9 月 30 日，美国仍有军事基地 5059 个，其中美国本土及其领地 4461 个，海外 598 个（陆军 265 个、海军和陆战队 136 个、空军 197 个）。[1]

美国在世界各地建立的军事基地，按照地理范围大体可以分为夏威夷基地群、关岛基地群、日本基地群、韩国基地群、阿拉斯加基地群、北美

---

[1] 樊高月：《美国军情解析》，第 85 页，解放军出版社，2017 年。

大陆基地群、澳新基地群、东南亚基地群、中东中亚和印度洋基地群、欧洲基地群和拉丁美洲基地群。

夏威夷基地群

夏威夷基地群由夏威夷群岛、中途岛、约翰斯顿岛和威克岛的军事基地和设施组成，属美国本土基地，但位于远离北美大陆的太平洋中，处于美军太平洋地区第三线基地群的核心位置，是连接美国本土和西太平洋各基地群的纽带和太平洋海空交通的总枢纽，也是美军太平洋、印度洋战区的指挥中枢和战略预备队的配置地域。

夏威夷基地群拥有众多的基地与设施。根据美国公布的相关资料，夏威夷基地群中比较大的基地有11个，包括希卡姆和贝洛兹2个空军基地，珍珠港海军综合基地、太平洋海军计算机与电信区主控站、太平洋巴尔金沙滩导弹靶场设施等3个海军基地，史密斯兵营和卡内奥赫湾2个陆战队基地，沙夫特堡、斯科菲尔德兵营、特里普勒陆军医疗中心、惠勒陆军机场等4个陆军基地。此外，还有位于夏威夷群岛以西的约翰斯顿岛空军基地、威克岛空军基地和中途岛海军航空设施。除了这些极为重要的陆、海、空军事基地外，美军在夏威夷群岛上还有很多靶场、仓库、训练区、航空站等。这些小型基地或设施也是夏威夷基地群不可分割的一部分，无论平时还是战时都有非常重要的意义。

美国印太司令部和太平洋陆战队司令部位于史密斯兵营，太平洋舰队司令部和潜艇部队司令部位于珍珠港海军综合基地，太平洋陆军司令部位于沙夫特堡，太平洋空军司令部位于希卡姆空军基地。此外，史密斯兵营还设有太平洋情报中心。

美军在夏威夷基地群驻有大量部队。陆军约22000人，包括第25轻型步兵师和1个陆军国民警卫队步兵旅，分别驻扎在沙夫特堡、斯科菲尔德兵营等地。陆战队约3900人，编为1个陆战远征旅，驻扎在史密斯兵营。空军约4500人，包括1个空军联队、1个大队、1个指挥与控制中队，分别驻扎在希卡姆空军基地、约翰斯顿岛和威克岛空军基地。海军约2万人，编为4个巡逻机中队，有100多架飞机（作战飞机50架），驻扎在珍珠港。

随着美国"再平衡"战略和印太战略的贯彻和落实，夏威夷基地群的战略意义愈加凸显。部署于此的美军部队向前可以有效支援西太平洋乃至印度洋和中亚的军事行动，向后可以保卫美国本土不受侵犯。因此，美军将不遗余力地把夏威夷基地群建设成为"出兵印太的桥头堡"。

关岛基地群

关岛是西太平洋马里亚纳群岛中面积最大、人口最密集的岛屿。该岛地形狭长，就像一颗巨大的花生果，呈东北至西南走向，南北长约48千米，东西宽7～19千米，地势南高北低，全岛面积549平方千米。

关岛扼西太平洋海空要冲，美国到东北亚、东南亚和澳大利亚的海空交通线和海底电缆均从此通过。它距中国台湾约2500千米，距琉球群岛约2400千米，距中国北京约3600千米，距中国上海约3000千米，距美国夏威夷约5300千米，战略位置十分重要。

美军关岛基地群包括安德森空军基地和阿普拉海军基地。近年来，为适应美国向亚太"再平衡"和未来实施"空海一体战"的需要，美军投入巨资扩建关岛的海、空军基地，新建陆战队基地，军事设施已占全岛面积的1/3。关岛基地群位于面向中国和伊朗的海空战场的中段，向北与日本基地群连成一线，向南与澳新基地群连成一线，是稳定"空海一体战"战场前沿的主锚，备受美军重视。

关岛空军基地，包括安德森空军基地、安德森西北机场和安德森南部行政附属设施，驻有第36基地联队、第734空中机动中队、第254空军基地大队、第497作战训练中队、第554"红马"中队、第22航天作战中队第5分遣队、海军第25海上作战中队等单位。安德森空军基地在支援空军全球作战时有三大优势：一是安德森是美国的领土，亚太地区一旦发生突发事件，美国空军可立即作出反应而无须事先获得其他国家的同意；二是安德森空军基地所处的战略位置可保证由此起飞的美国战略轰炸机在12小时内打击亚太地区的任何目标；三是安德森空军基地的支援设施十分完善，只需稍加改进就能支援战略轰炸机的作战行动。

关岛海军基地，包括阿普拉和塞班基地，驻有美国马里亚纳海军司令部、第3海上预置舰中队、军事海运司令部关岛办公室、第15潜艇中队、西太平洋潜艇攻击大队驻关岛代表处、西太平洋海上训练大队驻关岛分遣队、太平洋流动水雷装配大队第8小队、关岛海运支援小队、海军海洋研究中心、海军电子系统工程处等单位。有军人4020名，文职人员3450余名，海上预置舰4艘，战斗补给舰3艘，潜艇供应舰和军火船各1艘。驻冲绳的陆战队第3远征部队的部分人员（大约9850人）也将被部署到关岛。阿普拉基地为美军在西太平洋实施联合作战提供预备前进指挥所。一旦西太平洋发生大规模地区性战争，印太司令部的指挥位置将前出至关岛，以便更好地指挥、控制和协调美军与盟军的联合作战行动。

日本基地群

美军"空海一体战"构想把中国、伊朗等国的军队作为潜在对手，把广阔的太平洋和印度洋海空域作为未来主要战场。驻日美军基地群犹如稳住北面战场的一只锚，对未来"空海一体战"的胜负至关重要。

根据美国国防部2011财年的《基地结构报告》，驻日美军基地和设施共108个，其中大中型基地30多个，包括横田空军基地、三泽空军基地、嘉手纳空军基地、横须贺海军基地、佐世保海军基地、科特尼兵营、福斯特兵营、汉森兵营、座间兵营、普天间陆战队航空站等。此外，美军还有另外42个与日本自卫队共同使用的基地与设施。驻日美军基地群与驻韩美军基地群一起，共同控制着宗谷、津轻、对马三大海峡，既可以支援美军在朝鲜半岛的地面作战，又可以支援美军在西北太平洋的海上作战，是"岛屿锁链"的首要环节，是美国东北亚军事基地群的核心。

美国空军驻日基地主要有横田、三泽和嘉手纳空军基地。常驻部队是美国空军第5航空队。该航空队下辖4个联队13个飞行中队，有144架飞机（其中作战飞机100架），共约13100人。

美国海军在日本的基地主要包括横须贺、厚木、佐世保和横滨海军基地。美国海军第七舰队主要部署在这些基地，常驻舰只22艘，舰载机联队1个，舰载机139架（其中作战飞机103架），舰上人员约15200人。

美国陆战队在日本驻有1个陆战师、1个陆战航空联队、2个陆战航空大队和2个巡逻机侦察机联队分遣队，有各型飞机155架（作战飞机80架），共约9000人，主要分布在冲绳岛的巴特勒兵营、科特尼兵营、福斯特兵营、普天间陆战队航空站、汉森兵营等地。

驻日美国陆军部队较少，主要包括美驻日陆军司令部、第1军司令部前指、第9战区支援司令部、第17地区支援大队、第500军事情报旅、第78通信营等单位，共约2300人，主要部署在座间兵营、相模总军械库等地。

韩国基地群

到2014财年，驻韩美军共拥有军事基地和设施82个，其中陆军65个、空军12个、海军5个，驻韩美军总兵力有2.94万人。

驻韩美国陆军基地和设施主要包括龙山基地、红云兵营、凯西兵营、霍威兵营、斯坦利兵营、亨利兵营、沃克兵营、卡罗尔兵营和汉弗莱斯兵营等。其中，龙山基地尤其重要，驻有驻韩美军司令部、联合国军司令部、韩美联合部队司令部、第8集团军、第8人事司令部、第18医务司令部、第1通信旅、第175财务司令部、第8军事警察旅等单位,有美军约2500人,美方雇员约1000人,韩军1000多人,韩方雇员约6000人。

驻韩美国空军基地和设施主要包括乌山空军基地、群山空军基地、红云兵营通信站、谷尼空军靶场、光州空军基地等。其中,乌山空军基地和群山空军基地最为重要。乌山空军基地驻有美国空军第7航空队司令部、第51战斗机联队、第2146通信大队、第6903电子保密大队、第611军事空运支援大队、第554土木工程中队、第38空中救援中队、第9战略侦察机联队分遣队等单位,装备包括F-16C/D型战斗机在内的各型飞机50余架,有人员6839名。群山空军基地驻有美国第7航空队第8战斗机联队、第35和第80战术战斗机中队、美国陆军"回声"连和"狐步舞"连、第43防空炮兵第1营等单位,装备F-16C/D型战斗机48架,有人员3389名。

驻韩美国海军总共516人,主要驻扎在镇海海军基地。此外,在浦项港、仁川港和龙山卫戍区内也驻有少量海军人员。釜山海军基地虽然未驻美国海军人员,但作为美军大部分物资的进出港,其地位十分重要。

驻韩美军是美国在远东的唯一重型部队,陆战能力远在驻日美军之上,是美国威慑朝鲜的重要筹码。驻韩美军长期处于较高的战备状态,2005年前美军官兵一般没有家属陪伴,之后才允许官兵携家属在韩国生活2~3年。种种迹象显示,美国正试图将韩国变成冲绳那样的"非专一性海外部署基地",希望驻韩美军不再专注于对付朝鲜,而是更多地介入全球特别是亚太安全事务。

阿拉斯加基地群

冷战时期,阿拉斯加基地群是北美防空前哨阵地,埃尔门多夫空军基地获得了"北美最强屏障"的荣誉称号。冷战结束后,阿拉斯加基地群担负的防空任务没有发生变化，但却增添了驰援亚太地区的新任务。

阿拉斯加军事基地和设施分布均匀，点多面广，共有基地和设施 17 个，包括 11 个空军基地、1 个海军设施、2 个陆军基地和 3 个海岸警卫队基地。较大的空军基地是埃尔门多夫—理查森联合基地、艾尔森空军基地和克利尔航空站。较大的陆军基地是温赖特堡。

驻阿拉斯加的空军部队主要有第 11 航空队、北美空天防御司令部阿拉斯加地区司令部和作战控制中心等，陆军部队主要有阿拉斯加陆军司令部、阿拉斯加卫戍司令部、陆军北方作战训练中心等。总兵力约 1.7 万人，其中陆军 6800 人、空军 9800 人、海军 150 人。

北美大陆基地群

美国本土是美军保卫的首要对象，是美国推行全球霸权的战略后方。美国本土的基地既是海外各战区作战的依托，也是配置战略核突击部队和战略预备队的进攻出发地。各军种的本土基地在布局上各有特点，其目的主要是利于安全，便于作战。

美国本土陆军、陆战队、海军、空军和海岸警卫队的基地布局各不相同。陆军基地相对集中，东重西轻，南密北疏，规模较大。陆战队基地主要分布在东西海岸，内陆基地不多。海军基地分布于东西海岸，倚靠港口城市，呈群体配置。空军基地分散均匀，点多面广，遍及各州。海岸警卫队基地主要分布在东海岸，尤以弗吉尼亚州居多。美国本土基地以任务为区分标准，将相同性质的基地相对集中配置：战略轰炸机基地多数配置在南北部边界地区，少数配置在中部地区，利于执行任务。洲际弹道导弹基地集中部署在人烟稀少的中、西、北部地区，且每个基地又相对集中了大量的地下导弹发射井和发射控制中心，便于作战、指挥和管理。战术空军基地绝大多数配置在大城市和重要工业区附近，以便执行防空任务。战略预警设施则部署在边境地区，以充分利用其有效探测距离。

本土空军主要基地和设施，是除太平洋空军司令部和欧洲空军司令部之外七大司令部管辖的基地和设施，共74个。其中，科罗拉多州彼得森空军基地是空军航天司令部（2019年后是美国太空司令部）所在地，弗吉尼亚州兰利空军基地是空军空中作战司令部所在地，伊利诺伊州斯科特空军基地是空军空中机动司令部所在地，得克萨斯州兰道夫空军基地是空军教育与训练司令部所在地，俄亥俄州赖特—帕特森空军基地是空军器材司令部所在地，佛罗里达州赫尔伯特空军基地是空军特种作战司令部所在地，佐治亚州罗宾斯空军基地是空军预备队司令部所在地。

本土海军主要基地和设施有59个，包括诺福克海军基地、圣迭戈海军站、科罗纳多海军基地、中国湖海军航空武器站、新伦敦海军潜艇基地、金斯湾海军潜艇基地、勒莫尔海军航空站、温图拉县海军基地、埃弗雷特海军基地等，分布于东西海岸，倚靠港口城市，多呈群体配置。

本土陆战队主要基地和设施有20个，包括陆战队空中地面战斗中心、彭德尔顿陆战队基地兵营、华盛顿水兵营、尤马陆战队航空站、米拉马尔陆战队航空站、新河陆战队航空站等。

本土陆军主要基地和设施有82个，包括布雷格堡、坎贝尔堡、卡森堡、德拉姆堡、赖利堡、胡德堡、本宁堡、欧文堡、麦克弗森堡、米德堡、萨姆休斯敦堡等，一般规模较大，相对集中。

本土海岸警卫队主要基地和设施有29个，包括海岸警卫队总部、莫比尔飞行训练中心、克利尔沃特海岸警卫队航空站、迈阿密海岸警卫队航空站、五月角训练中心和无线电通信与信息系统司令部等。

澳新基地群

澳新基地群，主要由设在澳大利亚和新西兰的美军基地和美澳联合使用的军事设施组成，包括海军航空站、海军通信站、小型电子站、宇航跟踪站、导航站等，主要用于试验航空兵器、进行战略通信、监视和侦察俄罗斯和中国的核试验及空间活动。从2012年起，美军开始在澳大利亚达尔文市附近的罗伯逊军营驻扎美国陆战队。

美国设在澳、新的空军基地与设施主要包括伍默拉航空站、杰拉尔顿通信站、怀霍派通信站、唐伊莫阿纳无线电拦截站和黑伍尔德空军基地，主要用于侦察、通信、武器试验等，仅驻有少量美军人员。

美国设在澳、新的海军基地与设施主要是哈罗德霍尔特海军通信站和松树峡航天监测设施基地，驻有少量人员。

虽然美军常驻澳新基地群的人数不多，但澳新基地群位于美军"空海一体战"空海战场的南端，是稳定对中、对伊空海战场的一只锚，与关岛和日本基地群共同形成稳定美军"空海一体战"战场前沿的三只锚，对于美军夺取未来"空海一体战"的胜利不可或缺。

东南亚基地群

"9·11"事件后，美国逐渐扩大了在东南亚的军事存在，不断加强与东盟国家的军事合作。2003年，美国将菲律宾、泰国列为非北约盟国，与两国建立起特殊的安全保障关系，可使用其军事基地。美国东南亚军事基地的突出特点是，美国很少在那些基地驻军，只是根据与当事国签订的协议，需要时才租用或临时使用那些基地。

目前，美军在东南亚租用的空军基地包括新加坡的巴耶黎巴空军基地和樟宜国际机场、菲律宾的克拉克空军基地和泰国的乌塔堡空军基地；租用的海军基地包括新加坡的樟宜海军基地和森巴旺海军基地，菲律宾的苏比克湾海军基地，泰国的曼谷港、梭桃邑港和帕塔亚港海军基地，印度尼西亚的雅加达港和苏腊巴亚港海军基地，马来西亚的哥打基纳巴卢港海军基地。这些基地或为美军过往军机和舰船提供后勤补给和维修服务，或为美军部队提供休整地，或为美军进行多国演习提供帮助，或为美军作战行动提供情报和后勤支援。总之，一旦美军有什么需要，这些基地会竭尽全力地予以满足。

中东中亚和印度洋基地群

中东中亚和印度洋基地群，由设在土耳其、吉尔吉斯斯坦、阿富汗、巴基斯坦、沙特阿拉伯、巴林、阿曼和迪戈加西亚的基地和设施组成，控制着黑海、东地中海、红海和波斯湾的通道，既可支援东地中海和印度洋的海上作战，又可控制中亚石油资源，揳入俄罗斯的腹地和中国的西部边疆，支援中东和非洲的陆上战场。

"9·11"事件后，美国打着"反恐"的旗号，在吉尔吉斯斯坦建立了甘西空军基地，先后有美国、法国、澳大利亚、丹麦、荷兰、挪威、西班牙、韩国等国军队在此驻扎，在中亚实现了美国军事力量的"历史性进入"。与此同时，美军在阿富汗境内建立了喀布尔、巴格拉姆、坎大哈、信丹德、萨勒诺、勒瓦拉、贾拉拉巴德等众多军事基地，大幅提升了美军在阿富汗的军事影响力。

印度洋的迪戈加西亚基地，是美国海、空军的作战保障基地和海军第2预置船中队的所在地。这里不仅是美国太空侦察网络的一部分，还是美国航天飞机的紧急降落点，可以起降B-52等大型飞机，是美国海、空军最重要的集结、中转、后勤支援和实施空中打击的前进基地，被美军称为"印度洋上永不沉没的航空母舰"。

美国空军基地与设施，主要有因吉尔利克空军基地、伊兹密尔空军基地、甘西空军基地、巴格拉姆空军基地、坎大哈空军基地、信丹德空军基地、迪戈加西亚空军设施等。美国海军基地与设施，主要有巴林海军支援机构/麦纳麦海军基地、迪戈加西亚海军支援设施等。美国陆军基地与设施，主要有萨勒西亚兵营、尤姆萨德油料基地、多哈兵营、阿迪瑞靶场等。

中东中亚和印度洋基地群分布较广，涉及国家多，各驻在国对美国态度差异较大，常常使得某些美国军事基地难以为继。例如，吉尔吉斯斯坦就多次要求收回美国租用的甘西空军基地，美国被迫与其谈判并不断增加租金才得以继续保留。美国从伊拉克和阿富汗撤军后，许多美国军事基地将难以保留，美国不得不煞费苦心地考虑如何在那里继续保持军事存在。

欧洲基地群

冷战时期，欧洲基地群是美国对以苏联为首的华约国家进行威慑的主要抓手。冷战结束后，美军驻欧基地群延续了对俄罗斯的威慑，是保护北约国家安全和美国在欧利益的主要手段。

欧洲基地群由中欧、南欧和西欧基地群组成。中欧基地群由设在德国、比利时和荷兰的基地与设施组成，包括斯图加特、维尔茨堡、拉姆施泰因、布伦苏姆、希埃夫雷斯等基地，扼守着欧洲的心脏地带，是维护对东欧各国的"和平演变"成果，并对那里可能发生的地区冲突作出反应的重要前沿基地。

南欧基地群由设在意大利和希腊的基地与设施组成，包括加埃塔、那不勒斯、维琴察、苏达湾等基地，可控制黑海出海口和东地中海地区，是驻欧美军的南翼。

西欧基地群由设在英国、冰岛、西班牙、葡萄牙和亚速尔群岛上的基地和设施组成，包括米尔登霍尔、伦敦、罗塔、凯夫拉维克等基地，可以扼守大西洋通往北海和地中海的重要航道和海峡，既能支援中欧、地中海和中东地区，又是美国本土增援欧洲、近东和非洲的中转基地。

美国空军驻欧洲基地主要有拉姆施泰因、希埃夫雷斯、阿维亚诺和拉肯希思空军基地。美军驻欧空军司令部设在拉姆施泰因，下辖第3、第16航空队，共计1个多功能联队、1个空中加油联队、1个空运联队、3个战斗机联队，有作战飞机195架，3.09万人。

美国海军驻欧基地主要有加埃塔海军基地、凯夫拉维克和罗塔海军站、苏达湾和那不勒斯海军支援设施，驻有美国海军第六舰队，有20～30艘舰艇，编为10个特混舰队，约1万人。

美国陆军驻欧基地主要有波本豪森卡塞尼、包姆霍尔德、达姆施塔特、海德尔堡、维琴察等24个基地。美军驻欧陆军司令部设在海德尔堡，驻欧陆军包括1个师，1个独立旅，1个独立团，共3.9万人。

拉丁美洲基地群

美国一直把拉丁美洲视为自己传统的势力范围和称霸世界的战略后方。为了抢占拉美市场和自然资源，美国和哥伦比亚政府于2000年签订了推进拉美地区军事化的"哥伦比亚计划"。根据这个计划，美国国防部在拉美地区设置了17个雷达站（其中6个是地面基地雷达站，其余的是移动雷达站），扩建了4个"安全合作点"，每个设施配备30多名参谋人员，全面监视拉美国家的行动。

美国设在拉美的海军基地和设施主要有古巴关塔那摩湾海军站、荷属阿鲁巴岛海军航空站、库拉索哈图海军航空站（荷属安的列斯群岛）、巴拉圭埃斯蒂加里维亚元帅镇、巴哈马群岛海军水下作战中心等；空军基地与设施主要有洪都拉斯索托科诺空军基地、厄瓜多尔曼塔空军基地、萨尔瓦多科马拉帕空军基地、哥伦比亚特斯伊斯奎纳斯空军基地等；陆军基地与设施包括波多黎各的布坎南堡和陆军国民警卫队的圣地亚哥兵营；海岸警卫队只有波多黎各的博林肯海岸警卫队航空站。

美国拉丁美洲基地群负有9项任务：治安干预、热带公共卫生、巴拿马运河防务、部队训练、武器和其他材料的测试、环境工程、反暴乱作战、反毒品作战、情报和通信任务。

在非洲，美国的军事存在有限，仅建有10多个无人机基地和5个小型海军基地（埃及2个、肯尼亚2个、吉布提1个），驻扎的人数不多，就连美国非洲司令部都无法在非洲立足，目前仍驻德国斯图加特。

美国战争动员

战争动员是指在战时或其他紧急情况下为达成国家目的而对国家资源进行征集和编组的过程，包括集中现役部队的人力物力并对其进行编组，启用后备力量（包括由联邦政府统一指挥国民警卫队），延长军人服役时间，发挥国家工业基础和训练基地的最大效能，使国家和军队进入应对战争或其他紧急情况的临战状态。

动员体制

美国的战争动员职能和职责由国会、政府和军队共同承担。

国会 由于美国宪法规定征税、制定法律和宣战的权力归国会，所以国会主要为动员提供财政资金和确定实施动员的法律依据，对和平时期的动员准备工作和战时的动员实施情况进行监督。国会在战争动员中的基本职责包括：通过法律或联合决议批准全面或总动员；根据义务兵役法实施立法。

政府 美国政府主要负责制订动员计划，确立动员程序，保持和发展动员能力，并实施动员。联邦政府各部和多数直属机构都设有动员机构，承担某种动员职能。国土安全部联邦紧急管理署统一指导和协调各部门各单位的动员行动，担负联邦政府主要的动员职能。此外，美国国家安全委员会也设有"紧急准备和动员计划政策协调委员会"，由联邦紧急管理署的署长任主席，成员包括内阁所有的部长和负有动员职责的直属单位领导。

军队 军队的动员机构主要包括国防部、参联会和各军种部。国防部为动员提供各种指导和指示，并且在危机或战争情况下管理动员活动。参联会主席与各军种和有关部门协调后制订军事动员计划，提出工业动员的战略指导方针，跟踪动员活动的实施情况。军种部在国防部长的指示下制订各种详细的动员计划，并负责各自部队的具体动员工作：（1）制订军事动员和工业动员计划；（2）制订部队人员和装备补充以及各种保障计划；（3）向动员计划涉及的政府部门提出申请；（4）动员预备役部队和人员；（5）动员各自的非军事人员；（6）在持续时间较长的危机或是战争中负责各自部队的轮换工作。运输司令部负责为美军提供海上、陆上和空中的运输服务，在世界范围内协调使用军用和民用运输资源为美军服务。

作为动员的主要实施者和领导者，美国联邦政府和国防部都制定了各自的动员计划。联邦政府制定了《国家紧急动员计划》，明确政府各部门应该承担的动员职责。国防部制定了《国防部动员总计划》，明确国防部各直属机构、各军种部以及海岸警卫队等单位的动员职责，阐明各部门在和平时期进行应急准备和在紧急状态下进行动员时所要完成的任务。

动员类型

美国军事动员主要涉及12个领域，包括法律权限、资金、环境保护、人力、器材装备、交通运输、设施、工业基础、训练基地、卫生勤务支援、通信支援和驻在国支援。美军将这12类资源从内容上归纳为四大类，即武装力量动员、经济动员、民防动员和政治动员。

（一）武装力量动员

指将武装力量全部或部分由平时状态转入战时状态所进行的活动，是战争动员最为核心的内容，对战争具有重要的影响。武装力量动员主要从人力资源领域展开，其目标是：在平时保持武装力量（现役和预备役部队）拥有足够的实力；在战争初期能够保证首批参战部队进入预定地域，保证后续部队展开，掩护国家转入战时状态；在战争中后期，为战争提供足够的后备兵员和作战物资，支持战争直到取得最后胜利。美国武装力量动员包括3个等级：现役部队动员，预备役部队、国防部文职人员和合同商动员，征兵制征召动员。

1. 现役部队动员

现役部队是美国武装力量的核心，占美国整体武装力量的60%。美国的现役部队装备精良、训练有素，投送能力强、战备水平高，是美军平时和战时动员的第一力量。

2. 预备役部队动员

美国预备役部队是美国在危机时或战争初期迅速扩充部队的主要力量，也是美军补充兵员的最快途径。从1973年美国实行"全志愿兵役制"和"总体力量"政策以来，特别是海湾战争之后，美军频繁动用预备役部队参加作战和作战支援任务，预备役部队在"总体力量"结构中的作用越来越重要。"总体力量"政策要求现役部队和预备役部队尽最大可能保持相同的战备水准。因此，美国预备役部队在组织编制、武器装备、军事训练和管理教育等方面，都尽量与现役部队"保持一致"，成为一支不可或缺的力量。和平时期，预备役部队为现役部队提供各种支援，在维和行动、反毒品行动、抢险救灾和训练支援等领域，扮演着重要的角色。美国预备役部队由联邦后备队和国民警卫队两大类组成，包括陆军后备队、陆军国民警卫队、空军后备队、空军国民警卫队、海军后备队、陆战队后备队和海岸警卫队后备队。

3. 征兵制征召动员

1973年美国停止征兵，开始采用"全志愿兵役制"，但是保留了兵役登记，凡18～26岁的美国男性公民必须按规定到兵役部门注册登记，一旦总统和国会决定实行征兵制，就可从这部分人当中征召符合条件者入伍。

（二）经济动员

经济是进行战争的物质基础。经济动员包括工业动员、物资动员、交通运输动员和财政动员，将极大地影响战争的进程和结局。

1. 工业动员

工业动员的目的是为战争提供必需的物质资源。平时，工业动员的主要任务是建立和维持工业动员的基础，使国防工业在国家进入紧急状态时具有紧急增产的能力，保障战争的紧迫需要。战时，工业动员的主要任务是确定军事民用需求量，确定军工生产的先后顺序，实行物资分配、产量和信贷的统一调配，实行消费控制等。

美国工业动员的基础主要有以下几个方面。（1）可供战时大规模扩大生产的战略储备物资。美国将94种战略物资列为储备的重点，绝大部分是原材料和燃料，特别是一些国内无法满足需要的稀有原材料，所有的物资都是按照3年的储备量进行储存。（2）保证国防工业和民用工业战时能迅速增产和转产的特定生产能力。这些能力包括备用的生产线和工厂，关键的机器设备和零部件，生产的技术资料和科研资料等。（3）由国家投资，负责军事装备生产和维修的军工企业。这些企业具有生产军民两用产品的结构，平时除生产和维修武器装备之外，也生产部分民用产品。战时，主要进行军工生产，并可迅速增加产量。（4）与军方签订防务合同的民用经济部门和企业。这些部门和企业在战时必须按照合同迅速转产，完成军品生产任务。

美国的工业戒备程度共分为六级：六级为和平时期，国家安全处于最低状态；五级进入工业戒备状态，制订扩大生产计划；四级开始扩大生产周期较长的军工产品；三级实施"紧急增产"；二级全面进入动员阶段；一级进入总动员阶段。如海湾战争期间，大部分被动员的企业进入四级，而"爱国者"导弹生产厂家等少数企业则进入三级。

2. 物资动员

美军将战时必须装备、维持和使用的各种作战物资分为10类，即食品、被服装具、油料、工程器材、武器弹药、个人消费品、大型装备和车辆、医药器材及其修理配件、维修零配件、非军事保障物资等。美军物资动员渠道主要包括动用储备物资，动员军工、民用企业紧急生产军用物资，向海外公司购买急需物资，利用驻在国生产急需物资和启用封存物资等。

美军的物资分为平时储备和战时储备两部分。前者用于保障部队平时训练、维修、生活等基本需要，以部队储备为主，战争初期是部队主要补给来源；后者主要用于补充战时的物资消耗，以海外基地储备和本土集中储备为主。按美国法定标准，本土总部一级储存量可供战争初期美军3～6个月的作战和生活需要，海外基地储存量为2～3个月。美国依托本土和海外的物资储存站作为物资储备的主要储存点和补给点。

通过动员生产来获取急需的物资也是美军满足作战部队需要的重要手段。通过这种渠道动员的物资包括弹药、给水系统、维修零配件、防化环保系统和发电机等关键物资。

器材和装备动员的来源和选项

器材和装备来源	动员选项	所需行动
美军各部队现有器材和装备	根据紧急情况的优先级别重新分配	军种部依据作战司令部司令的需求作出决定
战争储备和前置	发放库存物资	军种部作出决定

器材和装备来源	动员选项	所需行动
库存	加大从仓库向外调拨的力度	军种部依据作战司令部司令的需求作出决定
工业基地	加大生产	军种部和国防部相关机构敦促工业部门以最大产能生产所需的器材和装备
安全援助渠道当中的器材和装备	调用安全援助渠道当中的器材和装备	需要总统和国防部长依据国家安全需求和政治状况作出决定
国内和国外的商业渠道	直接从市场上采购现货	军种部和国防部根据联邦政府采购的相关规定作出决定

3. 交通运输动员

美国的军事交通运输是在国防部的统一领导和协调下，根据参联会的决策，由海、陆、空军分别组织实施，分别负责海上、陆上和空中运输三大部分。国防部负责人力、设施和后勤的助理国防部长统一领导全军的运输工作，并促进军种运输司令部间的合作。参联会主要制订各种战略性的运输计划。在美国运输司令部的协调下各军种部负责运输的司令部负责相应的军事运输任务。陆军的军事地面部署与配给司令部是国防部的交通管理机构，同时负责美国本土和某些海外地区的军事交通、公用海港的管理以及本土的地面运输业务。海军部的军事海运司令部负责全军的海运业务。空军部的军事空运司令部负责全军的海外空运。

（1）海上运输动员

海上运输是美军海外作战的最主要运输方式，重型装备多数依赖海上运输到达战区。战时美国动员的主要海运力量有5类船只。

军事海运司令部船只　美军军事海运司令部负责军事海运工作的领导、组织、管理和协调工作，拥有干货船、油船、水面预置船、海上预置船和快速活动舰等各类船只。这些船只是军事海运的基干力量，战时将被首先动员并立即用于海上运输。

挂美国国旗或美国人拥有的商船 美国法律规定，如有必要，美军在战时可租赁挂美国国旗或外国国旗的商船运送军用物资。在需要立即获得大量船只的情况下，总统可下令征用所有挂美国国旗的商船，征用的商船归运输部海运局管理；特殊政治情况下（如美国尚未参战），可由总统批准，动员美国人拥有，在外国注册并挂外国国旗的商船。

国防预备船队船只 这是美国为应付较大规模冲突和持续战争而成立的，以退役商船为主组成的海军预备役船队。这些船只中除了被列为"待命预备役"的船只外，多数船只老旧严重，处于封存状态。战时军事海运司令部建议，并由国防部长和交通部长报总统批准，这些船只才能重新服现役。美国曾经在朝鲜战争和越南战争期间，动员过此类海运力量。

待命预备役船队船只 这些船只是"国防预备船队"中的一支紧急支援船队，大部分是改装过的远洋干货船。此类船只准备状态较好，平时由海运局组织定期检修和出海航行训练。战时，由运输司令部司令和国防部长同意，由海运局完成船只检修和人员配备，之后移交军事海运司令部，在5～10天（最长20天）内可全部投入使用，是美国战略海运扩充和动员的主要后备力量。

海运战备计划船只 海运战备计划是美国国防部在20世纪70年代制定的，要求在非全面动员的紧急情况下，经国防部长和运输部长批准，与国防部订有海运合同的美国私营海运公司提供其半数船只供军事海运司令部应急使用。不过这一计划涉及的船只并不理想。迄今为止，美国在局部战争中从未实施过这一计划。

（2）陆上运输动员

陆上运输包括铁路运输和公路运输，是美军传统的运输方式。美军战时进行陆上运输动员不仅涉及与美国国防部有关的运输工具和军事人员，也会征调或租用部分民用或盟国的陆上运输工具，征召部分非军事人员。

（3）空中运输动员

美军负责空中运输的力量主要由空中机动司令部下属的空运部队、预备役部队所属空运部队和民航后备队组成。

空中机动司令部负责军事空运的统一指挥、控制与管理，下属的空运部队装备有C-5、C-130、C-141、C-17等各型运输机近800架。这些飞机平时担负战区间的战略运输任务，战时是美军实施部队快速部署的主体力量。

空军后备队和空军国民警卫队组成的空军预备役部队也装备各型运输机约400架。平时支援空中机动司令部，战时可为现役空运部队提供约60%的战术空运力量。如果有需要，海军后备队当中的运输机部队也可用于扩充运力。

民航后备队由与国防部签订协议的各民航公司组成，平时主要担负民航运输任务，同时也承担部分军事空运任务，并按计划参加军事演习和训练；战时可大部或全部执行军事空运任务。因民航后备队拥有如波音747、DC-10等型商用运输机，可在很短时间内使军事空运司令部的空运能力增加一倍。未与国防部签约的民航公司所属飞机和人员，战时也是美军征用的对象。如有需要，美军可租赁私人厂商或民航公司的飞机执行军事空运任务。

4. 财政动员

美国国会和政府在预算和开支方面相互制约，因此对于需要巨额花费的战争而言，财政动员成为美国政府动员的一项重要内容。根据美国法律，总统掌握与其权力相一致的战争费用使用权限，国会负责审批和核准使用情况。伊拉克战争和阿富汗战争期间财政动员往往成为政府工作的重头戏，也成为支持总统战争政策的重要保证。政府在国内要求国会批准更多的战争拨款，发行战争债券筹措经费，在特殊情况下还可要求增加税种和提高税率以增加财政收入。在国外则以"共同对敌"和"责任分担"的理由要求盟国承担更多的义务，如海湾战争的费用就主要由沙特和日本等国承担。

（三）民防动员

是为了保存战争潜力，保护普通民众不受战争的危害以及社会稳定而采取的措施和行动。民防动员的目的在于保护平民、国家工业和公共设施不受或少受战争破坏，并在遭受破坏之后能够使之较快恢复，主要考虑来自核武器、常规武器和恐怖主义活动三方面的威胁。

美国民防动员的主要内容包括：修建各类防护工程和掩蔽设施，加固重要的工业、军事和公共设施，保证居民和国民经济重要目标得到可靠保护；疏散人员，转移重要物资，控制城市规模和调整工业布局，保护平民；组织人民防空；消除突袭后果，提供应急医疗服务，组织居民自卫和自救，防止核生化武器污染等。

（四）政治动员

包括两方面的内容：一是通过宣传在国内获得民众的支持，二是在国际上获得外交方面的支持。美国认为国内各界的支持对赢得战争具有重要作用。政治动员可以统一军心和民心，使国会和民间支持战争或减少战争的阻力，保障战争的顺利进行。在现代传媒迅速发展的条件下，政治动员也是心理战和舆论战的重要内容，既要教育国内民众保持团结，又要破除敌人的谣言，减少国内的战争阻力。

在国际上，要积极进行外交活动，获取联合国、盟国和其他国家的支持。一方面使自己的军事行动合法合理，占领政治和道义的制高点；另一方面也是为了减轻自身的战争负担，巩固联盟关系。美国视联盟网络为其达成国家目标的重要基础，建立起坚实的联盟体系不仅使美军的海外作战环境相对良好，还能形成合力对敌的局面，减少战争的负面政治影响。

动员等级

美国第二次世界大战后依据国际国内形势的发展及对未来战争的判断，特别是依据自己对军事义务所作出的承诺，将动员划分为选择性动员、征召预备役志愿人员、总统下令征召精选预备役人员、局部动员、全面动员、总动员6个等级，形成了依据现实状况按需和按级动员的体制。国会或总统依据法律宣布开始进行战争动员之后，即由各军种部长根据授权实施动员。由于政治体制、文化传统和历史的原因，美国政府对扩充现役部队较为敏感，因此对武装力量动员有一系列的法律法规进行规范和限制。

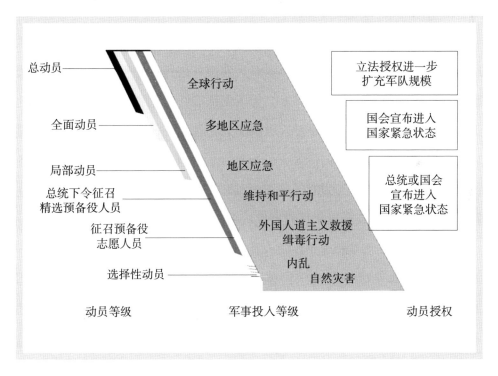

美国动员军事投入等级与授权

1. 选择性动员

是美国最低级别的武装力量动员，用于应对国内出现的骚乱、暴动或是自然灾害等紧急状况，而不是为了应对外敌。在有需要的情况下，国会或总统有权动员部分预备役部队和人员扩充现役部队，并调用必要的资源，但这种动员只能征召志愿转服现役的预备役人员。《美国法典》第10编第12301条d款规定：在任何情况下，军种部长经授权可以下令征召预备役志愿人员转入现役状态或保留他们的现役状态。不过在征召各州的陆军和空军国民警卫队人员时，须获得州长或其他授权机构的同意。通过起用拥有特殊技能的预备役志愿人员短期服现役或补充现役部队为美军提供了随时弥补现役部队不足的能力，而且更重要的是这种征召的期限不受限制，具有相当大的灵活性。

2. 征召预备役志愿人员

是有选择的动员，其法律基础、动员对象和实施方法都相同，只是适用范围不同。这种动员适用于美国派兵到国外进行维和行动、人道主义援助和反毒品行动。除志愿征召外，为了保证能够对预备役人员进行有效的训练，美国还保留了对预备役人员的非志愿征召。《美国法典》第10编第12301条b款规定，在任何情况下，军种部长在获得授权后可以下令让预备役人员每年最多有15天的时间处于现役状态。不过在征召各州的陆军和空军国民警卫队时，须获得州长或授权机构的同意。

3. 总统下令征召精选预备役人员

《美国法典》第10编规定：在国会或总统没有宣布国家进入紧急状态的情况下，如果总统认为有必要扩充现役部队来完成任务（通常为作战任务或作战支援任务），那么总统可以下令征召最多20万名精选预备役人员和某些特定的单个待命预备役人员转入现役状态，时间不超过365天（原来为270天，2007财年通过的《国防授权法》将最长期限延长至365天）。但这一权限不得用于征召预备役人员应对国内出现的紧急情况，比如抢险救灾或镇压暴乱等。这项权力赋予了总统运用军事手段的灵活性，使得他可以根据遂行作战任务或者其他任务的需要，通过颁布行政命令的方式来征召20万精选预备役部队和人员服现役，从而避免受到国会等机构的牵制。同时由于这种动员具有一定的规模，这一举措通常被看作美国向盟国和敌人发出了明确的信号，可看作美国进行大规模动员的序幕。

4. 局部动员

在国家安全受到威胁或者战争情况下，总统宣布国家进入紧急状态时，国会和（或）总统可以下令强制征召最多100万待命预备役部队和人员服现役，时间最长不超过连续24个月，超过2年则由国会做决定。总统和国会还有权调动必要的资源，扩大军工生产。国防部同样认为这一权限可以用于国内出现的紧急状况，只是美国从未将此权限用于国内的紧急情况。美国在朝鲜战争期间曾实行过局部动员。

5. 全面动员

《美国法典》第10编第二部分第1209章"现役义务"规定：国会通过法律或者两院联合决议宣布国家进入紧急状态或者宣战时，国会和（或）总统可下令强制征召计划内的所有各类预备役部队和人员转入现役。[1]现役部队要转入战时状态，军人服役期延长至战争或紧急状态结束后半年。此时工业部门转入战时生产，各类战争资源由国家指挥当局统一调配。全面动员是一种最大限度动员现有兵力的动员，不要求组建新的部队。通常认为这一法律授权是用来应对可能给国家安全带来严重威胁的事件或情况，但美国国防部认为这一法律授权同样可以被用来应对国内出现的紧急状况，不过美国从未因国内出现的紧急状况运用过此类征召授权。

6. 总动员

在国家安全受到严重威胁或者处于全面和持久战争的情况下，国会和

---

① 《美国法典》第10编第二部分第1029章，2012年。

（或）总统下令启用选征兵役系统，实行征兵，并可通过组建新部队的方式扩充现役部队。动员国家全部资源来支援战争或应付紧急事件。动员时采取的一切行动须国会授权批准。美国曾在第二次世界大战后期实施总动员。

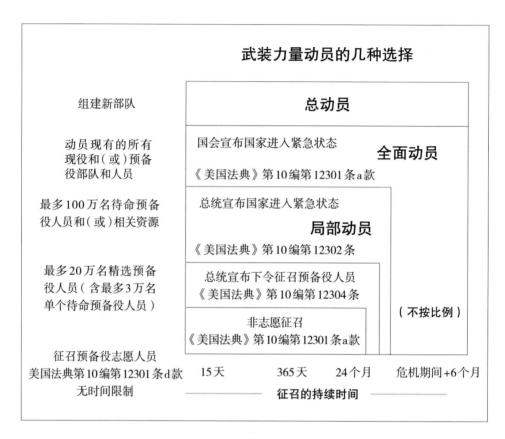

美国动员等级与规模

复员

复员是在能够保障国家安全和经济活力的情况下将军队和经济体制从冲突环境或是战时体制下恢复到和平状态的过程。复员与动员同等重要，也非常复杂。复员不仅仅是裁减军队，复员军人，削减军备，还涉及与之相关的各个领域。在一个领域的复员会给其他相关领域带来影响，因此要做好统筹兼顾。

美国对动员和复员的目的定位都十分明确，认为复员与动员一样对国家应对未来的安全挑战具有重要意义，一次成功的复员要使美国能够有效地应对未来的国家安全挑战。复员应首先满足国家的防务需要，使部队的战备水平和国防工业的产能处在一定水准，保证复员之后国家仍拥有履行安全职责的军事实力。在军队复员之时要注意保留一定的人才，并做好预备役部队和其他储备的调整以应对未来的挑战。

美国认为需要通盘考虑复员与恢复国家活力的关系。复员不仅要考虑将动员起来的军队和人员以及国防工业恢复到和平时期的状态，还要考虑采取措施维护国家安全和保持经济活力，避免大规模复员给经济带来过大的冲击。从美军实践来看，涉及资源领域的复员行动会带来利益上的冲突，军队、地方内部和相互之间会因争夺资源而产生矛盾，所以要制定严格复员政策以规范复员的步骤。

参联会的《联合动员计划》确定了复员须遵循的三项指导原则。一是任务优先。复员计划应当保证部队在战后仍能完成其所承担的任务。二是及早制订复员计划。动员开始之后就要尽快制订复员的计划。三是加强协调和沟通。要求军队和地方各部门在落实复员政策和执行复员计划时加强协调和沟通，要做好公关工作以赢得民众的支持。

美国军事基地和战争动员的主要特点

军事基地主要特点

美国全球军事基地布局，充分贯彻重点防范中俄、确保能源安全、维护全球霸权的战略意图，采用"以本土为核心、海外为前沿，多层配置、点线结合"的基本模式，呈现出以下显著特征。

一、在全球布局中，重点优化印太军事基地

为了贯彻向亚太"再平衡"战略和印太战略，美军不断采取措施，加强在印太地区的军事存在，已在2020年前把60%的海空力量部署到印太地区。一是加强关岛军事基地建设，使其能够起降B-1、B-2和B-52战略轰炸机，成为四大海外战略轰炸机前沿基地之一，同时将几十枚AGM-86空射巡航导弹、6架"全球鹰"无人机、3艘吨位最大的两栖攻击舰、5艘核动力潜艇和约8000名陆战队员部署在关岛。二是调整驻韩国的美军基地，使"三八线"附近的驻韩美军南撤120千米，处于朝军的直瞄火力之外，同时在朝鲜半岛部署"爱国者"3型防空导弹和24架AH-64D型"阿帕奇"攻击直升机。三是准备在马来西亚、新加坡、泰国、菲律宾、越南等东南亚国家和澳大利亚建立新基地和租用印度的军事基地。四是获取印太地区国家军事设施的临时使用权，使美军能够在没有永久性训练场和基地的情况下进行训练和演习。五是加强在中亚和西太平洋的兵力配置，考虑在西南亚地区部署地面部队，在西太平洋增加一个航母战斗群。六是在东亚滨海地区，增加特种作战部队的数量。七是把陆军第1军司令部前进指挥所从华盛顿州移至日本座间兵营，加强印太司令部的指挥与控制能力。八是在澳大利亚驻军，把2500名陆战队员部署到达尔文市近郊的罗伯逊兵营。

二、在欧洲地区，缩减"老欧洲"军事基地，开辟"新欧洲"军事基地

美国关闭或者缩小在德国等"老欧洲"盟国的军事基地，同时在匈牙利、罗马尼亚、波兰等"新欧洲"盟国建立军事基地，扩大北约战略纵深，挤压俄罗斯战略空间。目前，美国已把13个驻德美军基地和设施交还给德

国，从德国撤回第 1 装甲师和第 1 机步师的大部分部队，驻德美军数量已由 7.1 万人减至约 4 万人。与此同时，美国却在保加利亚的诺瓦塞罗训练场、贝兹默空军基地以及罗马尼亚的康斯坦察、巴巴达格、费泰什蒂等地建立美军基地，扩大美国在东欧地区的军事存在。

三、在南亚和印度洋地区，拟永久使用巴基斯坦和阿富汗的基地，增加迪戈加西亚的海上预置装备

目前，美军在南亚和印度洋地区保持强有力的军事存在。一是保持对巴基斯坦和阿富汗军事基地的使用权。虽然美国已于 2014 年 10 月 26 日正式结束阿富汗战争，但仍有不少美国军事人员留在阿富汗，必要时美军仍有权使用阿富汗和巴基斯坦的军事基地。二是将迪戈加西亚岛建成主要武器装备补给基地和大型前方支援基地。美军正在加强迪戈加西亚基地建设，同时增加海上预置装备，计划使之在 7～10 天内为 3～4 个师的地面部队提供战斗装备。未来，迪戈加西亚岛将成为美军在波斯湾、西亚、非洲和南亚地区作战的主要武器装备补给基地，并与阿拉斯加、波多黎各、关岛、英国一起，形成支援美军在全球作战的五大前方支援基地。

四、在中东和中亚地区，力争驻军长期化

虽然美国已于 2011 年 12 月从伊拉克撤军，2014 年 10 月从阿富汗撤军，但仍在伊拉克、沙特、科威特、土耳其、阿曼、卡塔尔和乌兹别克斯坦、吉尔吉斯斯坦、塔吉克斯坦等国保持一定的军事存在，力争在中东和中亚地区长期驻军。

五、在非洲地区，增加美国军事存在

进入 21 世纪以来，美国一直谋求在北非阿拉伯国家和撒哈拉沙漠以南

地区驻军。目前，美国已在非洲建立10多个无人机基地和5个小型海军基地（埃及2个、吉布提1个、肯尼亚2个），但只驻有少量人员。为在非洲地区部署部队，美军正通过增加军援、军售、军演等措施，加强与非洲国家的军事联系，企图让其驻欧部队频繁地到非洲轮换。

六、在拉美地区，借"反恐"加强军事存在

经过几十年的经营，美国在拉美地区已经建立了10多个军事基地。近几年，美国又在厄瓜多尔的曼塔、荷属库拉索和阿鲁巴、萨尔瓦多的科马拉帕等地，投资扩建了4个"安全合作点"。与此同时，美国南方司令部也在秘鲁和哥伦比亚布设了17个雷达站，每个雷达站配备35名人员。此外，美国还在波多黎各的艾伦堡、别克斯小岛等地建设新的军事设施，企图通过永久性军事存在加强对拉美的控制。

七、军事基地本土化、小型化、联合化

最近一轮军事基地调整后，美国的军事基地不是减少了而是增多了，基地总数从2006年的3731个增加到2012年的5059个。究其原因，一是为了满足"再平衡"战略和印太战略的需要，把60%的海空力量集中到印太地区；二是为了省钱，不得不减少海外基地，增加本土基地，因为海外基地花钱多，本土基地花钱少；三是减少了大型基地，增加了小型基地，因为大型基地具有易遭精确武器打击的风险；四是减少了军种基地，增加了联合基地，因为联合基地不仅有利于提高费效比，而且有利于提高联合作战能力。

战争动员主要特点

信息化时代战争具有爆发突然、消耗巨大等特点，这就对战争动员工作提出了新的要求。为适应信息化条件下战争的需求，美国战争动员的目

标、手段、方式和领域也发生了一些变化，呈现出以下特点。

一、动员目标精确化

所谓精确化动员，是指在高科技信息的支持下，运用信息技术和精确分析方法，对战争动员活动全过程进行组织和指导。随着科学技术的不断发展，信息技术为信息流和能量流的精确控制提供技术支撑，使精确化动员成为可能。伊拉克战争开始前，美军进行了计算机模拟演练和实兵演习，对伊拉克战争的规模、兵力、兵器、各种物资需求、战斗毁伤等各个方面进行了推演和计算，取得了与战争实际相近的动员数据。根据这些数据，美军适时调整动员计划和实施方案，向战区运送了30万人和300万吨装备物资，仅相当于海湾战争的50%，既满足了战争需求，又避免了浪费，较好地实现了战争目的。

二、动员手段网络化

网络化动员是指采用数字化技术，将动员的指挥、控制、通信、计算机、信息数据库等系统联结成一个有机整体，实现各类信息资源的共享和实时交换，使动员效能得到巨大提高。随着信息化不断深入发展，大量的网络资源将构成一个庞大的动员网络体系，能够极大地提高动员信息的传递速度和容量，不断提升动员效率。在伊拉克战争中，美国把信息技术引入战争动员的全过程，构建起功能强大的战争动员信息网络，与各种作战行动紧密联结，实现了战争预储资产、周转资产、运行资产的可视化和"人员流""装备流""物资流"的全过程跟踪监测，实时掌握作战部队对各种物资、装备和器材的动态需求，并根据需求及时、准确地将物资配发到各作战单位，确保前方与后方、保障基地与作战平台，以及动员保障机构之间能够实时共享信息，极大地提高了动员效果，展示了网络化动员的强大能力。

三、动员方式由重物资储备向重能力储备转变

战争动员的一个重要方面是物资储备。但在信息时代的战争中，如果按照工业时代战争的经验储备大量物资，不仅会造成经济上的浪费，而且还需要大量的人力、物力进行维护和保养。因此，美国对动员方式进行调整，由重物资储备向重能力储备转变，把技术储备作为动员重点。在海湾战争中，美国陆军器材司令部同1500多家承包商签订了2.3万多项合同，以保证弹药、给水系统、维修零配件、防化与环保系统、发电机等关键物资的生产，满足作战需求。国防后勤局也同1000多家承包商签订了9.4万多项合同，以便在需要时能够快速生产沙漠作战服、防化服等关键物资。在伊拉克战争中，为了对付伊拉克的"飞毛腿"导弹威胁，美国利用技术储备紧急生产"爱国者"防空导弹，有效地应对了伊军导弹威胁。战争实践证明，只有重视"能力储备"，才能既避免浪费又能及时高效地满足战争需求。

四、信息资源成为战争动员新对象

在信息时代的战争中，信息已成为一种新质战斗力。作为无形作战力量，信息资源对战争的胜负起着决定性作用。因此，美国战争动员特别重视信息资源动员。在伊拉克战争中，美国通过战争动员，在太空动用了90多颗军事卫星和70余颗民用卫星，不仅为美军的 C^4ISR 系统提供全天候、全天时信息保障，而且为所有作战行动提供广泛而直接的支援；在空中动用了U-2战略侦察机、RC-135电子侦察机、E-8C联合监视与目标攻击雷达系统飞机以及"全球鹰""捕食者""先锋"等无人驾驶侦察机，为作战部队获取和提供战场作战信息。正是这种强大的信息流，才使美军仅以海湾战争40%的兵力和10%的作战物资就打赢了伊拉克战争。由此可见，信息资源已成为美军作战能力的倍增器，是美国战争动员的重头戏。

21世纪美军作战指挥体制

军队是一个武装群体，必须服从一个人指挥。每一种损害这个原则的变化，都将削弱这支军队。

——美国陆军上将威廉·T.谢尔曼（1879年）[①]

自1775年美国正式组建陆军以来，美军领导指挥体制不断进行改革调整，大体经历了5个阶段。

第一个阶段，实施分散型领导指挥体制（1775—1945年）。1775年独立战争期间，美国创立了正规军。建国后宪法将军队的控制分为联邦政府和州两级，联邦政府享有对军队的最高控制权。1789年8月，建立了陆军部作为军事事务的管理机构；1798年4月，又设立了海军部分担海军管理事务。军种部各局内部分工很细，各自为政，缺乏相互合作，同时各军种的机关与作战部队之间不断发生矛盾。

第二个阶段，确立统一型领导指挥体制（1946—1949年）。《1947年国家安全法》是确定美国战后国防结构的一个基础性法规，它规定：陆军航空兵脱离陆军成为独立军种，并成立空军部；在三个军种部之上成立国家军事部，负责对陆、海、空三军实施指导、管理与控制；在国家军事部内正式成立参谋长联席会议，作为总统和国防部长的顾问机构。这样，美军

[①] Joint Chiefs of Staff: JP1, Doctrine for the Armed Forces of the United States, P. Ⅱ−1, July 12, 2017.

在组织形式上首次有了全军统一的统帅机构。

第三个阶段，确立行政领导与作战指挥相分离的体制（1950—1958年）。《1958年国防部改组法》是对《1947年国家安全法》实施以来国防机构进行的第一次重大改革，该法明确规定了从总统、国防部长到作战司令部司令的作战指挥序列，撤销了三个军种部对本军种部队和作战司令部的作战指挥权；加强了作战司令部司令的权力，在不脱离原军种建制的原则下，将各军种部队的作战和勤务支援部队划归作战司令部使用和指挥。这样，《1958年国防部改组法》就改变了过去美军行政领导和作战指挥统一的体制，为总统和国防部长领导与指挥全军建立了两条渠道：一条是行政领导渠道，即总统/国防部长—各军种部长/参谋长—军种部队指挥官，对全军实施行政领导；另一条是作战指挥渠道，即总统/国防部长（通过参谋长联席会议）—作战司令部司令—下属作战部队指挥官，对全军实施作战指挥。从此，美军开始实行行政领导与作战指挥相分离的领导指挥体制。

第四个阶段，强化联合作战指挥体制（1959—1986年）。1986年以前，参谋长联席会议在指挥序列中的作用模糊不清。《1986年国防部改组法》从两个方面加强了联合作战：一是加强了参谋长联席会议主席的作用，规定参谋长联席会议主席是总统的军事总顾问，并增设一名副主席协助主席工作；二是改革了联合作战指挥体制，提高了指挥机构效能。

第五个阶段，完善行政领导与作战指挥体制（1987年至今）。美军依据《联合司令部计划》，每两年可对作战司令部的数量、任务、职责、部队结构和责任区进行一次调整，使其能够不断适应新安全形势的需要。

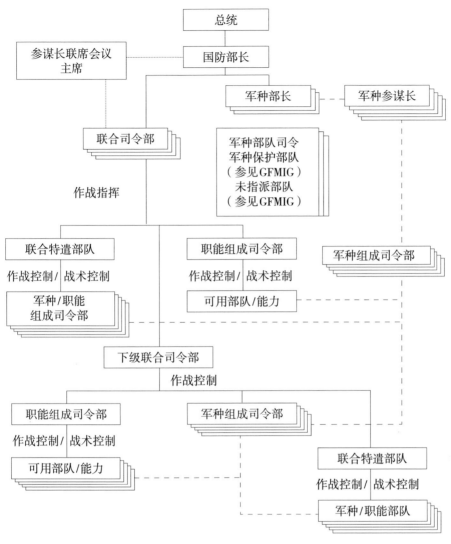

说明：此图只是一个示例，并不规定联合部队的组织结构。

图例

GFMIG   全球部队管理实施指南
指挥链   ————————————
行政控制   — — — — — — — —
沟通渠道   ....

来源：JP1美国武装部队条令，2017年7月12日。

指挥链示意图

国家指挥当局

在美国国家安全架构中，负责国家安全的最高权力机构是国家指挥当局（National Command Authority），由总统、国防部长或其指定继任者和国家安全委员会组成，平时通过总统、国防部长、军种部长和参谋长对美军实施行政领导，战时通过总统、国防部长（通过参谋长联席会议）、作战司令部对美军实施作战指挥。此外，总统平时通过国土安全部对海岸警卫队实施行政领导，战时通过国防部对海岸警卫队实施作战指挥。

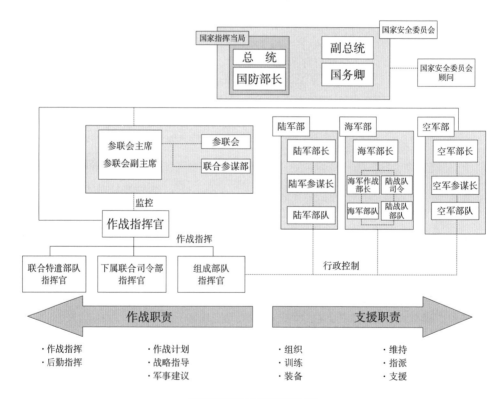

美国国家安全组织结构图

资料来源：董鸿宾主编：《美国军事基本情况》，军事科学出版社，2013年。

总统

美国宪法规定，总统兼任武装部队总司令，是全军的最高统帅，通过陆、海、空三个军种部对全军实施行政领导，通过参联会和作战司令部对全军实施作战指挥。涉及军事工作的总统办事机构主要是国家安全委员会、国土安全委员会、管理和预算办公室、总统情报顾问委员会等；涉及军事工作的内阁成员主要是国防部长、国土安全部长、国务卿、能源部长等。

国防部长

国防部长是总统有关国防事务的首席助手和顾问，国防部的领导和首席执行官。国防部长由总统从文职人员或结束现役7年以上的文职人员中任命并经参议院推荐和认可。

国家安全委员会

国家安全委员会是总统制定国家安全和军事活动相关政策和进行决策的核心咨询机构，于1947年7月根据《国家安全法》有关规定成立。主席由总统担任，副总统、国务卿、国防部长和国土安全部长为主要成员。参谋长联席会议主席和国家情报主任（总监）分别为军事和情报顾问。财政部长、美国驻联合国代表、总统国家安全事务助理兼副顾问、主管伊拉克和阿富汗事务的总统国家安全事务副顾问、主管国土安全事务的总统国家安全事务副顾问、白宫网络安全事务协调员、总统经济政策助理和总统办公室主任，应邀参加国家安全委员会的会议。此外，根据相关议题，其他高层官员也可应邀参加国家安全委员会的会议。总统国家安全事务助理负责该委员会的日常工作。国家安全委员会的基本职能是向总统提供与国家安全有关的内政、外交和军事政策的综合建议，以便使军事机构和政府其他部门在国家安全事务上进行更有效的合作。国家安全委员会下设部长级委员会、副部长级委员会和政策协调委员会。

参谋长联席会议

参谋长联席会议（Joint Chiefs of Staff，简称"参联会"）是总统和国防部长的主要军事咨询和参谋机构，由参联会主席、副主席，陆军参谋长，海军作战部长，空军参谋长，太空军参谋长，陆战队司令和国民警卫队局长组成。

参联会主席

参联会主席是美国总统、国家安全委员会和国防部长的首席军事顾问，拥有美国武装力量军官最高军衔，但没有作战指挥权。参联会主席由总统任命，经参议院推荐和认可，其人选为武装力量正规军高级将领，包括除国民警卫队局长之外的参联会其他主要成员和作战司令部指挥官。参联会主席或副主席任期2年，可连任3期，总统可将其任期延长至8年，战时不受限制。参联会主席的基本职责是：作为总统和国防部长与作战司令部沟通的桥梁，平时向总统、国家安全委员会和国防部长提出关于军队建设、国防发展项目与预算、采购需求评估、联合作战条令、联合训练政策等方面的建议；战时协助国家指挥当局对美国武装力量实施战略指挥，监督各作战司令部的军事活动；代表作战司令部反映其作战需求等。

联合参谋部

联合参谋部是参联会常设参谋机构，由参联会主席管辖、指导和控制，

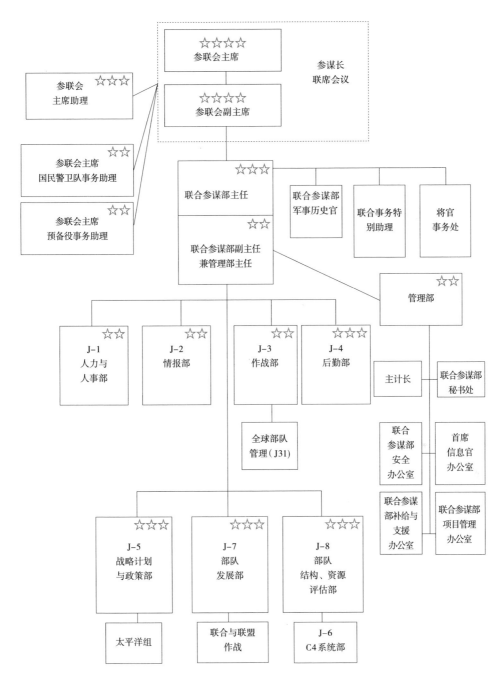

参联会组织结构示意图

说明:《美国联合参谋手册》2011年版。

资料来源:董鸿宾主编:《美国军事基本情况》,军事科学出版社,2013年。

负责向参联会提供建议和协助参联会主席履行职责。联合参谋部主任由参联会主席征求参联会其他成员的意见后提名，经国防部长同意后任命，其职责是协助参联会主席管理联合参谋部。按照法律，只有参联会主席有权指挥联合参谋部，但联合参谋部主任也可以根据参联会主席的指示，协助参联会其他成员履行职责。联合参谋部参谋人员由参联会主席从各军种等比例选拔，人选名单由法定的军种部长提供。除国防部长或参联会主席特别批准外，参谋人员的任期一般不超过4年。

联合参谋部下设人力与人事部，情报部，作战部，后勤部，战略计划与政策部，C4系统部，部队发展部，部队结构、资源评估部等8个职能部门。

联合参谋部还设有10多个向参联会主席直接报告的单位，包括欧洲安全与合作组织及日内瓦裁军谈判会议美国代表处、联合物资优先调配委员会、军事通信和电子委员会、联合国军事参谋委员会美国代表团、北约军事委员会美国代表处、美加永久防务委员会美国代表处、美加军事合作委员会美国代表处、美加地区计划组美国代表处、美洲国家防务委员会美国代表团、美墨联合防务委员会美国代表处、联合运输委员会，以及绘图、制图与大地测量顾问等。国防大学虽隶属国防部，但也是向参联会主席直接报告的单位。

作战司令部

作战司令部是美国武装力量的作战实体，由总统经国防部长在参联会主席的建议和协助下组建，由诸军种部队或职能部队组成，由单一指挥官指挥，可分为联合作战司令部（Unified Combatant Command）和专业作战司令部（Specified Combatant Command），也可分为战区司令部（Regional Command，也译"地区司令部"或"战区总部")和职能司令部（Functional Command）。

美国法律为作战司令部司令规定了明确的指挥关系：通过参联会主席接受国防部长下达的命令，也通过参联会主席向国防部长提出兵力需求，而后由参联会主席指示各军种部确定部署哪些部队到战区；各军种部按照参联会主席下达的国防部长的指示向战区军种司令部提供兵力；一旦这些部队到达战区，军种部就无权再指挥这些部队了，但仍须向它们提供后勤支援。根据这种指挥关系，作战司令部司令能够毫不含糊地指挥战区的所有美军。

作战司令部司令通常履行下述职责：（1）对下属司令部和部队的军事行动、联合训练、后勤等所有方面进行权威性指导；（2）确定所辖司令部和部队的指挥关系；（3）必要时，组建司令部和部队以完成受领的任务；（4）必要时，使用所属部队完成受领的任务；（5）为下属指挥官分配指挥职责；（6）协调和批准行政管理、支援保障和完成任务所必需的纪律；（7）根据美国法典行使挑选下级指挥官、挑选作战司令部参谋、剥夺下属人员的部分权利、召集军事法庭等权力。此外，如果联合司令部司令觉得他所拥有的权力不足以对所属司令部和部队实施有效的指挥时，可以随时通过参联会主席向国防部长报告，请求增加权力。

美军战区司令部包括印太司令部、中央司令部、欧洲司令部、北方司令部、南方司令部、非洲司令部和太空司令部。职能司令部包括战略司令部、特种作战司令部、网络司令部和运输司令部。

战区司令部的主要职能包括：制订战区战略和作战计划；组织指挥联合作战行动和联合演训；协调战区政治、外交和军事安全事务；等等。美军7个战区司令部的职能基本相同，组织结构大体一致，这里仅以印太司令部为例。

美国印太司令部（United States Indo-Pacific Command）是美国7个战区

司令部之一，主要负责印太地区的安全与防务。2020年，美国已把60%的海军舰艇、55%的陆军部队、2/3的舰载陆战队和60%的海外战术空军力量部署到印太地区，包括2000多架战机、200艘军舰和潜艇、37万军人和文职人员。印太司令部责任区范围约为2.72亿平方千米，共计36个国家、20个属地。辖区内所有美军部队和部分缔约国盟军部队均受印太司令部司令指挥。

根据2021年7月美国国防部网站信息，美国印太司令部设在夏威夷瓦胡岛史密斯兵营，编有2100多人，包括司令、副司令、参谋长、副参谋长及其办公机构、设施和人员。印太司令部参谋机构设置与联合参谋部大体相似，主要由人力和人事部（J-1），情报部（J-2），作战部（J-3），后勤和工程部（J-4），战略规划和政策部（J-5），指挥、控制、通信和网络部（J-6），训练和演习部（J-7），资源和评估部（J-8），太平洋外联部（J-9）等组成。向印太司令部直接报告的单位主要有联合情报作战中心、灾害管理卓越中心等。

驻日美军司令部和驻韩美军司令部是印太司令部的下属联合作战司令部。

西部跨机构联合特遣部队是印太司令部的常设联合特遣部队。

印太司令部所属组成司令部包括太平洋陆军司令部（驻夏威夷沙夫特堡）、太平洋舰队司令部（驻夏威夷珍珠港）、太平洋空军司令部（驻夏威夷希卡姆空军基地）、太平洋陆战队司令部（驻夏威夷史密斯兵营）和太平洋特种作战司令部（驻夏威夷史密斯兵营）。

职能司令部主要负责相关职能领域内的作战指挥，其职责不受地域限制。美军设有战略司令部、特种作战司令部、网络司令部和运输司令部4个职能司令部，这里仅以战略司令部为例。

根据2020年9月美国国防部网站信息，美国战略司令部位于内布拉斯

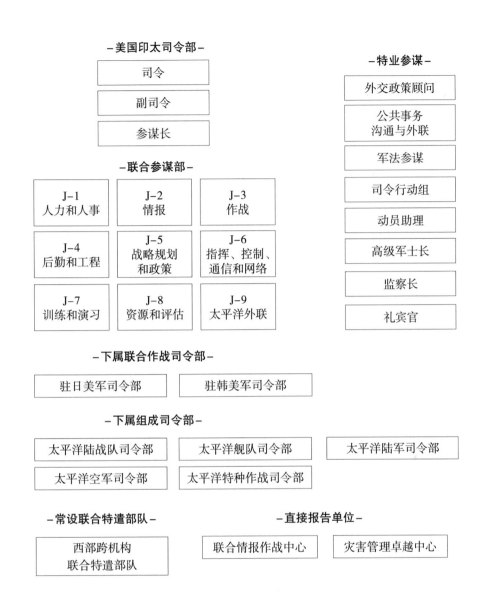

－美国印太司令部－

司令

副司令

参谋长

－联合参谋部－

J-1 人力和人事	J-2 情报	J-3 作战
J-4 后勤和工程	J-5 战略规划 和政策	J-6 指挥、控制、 通信和网络
J-7 训练和演习	J-8 资源和评估	J-9 太平洋外联

－特业参谋－

外交政策顾问

公共事务
沟通与外联

军法参谋

司令行动组

动员助理

高级军士长

监察长

礼宾官

－下属联合作战司令部－

驻日美军司令部　　驻韩美军司令部

－下属组成司令部－

太平洋陆战队司令部　　太平洋舰队司令部　　太平洋陆军司令部

太平洋空军司令部　　太平洋特种作战司令部

－常设联合特遣部队－

西部跨机构
联合特遣部队

－直接报告单位－

联合情报作战中心　　灾害管理卓越中心

加州奥弗特空军基地，其主要职责是：指挥控制美国战略核力量，遂行太空作战、全球作战、战略预警、导弹防御、情报监视与侦察、战略威慑、远程常规打击、应对大规模杀伤性武器等。战略司令部的组织结构如下图所示。

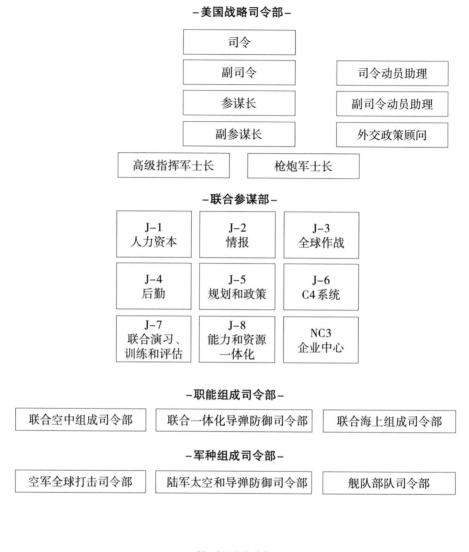

－美国战略司令部－

| 司令 |
| 副司令 |
| 参谋长 |
| 副参谋长 |

| 司令动员助理 |
| 副司令动员助理 |
| 外交政策顾问 |

| 高级指挥军士长 | 枪炮军士长 |

－联合参谋部－

J–1 人力资本	J–2 情报	J–3 全球作战
J–4 后勤	J–5 规划和政策	J–6 C4系统
J–7 联合演习、训练和评估	J–8 能力和资源一体化	NC3 企业中心

－职能组成司令部－

| 联合空中组成司令部 | 联合一体化导弹防御司令部 | 联合海上组成司令部 |

－军种组成司令部－

| 空军全球打击司令部 | 陆军太空和导弹防御司令部 | 舰队部队司令部 |

指挥设施

美国总统和国防部长（通过参谋长联席会议）指挥全球军事行动所依赖的指挥设施，主要包括国家军事指挥中心、国家预备军事指挥中心和国防部指定的其他指挥设施。

"空军1号"

"空军1号"总统专机，既是总统出行的专用交通工具，也是其临时空中指挥所。"空军1号"配备先进的航电、指挥控制与通信设备，具有电磁脉冲防护能力、被动防护措施和总统逃生舱，载员70多名，平时由廷克空军基地负责管理和维护。"陆战队1号"总统专用直升机，主要用于短途飞行，不具备指挥功能。

国家军事指挥中心

国家军事指挥中心，位于五角大楼内，是国家最高指挥当局的指挥通信中心和基本指挥所，有参谋人员300余名，负责管理美俄热线，防止意外核冲突，协调应急事件处理，向各发射控制中心、核潜艇、侦察机和全球战场指挥官传输紧急行动文电等。在紧急状态下，国家空中作战中心将接替或延伸国家军事指挥中心的职能。国家空中作战中心，由4架E-4B指挥控制机组成，平时驻印第安纳州格里索姆空军基地，至少有1架处于值班状态。E-4B配备先进的航电、通信和作战指挥控制设备，具有较高的电磁脉冲防护能力和先进的被动防护措施，载员110多名。

国家预备军事指挥中心暨预备联合通信中心

国家预备军事指挥中心暨预备联合通信中心，位于宾夕法尼亚州和马里兰州交界处的雷文洛克山中，由国防信息系统局计算机运行处负责提供计算机服务，设有诸军种应急作战中心、东北拨号服务援助中心、信息中心等部门。

战略司令部指挥中心

战略司令部指挥中心，位于内布拉斯加州的奥弗特空军基地，其基本职能是把国家指挥当局的指令传输给战略轰炸机、潜艇和导弹部队。战略司令部指挥中心设有情报作战中心、气象支援中心、部队战备中心、预备处理和交联中心等，有"西部五角大楼"之称。战略司令部控制员通过基本告警系统电话专线，与全球200多个行动地点直接通话。战略司令部司令通过参联会告警网络可与总统、国防部长、参联会主席和各作战司令部司令直接通话。紧急状态下，战略司令部司令有权下令飞机升空，但只有总统有权下令实施核打击。当战略司令部指挥中心失灵时，对战略力量的控制功能移至机载空中指挥所。

北美空天防御司令部

北美空天防御司令部，是美、加两国的联合司令部，位于夏延山航空站。司令由美国北方司令部司令兼任，副司令由加拿大空军司令兼任。主要负责指挥美国本土航空航天防御部队（6个防空区司令部）和加拿大防空部队（1个防空区司令部），保卫北美空天安全。

夏延山综合设施

夏延山综合设施，位于科罗拉多州斯普林斯市郊，设有空中作战中心暨防空作战中心、导弹预警中心、太空控制中心/太空防御作战中心、北美空天防御司令部/美国太空司令部联军指挥中心、联军情报监视中心、国家预警设施、太空和预警系统中心等，是北美空天防御司令部和美国太空司令部的指挥、控制、通信和情报中心。

州级应急运行中心

州级应急运行中心是联邦应急管理局下属的一系列设施，职能是确保国家紧急状态下美国联邦和州政府部门继续运行，主要由国防动员计划系统局国家项目办公室和陆军信息系统司令部负责。各应急运行中心有独立的电力、给水和换气系统，有24小时不间断的通信能力，能防辐射和电磁脉冲，能保证14天的食物供给。

美军作战指挥体制主要特点

第二次世界大战结束后，美军对其作战指挥体制进行了较为频繁的调整与改革，在机构设置、人员编配、责权划分等方面，呈现出以下特色。

一、视需调整，日趋精简

第二次世界大战以来，美军作战指挥体制两三年一调、三五年一改已成规律。自20世纪80年代以来，美军作战指挥机构越来越精简。根据1997年的《防务改革计划》，到2003年，美国参联会精简了29%，联合司令部精简了7%。后来，美国国防部又宣布，美军将继续实行指挥机构"裁员15%的目标，以把更多的人从办公桌边解放出来，让他们参加实战性工作，提高战斗人员与勤务人员的比例"。

二、因事设人，职责明确

事多人多、事大机构大，不拘泥于统一的级别和员额，不在同一层次设置担负相同业务的部门，是美军作战指挥机构编制的又一特点。例如，参联会作战部和后勤部同是中将级单位，但作战部比后勤部承担的任务多，因此作战部编配了401人，后勤部仅编配141人。参联会情报部长办公室和作战部长办公室是同一个级别，前者编14人，后者编7人。此外，在美军作战指挥机构中，各业务部门职责清晰，各管一摊、各负其责，避免出现互相推诿、互相扯皮的现象。

三、强调联合，高度合成

在人员编配上强调联合，是美军高级指挥机构编制的突出特点。比如，在参联会机关的1367名现役人员中，陆军486人，占35.6%；海军335人，占24.5%；空军451人，占33%；陆战队95人，占6.9%；陆、海、空三军各占1/3左右。再如，在印太司令部机关的312名现役人员中，陆军99人，占31.7%；海军98人，占31.4%；空军95人，占30.5%；陆战队20人，占6.4%。整体而言，陆、海、空三军各占1/3左右。

四、战区司令是唯一作战指挥官，指挥权高度集中

1986年《戈德华特—尼科尔斯国防部改组法》增大了战区司令的作战指挥权，使其成为战区作战的唯一指挥官。一般而言，美国国会授予美国总统发动战争的权力，美国总统和国防部长拥有何时发动战争的决定权。一旦发动战争的命令通过参联会下达到战区司令，战区的作战行动就完全由战区司令负责了，无论是总统、国防部长还是参联会主席，都只能是听取战区司令汇报战况和提出建议，而不能直接插手作战指挥。例如，伊拉克战争开始前，中央司令部司令弗兰克斯就说："作为指挥官，我首先要拥有战区所有部队的指挥权……在战斗打响后需要'一个单一按钮'。"3月17日，弗兰克斯给国防部副部长保罗·沃尔福威茨发了一封传真，表示：华盛顿只管制定政策和战略就行了，仗怎么打完全是我的事，不劳你们费神。战争开始后，弗兰克斯抱怨说："邀请各军种主官列席我与国防部长每天举行的保密电视电话会议没有什么益处。对于联合作战，他们或者经验不足，或者知之不详，因此，不可能提出什么有用的行动建议。""打完仗之后的事归你们管，打仗的事归我管。"由此可见，美军战区作战指挥权高

度集中，连总司令和国防部长也不能分享。

五、改革先立法，作战指挥机构调整常态化

作战指挥体制调整改革的难点在于利益调整，而利益调整往往又需要一个过程。因此，如何确保改革顺利实施，不因局部利益而影响全局，不因人事变动而夭折，不因各种阻力而后退，成为改革成败的关键。为保证作战指挥体制调整改革顺利进行，美军采用了依法改革的办法。1947年和1949年的《国家安全法》、1958年的《国防部改组法》、1986年的《戈德华特—尼科尔斯国防部改组法》、1992年的《国防授权法》等法规，对美军作战指挥体制持续不断的改革与调整起到了保障作用。特别是1946年首次颁发的《联合司令部计划》，更是为美军根据国际国内安全形势和军队使命任务的变化及时调整作战指挥机构提供了强有力的法律保障。该计划规定，经总统批准，参联会主席每两年可对作战司令部的数量、任务、职责、部队结构和责任区进行一次调整。因此，美军作战司令部的数量才可能从1947年的2个逐渐增加到2007年的10个，后又降至2011年的9个，再增至2019年的11个。这些常态化的改革调整，使美军作战指挥体制能够适应作战环境和战争形态的不断变化，确保作战指挥活动快速高效。

21世纪美军作战理论

条令为军事组织提供共同人生观、共同语言、共同目的和统一行动。

——美国陆军参谋长乔治·H.德克尔上将[1]

自1775年6月第二届北美大陆会议决定建立大陆军以来，美军先后进行了独立战争、美墨战争、南北战争、第一次世界大战、第二次世界大战、朝鲜战争、越南战争、海湾战争、阿富汗战争、伊拉克战争等重大战争，其作战理论也从无到有，从零碎到系统，逐渐建立起比较完善的作战理论体系。[2]

作战理论体系

美军作战理论体系由联合作战理论体系和军种作战理论体系构成，是美军组织和实施军事行动的基本理论依据。一般认为，美军作战理论体系就是美军联合作战条令体系和军种作战条令体系。实际上，作战条令体系只是美军作战理论体系的核心部分，作战构想体系和作战概念体系也是其不可分割的重要组成部分。但是，直到20世纪90年代中期以后，作战构想和作战概

---

① Joint Chiefs of Staff: JP1, Doctrine for the Armed Forces of the United States, P.I−1, July 12, 2017.

② 樊高月：《美军作战理论体系研究》，《外国军事学术》，第1—7页，2010年第2期。

念才逐渐形成体系，显示出在美军作战理论发展中的重要作用。

美军联合作战理论体系包括联合作战构想、联合作战概念和联合作战条令，是覆盖战略级、战役级、战术级联合军事行动和联合人事、情报、作战、后勤、计划、C4系统等各个领域，横向纵向相互联系的知识整体。从1920年颁发第一本联合作战条令《陆军和海军的联合行动》（*Joint Actions of the Army and Navy*）以来，美军联合作战理论走过了漫长的发展历程，已经形成比较完善的联合军事行动知识体系。

美军军种作战理论体系包括各军作战构想、作战概念和作战条令，是覆盖战略级、战役级、战术级军种军事行动和军种人事、情报、作战、后勤、计划、C4系统等各个领域，横向纵向相互联系的知识整体。美军各军种的建立有先有后，其作战理论的发展也有快有慢，但目前都已建立起比较完善的本军种作战理论体系。

军种作战理论体系是联合作战理论体系的基础，反过来又受联合作战理论体系的指导和制约。联合作战理论体系和军种作战理论体系相互形成依存关系。总体来看，无论是联合作战理论体系还是军种作战理论体系，都包括作战构想体系、作战概念体系和作战条令体系3个部分。这3个部分既相互独立自成体系，又相互影响构成有机整体，自上而下形成指导关系，自下而上形成依赖关系。也就是说，作战条令的更新与发展，有赖于作战概念的稳定与成熟；而作战概念的稳定与成熟，又有赖于作战构想对未来战争形态和作战样式的准确预见；而作战构想的准确预见，又有赖于国家安全战略、国防战略和军事战略的正确指引。

由此可见，联合作战构想、联合作战概念和联合作战条令与陆军、海军、空军、陆战队和海岸警卫队作战构想、作战概念和作战条令互相联系，互相影响，互为依存，共同构成完整的美军作战理论体系。

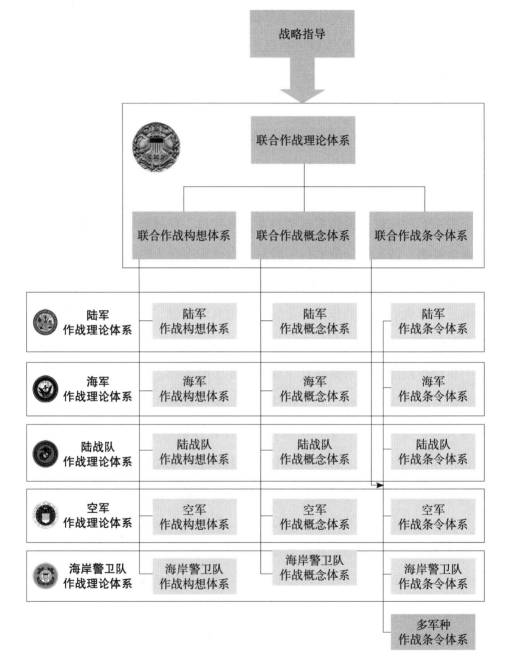

美军作战理论体系

美军作战构想体系

美军作战构想体系由联合作战构想和军种作战构想构成，是对未来安全环境、作战环境、作战样式、作战能力需求等的宏观展望。

联合作战构想主要展望未来15～20年可能出现何种作战样式，需要何种作战能力和作战理论，一般比较宏观，比较概略，既不能直接落实到某种行动上，也不能在没有实验和实践的情况下直接纳入联合作战条令。1996年7月，美国参联会发布《2010年联合构想》，提出制敌机动、精确打击、全维防护、聚焦后勤等4条作战原则和全谱优势思想。2000年5月，美国参联会发布《2020年联合构想》，除进一步强调《2010年联合构想》提出的思想外，还要求把信息优势转化为知识优势和决策优势、将技术创新扩大到体制编制和作战理论创新。

军种作战构想是各军种根据联合作战构想和本军种在联合作战中的地位和作用，结合本军种实际情况，对未来的作战环境、作战任务、作战需求等作出的宏观展望。美国陆军先后发表了《2010年陆军构想》和《陆军构想：士兵为国出征》，提出将采取制敌机动、决定性行动、精确作战、全维防护、聚焦后勤、信息优势等作战思想和反应、部署、灵敏、多能、杀伤、生存、持久等作战原则。美国海军先后发表了《由海向陆》《前沿——由海向陆》《2020年海军构想：未来——由海向陆》，强调海军要从海上投送美国的力量和影响，通过和平、危机和战争时期的"全谱"军事行动，对陆地的事态施加直接的和决定性的影响。美国空军先后发布了《全球参与——21世纪空军构想》和《2020年空军构想》，要求发展航空与航天优势、全球攻击、全球快速机动、精确作战、信息优势、灵活的作战支援等6种核心能力，实现"全球警戒、全球到达和全球力量"战略。美国海岸警卫队发表了《2020年海岸警卫队构想：今天准备就绪——为明天做准备》，展望海岸警卫队在21世纪将面临的挑战和机遇，提出完成未来任务所需要的作战能力和海上技能。

联合作战构想为军种作战构想提供依据和指导，军种作战构想为联合作战构想提供基础和支撑，两者互相联系、互相影响、互为依存，共同构成完整的美军作战构想体系。

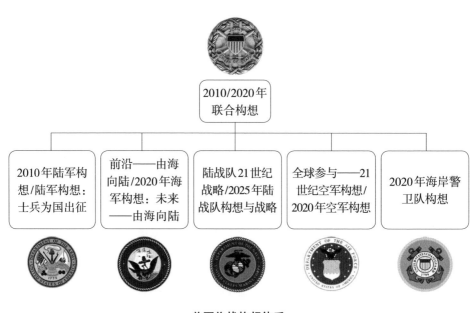

美军作战构想体系

随着联合作战理论体系的发展，美军在2006年左右删除了联合作战构想体系，转而采用《国家安全战略》《国家防务战略》《国家军事战略》《四年防务审查报告》[①]《转型计划指南》《战略计划指南》《应急计划指南》等战略文件取代联合作战构想体系，突出对作战概念创新的战略指导。

---

① 美国国会在《2017财年国防授权法》中废除了《四年防务审查报告》。美国国会众议院武装部队委员会主席、共和党人马克·索恩伯里（Mac Thornberry）称，《四年防务审查报告》已成为国防部的预算辩护书，而不是一份战略文件。

美军作战概念体系

美军作战概念体系是根据联合作战构想和军种作战构想开发的，包括联合作战概念体系和陆军、海军、空军、陆战队、海岸警卫队作战概念体系。

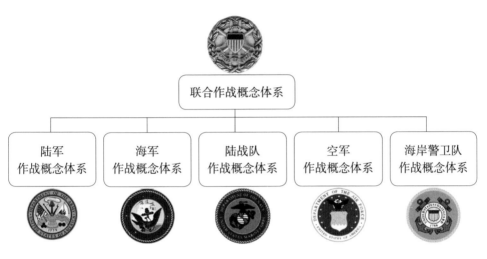

美军作战概念体系

一、联合作战概念体系

联合作战概念（joint operations concepts）是联合作战构想的细化和具体化，经论证、演示、实验和联合训练与实战检验证实后，写入联合作战条令，指导美军进行联合作战和联合训练。20世纪末21世纪初，美军开始采用"基于能力，概念驱动"的方法推进军事转型，着力开发联合作战新概念。1999年10月—2001年10月，美国联合部队司令部连续推出3个版本的《快速决定性作战》白皮书，系统地阐述"快速决定性作战"概念。2001年7月，美国国防部向国会提交《网络中心战》报告，全面阐述"网络中心战"的内涵、概念、计划、方案和实现网络中心战所需要的战略、条件和能力，把海军提出的"网络中心战"概念推向全军。但这些概念都是零散的、孤立的，没有形成体系。

2003年11月，美国国防部正式发布《联合作战概念》文件，紧接着又发布了联合行动概念、联合职能概念、联合赋能概念等下位概念文件，开始形成由联合作战概念担纲，以联合行动、联合职能和联合赋能概念系列为支撑的概念体系。

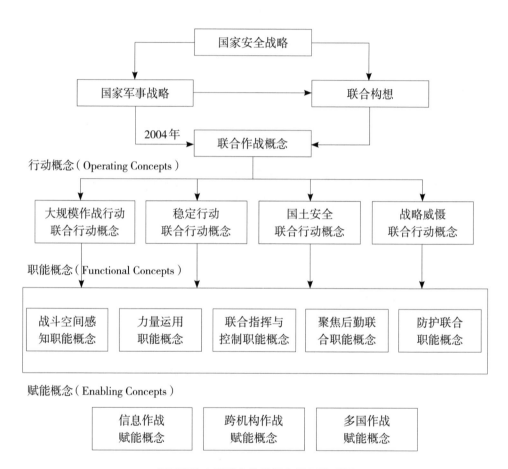

美国武装力量联合作战概念框架关系图

2008年，美军在《国家安全战略》《国家防务战略》《国家军事战略》《四年防务审查报告》《转型计划指南》《战略计划指南》《应急计划指南》

等文件的指导下，对联合作战概念体系的结构和内容进行了重大调整①，形成了由"拱顶石"联合作战概念（也译为"顶层联合作战概念"）、联合行动概念、联合职能概念和联合一体化概念构成的联合作战概念体系②。

美军联合作战概念体系

战略指导
NSS, NMS QDR, TPG, SPG, CPG

"拱顶石"联合作战概念（CCJO）
·概略陈述未来8~20年如何作战

2008年修订

作战背景

联合行动概念（JOC）
·作战设计和效果

1. 国土防御和民事支援（2.0版，2007年10月）
2. 威慑行动（2.0版，2006年12月）
3. 大规模作战行动（2.0版，2006年12月）
4. 对稳定、安全、过渡和重建行动的军事支援（2.0版，2006年12月）
5. 非正规战（1.0版，2007年9月）
6. 对安全合作的军事支援（1.0版，2008年9月）

支援

联合职能概念（JFC）
·职能能力

建议删除

1. 作战空间感知（1.0版，2003年12月）
2. 指挥与控制（1.0版，2004年2月）
3. 兵力运用（1.0版，2004年2月）
4. 聚焦后勤（1.0版，2003年12月）
5. 部队管理（1.0版，2005年6月）
6. 网络中心（1.0版，2005年4月）
7. 部队防护（1.0版，2004年6月）
8. 联合训练（1.0版，2007年8月）

联合一体化概念（JIC）
·使任务、条件和标准一体化

1. 全球打击（1.0版，2005年1月）
2. 联合海下优势（1.0版，2004年1月，秘密）
3. 一体化空中和导弹防御（1.0版，2004年12月，秘密）
4. 海上基地（1.0版，2005年8月）
5. 联合后勤一分发（1.0版，2005年12月）
6. 联合指挥与控制（1.0版，2005年8月）
7. 网络中心作战环境（1.0版，2005年10月）
8. 持续的情报、监视和侦察（1.0版，2007年3月）
9. 反大规模杀伤性武器（1.0版，2007年12月）
10. 联合城市作战（1.0版，2007年7月）
11. 战略沟通（1.0版，2009年10月）
12. 打败恐怖网络（1.0版，2009年5月，秘密）
13. 反颠覆内部防务（制定中）
14. 反叛乱（制定中）
15. 非常规战（制定中）
16. 海域感知（1.0版，2009年9月，秘密）
17. 联合支援（制定中）

---

① 樊高月：《美军联合作战概念出现重大调整》，《外国军事学术》，第39—41页，2009年第8期。

② Joint Staff/J—7: JOpsC Concept Status Update, April 28, 2008.

2013年11月22日，美国参联会主席发布CJCSI 3010.02D指令，决定删除联合职能概念和联合一体化概念，将联合作战概念体系调整为3级："拱顶石"联合作战概念（1个）、联合行动概念（6个）和支持性联合概念（19个）。此次调整减少了联合作战概念的层次，避免了交叉和重复，突出了"'拱顶石'联合作战概念：2020年联合部队"，使联合作战概念的战略、战役、战术3个层次更加清晰，使联合作战概念与JP3-0《联合作战纲要》对军事行动频谱的划分相一致，在某种程度上规范了联合作战概念创新活动，有利于联合作战概念的深入发展。[①]

"拱顶石"联合作战概念描述参联会主席关于联合部队将如何应对广泛的安全挑战以保卫美国的构想，强调联合部队支持防务战略指南，保护国家利益。联合行动概念广泛地描述联合部队根据防务战略指南和"拱顶石"联合作战概念如何在特定任务区域内实施军事行动和遂行各种军事行动所需要的能力，并鼓励通过作战模拟、联合训练和各种研究、实验与分析，进一步检验概念的正确性。支持性联合概念通过描述未来联合部队将如何执行一系列联合行动任务或如何在两个或多个联合行动任务区运用联合职能，深化和具体化一种或多种联合行动[②]。

2019年10月23日，美军发布《未来和概念》（*Futures & Concepts*），再次对联合作战概念体系进行调整，形成由"拱顶石"联合作战概念（1个）、全域机动战概念（1个）、基于威胁的作战概念（5个）、支持性联合概念（4个）、作战概念（2个）和力量运用概念（5个）构成的新联合作战概念体系。

---

① 中国战略文化促进会：《2014年美国军力评估报告（民间版）》，第20—21页，2015年6月。
② CJCSI 3010. 02D: Guidance for Development and Implementation of Joint Concepts, November 22, 2013.

联合作战概念结构图

此外，美国参联会还于2015年先后提出全球公域进入与机动联合概念、快速集结联合概念等作战概念。

2020年2月，美国战略与预算评估中心（Center for Strategic and Budgetary Assessments）公布了"马赛克战"（Mosaic Warfare）作战概念，主

张利用人工智能和自主系统实施决策中心战。该项目得到了美国国防部国防高级研究计划局的资助和指导，目前处于研究的初始阶段。

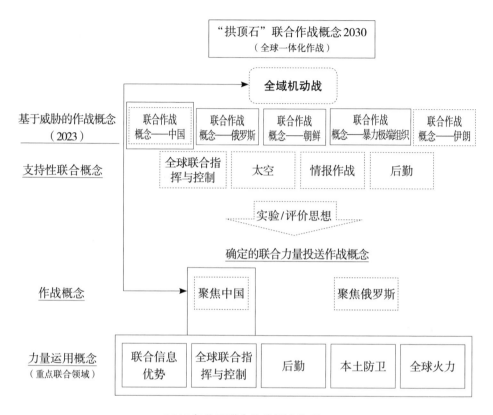

2019年美军联合作战概念体系

二、军种作战概念体系

军种作战概念体系是各军种根据联合作战概念体系开发的本军种作战概念，是本军种作战构想的细化和具体化，经论证、演示、实验和联合训练与实战检验证实后，写入本军种作战条令，指导本军种部队进行作战和训练。

（一）陆军作战概念体系

美国陆军从2005年起就在开发本军种的"拱顶石"作战概念、行动概念和职能概念。现在已经开发出陆军"拱顶石"概念、战役机动、战术机动、陆战网等陆军行动概念；作战指挥、打击、防护等陆军职能概念；未来模块化部队的防护、未来模块化部队分布式作战、陆军航空兵作战等陆军概念能力计划。

此外，美国陆军还于2017年提出了"多域交战：2025—2040年合同作战演变""美国陆军情报职能概念"等作战概念，于2018年提出了"多域作战"概念。

2015—2024

陆军"拱顶石"概念（2016—2028）

陆军行动概念	陆军概念	陆军作战概念	陆军职能概念
战役机动（2006年10月）	1.战术机动（2006年10月） 2.全谱作战中人的因素（2008年6月）	陆战网2015（2008年2月）	1.展望（2007年4月） 2.作战指挥（2007年4月） 3.打击（2007年4月） 4.防护（2007年4月） 5.机动（2007年4月） 6.保障（2007年4月）

陆军概念能力计划

1. 未来模块化部队的防护（2007年2月）
2. 未来模块化部队分布式作战（2007年8月）
3. 未来模块化部队空域指挥与控制（2009年4月）
4. 空间作战（2006年11月）
5. 全球导弹防御（2008年8月）
6. 未来模块化部队陆军电子战行动（2007年8月）
7. 未来模块化部队全谱作战中的陆军基地兵营（2009年12月）
8. 情报、侦察与监视（2008年8月）
9. 未来模块化部队：美国陆军对基于联合海上基地的联合地面作战的支援（2009年3月）
10. 陆军航空兵作战（2008年9月）
11. 未来模块化部队电磁频谱作战（2007年12月）
12. 未来模块化部队网络运输与服务（2008年8月）
13. 未来模块化部队后勤指挥与控制（2009年3月）
14. 未来模块化部队反大规模杀伤性武器（2009年3月）

美国陆军作战概念体系

（二）空军作战概念体系

美国空军已经开发出全球警戒、全球到达、全球力量、国土安全、太空与C^4ISR、全球机动、核反应、全球打击、全球持续攻击等作战概念和作战支援行动概念。

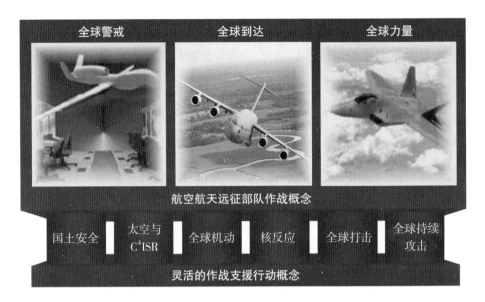

全球警戒　　　　全球到达　　　　全球力量

航空航天远征部队作战概念

国土安全　太空与C⁴ISR　全球机动　核反应　全球打击　全球持续攻击

灵活的作战支援行动概念

美国空军作战概念体系

此外，美国空军还于2009年与海军共同提出"空海一体战"概念，于2015年提出"空军未来作战"概念，于2017年提出"多域指挥与控制"概念。

（三）陆战队作战概念体系

美国陆战队已经开发出远征机动作战"拱顶石"概念、由海向陆作战机动、舰队目标机动、陆战队空地特遣部队岸上持续作战等行动概念；城市地形军事行动、2010年及之后海上预置部队、未来海军水雷对抗措施等职能概念；以及增强型网络化海上基地、地面作战部队战役计划等赋能计划。

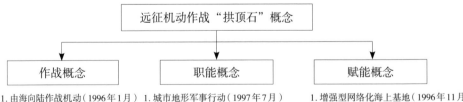

远征机动作战"拱顶石"概念

作战概念　　　　职能概念　　　　赋能概念

1.由海向陆作战机动（1996年1月）　　1.城市地形军事行动（1997年7月）　　1.增强型网络化海上基地（1996年11月）
2.舰对目标机动（1997年7月）　　2.陆战队空地特遣部队航空和由海向陆作　2.地面作战部队战役计划（2004年）
3.陆战队空地特遣部队岸上持续作　　战机动（1999年7月）
　战（1996年1月）　　3.2010年及之后海上预置部队（1997年12月）
4.其他远征作战草案（2003年6月）　　4.未来海军水雷对抗措施（1998年5月）

美国陆战队作战概念体系

此外，美国陆战队还于2012年与陆军共同提出"美国陆军和陆战队的跨军种概念：实现并维持进入"，于2017年与海军共同提出"对抗环境中的濒海作战"等作战概念。

美国海军于1997年提出"网络中心战"概念，于2009年与空军共同提出"空海一体战"概念，于2015年提出"分布式杀伤"概念，但还没有发现美国海军是否像其他军种一样也构建了自己的作战概念体系。

美军作战条令体系

美军作战条令体系由联合作战条令体系、陆军作战条令体系、海军作战条令体系、陆战队作战条令体系、空军作战条令体系和海岸警卫队作战条令体系组成，是指导美军进行联合与军种作战训练的权威性文件。

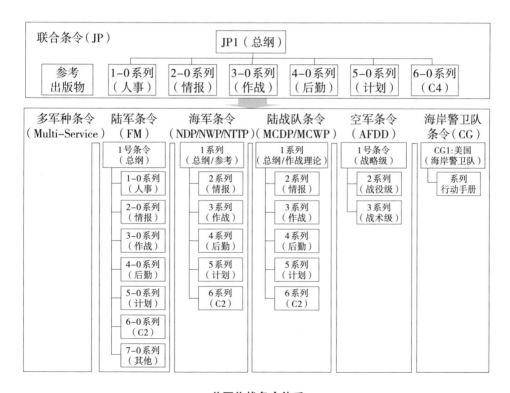

美军作战条令体系

一、联合作战条令体系

美军联合作战条令是指导美军组织和实施联合作战与训练的权威性文件。自1991年11月首次颁布JP1《美国武装部队的联合作战》（2007年以后改称《美国武装部队条令》）以来，美军联合作战条令从无到有，从少到多，从分散到系统，至今已经形成比较成熟的理论体系。在20多年的发展过程中，美军根据联合作战和联合训练的实际情况，不断修订、增加、合并或减少联合作战条令，其数量从1991年的1本，增加到2001年的114本，再由114本减少到2023年的68本，其目的是使联合作战条令体系结构更趋合理。从纵向看，美军联合作战条令分为战略级、战役级和战术级3个层次。从横向看，美军联合作战条令分为人事、情报、作战、后勤、计划和C4系统6个系列。战略级条令，即《美国武装部队条令》，主要阐述美军的任务、职责、作战思想、作战原则等，将国家安全战略和军事战略转化为具体的作战指导方针。战役级条令，即人事、情报、作战、后勤、计划、

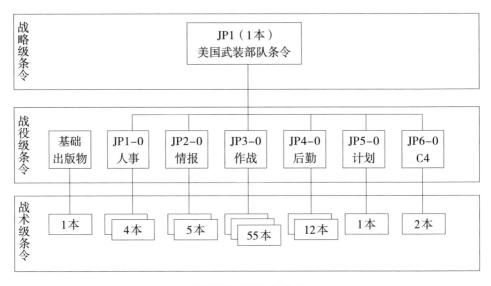

美军联合作战条令体系

C4系统等6个系列的文本，主要将战略级条令所阐述的任务、职责、作战思想等转化为各个职能领域的指导思想。战术级条令，即每个系列的下位条令，主要将战役理论细化、具体化，是操作性很强的战术、技术和操作程序，是实施各种战术行动的具体方法。

二、陆军作战条令体系

陆军作战条令是指导陆军实施作战与训练的权威性文件。根据2009年的资料，美国陆军有条令400多本，纵向分为战略级、战役级和战术级3个层次，横向分为人事、情报、作战、后勤、计划、指挥控制、其他等7个系列。

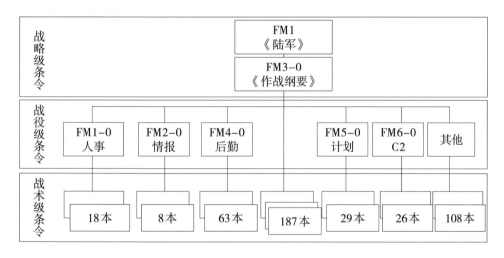

美国陆军作战条令体系

2011年，美国陆军启动新的条令体系，计划在2015年12月前完成对现行条令体系的重新构建。

美国陆军条令体系表

层级	名称	主要内容	数量（部）	每部页数
第一级	《陆军条令出版物》（ADP）	基本原则	15	10页左右

层级	名称	主要内容	数量（部）	每部页数
第二级	《陆军条令参考出版物》（ADRP）	基本原则的详细阐释	15	100页以内
第三级	《野战条令》（FM）	战术和作业程序	50	最多200页
第四级	《陆军技术出版物》（ATP）	履行使命、职能的方式和方法	无限制	无限制
第五级	《应用软件》（App）	所有出版物都要转换成应用软件，供部队学习和使用		

三、海军作战条令体系

海军作战条令是指导海军实施作战与训练的权威性文件。美国海军条令纵向分为战略级、战役级和战术级3个层次，横向分为参考、情报、作战、后勤、计划、指挥控制等6个系列。

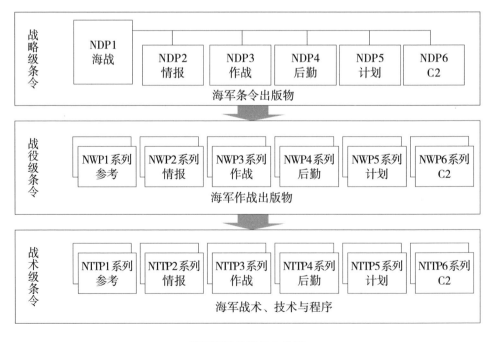

美国海军作战条令体系

四、陆战队作战条令体系

陆战队作战条令是指导美国陆战队实施作战与训练的权威性文件。美国陆战队条令纵向分为战略级、战役级和战术级3个层次，横向分为情报、远征作战、后勤、计划、指挥控制等5个系列。

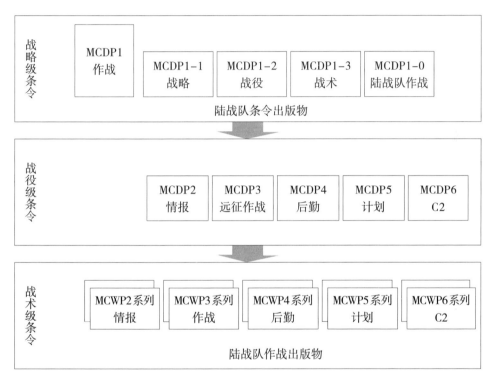

美国陆战队作战条令体系

五、空军作战条令体系

空军作战条令是指导空军实施作战与训练的权威性文件。美国空军条令按层次分为战略级、战役级和战术级3个系列，但不按职能分类。

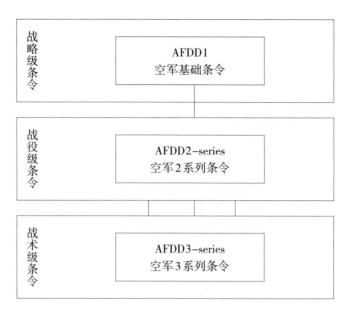

美国空军作战条令体系

六、海岸警卫队作战条令体系

海岸警卫队作战条令是指导海岸警卫队实施作战与训练的权威性文件。目前，美国海岸警卫队的作战条令体系还在构建之中[①]。美国海岸警卫队条令研究小组的最后报告提出了两种条令体系结构框架。其中一种包括原则与文化，编制条令，作战与支援条令，作战与支援战术、技术与程序等4个层次和人力、情报、作战、后勤、计划、C4&IT、能力管理、资源、采办、其他等10部分内容，以后可能会按照联合作战条令体系结构进行调整。

除美国军方颁布的作战构想、作战概念和作战条令外，美军作战理论还散见于《联合部队季刊》、各军种刊物和一些学者的著作中，如戴维·德普图拉的《基于效果作战》、约翰·沃登三世的《空中战役》、罗伯特·佩

---

① US Coast Guard: Doctrine Study Group Final Report, April 1, 2009.

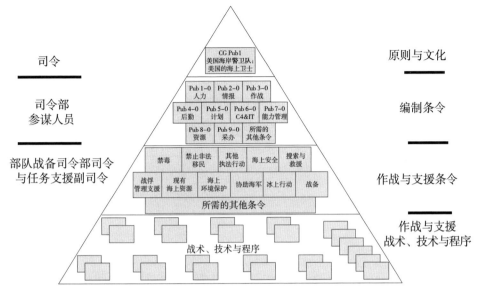

美国海岸警卫队作战条令体系

普的《轰炸制胜：空中力量和战争中的威胁》等。但这些理论在得到美国军方认可前，不具备权威性，因此未将它们纳入美军作战理论体系的范畴。

联合作战理论

美军联合作战（joint operations）是指"由联合部队或互相联系（如支援、协调权力）但其本身并不建立联合部队的军种部队所实施的军事行动"①。美军联合作战的实践可追溯到1781年的约克敦之战，但形成陆、海、空三军都遵照执行的联合作战理论，却是20世纪90年代的事情。海湾战争后，美军通过开展联合作战大讨论，最终统一了对联合作战的认识。1991

---

① Joint Chiefs of Staff: JP1−02, Department of Defense Dictionary of Military and Associated Terms, P.233, April 12, 2001 (As Amended Through October 15, 2001).

年11月，美国参联会颁布1号联合出版物《美国武装部队的联合作战》（2007年以后改称《美国武装部队条令》），正式将联合作战理论确定为陆、海、空三军的共同作战理论。接着，参联会集中人力、物力陆续编写出1~6系列联合条令、联合作战构想和联合作战概念，基本建立起比较完善的联合作战理论体系。美军联合作战思想主要包含在这些联合出版物中，其主要内容包括以下几个方面。

联合作战原则

美军在1993年9月9日版JP3-0《联合作战条令》中，首次提出统一行动、集中、主动、灵敏、扩展、保持行动自由、持久、明晰、知己、知彼、避强击弱等11条联合作战原则。[①]在1995年2月1日版JP3-0《联合作战条令》中，美军放弃了这种提法，而把传统的目标、进攻、集中、节约兵力、机动、统一指挥、安全、突然、简明等九大战争原则作为联合作战原则。在2006年9月17日版JP3-0《联合作战纲要》中，美军在九大战争原则后面增加了克制、持久、合法三条其他原则，使美军联合作战原则增至12条，并沿用至今。[②]

目标（Objective）　目标原则要求朝着一个明确规定的、决定性的并且可以实现的目标指导每一项军事行动。军事行动的目的是达成为实现冲突的全部政治目的提供支持的军事目标。达成这一目的通常包括摧毁敌军武装部队的作战能力和战斗意志。非战争军事行动的目的可能更难以准确定义，但这种目的也必须从一开始就是明确的。目标必须有助于直接、迅速并且经济地达成作战行动目的。每一种作战行动都必须有助于实现战略目标。联合部队指挥官要避免那些无助于直接达成目标的

① 军事科学院外国军事研究部：《美军作战手册（上）》，第2—5页，军事科学出版社，1993年。
② Joint Chiefs of Staff: JP3-0, Joint Operations, P.II-2, September 17, 2006.

行动。

进攻（Offensive） 进攻行动的目的是夺取、保持和利用主动权。进攻行动是实现明确规定的目标最有效的和决定性的方法。进攻作战是军队为保持行动自由和取得决定性战果而夺取和掌握主动权的手段。进攻行动的重要性对于战争的各个级别都是毋庸置疑的。指挥官采取防御行动只是一种权宜之计，他必须努力利用每一个机会去夺取或再次夺取主动权。因此在实施一切防御作战行动时必须发扬进攻精神。

集中（Mass） 集中的目的是在最有利的地点和时间集中战斗力的威力，以取得决定性的战果。实现集中的方法是将联合部队的各种能力凝聚成一种整体力量并协调一致地运用，使其在极短时间内即发挥决定性的作用。必须长时间地进行集中直至取得预期效果。集中战斗力的威力而不是集中部队，能使数量处于劣势的部队也取得决定性战果，并最大限度地减少人员损失和资源浪费。

节约兵力（Economy of Force） 节约兵力的目的是将最低限度的必要战斗力分配给次要行动。节约兵力是对力量的明智运用和区分。为了在决定性的地点和时间集中战斗力，要慎重地为诸如有限攻击、防御、迟滞、欺骗甚至后退等行动分配可用的战斗力。

机动（Maneuver） 机动的目的是通过战斗力的灵活运用将敌置于不利的位置。机动是部队相对敌军的运动，目的是夺取或保持位置方面的优势，通常是为了发射或者威胁要发射直瞄火力和间瞄火力。有效的机动可以使敌军失去平衡，因而也可以保护己方部队。通过扩张战果、保持行动自由以及不断地给敌军制造新的难题来减少己方弱点，机动可发挥实质性的作用。

统一指挥（Unit of Command） 统一指挥的目的是确保在一名负责任的指挥官领导下为实现某一个目标而统一行动。统一指挥意味着所有部队的行动均由一名指挥官负责指挥；这位指挥官拥有指挥所有参战部队去实现一个共同目标所需要的全部权力。然而，统一行动也要求所有部队要为达成一个共同的目标而协调和合作，尽管它们未必属于同一个指挥系统。在多国作战和跨机构行动中，实现统一指挥也许是不现实的，但是统一行动却是极为重要的问题。统一行动，即由合作和共同利益而产生的协调一致行动，是对统一指挥的一种必要补充。

安全（Security） 安全的目的是决不允许敌人获得意外的优势。通过减少己方应对敌对行动、影响或突然袭击的薄弱环节，安全可增强行动自由权。安全是指挥官为了保护其部队而采取各种措施的结果。参谋计划以及对敌军战略、战术和作战理论的理解有助于增强安全性。风险是军事行动的固有特性。安全原则的运用还包括慎重地进行风险管理但又不过于谨小慎微。保护部队可以增强己方战斗力并保持行动自由。

突然（Surprise） 突然的目的是在出其不意的时间、地点或以出其不意的方式打击敌军。突然可以使指挥官改变战斗力的对比，从而取得事半功倍的胜利。有助于达成突然的因素包括定下决心、共享情报和调动部队的速度、有效的情报、欺骗、运用敌军意想不到的战斗力、作战保密以及改变战术和作战方法等。

简明（Simplicity） 简明的目的是制定简单明确的计划和简洁的命令以确保透彻的理解。简明有利于作战胜利。简单的计划和清楚简洁的命令，可以最大限度地降低误解、减少混乱。在其他因素不变的情况下，要选取最简单的计划。计划的简明性有利于各级部队更好地理解和执行计划。简单清楚的表述非常有利于在压力、疲劳和现代战斗的其他复杂条件下执行任务，对于多国行动的成功尤其至关重要。

克制（Restraint） 克制的目的是限制附带毁伤和过度使用兵力。一个行动会导致显著的军事和政治后果，因而有必要明智地使用兵力。克制原则要求仔细、严格地把握好安全需要、实施军事行动和达成国家战略最终目的之间的平衡。

持久（Perseverance） 持久的目的是确保达成国家最终战略目的的必要投入。准备为达成国家最终战略目的采取可衡量的、延长的军事行动。某些联合作战可能需要数年才能达成终止军事行动的标准。危机中潜在的原因捉摸不定，很难取得决定性成果。忍耐、果断、执着地寻求达成国家目的常常成为制胜的要求。这常常也会需要外交、经济和信息手段作为军事手段的补充。

合法（Legitimacy） 合法的目的是生成和保持达成国家最终战略目的的意志。合法有赖于行动的合法性、道德性和正当性。合法常常会成为决定性要素。参战部队必须保持作战行动和东道国政府的合法性。安全保密行动必须兼顾合法。所有行动都应考虑到潜在的竞争性战略、战术需求，在与各派打交道时必须展示公正性。合法还有赖于与国际社会需要达成的目标相符合，确保所有行动与情况相适应，公平地与各派打交道。同时还要有节制地合理地使用兵力。

"战役法"（operational art）

美国陆军在1982年版《作战纲要》中首次提出"战争的战役级"（operational level of war），在1986年版《作战纲要》中首次提出"战役法"（operational art）。此后，美军各军种和参联会开始加强对战役作战思想的研究，逐渐形成了较为成熟的战役法理论。

战役法是指挥官和参谋人员运用创造性思维去设计战略、战役、大规模作战和组织、运用军事力量，是运用技能、知识、经验和判断去克服复杂环境的模糊性和不确定性、了解手头问题的思想过程。①战役法把战争战略级、战役级和战术级的目的、途径和手段结合在一起。战役法与战略、战术之间没有明确的界限，倾向于融合在一起。

战役法包括战役设计，需要广阔的视野、预见的能力和计划、准备、实施和评估作战行动的技能，适用于联合作战的所有方面。联合部队指挥官是战役法的中心人物，他必须首先回答以下4个问题：（1）作战目标和所期望的最终状态是什么？（目的）（2）最可能实现哪些目标和最终状态的行动顺序是什么？（途径）（3）要实现那种行动顺序需要什么样的资源？（手段）（4）在遂行那种行动顺序中，可能失败的机遇或不可接受的结果是什么？（风险）

美军1993年版、1995年版和2001年版JP3-0《联合作战条令》（*Doctrine for Joint Operations*）列出了战役法的14个方面：协同、同时与纵深、预见、平衡、影响力（杠杆作用）、时机与节奏、作战范围与企图、部队与职能、作战安排、重心、直接与间接方法、决定点、顶点和终止；2006年版和2008年版JP3-0《联合作战纲要》提出了"战役设计"的概念，认为战役法和战役设计包括17个要素，即增加了"最终状态与目标"和"效果"，同时把原来的"作战范围与企图"分成了"作战范围"和"作战线"；2011年版JP3-0《联合作战纲要》认为战役法包含"战役设计"，而战役设计则包含12个要素，即在原来的17个要素的基础上减少了"同时与纵深""时机与节奏""影响力""平衡""协同"等5个要素，同时把"最终状态与目标"改成了"军事最终状态"与"目标"，把"作战范围"和"作战线"合并成"作战线与努力线"。战役法要素侧重解决联合部队指挥官在组织实施战役时必须处理好的问题，同时也适用于指导各军种的战役作战。

---

① Joint Chiefs of Staff: JP3-0, Joint Operations, II-3, August 11, 2011.

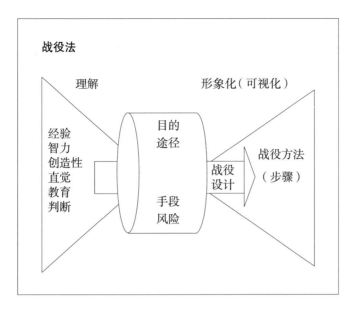

资料来源：JP5-0《联合作战计划制订》，2011年8月11日。

资料来源：JP3-0《联合作战纲要》，2011年8月11日。

2017年1月17日版JP3-0《联合作战纲要》从8个方面修改了2011年版《联合作战纲要》，篇章结构由原来的5章扩展为8章，即将原来第5章的C、D、E节独立出来，分别成为第6章"军事接触、安全合作和威慑"、第7章"危机反应和有限应急行动"和第8章"大规模作战行动"。2018年10月22日版JP3-0《联合作战纲要》从12个方面修改了2017年版《联合作战纲要》，但保留了上一版的篇章结构。这两版《联合作战纲要》都保留了对战役法和战役设计的阐述，但都没有将战役设计的要素全部列出。根据2011年版JP3-0《联合作战纲要》，战役设计主要包括以下13个要素。

终止（termination） 了解何时终止军事行动和如何保持已获得的优势是战略和战役设计的重要内容。联合部队指挥官在部队投入作战行动之前就必须知道国家指挥当局希望如何结束作战行动，国家在考虑这一问题时通常也要依赖高级军事领导人提出的意见。军事行动通常随着国家指挥当局派出的兵力实现了战略目标而告终。有时这些目标只是军事目标，一旦实现，将改用国家力量和机构中的其他手段来实现更广泛的目标。从军事行动结束到实现国家的战略目标和目的存在着一个冲突后行动阶段。在这个阶段中，联合部队指挥官将进行各种非战争军事行动，可能将控制权移交给其他权力机构，但必须保留必要的作战力量以防止敌人恢复敌对行动，确保完全实现国家的战略目的。

军事最终状态（military end state） 军事最终状态是确定已经实现所有军事目标所需要的一系列条件，通常代表时间上的一个点和条件，在其之外总统不再把国家力量的军事工具作为实现剩余国家目标的主要手段。尽管它可能反映国家最终战略状态的许多条件，但军事最终状态将更为特定，并且包含其他支持性条件。这些条件有助于制定结束作战行动的标准和规范，而明确界定军事最终状态有助于统一努力、促进协同和认清战役或作战的风险。

目标（objective） 目标是一个明确界定的、决定性的和可能实现的目的，所有军事行动应该致力于实现这个目的。一旦了解最终军事状态并确定了终止作战行动的标准，战役设计就继续制定战略和战役军事目标。联合作战计划把军事行动和能力与国家力量其他手段的行动和能力结合起来，在统一行动中实现联合部队指挥官的目标。目标及其辅助性效果为确定要完成的任务提供基础。

效果（effects） 认清在作战环境中的预期效果和非预期效果，可以将军事战略目标、战役目标与战术任务联系在一起。在进行系统审视的同时，分清预期效果和非预期效果，可以帮助指挥官及其参谋人员了解作战环境，促进统一行动。预期效果或非预期效果可以直接或间接地予以确定。直接效果是指一次行动的直接的第一序位后果（如精确制导弹药对某一目标的破坏）。这种效果通常立竿见影，且易于辨认。间接效果是与导致出现直接效果的行动有关的、延后产生的后果或移位性后果。间接效果往往比直接效果难以觉察或确认，特别是在敌人的表现发生变化时更是如此。

重心（center of gravity） 在制订计划的过程中，联合部队指挥官的参谋人员面临的最重要任务之一，就是识别和分析己方和敌方的重心。重心是能力的基础，是联盟、国家和军事力量从中获得战斗意志、物质力量或行动自由的那种特点、能力及位置。从理论上讲，摧毁或压制敌人重心是取得胜利的最直接的途径，但实际上难以做到。一是因为在任何一个特定时间重心可能不会那么明显或马上看得清楚。二是敌人的重心往往得到严密保护，对其直接攻击很困难而且代价高昂。三是重心在作战过程中可能会发生变化。为了识别敌方的重心，必须详细了解敌军如何编组、战斗、决策及其生理或心理上的强弱点。辨别己方部队的重心并加以保护，也很重要。分析敌方和己方的重心是一个贯穿于整个作战行动的连续过程。

决定点（decisive point） 决定点可能是一条狭长的海上通道、一处高地、一座城镇或一个空军基地，也可能是指挥所、重要分界线、空域或通信枢纽等。决定点不是重心，而是敌方用以保护重心的关键目标。正确辨别和控制决定点，可使联合部队取得对敌明显优势，有助于夺取或保持主动权，并能有力地影响某项行动的结局。在进攻中控制重要的决定点，可帮助指挥官获得机动作战的自由，保持进攻的锐势和把握主动权；在防御中控制这些决定点，可耗尽攻方的进攻力量，并便于守方实施反攻。联合部队通常没有力量控制、摧毁或压制作战地域内所有的决定点，因此必须通过分析把最重要的决定点定为目标，然后分配资源予以控制、摧毁或压制。

作战线与努力线（lines of operation and lines of effort） 作战线确定己方部队相对于敌方部队的内线或外线方向，或者在时间和空间上把节点和决定点上的行动与目标联系起来。作战线描述和连接一系列决定性行动，最终控制一个地理的或部队的目标。尽管可以同时存在多条作战线，但使用作战线设计的作战通常包括一系列按既定顺序实施的作战行动。大规模作战就是典型的用作战线设计的作战行动。这些作战线把进攻、防御和稳定任务同作战区中的地理和位置参照物联系在一起。

努力线采用目的逻辑（原因和结果）把多种任务和使命联系起来，把各种努力聚焦在建立作战和战略条件上。当位置参照物与敌人几乎没有关系时（如反暴乱或稳定行动），努力线对战役设计尤其重要。在涉及许多非军事因素的作战中，努力线可能是把任务、效果、条件和所期望的最终状态联系起来的唯一办法。努力线在帮助指挥官设想军事能力能够怎样支持国家力量的其他手段方面常常是必不可少的。努力线在多国部队作战中用于实现统一努力时，是一种特别有用的工具。

直接与间接方法（direct and indirect approach） 条件允许时可直接打击敌人的重心。如果直接打击意味着与敌人硬碰硬时，应采用间接路线。间接路线有多种形式，例如当重心是敌军大部队时，可以采取将其与指挥和控制系统相隔离、切断其供应线以及摧毁或削弱其防空和间瞄射击能力等形式实施间接打击。一旦发现薄弱之处，就可对其实施打击，并从敌薄弱部位入手，实施协调一致的一体化作战行动来暴露和打击敌重心。采用间接路线的方法可使敌人在心理上和物质上丧失平衡。

预见（anticipation） 战役法要求高瞻远瞩，有预见能力。战役级指挥官的眼光要超出当前的需要并预测未来的行动。制订战役计划就是一种发挥预见能力的活动。在作战过程中指挥官必须预见战场上的态势，比敌人更快地采取行动和作出反应，夺取和保持主动权。预见的内容包括敌方的行动和反应、可以利用的战机、作战行动的可能结果和发展、下一步的需求等。为了作出合理的预见，指挥官必须具有智慧和经验，知己知彼，做好情报工作，掌握形势，正确判断。

作战范围（operational reach） 作战范围是指能决定性地集中和运用军事力量的距离和持续时间。它受战斗力、后勤能力、地理环境和敌军分散程度的影响。通过向前配置作战部队、预备队、基地和后勤，增大武器系统的射程，改善交通运输线可以扩大作战范围，但作战范围总是有限度的，超过这个限度部队就无法有效地作战。因此，要通过作战筹划，使计划、执行和后勤达成平衡，使作战范围在可能条件下达到最大。

顶点（culmination） 顶点既可用于进攻行动，也可用于防御行动，进攻中，攻方在其战斗力不再超过守方时即达到顶点，此时攻方面临遭到反攻和失败的极大风险，继续进攻只会招致更大的危险。进攻的成败取决于能否在到达顶点之前攻占目标。防御中，守方在不再有能力继续进行反攻或成功地实施防御时达到顶点。防御的成败在于能否将攻方引向顶点，而后在其资源耗尽并无法实施有效防御时对其进行打击。后勤与战斗行动的协调一致能防止顶点的到来，保证指挥官在到达顶点前实现战略目标。在稳定行动或支援行动中，可能由于国家目的受到损害、公众支援减少和合法性发生问题而出现顶点；在这两种行动中，可能由于部队过分展开以致无力控制局势而出现顶点。

作战安排（arranging operations） 作战安排包含3个内容。第一，安排作战顺序。通过按最终战略态势预期条件排列战役和交战的顺序，把战区战略、战役和战术执行联系在一起；通过将同时和先后发起的作战行动结合在一起，使它们成为更高一级的军事行动的组成部分，而不是独立的、孤立的事件。在安排作战顺序时要考虑重心、顶点、地形、资源分配和敌军情况等因素。第二，划分阶段。一次战役可区分为几个相互联系的阶段，每个阶段就是一个具有独特内容的事件，如部署、防御或进攻。各个阶段可同时出现，也可依次出现，各阶段之间可能有重叠，上一阶段的终点和下一阶段的起点常常难以明确区分。每个阶段都要为最后实现战役目的而制定一个具体目标或创造一个有利条件，前一阶段要为后一阶段奠定基础。资源保障对划分阶段具有决定性的意义，战役的各个阶段往往是按事件划分的，而资源保障则是按时间划分阶段的。第三，制订分支计划和后续行动计划。分支计划是通过预见作战中部署、作战方向或运动方向的改变以及为接受或拒绝交战而制订的应急计划。这种计划是列入基本计划的多种选择方案，可缩短指挥官定下决心的周期，使指挥官能灵活、迅速地处置作战中出现的新情况。后续行动计划是根据当前作战行动的可能结果（胜利、失败或相持）而制订的行动计划。这种计划也能缩短定下决心的周期，保证及时开展后续行动。在大多数情况下，后续行动要求保留一支战役预备队。

部队与职能（forces and functions） 设计战役时，不仅要注重击败敌军的兵力，而且要注重摧毁或破坏敌军的一些关键职能，如指挥与控制、补给和防空等。攻击敌军职能通常是为了破坏敌军的平衡，造成可资利用的薄弱环节，使敌军指挥官产生怀疑、迷乱甚至恐慌心理，并可能直接导致敌军能力和意志的瓦解，恰当地打击敌军的职能是战役设计的主要思想。

"信息作战"（information operations）

1976年，美国军事理论家汤姆·罗那在一份题为"武器系统与信息战争"的研究报告中，首次提出"信息战争"的概念，指出"信息战争"是"决策系统之间的斗争"。20世纪80年代，一些美国专家陆续提出"信息战斗""电子战和信息战""计算机病毒对抗"等概念。海湾战争后，美国国防部指挥控制政策局局长艾伦·坎彭主编出版了《第一场信息战争》，认为海湾战争是人类历史上的第一场信息战争。[①]

1994年9月—1995年2月，美国海军作战部先后颁发《海军作战部长第3430.25号指令：信息战与指挥控制战》《海军作战部长第3430.26号指令：信息战与指挥控制战实施细则》，确立了海军的信息战政策和各部门的职责，阐明了信息战与指挥控制战的关系，提出了实施信息战的具体程序和方法。1995年10月，美国空军颁发《信息战基础》，提出了信息对抗、C2攻击、信息作战等概念。1996年8月，美国陆军颁发《FM100-6：信息作战》，提出了陆军实施信息战的原则、方法和程序。2001年，美国陆军又颁发《FM3-13：信息作战条令：战术技术和程序》，阐述了信息作战行动的构成、使用原则和达成的目标，分析了信息作战的环境与威胁以及影响夺取信息优势的因素。

1998年10月9日，美国参联会颁发第一本JP3-13《联合信息作战条令》，系统地阐述联合信息作战的基本原则、进攻性信息作战和防御性信息作战的概念和方法、联合信息作战的组织与计划、联合信息作战的训练与演习等内容。2003年10月30日，美国国防部发表《信息作战路线图》，提出信息作战转型计划指南。2006年2月13日，美国参联会颁发新版JP3-13《信息作战》条令，除增加许多新内容外，还对上一版条令做了如下修改：一是停止使用"进攻性信息作战"和"防御性信息作战"，但保留对信息作战可以达成进攻性和防御性目标的认识；二是不再把"信息战"（information warfare）作为联合信息作战条令中的一个术语；三是对五种信息作战核心能力（电子战、计算机网络战、心理战、作战保密和军事

① Campen, A. D. (ed.): The First Information War: The Story of Communications, Computers, and Intelligence Systems in the Persian Gulf War, P.195, Fairfax, VA: AFCEA International Press, 1992.

欺骗）、相关能力、支援能力及其之间的关系进行了新的描述；四是认为计算机网络战是一种核心能力，它包括计算机网络攻击、计算机网络防护和计算机网络利用；五是把战斗摄录、心理攻击、信息保证和反情报调整为信息作战支援能力；六是把国防部对公共外交的支援、公共事务、军民关系行动调整为信息作战相关能力。2012年11月27日，美国参联会再次颁发新版JP3-13《信息作战》条令，重新定义信息环境、信息相关能力、目标听众、信息作战等术语，指明信息作战人员是作战司令部信息作战和信息作战组的焦点，强调必须把信息作战纳入联合作战计划过程的每一个阶段。2014年11月20日版JP3-13《信息作战》条令，从5个方面修改了2012年版条令，并增加了第六章"信息作战评估"。

"信息作战"理论认为："信息是一种战略资源，对国家安全至关重要。军事行动依靠信息和信息系统去遂行许多同时和统一的活动。""信息作战是综合运用电子战、计算机网络战、心理战、军事欺骗、作战保密，与特定支援和相关能力一起，协调一致地影响、扰乱、腐蚀或篡改敌方人工和自动化决策，同时保护己方人工和自动化决策。"[①]其主要内容包括以下几个方面。

一、明确划分信息作战的3种能力

新版JP3-13《信息作战》条令把信息作战能力明确划分为核心能力、支援能力和相关能力。核心能力包括心理战、军事欺骗、作战保密、电子战和计算机网络战，是联合部队司令影响对手或其他目标受众的主要手段。支援能力包括信息保证、物理安全、物理攻击、反情报和战斗摄录，直接或间接地影响信息环境，有助于提高信息作战的效率。相关能力包括公共

---

① Joint Chiefs of Staff: JP3-13 Information Operations, P.9, February 13, 2006.

事务、军民关系活动和支援公共外交，对信息作战有重要作用，必须与核心能力和支援能力统一协调运用。

二、强调情报在信息作战中的重要作用

新版JP3-13《信息作战》条令认为，成功的信息作战计划、准备、实施和评估，需要详尽、及时的情报。一是在计划信息作战之前，要收集和分析动态信息环境的动态情报。二是要了解信息作战所需情报的性质，收集对手和其他目标受众决策过程的最新资料。三是要明了情报活动所受的限制，即情报资源有限、收集活动受法律限制、情报环境是动态的、对信息作战的情报支援通常需要较长时间等。

三、规定信息作战的职责与指挥关系

新版JP3-13《信息作战》条令详细规定了从参联会主席到下级联合部队指挥官的职责和指挥关系。参联会主席既负有制定信息作战理论、提出建议等一般责任，又负有国防部信息作战政策指定的具体职责。联合参谋部作战部（J3）负责与本参谋部内其他相关部门的协调。作战部信息作战处负责提供专门的信息作战建议，维护联合参谋部和战区司令有关信息作战的权益，代表参联会主席与其他组织和个人进行交流。美国战略司令部司令在协调责任区内的信息作战方面拥有特殊的权力和责任，但战区司令也可能在接受支援的同时支援战略司令部跨多个战区的信息作战活动。组成部队通常负责制订信息作战的具体计划与实施，但职能组成部队计划与实施的信息作战必须在联合部队指挥官所规定的范围内进行。下级联合特遣部队指挥官计划和实施的信息作战，是联合作战的组成部分，其参谋机构可能在很大程度上参与上级信息作战的计划与实施（包括推荐使用某些特有的作战能力）。

战区司令通常指派作战部（J3）负责信息作战。得到授权后，作战部长就成为计划、协调、整合和评估联合部队信息作战的第一参谋责任人。作战部通常指定一个信息作战小组长协助履行联合信息作战职责。信息作战小组长的主要责任是，确保信息作战与作战司令部参谋机构的所有计划过程相结合并同步进行，确保这些信息作战计划过程与上级的、友邻的、下级的和多国参谋机构的计划过程相协调。为了把信息作战的核心能力、支援能力、相关能力和适当的参谋职能整合起来同步运用，信息作战小组长通常领导一个"信息作战小组"（作为参谋机构作战计划组的一部分）。联合信息作战小组与支援该小组的组织之间的关系，由联合部队指挥官确定。

四、强调信息作战的计划和协调

新版JP3-13《信息作战》条令认为，要成功实施一种信息策略，就需要信息作战参谋机构尽早进行周密计划和协调，避免美国政府跨机构行动在责任区发生冲突，有效整合与同步使用所有信息作战能力。因此，联合部队指挥官必须：（1）确保信息作战计划完全融入联合作战计划和目标选择全过程；（2）把信息作战计划作为联合作战整体计划必不可少的组成部分，而不是附属；（3）尽早地、详尽地准备信息作战计划，并适当地区分信息作战目标的优先情报需求；（4）指明信息作战的批准权和行使权；（5）考虑需要国家协调和批准的法律和政策问题；（6）考虑盟国和合作成员国的信息作战目标、信息作战能力及其弱点。

五、强调教育训练是形成信息作战核心能力的关键

新版JP3-13《信息作战》条令认为，作为核心军事能力和联合作战的重要组成部分，信息作战需要特定的专门技术和能力。在每一个指挥层次，坚实的教育和训练基础都是形成核心能力的关键。反过来，职业教育和训

练又依赖于作战、演习和实验中所得经验的积累、记载和验证。因此，联合信息作战训练，应当在军种级别信息作战训练的基础上，集中训练制订联合作战计划的专门技能、方法和手段。通过训练，确保信息作战专业部队由心理战、电子战、作战保密、军事欺骗、计算机网络战方面的专家和信息作战计划人员组成，确保他们都了解信息环境和军事行动中信息作战的作用，也了解在获取信息优势时，信息作战与其他信息行动有哪些不同，还应了解每种核心能力的特殊知识，确保将信息作战融入联合作战之中。[①]

"非对称作战"（asymmetric operations）

1991年11月，美国参联会颁发第一份联合出版物JP1《美国武装部队的联合作战》，首次正式使用"非对称交战"（asymmetric engagements）这一概念。1993年美国参联会颁发JP3-0联合出版物《联合作战条令》，对"非对称交战"理论进行了更为系统的阐述。后来颁发的1995、2000、2007、2009年版JP1联合出版物《美国武装部队的联合作战》，1995、2001、2006、2008、2011年版JP3-0联合出版物《联合作战条令》，美国陆军2001、2008年版FM3-0野战条令《作战纲要》等作战条令，以及《2010年联合构想》《2020年联合构想》，1997、2001、2006年版《四年防务审查报告》等相关文件，进一步发展和完善了"非对称作战"思想。"非对称交战"、"非对称攻击"（asymmetric attack）、"非对称行动"（asymmetric actions）等术语，也逐渐演变出"非对称作战"（asymmetric operations）、"非对称战"（asymmetric warfare）、"非对称力量"（asymmetric force）、"非对称战术"（asymmetric tactics）、"非对称方法"（asymmetric approaches）、"非对称威胁"（asymmetric threats）、"非对称挑战"（asymmetric challenges）、"非对称能力"

---

① Joint Chiefs of Staff: JP3-13 Information Operations, PP.9-16, February 13, 2006.

（asymmetric capabilities）、"非对称优势"（asymmetric advantages）、"非对称战略"（asymmetric strategies）等术语。

虽然"非对称作战"这一术语早已广泛使用，但却未被收入美国《国防部军事和相关术语词典》。作战条令和相关文件也未对其给出明确而统一的定义。美军2001年版JP3-0《联合作战纲要》指出："如果双方部队、技术和武器相类似，与敌军交手的行动就是对称的；如果双方部队、技术和武器不同，或者一方采取恐怖主义行动，拒绝按照常规交战规则行动，这种情况下的作战行动就是非对称的。"①美军2008年版JP3-0联合出版物《联合作战纲要》指出："联合部队指挥官筹划非对称行动以利用己方力量和敌方薄弱环节，保护未来作战的行动自由。联合作战的历史充分显示出非对称作战的巨大杀伤力和对这种威胁的极度敏感性。当被用于对付尚未做好之前战术作战准备、正处于更加易受攻击状态（如正在进行作战部署和/或运动、正在进行包括休息和整修装备在内的后勤活动或正在进行包括工业生产在内的动员和训练）的敌人时，非对称作战特别有效。因此，联合部队指挥官必须积极寻找机会，使用非对称力量打击敌人尽可能薄弱之处——空军攻击敌地面行进编队（如第二次世界大战时期盟军实施空中遮断作战，阻止德军增援其在诺曼底的部队）；海军航空兵和水面舰艇攻击敌运输部队的船只（如美国空军和水面舰艇攻击日军增援瓜达尔卡纳尔的水面船只）；地面作战攻击敌海、空军或导弹基地（如1944年盟军在欧洲实施机动作战，毁坏德军的潜艇基地和V-1、V-2导弹发射阵地）。"②

从美军作战条令和相关文件可以看出，"非对称作战"思想既要求美军利用联合部队的优势对敌实施非对称作战，以尽可能小的代价获取尽可能大的战果，又要求美军采取各种措施防备敌方的非对称攻击，尽量减少可

---

① Joint Chiefs of Staff: JP3-0, Doctrine for Joint Operations, Ⅲ-9, September 10, 2001.

② Joint Chiefs of Staff: JP3-0, Joint Operations, Ⅳ-17, February 13, 2008.

能遭受的损失，其主要内容包括以下几个方面。

一、阐明美军"非对称作战"样式

"非对称作战"思想认为，联合部队必须发挥各军兵种在不同时机、阶段和领域中的独特作战能力，巧妙运用非对称行动打击敌人薄弱环节。

美国空军的非对称作战样式主要有：（1）战略空袭，即使用航空兵直接攻击敌方战略目标；（2）空中遮断，即对敌人全纵深同时实施打击，加速敌方主动权的丧失；（3）近距离空中支援，即在攻防作战中"攻击靠近己方地面部队的敌方目标"以支援地面作战；（4）太空支援，即利用太空资源对敌方实施情报战、导航战和反卫星战。

美国海军和陆战队的非对称作战样式主要有：（1）海军和陆战队航空兵对地攻击，即使用航母舰载机对陆上敌军目标实施攻击；（2）"战斧"巡航导弹和远程舰炮对地攻击，即用舰载"战斧"巡航导弹和远程舰炮攻击地面目标；（3）"海豹"突击队特种袭击，即使用"海豹"突击队和特种舟艇小队对海岸、港口、内河和内陆的敌陆、空军目标实施特种袭击；（4）陆战队两栖突击，即使用新一代垂直登陆工具，在距敌岸400海里的上千千米扇面上的任何地点实施"超地平线登陆"，直接攻击敌岸及纵深的陆、海、空军目标。

美国陆军的非对称作战样式主要有：（1）以空降部队、空中突击部队和装甲机械化部队直接攻击敌海、空军基地或导弹基地；（2）以陆军战术导弹攻击远程高价值目标；（3）以陆军航空兵突击敌纵深目标；（4）以陆军特种部队攻击敌海、空军。①

---

① 姜川：《美军联合作战中的非对称作战》，《外国军事学术》，第4—5页，1999年第2期。

二、阐明美国面临的"非对称挑战"

"非对称作战"思想认为，潜在对手不会与实力占优势的美军进行正面较量，而会采用一些非对称手段打击美军。在未来几十年内，美军将主要面临非常规挑战、灾难性挑战和破坏性挑战。

非常规挑战来自采用恐怖主义和叛乱这样的方法对抗美国传统军事优势的国家和非国家行为体，或者来自从事海盗和贩毒这样的犯罪活动的国家和非国家行为体。极端主义意识形态的滋长和有效政府管理的缺乏，增强了非常规挑战的危险性。

灾难性挑战涉及获取、拥有和使用大规模杀伤性武器的国家和非国家行为体，以及能产生大规模杀伤性武器同样效果的致命性流行病和其他自然灾害。目前世界上有12个国家有核武器研究计划，28个国家拥有弹道导弹，13个国家拥有生物武器，16个国家拥有化学武器。

破坏性挑战来自以创新性方法使用技术和能力（如生物技术、网络和太空作战、定向能武器等）对抗美国当前享有的军事优势的国家和非国家行为体。目前世界上已有100多个国家具备信息战能力，其中50多个国家以美国为对象。

这3种挑战互相交叠。一种挑战的行为者可以利用其他挑战的方法和能力增强自己，对美国构成重大潜在威胁。[①]

三、阐明美军应对"非对称挑战"的方法

"非对称作战"思想认为，美军主要依赖陆、海、空、天和信息优势应对潜在对手的非对称挑战，其主要方法是：（1）实施纵深防御和远战。即

---

① The Department of Defense: The National Defense Strategy of the United States of America, P.2, March 2005.

在各战略通道进行巡逻，把防御能力延伸到美国边境以外，把非对称威胁阻止或消灭在远离美国本土的地方；作战中在尽可能远的距离上开火，力争在不与对手接触的状态下杀伤和击败对手。（2）实施非线式作战，打击敌重心。即利用全谱优势实施全纵深作战，打击敌重心，瘫痪敌作战体系，使敌在战术、战役并最终在战略上陷于进退维谷的局面。（3）实施机动作战。即从不同方向远距离地向突发事件地点投送战斗力，隐蔽突然地毁伤对方，迅速控制局势，结束危机。（4）实施信息作战。即综合运用心理战、军事欺骗、作战保密、电子战、计算机网络战等核心能力，信息保证、物理安全、物理攻击、反情报、战斗摄录等支援能力，以及公共事务、军民关系活动、公共国防外交支援等相关能力，瘫痪敌信息系统，摧毁其抵抗意志，从而达成"不战而屈人之兵"的目的。（5）实施特种作战。即使用经过特殊训练、采用特遣编组的部队，执行特种侦察、警戒掩护、军事欺骗、反恐作战、心理作战、民事活动等特殊任务，直接达成战略目的。①

"非战争军事行动"（Military Operations Other than War）

"非战争军事行动包括在除战争以外的军事行动中使用军事能力。这些行动能够被用于辅助任何其他国家力量手段的综合运用，可在战前、战中和战后发生。"②

1993年，美军在JP3-0联合出版物《联合作战条令》（*Doctxine for Joint Operations*）中首次使用"非战争军事行动"这一术语，确立了"非战争军事行动"理论在美军联合作战理论中的地位。与此同时，美国陆、海、空军也把非战争军事行动理论写入本军种的作战条令。例如，美国陆

---

① 林治远：《对美军非对称作战理论的几点认识》，《外国军事学术》，第8—9页，1999年第2期。

② Joint Chiefs of Staff: JP1-02, Department of Defense Dictionary of Military and Related Terms, P.277, April 9, 2002.

军1993年版FM100-5号野战条令《作战纲要》就专门用了一章的篇幅阐述"非战争军事行动"理论。

1995年，美军颁布JP3-07联合出版物《非战争军事行动联合条令》和新版JP3-0《联合作战条令》，进一步全面阐述"非战争军事行动"理论。2001年版JP3-0《联合作战条令》，再次对"非战争军事行动"理论进行了补充和完善。

2006年，美军颁布新版JP3-0《联合作战纲要》（*Joint Operations*），对上一版《联合作战条令》进行了29处重大修改，其中之一就是停止使用"非战争军事行动"这个术语。现在，美军将军事行动分为三类（而不是之前的战争行动和非战争军事行动两类）：军事接触、安全合作和威慑；危机反应和有限应急行动；大规模作战和战役。美军虽然不再使用"非战争军事行动"这个术语，但却保留了这个术语所包含的全部内容，并把它们划分为两大类：危机反应和有限应急行动；军事接触、安全合作和威慑。

根据2006年以前的《联合作战条令》和《非战争军事行动联合条令》，"非战争军事行动"思想主要包含以下内容。

一、确立"非战争军事行动"的原则

美军为"非战争军事行动"制定了6条原则。（1）目标。即为每次军事行动规定一个明确的、决定性的并且可以达到的目标。（2）统一行动。即在每次行动中协调一致地采取行动。（3）安全。即保护部队，不让任何个人、团伙或者集团危害部队安全。（4）克制。即慎重地使用适当的军事能力。（5）持久。即做好为实现战略目的而慎重、持久地使用军事能力的准备。（6）合法。即非战争军事行动应当符合国际法和东道国政府的法律，始终根据合法集团或机构的意愿制定和实施各项政策。2006年版JP3-0《联合作战纲要》停止使用"非战争军事行动"这个术语后，也不再使用这

6条原则，取而代之的是"军事接触、安全合作和威慑""危机反应和有限应急行动"等需要考虑的问题。

二、明确区分"非战争军事行动"的类型

美军将非战争军事行动区分为16种类型：（1）军备控制；（2）反恐怖行动；（3）反毒品行动；（4）强行制裁和海上拦截行动；（5）强制禁区行动；（6）保证航行和飞越领空的自由；（7）国外人道主义援助；（8）国内支援行动；（9）国家援助/支持暴乱；（10）非战斗人员撤离行动；（11）和平行动；（12）护航行动；（13）回收行动；（14）显示力量行动；（15）打击和袭击；（16）支持平暴。2008年版JP3-0《联合作战纲要》在此基础上增加了"应急行动准备"、"反叛乱行动"和"后果管理"3种类型，但2011年版JP3-0《联合作战纲要》取消了"后果管理"，现在"军事接触、安全合作和威慑"包括12类行动，"危机反应和有限应急行动"包括6类行动。2017年版JP3-0《联合作战纲要》，把"军事接触、安全合作和威慑"中的"国家援助"行动细分为外国援助、安全援助、安保部队援助、外国内部防卫、人道主义援助5类，从而使其类型由12种增加到16种；[①]但"危机反应和有限应急行动"仍保持了原来的6类分法。2018年版JP3-0《联合作战纲要》保持了这种分类法。

三、规定"非战争军事行动"计划制订的注意事项

美军要求在制订非战争军事行动计划时必须考虑以下问题：（1）成建制使用部队；（2）情报和信息收集；（3）多国作战；（4）指挥与控制；（5）公共事务；（6）民事活动；（7）心理作战；（8）与非政府组织和私人志

---

① Joint Chiefs of Staff: JP3-0, Joint Operations, P. Ⅵ-5~12, January 17, 2017.

愿者组织的协调；（9）跨机构行动；（10）法律要求；（11）后勤；（12）医务行动；（13）现役/预备役人员混编；（14）从战时行动向非战争军事行动过渡；（15）结束非战争军事行动。[1]

"多国作战"（multinational operations）

第一次世界大战以来，美军作战行动的突出特点是在别国领土上作战。这一特点决定美军必须与他国军队一起进行联合作战。美军联军作战大多是在联盟或临时联合体结构内进行的。联盟是两个或更多国家之间为广泛的、促进成员国共同利益的长期目标而签订正式协定的结果。临时联合体是两个或更多国家之间为共同行动而作出的临时安排。正常情况下，每个联盟或临时联合体成员国都制定自己的议定书和应急计划，以指导多国行动。

在长期的联军作战实践中，美军形成了自己独特的联军作战（combined operations）理论。2000年以前，美军联军作战理论主要散见于各类联合作战和军种作战条令之中。2000年4月5日，美军首次颁布JP3-16号联合出版物《多国作战联合条令》[2]，正式用"多国作战"这个术语取代了"联军作战"术语，并且全面系统地阐述了多国作战理论。2007年3月7日、2013年7月16日和2019年3月1日，美军先后颁布新版JP3-16联合出版物《多国作战》[3]，进一步完善多国作战理论。从新版条令看，美军多国作战思想主要包括以下内容。

一、多国作战的原则

由于参战国的国家利益、作战目标、作战理论、武器装备、文化背景

---

① Joint Chiefs of Staff: JP3-07, Joint Doctrine for Military Operations Other Than War, June 16, 1995.

② Joint Chiefs of Staff: JP3-16, Joint Doctrine for Multinational Operations, April 5, 2000.

③ Joint Chiefs of Staff: JP3-16, Multinational Operations, March 7, 2007.

等各不相同，多国作战需要密切的协调和配合才可能成功。因此，美军在多国作战中要求遵守尊重、和谐、了解伙伴、耐心、聚焦任务、信任和信心等六大原则，特别注意搞好同其他国家军队的关系。

二、多国作战的范围

在旧版条令中，美军将多国作战行动分为"战争行动"和"非战争军事行动"两类。在新版条令中，美军将多国作战行动分为"军事接触、安全合作和威慑""危机反应和有限应急行动""大规模作战和战役"等3类。

军事接触、安全合作和威慑活动包括应急准备、军备控制与裁军、打击恐怖主义、支持反毒品、执行制裁、强制禁区、确保航行和飞行自由、国家援助、展示武力以及支持反暴乱、反骚乱等行动。

危机反应和有限应急行动包括非战斗人员撤离行动、和平行动、外国人道主义援助、搜救行动、后果管理、打击与袭击、国土防御与民事支援行动等，可以单独实施以应对危机，也可以成为更大规模和更为复杂的联合战役或联合作战行动的一部分。

大规模作战行动和战役是最复杂的行动，需要采取多种行动，投入大量国家资源和耗费大量时间。大规模作战行动和战役，不管是否涉及大规模作战，通常都包括一定程度的进攻行动和防御行动（例如遮断、机动、强行进入、火力支援、防空、计算机网络防御和基地防御等）。

三、多国作战指挥结构

没有哪种单一的指挥结构能最好地适应所有联盟和临时联合体的需要。每个联盟或临时联合体都会创建一种能够最好地满足参与国的需要、政治现状、制约和目标的指挥结构。政治上的考虑会严重影响指挥结构的最终形成。美军在联盟和临时联合体中的指挥结构是不同的，一般分为联盟指挥结构和临时联合体指挥结构两大类。

一般而言，联盟已经建立起自己特有的指挥结构、支援系统和标准程序，具有高度的稳定性和一致性。联盟指挥结构主要包括一体化指挥结构和为首国家指挥结构两种形式。在一体化指挥结构下组成的联盟能在多国背景中提供统一行动。北约是这种指挥结构的最好例子。在这种结构中，任命一个成员国的人担任战略司令官，但战略司令部参谋部和下属司令部司令及参谋部则由多国人员组成。为首国家指挥结构的突出特点是，司令部和参谋机构由为首国家主导，下属部队则保持严格的国家完整性（如欧洲盟军司令部快速反应军）。轮换指挥是为首国家指挥结构的变形，它使每个参与国都能轮流成为为首国家。

临时联合体是在对没有预见到的危机（往往发生在一个联盟的地域或范围以外）作出快速反应，或需要不止一个联盟作出反应才能处理危机时建立的。指挥关系通常随临时联合体的发展而发展。临时联合体通常采用三种基本结构之一：平行结构，为首国家结构，或者两者的结合。在临时联合体作战中，成员国可能希望对本国军队保留比在盟军作战中更多的控制权。

四、计划和实施多国作战需要考虑的问题

为了同其他国家的军队进行最密切的合作和最有效地利用多国作战能力，在计划和实施多国作战行动期间，美军要求从总体和作战两个方面考虑问题。在总体方面，着重考虑政治与军事，建立和维持多国部队，任务分析与任务分配，语言文化与主权，法律、条令，训练与资源，保护部队，交战规则等8个方面的问题。在作战方面，着重考虑统一行动、情报、信息共享、通信、地面作战、海上作战、空中作战、太空作战、特种作战、频谱管理、信息作战、多国后勤、东道国支援、卫生勤务支援、人员搜救、行政与人力支援、媒体关系、气象学与海洋学、环境等19个方面的问题。

"网络中心战"（network centric warfare）

"网络中心战是通过全球信息栅格，将分散配置的作战要素集成为网络化的作战指挥体系、作战力量体系和作战保障体系，实现各作战要素间战场态势感知共享，最大限度地把信息优势转变为决策优势和行动优势，充分发挥整体作战效能。"[①]

"网络中心战"概念由美国海军首先提出，后来逐渐发展成美国陆、海、空三军普遍接受的作战理论。1997年4月，美国海军作战部长杰伊·约翰逊在美国海军学会年会上发言，正式提出"网络中心战"理论，认为"网络中心战"是200年来军事领域最重要的变革。1998年1月，美国海军军事学院院长阿瑟·塞布罗斯基发表题为《网络中心战：起源与未来》的论文，成为"网络中心战"理论的奠基之作。2001年7月，美国国防部向国会提交《网络中心战》报告，强调："网络中心战应成为美国防力量转型战略规划的基石"，这标志着国防部正式接受了"网络中心战"理论。2003年11月，美国陆、海、空三军发表了《转型路线图》，从验证军事转型方向和效果的角度，总结了伊拉克战争经验教训，认为伊拉克战争表明网络中心战具有巨大的潜力。同月，美国国防部军队转型办公室颁发《军事转型战略途径》，首次提出网络中心战是美军新的战争方式，确定以此作为统一美军建设和作战理论发展的指导思想。2004年1月，美国国防部颁布《网络中心战：创造决定性作战优势》和《网络中心战实施纲要》，进一步明确了把"网络中心战构想"变成现实的方法和手段、步骤与途径，提出以进行"网络中心战"能力建设统揽军事转型的长远规划。2005年5月，美国国防部发布第5144.1号指令，规定由负责网络和信息一体化的助理国防部长兼任国防部首席信息官，负责"网络中心战"建设的指导、监督与

---

① 肖裕声主编：《21世纪初大国军事理论发展新动向》，第82页，军事科学出版社，2008年。

管理。2005年3月的《美国国防战略》和2006年2月的《四年防务审查报告》都重申了"网络中心战"的战略地位。2006年10月，美国国防部负责网络和信息一体化的助理部长兼首席信息官格里梅斯，签发了《国防部首席信息官战略计划》，标志着美军"网络中心战"建设进入了全面发展阶段。美军计划在2015年前后建成全球信息栅格，2020年左右进行比较成熟的"网络中心战"。

在此期间，戴维·S.艾伯茨（David S.Alberts）、杰弗里·R.卡尔斯（Jeffrey R. Cares）、詹姆斯·莫法特（James Moffat）等美国军事理论家出版《网络中心战：发展和利用信息优势》《分布式网络化作战——网络中心战基础》等专著30余部，罗伯特·K.阿克曼（Robert K. Ackerman）、劳伦斯·N.阿什（Lawrence N. Ash）、诺曼·弗里德曼（Norman Friedman）等美国学者发表《数据是通往网络中心的钥匙》《为网络中心战而战》《中东的网络中心战》等论文数百篇，对"网络中心战"进行了全面而系统的探讨。[①]总的来看，美军"网络中心战"思想主要包括以下内容。

一、确定遂行"网络中心战"的领域

"网络中心战"思想认为，"网络中心战"主要发生在物理域、信息域、认知域和社会域4个领域。物理域是真实存在的有形领域，是各种作战平台和连接各种作战平台的通信网络客观存在的领域，包括陆地、海洋、空中和太空。在物理域，军队的各构成部分要实现无缝隙网络化连接，网络化部队能有效地实施打击、机动、防护等作战行动，作战一体化程度高。信息域是一个无形的作战空间，是创造、采集、处理、传输、共享信息的领域，是作战人员进行信息交流，传送指挥信息、目标信息和指挥官作战意图的领域。

---

① Greta E. Marllat: Information Warfare and Information Operations: A Bibliography, Dudley Knox Library (Naval Postgraduate School), January 2008.

信息域的信息，既可能反映真实情况，也可能反映虚假情况，需要认真鉴别和筛选。信息域有易受攻击性，需要严加防护。在这一领域，争夺制信息权的斗争异常激烈，作战部队不仅要有很强的信息采集、访问、共享和防护能力，而且能在关键时段夺取对敌信息优势。认知域是指作战人员的意识、思想、心理等领域，既包括知觉、感知、理解及据此作出的决策，也涉及军事领导才能、部队士气与凝聚力、训练水平与作战经验、态势感知能力等。在认知域，各部队能产生和共享高质量的态势感知信息，部属能实时了解指挥官的作战意图，部队具有自我同步作战能力，作战效能高。社会域是人们交流互动、交换信息、相互影响、达成共识的群体活动空间，涉及文化、信仰、价值观等。在社会域，心理战、网络战、公共事务、军民关系活动等，能够发挥重要作用，为夺取作战胜利创造有利条件。

二、确定"网络中心战"的关键要素

军队网络化是实施"网络中心战"的物质基础。"网络中心战"的关键要素包括四大类。（1）信息结构，即完备的和互联互通的战略级、战役级、战术级陆基、海基、空基、天基信息系统，其主要职能是信息采集、数据融合和信息管理。（2）作战空间感知。信息结构的建立使各级各类部队能同时实时了解战场态势的变化情况，使任务、行动、地形变得"透明"，从而大大提高作战部队和军事人员的作战空间感知与信息共享能力。（3）实时协调行动。共同的作战空间感知能力，不仅使指挥官能够采取适应性很强的指挥控制方式，加快作战进程，使己方作战行动始终快于敌方，始终处于主动地位，而且使所属部队能够自觉采取作战行动，实时进行自我协调。（4）最终效果。建立信息结构、实现作战空间感知和达成实时协调行动的最终结果，就是作战节奏加快，反应能力增强，作战风险降低，作战伤亡减少，作战效能提高。[①]

三、确定"网络中心战"建设的途径

为了在2015年建成全球信息网格，2020年遂行比较成熟的网络中心战，美军决定通过以下途径加强"网络中心战"建设：一是通过实验、演习和实战获得正确的"网络中心战"理论；二是运用网络中心战理论，建设和发展网络中心战能力；三是加速战略级、战役级和战术级联合部队的网络化建设；四是加速将网络中心战系统部署到需要使用并能得到验证的部队和地区；五是实验网络中心战概念和能力，依靠联合和军种实验项目发展和完善实施网络中心作战的更好的途径与方法；六是应对盟军和联军网络中心作战的挑战；七是逐步制定联合和军种作战条令，完善相关的战术、技术和程序。

四、确定"网络中心战"建设的重点领域

2006年10月颁发的《美国国防部首席信息官战略计划》明确了美军"网络中心战"建设的重点领域。一是加强网络中心战文化建设，转变观念，确立网络中心战的意识。二是制定信息共享战略，确保每个战斗人员都能使用网络。在国防部主要网络基础上，提供良好的使用网络环境，提高终端用户的使用能力，使每个战斗人员易于进入情报数据网。三是推进全球信息网格建设，确保信息成为力量"倍增器"，在作战行动中实现信息和数据全时空的可视性、准入性和可靠性，为快速决策提供全面的信息。四是加紧战场感知、数据链、信息传输、敌我识别、导航定位、电视会议、数字地理、模拟仿真和数据库九大核心系统建设。五是建设各种网络，制

---

① 阎振范、赵丕主编：《中国军事百科全书·外国军事思想》，第284—285页，中国大百科全书出版社，2007年。

定情报信息应用政策，确保作战部门和情报部门之间安全地共享信息。六是以实战方式实施各种演习，采用的方案既要发挥信息共享的优势，又要考虑到敌方会极力削弱美军信息技术的优势。七是制定信息共享政策，发展相关程序和技术，实现与盟国伙伴、其他联邦机构和商业伙伴的信息共享。八是强化信息安全，为全球信息栅格开发数据安全措施。九是支持建设"网络中心战"办公运行程序，确保信息基础设施能够充分优化跨部门办公过程。

五、确定"网络中心战"建设的核心项目

在加强"网络中心战"能力建设中，美军确定首先建设以下核心项目。（1）国防部重点开发"全球信息网络带宽扩展""联合战术无线电系统""转型的卫星通信系统""网络中心战企业服务系统"。（2）美国陆军重点开发"陆战网"，这是将陆军现役和后备役部队的所有士兵接入全球信息栅格的综合系统，集成了多个作战指挥、通信和侦察监视子系统。（3）美国海军重点开发"部队网"，这是海军为实现"网络中心战"理论和"网络中心作战"概念而建设的结构框架，能使士兵、传感器、指控系统和武器集成为一支网络化的分散部署的作战部队。（4）美国空军重点开发"指挥控制星座"，这是空军为建设"网络中心战"能力而将陆基、空基平台和天基传感器完全联网组成的阵列，可使原先分散的信息系统组成一体化的网络。①

"快速决定性作战"（rapid decisive operations）

"快速决定性作战是一个未来联合作战概念。快速决定性作战将整合知识、指挥与控制和基于效果作战，去实现预期的政治、军事效果。在准

---

① 肖裕声主编：《21世纪初大国军事理论发展新动向》，第89—91页，军事科学出版社，2008年。

备和遂行快速决定性作战时，军队要协调一致地使用军事和其他国家力量手段，以瓦解和削弱敌人的重要能力和凝聚力。美国及其盟国将从敌人无法反击的方向和维度上对其发动非对称攻击，规定作战的条件和节奏。敌人因丧失凝聚力和无法达成目标，只能选择要么停止违背美国利益的行动，要么被彻底摧毁。"①

美国联合部队司令部根据参联会《2010年联合构想》和国防部《防务计划指南》精神，在总结"沙漠之狐行动"和"联盟力量行动"经验教训的基础上，于1999年10月推出0.5版白皮书《快速决定性作战》，正式提出"快速决定性作战"概念。随后，联合部队司令部根据多次模拟、仿真和实验结果，对0.5版白皮书进行了大幅修改，于2001年5月推出1.0版《快速决定性作战》。接着，联合部队司令部又根据军事转型思想再次对1.0版白皮书进行修改，并在很短时间内推出2.0版《快速决定性作战》。2002年，美军举行"千年挑战2002"演习，检验自己在2010年内实施"快速决定性作战"的能力。2003年，美军将"快速决定性作战"思想用于伊拉克战争，取得预期战果。

"快速决定性作战"思想认为，未来作战将呈现出以知识为中心、基于效果、内聚式联合、全面网络化等特征，美军必须正确地认识这些特征，有针对性地进行作战准备，才能打赢未来战争，其主要内容包括以下几个方面。

一、明确定义"快速性"和"决定性"

所谓"快速"，是指尽可能快地达成作战目的。快速既是绝对的，也是相对的。机动方面的快速可以是绝对的，因为国家指挥当局、作战司令官（以下称战区司令）或联合特遣部队指挥官在危机或紧急情况下，可能需要

---

① U.S. Joint Forces Command: A Concept for Rapid Decisive Operations, RDO Whitepaper Version 2.0.

能够在数小时或数天内建立起可靠的美国军事存在。在战役机动方面，快速可以是相对的，因为联合部队指挥官希望联合部队能够以比敌人更快的速度营造形势，或对形势作出反应。快速解决是通过激烈而不懈的战斗行动或由此造成的威胁来实现的。

所谓"决定性"，是指通过打击敌人的凝聚力和摧毁其抵抗意志和能力，把自己的意志强加于敌。决定性来源于知识能力，这些能力可以准确地确定敌人的重心、重要的薄弱环节以及关键性链路和节点。未来的指挥与控制系统将使美军得以利用美国的国家能力，通过在敌人无法实施反击的维度和方向上打击其关键功能，摧毁敌方战斗意志和作战能力的内聚性。快速决定性作战可以使敌人相信自己无法达成目标并将最终失去他最宝贵的东西，从而破坏其行动的内聚性，以威逼或胁迫敌人放弃使用军事力量。为了这个目标，美国将明确展示出在必要时部署和运用更多联合部队的意图和能力。[1]

快速性

快速＝尽快达成战役目标。对敌人来说，速度快既是绝对的，也是相对的。
为了做到快速，我们需要：
◆ 知识：详细了解敌人和我们自己
◆ 及早开始制订计划，及时作出决策
◆ 简化决策过程
◆ 一种战备程度高的、反应快速的C2能力
◆ 前沿存在和快速机动
◆ 编配适当的部队和维持系统
◆ 很高的作战节奏
◆ 反应灵敏的C2系统、现成的联合司令部分队、压缩的决策程序

决定性

决定性＝通过破坏敌人的凝聚力并粉碎其抵抗意志与能力，将我们的意志强加给敌人。
为了达成决定性，我们需要：
■ 知识：确定并影响敌人最宝贵的东西
■ 运用各种国家能力实施基于效果作战
■ 以信息优势、制敌机动和精确打击，运用同步的精确效果，给敌人造成压倒性的震慑
■ 反应灵敏的指挥与控制系统和压缩的反应周期
■ 不懈的努力

---

① 樊高月主编：《美军联合作战与联合训练（译文精选）》，第338—339页，总参军训和兵种部，2005年。

二、明确阐述"快速决定性作战"的基本要素

"快速决定性作战"的基本要素是一系列功能和赋能概念,可以概略地分为3类:知识(knowledge),指挥与控制,基于效果作战。

"知识"是"快速决定性作战"的第一要素,主要包括"作战净评估""共用相关作战图""联合情报、监视与侦察"。"作战净评估"是基于对敌我双方国家战略能力(政治、军事、经济、社会、基础设施和信息系统及其相互关系)的系统分析而建立的作战辅助工具。通过它,可熟知敌人的关键节点和脆弱点,把适当的手段与后勤结合起来,形成支持快速决定性作战的情报—后勤数据库。"共用相关作战图"通过"全球信息栅格"等工具,建造一个包括道路、双方部队配置、"情报、地图与图像"、"环境、后勤与计划数据"、"天气、社会经济与文化信息"等内容的信息库,提供及时、综合、准确、可信的相关信息,满足联合部队的需求。"联合情报、监视与侦察"是指对"情报、监视与侦察"的资源进行网络化管理,以满足基于效果作战的快节奏需求。

"指挥与控制"是快速决定性作战的关键要素。通过"适应性强的联合指挥与控制"、联合互动计划、跨机构行动、多国作战等,可更快、更有效地实施指挥与控制。"适应性强的联合指挥与控制",是指在每个联合作战司令部设立一个由50多人组成的常备联合部队指挥与控制小组,即常备联合部队指挥部,由一名将官任组长,平时负责制订应急联合作战计划,战时担任联合特遣部队司令或副司令或参谋长。通过"全球信息栅格"提供的网络,实施分布式指挥与控制,大大提高指挥与控制的效能。"联合互动计划"使计划制订工作得以由分层计划转变为并行协同计划,从而缩短决策周期,加快作战节奏。精心制定的跨机构协作程序使所有参与者"在提供信息的同时又可以得到信息",这就使得国家力量的协调运

用成为可能。

基于效果作战是快速决定性作战的主体要素，包括制敌机动、精确打击和信息作战3个部分。制敌机动是指联合部队在战场的全纵深和正面遂行不懈的、分散的和非接触的作战行动，以创造预期的效果。精确打击是指联合部队在适当的时间，以适当的手段打击适当的目标，以产生预期的效果。信息作战能够影响敌方决策者的洞察力并支持创造预期的效果。

三、提出实施"快速决定性作战"的基本途径

实施"快速决定性作战"主要有4条途径：确保进入、快速部署兵力、灵活的维持行动和全维防护。确保进入是在必需的时间内，创造和保持联合部队能够到达影响敌人重心的决定性地点所需的作战空间条件。快速部署兵力既包括战区内的战略部署，也包括战役机动；既依赖于改进部署程序，也依赖于增强运输能力。其焦点并不只是快速部署兵力，而是如何快速投送充足的战斗力，确保联合部队指挥官能及时投入作战。灵活的维持行动是建立分布式基地（既包括海上基地也包括岸上基地），将专门为作战任务准备的物资直接送给部队，维持部队作战行动。全维防护依靠知识和指挥与控制能力将更强大的能力整合起来，观察作战空间并迅速传递有关威胁的信息，从而预见并反击敌人的行动。

四、要求具备九种能力

为有效实施"快速决定性作战"，未来联合部队必须具备9种作战能力：战场实时感知能力、统一行动能力、战场空间控制能力、创造压倒优势的致命与非致命效果的能力、综合使用部队达成预期效果的能力、召之即来的全球机动与攻击能力、全维防护能力、干扰与破坏敌人观察战场空

间的能力、干扰与破坏敌指挥与控制部队的能力。[①]

"基于效果作战"（effects-based operations）

注重效果并不是美军的创造。古往今来的政治领导人和军事将领在决定重大政治和军事行动时，都会对预期效果作出评估。但美军于20世纪90年代提出的"基于效果作战"不是把"效果"作为"观察、判断、决定、行动"这一线性过程的逻辑结果，而是作为其出发点和着眼点；不再是战役战术层次上的方法论，而是战争的战略指导思想。

20世纪80年代，美国退役空军上校约翰·沃登提出"五环目标论"，把敌人看作一个系统，把系统节点看作重心，主张通过进攻重心瘫痪系统。海湾战争后，美国空军上校戴维·德普图拉发表《为效果开火：战争性质的变化》一书，提出用"基于效果"的目标筛选法取代"基于破坏"的目标清单管理法。此后，以他为代表的军事理论家通过授课、撰文、著书等方式，坚持不懈地宣扬"基于效果"思想，使其不仅成为空军的作战与计划理论，而且成为美国联合部队司令部研究、论证和实验的重要作战概念之一。1999年联合部队司令部发表0.5版白皮书《快速决定性作战》，正式采用"基于效果作战"概念，并在2.0版白皮书中将其定义为："是对知识、计划和作战都有重要意义的战争哲学，它重视在战略、战役和战术层次使用军事和非军事能力以获取所期望的战略结果，或对敌人造成所期望的'效果'。'效果'是军事或非军事行动造成的物理、功能和心理结果、事件或后果。"2003年3月19日，美国国防部就"基于效果作战"举行专门的新闻发布会，时任空军作战司令部计划与项目主任的德普图拉派其下属军官向新闻界全面介绍了这一理论。次日，美国发动了针对萨达姆的"斩首"

---

① 樊高月主编：《美军联合作战与联合训练（论文精选）》，第332—334页，总参军训和兵种部，2005年。

行动，伊拉克战争成为这一战争哲学的试验场。[①]

根据所掌握的资料，"基于效果作战"思想主要包含以下内容。

一、用"平行作战"取代"顺序作战"

"基于效果作战"思想认为，传统的战争是陆军视角中的陆地战争，而陆战无法直接打击最重要的目标。这一特性决定了计划与指导战争只能用线性方式逐层逐个击败敌人，最后才能打击敌方的战略重心。现代空天力量拥有大视野俯视角度、高速度和远距离覆盖等特点，隐身和精确制导技术为直接打击敌方战略重心提供了手段。然而，空中作战长期以来也采取线性方式，即先摧毁敌防空能力，夺取空中优势，再夺取制空权，最后是空中进攻和支援地面进攻。由此可见，尽管军事技术的发展早就为"平行作战"提供了物质手段，但人们由于思维方式僵化，却仍然拘泥于传统战法。"平行作战"具有三方面的含义：时间上同时，即在同一时间内对尽可能多的目标进行打击；空间上同步，即对敌方领土同步实施全纵深、多维度的攻击；战争层次上同一，即同时对敌方国家领导人等战略级目标、防空系统等战役级目标和作战部队等战术级目标实施作战行动。

二、用"控制战"取代消耗战和歼灭战

"基于效果作战"思想主张把敌方看作一个"系统"或一个"系统集成"，对系统只需要控制和瘫痪，而不需要消耗和摧毁。"控制"是对敌方系统使用武力所追求的"效果"。一切军事行动的目的都是达成对敌方系统的控制，衡量该行动成败的标准也是看控制该系统的程度，而不是摧毁该系统的程度。在未来的"控制战"中，将追求使敌方失能而不是将其歼灭，

---

① 樊高月主编：《美军联合作战与联合训练（论文精选）》，第436—439页，总参军训和兵种部，
2005年。

重点是打击敌方抵抗意志而不是对其进行物理摧毁。因此，摧毁性武器的使用会逐渐减少，而非致命性武器、信息战武器、高精确的微型化武器、天基系统等新一代武器将是进行战争和达成效果的最佳手段。

三、用"投送力量"取代"集中兵力"

"基于效果作战"思想认为，基于效果作战不再需要以大规模兵力集结为形式的"集中"，特别是不需要大量地面部队的机动、布势和旷日持久的准备，因为"集中"不再是对敌方施加影响的绝对前提。基于效果作战追求在没有大规模部队物理存在的前提下，对敌产生相同或更强烈的震慑效果，这就要求更多地发展和使用可快速投送的空天力量。

四、用"国家综合实力优势"增强"战场军事优势"

"基于效果作战"思想主张，要从效果出发确定战争手段及其使用方式，要格外注重国家实力的综合运用。首先，要求把以往在战略级才能实现的政治、经济、军事、外交、情报等国家能力的综合运用和多国合作，扩展到战役甚至战术级。这种联合与合作的向下扩展，有利于实现美军各军种之间、军队与政府部门和非政府组织之间，以及美军与盟军之间、美军与盟国政府部门和国际组织之间在战争各层级的有机联合，使美国甚至盟国国家能力中的军事和非军事手段在战争中有效地发挥作用。其次，要求实现更紧密的军种联合。在美军已经实现战区级联合指挥的情况下，这种联合还应向下扩展到联合特遣部队级，使战役战术级的联合指挥机构常态化，将美军的联合从"化解矛盾"的水平进一步提升到"内聚式联合"的水平。①

---

① 闵振范、赵丕主编：《中国军事百科全书·外国军事思想》，第287—288页，中国大百科全书出版社，2007年。

"空海一体战"（Air Sea Battle）

2009年9月，美国空军参谋长施瓦茨与海军作战部长拉夫黑德签署"空海一体战"秘密备忘录，同时成立空海军联合工作组，负责协调"空海一体战"的具体事宜。这标志着"空海一体战"项目正式启动。2010年2月1日，美国国防部发布新版《四年防务审查报告》，正式确认"美国空军和海军正在共同开发一种新的联合空海一体战概念，以击败军事行动领域的所有对手，包括拥有尖端'反介入'和'区域拒止'能力的对手"。5月18日，美国战略与预算评估中心发表研究报告，全面阐述实施"空海一体战"的目的、意义、措施和战法。5月27日，空海军联合工作组在华盛顿向空海军高层汇报他们的研究成果。① 由于较好地适应了美国对华战略的需要，"空海一体战"一经提出就受到了美国国防部、参联会和空海军高层的重视，必将对美国空海军建设产生重要影响。从美国战略和预算评估中心发表的研究报告② 看，它主要包括以下内容。

一、认为中国军队对美军构成了新的严重挑战

美军认为，在冷战期间，苏军对美军力量投送能力构成严重挑战，但美军超强的力量投送能力使美苏两个超级大国得以避免大规模战争。冷战结束后的10余年间，美军保卫国家利益的力量投送能力未受到有效挑战。然而，随着先进军事技术的扩散和中国军队"反介入和区域拒止"能力的增强，美军在西太平洋地区投送力量的能力开始受到强有力的挑战。中国军队一直设法在第二岛链建立"禁入区"，如果不采取措施抵消中国军队军事建设的效果，美军在西太平洋行动的代价可能急剧上升到令人望而却

---

① 樊高月：《"三空作战"将成为美军作战的重中之重》，《外国军事学术》，第1页，2010年第8期。

② Center for Strategic and Budgetary Assessments: AirSea Battle: a Point-of-departure Operational Concept, May 2010.

步的程度。由于美国军队习惯在太空力量的支援下，从安全的陆、海、空军事基地和不受干扰的网络空间发起攻击，一旦中国军队攻击这些基地和网络空间，就会使美军丧失真实和虚拟领域（包括太空、网络空间和电磁频谱）的前沿庇护所，以致不能进入作战地区并最终丧失战略和战役主动权。

二、认为"空海一体战"包括初始和后续两个阶段

美国战略与预算评估中心的报告认为，未来"空海一体战"将包括初始和后续作战两个阶段。初始作战阶段从冲突爆发开始，包括4条不同的行动路线：一是抵挡起初的攻击，减少美军、盟军部队和基地的损失；二是对中国军队的作战网络实施致盲行动；三是对中国军队的远距离情报、监视、侦察和打击系统实施压制行动；四是在空中、海上、太空和网络空间夺取和保持主动权。后续作战阶段包括持久作战、远距离封锁、维持战役后勤、增加工业生产（尤其是精确制导弹药生产）等行动，旨在通过创造有利条件解决持久常规冲突。两个阶段不是截然分开的，某些后续行动只是初始行动的继续，某些后续行动也可能在初始阶段实施。

三、提出实施"空海一体战"的基本战法

"空海一体战"报告认为，一旦发生冲突，中国军队将实施大规模先发制人打击，使西太平洋地区的美军遭受严重损失，使美军其他空海军部队不能进入西太地区，使美军指挥和控制系统陷入瘫痪，使美军后勤补给遭受沉重打击，从而达成延缓美军进入作战地区的时间、彰显美军不能保卫其盟国的目的。为了挫败中国军队的作战行动，美军需要采取以下战法：一是空军实施反太空作战，致盲中国军队的天基海洋监视系统，从而阻止中国军队打击海军航母等高价值水面目标，使海军能够保持海上机动自由

（必要时海军平台可辅助反太空作战，支援空军的太空控制任务）；二是用海军"宙斯盾"舰补充其他导弹防御系统，保卫空军前沿基地和日本；三是使用海军的潜基和舰载情报、监视与侦察和火力支援，削弱中国军队的综合防空体系效能，确保空军能够实施空中打击；四是空军实施远距离渗透打击行动，摧毁中国军队的陆基远程海上监视系统和远程弹道导弹发射架（包括反舰和对地攻击），扩大海军的机动自由，减少对美国和盟国基地和设施的打击；五是海军舰载战斗机积极反击中国军队的有人和无人机载情报、监视与侦察平台和战斗机，支援空军加油机及其他支援飞机的前沿行动；六是空军以隐形轰炸机的攻势布雷支援反潜战，以非隐形轰炸机的持续打击支援实施远距离封锁作战的海军舰只。

四、提出加强"空海一体战"建设的主要措施

为了具备成功实施"空海一体战"所需要的能力，报告提出了8条建议：（1）减少对关岛和其他重要基地以及海上力量的导弹威胁；（2）纠正中国军队与美国在高价值和时间敏感目标远程打击方面的不平衡，包括研发和部署距离更为遥远的渗透性和防区外情报、监视与侦察和精确打击能力；（3）增强水下作战能力，包括潜艇、水下机器人系统和水雷；（4）弥补天基指挥与控制、通信、情报、监视与侦察能力的漏洞，包括部署高能的机载指挥、控制与通信中继网络，支持天基系统；（5）加强未来数据链、数据结构、指挥与控制以及情报、监视与侦察基础设施的标准化和互通性；（6）强调跨军种电子战能力并加大投入；（7）增强"网空作战"攻防能力；（8）研发和部署定向能武器。

"网空作战"（cyberspace operations）

网络空间是一种由互相依赖的信息技术基础设施网络组成的全球性信

息环境领域，包括因特网、长途通信网络、计算机系统、嵌入式处理器和控制器。

"网空作战"是指使用网络能力的基本目的是在网络空间实现军事目标或效果，包括计算机网络作战行动和运行与保卫全球信息栅格的活动。[①]

2003年3月，美国官方文件《确保网络安全国家战略》首次正式使用"网络空间"（cyberspace）一词。2006年11月，美国参联会主席彼得·佩斯签发的《网空作战国家军事战略》（*The National Military Strategy for Cyberspace Operations*），首次使用"网络空间作战"（以下简称"网空作战"）这一术语，但该文件当时为秘密文件，不为外界所知。2010年2月1日，美军公布新版《四年防务审查报告》，首次公开使用"网空作战"和"网空攻击"（cyberspace attack）两个概念，并用较大的篇幅阐述如何有效实施"网空作战"。2010年2月22日，美国陆军训练与条令司令部发布525-7-8小册子《2016—2028年网空作战概念能力计划》，指出"网空作战"是"全谱作战"的组成部分，其目的是获取信息优势、保护信息优势和置敌于不利境地。尽管美军近几年才提出"网空作战"概念，但"网空作战"思想早已出现在美军20世纪90年代颁布的《信息作战》条令中，只不过当时称之为"计算机网络战"。2013年2月5日，美国参联会联合参谋部主任柯蒂斯·M.斯卡帕罗蒂签发保密联合出版物JP3-12《网空作战》（*Cyberspace Operations*），正式把"网空作战"作为美军联合作战的重要组成部分。2018年6月8日，美国参联会更新了JP3-12《网空作战》条令，解除了密级公开发行，但仍保留了保密附录。根据《网空作战国家军事战略》和2018年版JP3-12《网空作战》条令，"网空作战"思想主要包含以下内容。

---

① Joint Chiefs of Staff: JP1-02, Department of Defense Dictionary of Military and Associated Terms, P.101, 2009.

一、阐明网络空间的基本特征

美军认为，网络空间"是一种领域，其基本特征是通过网络化的系统和相关物理基础设施，使用电子和电磁频谱储存、修改和交流数据"①。具体说来，网络空间的特征包括：（1）由公众、私人和政府创造、维持、拥有和运作，遍及全球；（2）随着技术、构造、程序和专门技术的共同发展而变化，产生新的能力和运作结构；（3）受制于电磁频谱的可用性；（4）利用高质量的决策信息，可实施接近光速的作战机动；（5）使空中、地面、海上和太空的作战行动成为可能；（6）超越通常定义的组织和地缘政治边界；（7）由信息和数据传输系统的相互连接，支持性关键设施，储存、处理与传输数据的设备、软件硬件的应用等构成；（8）包括静止的和运动的数据、声音和视频；（9）其他国家、组织、伙伴、私人部门和对手都可不同程度地轻易进入；（10）构成信息环境的基础。

二、厘清关系，明确任务

美军认为，信息环境由物理、信息和认知三个互相联系的维度组成，网络空间主要与信息环境的物理维和信息维有关。信息环境的物理维包括信息系统和网络、计算机和通信系统以及支持性基础设施。信息环境的信息维包括：被处理、储存、分发、显示和保护的信息。网络空间为进入认知维提供连接。美军在网络空间的任务是：（1）在网络空间设定条件，确保网络空间的可用性；（2）拥有与对手进行决定性交战、建立网络空间控制和优势的能力；（3）拥有实施"网空作战"行动，达成军事、情报、公务活动预期效果的能力。

---

① CJCS: The National Military Strategy for Cyberspace Operations, P.3, 2006.

三、阐明"网空作战"的目的、方法和手段

《网空作战国家军事战略》明确规定，实施"网空作战"的目的是确保美军在网络空间的战略优势。要实现这一目的，"网空作战"就必须采用网络作战、信息作战、动力行为（kinetic actions）、执法与反情报、主题与消息等5种基本方法。此外，科学技术、伙伴关系、态势感知、法律与政策、装备精良与训练有素的部队，也能增强军事能力的有效性和后续效果。实施"网空作战"的军事手段是统一使用作战司令部、军种部、国防部业务局、其他组织机构和资源。作战司令部负责作战行动的计划与实施；军种部负责组织、训练和装备部队，并把它们提供给作战司令部司令；国防部业务局和基层单位负责为作战司令部和军种部提供支援。此外，后备役和国民警卫队也要参与"网空作战"。

四、指出网络空间存在的威胁和薄弱环节

"网空作战"理论认为，美国网络空间存在传统的、非正规的、灾难性的、破坏性的、自然的、意外的等6类威胁。传统威胁一般集中攻击美军"网空作战"能力，不让其使用网络空间，剥夺其行动自由。非正规威胁把网络空间作为对抗美军传统优势的非常规、非对称手段。灾难性威胁包括获取、拥有和使用大规模杀伤性武器或使用能够产生与大规模杀伤性武器同样效果的手段。破坏性威胁是可能抵消或降低美军在作战领域优势的突破性技术。自然威胁是能够损害和破坏网络空间的威胁，包括洪水、飓风、太阳耀斑、闪电、龙卷风等。意外威胁是以多种形式出现的、难以预测的威胁，包括无意间传播的病毒、锄耕机挖断光纤电缆等。美国网络空间不仅面临这些威胁，而且在构造、技术、与伙伴同时操作、物理保护、公开来源信息、训练、政策等方面存在薄弱环节。

五、要求建设"网空作战"能力

为有效实施"网空作战",《网空作战国家军事战略》要求美军着重建设下列能力:(1)提高在网络空间、网络情报环境准备和事后公开辩论分析中实施和分享军事效果分析的能力;(2)增加对"网空作战"手段的投入和采购,适当建设网络空间双重利用能力;(3)进行适当的审查和来源代码测试,识别恶意代码和非授权功能;(4)建立确保系统结构能够促进联合作战的机制和程序;(5)设计能够支持不同层次信息保证和信息控制的全球信息栅格;(6)建立临时联合体"网空作战"程序,并进行演习;(7)把"网空作战"纳入现在的军事演习;(8)使教育和训练适应"网空作战"的特殊需要;(9)扩大信息作战范畴,将一体化的"网空作战"训练和演习纳入其中;(10)使信息可见、可接近、可理解。

六、详细阐述网空作战核心活动与相关问题

JP3-12《网空作战》条令指出,网空作战核心活动包括在网络空间中和通过网络空间进行的军事行动、国家情报行动和国防部日常事务活动,并对联合作战计划制订程序与网空作战、制订网空作战计划需要考虑的问题、对网空作战计划制订的情报和作战分析支援、目标选定与打击、网空部队的指挥与控制、网空作战的协同与评估等问题进行了详细的阐述。

"太空作战"(space operations)

2002年8月9日,美国参联会颁布联合出版物JP3-14《联合太空作战条令》(*Joint Doctrine for Space Operations*),正式确认"太空作战"是美军联合作战理论的重要组成部分。2009年1月6日,美国参联会颁布新版JP3-14《太空作战》(*Space Operations*)条令,从9个方面修改了上一版条令的

内容，并将条令名称由"联合太空作战条令"改为"太空作战"。随后，美国参联会分别于2013年5月29日、2018年4月10日和2020年10月26日更新该条令，使条令结构和内容更趋完善。从已颁布的JP3-14《太空作战》条令看，美军"太空作战"思想主要包括以下内容。

一、规定"太空作战"的基本原则

作为战争行动的样式之一，"太空作战"应当遵循战争行动的基本原则；作为联合作战行动的重要组成部分，"太空作战"还必须遵循联合作战原则。因此，美军JP3-14《太空作战》条令指出，太空部队不仅要遵守目标、进攻、集中、节约兵力、机动、统一指挥、安全、突然、简明等9条战争原则，而且要遵守克制、持久、合法等3条联合作战原则。

二、区分太空任务的主要类型

为了更好地进行太空力量建设和实施太空作战，美军将太空任务区分为4种类型：太空力量加强、太空支援、太空控制和太空力量运用。太空力量加强包括情报、侦察与监视、导弹预警、环境监测、卫星通信以及基于太空的定位、导航与计时。太空支援包括太空发射行动、卫星行动、集结行动与接近行动、太空部队重建等内容。太空控制包括进攻性太空控制、防御性太空控制、太空态势感知等内容。太空力量运用是指通过在太空开展作战行动，威胁地面目标，进而影响冲突的进程与结局。

三、重新确定指挥关系

2002年10月，美国将美国战略司令部和航天司令部合并为新的美国战略司令部，规定其职责是"阻止对美国至关重要利益的攻击、确保美国在太空和网络空间的行动自由、支援联合部队指挥官的作战行动、协调全球导弹防御计划与作战行动、协调各地区阻止大规模杀伤性武器计划、提供综合性监视与侦察部署建议"。新战略司令部的成立，不仅使战略司令部的任务和职责大为增加，而且使原来的指挥关系发生了重大变化。美军取消了全球指挥控制与战区指挥控制的划分，规定由战略司令部司令指定的太空联合职能组成司令部指挥官负责管理日常太空行动，承担计划执行、作战控制等工作；由联合部队指挥官指定的"太空协调机构"负责太空作战的协调工作，其主要职责是聚焦太空能力满足作战需求，计划和实施太空作战行动。此外，还详细规定了太空作战中参联会主席和战区司令、战略司令部与组成司令部、各军种组成司令部以及其他相关支援机构的作用与职责，明确了各部门的具体任务与指挥关系。2018年12月美国太空司令部成立后，联合太空作战的指挥关系也发生了相应的变化，美国太空司令部司令将对配属的太空部队和资产行使作战指挥权，但通常把配属的太空部队的战术控制权委托给太空组成司令部合成部队和太空防御联合特遣部队指挥官。

四、要求运用战役法制订太空作战计划

由于太空作战异常复杂，美军不仅要求指挥官研究各种层级的作战和各种类型的计划与命令，还特别强调太空作战计划必须充分使用有限的太空资源，有效整合各种能力，全面反击敌方对太空的使用。由于战役法能够将战争目的、途径和方法结合起来，JP3-14条令要求作战计划一定要体现重心、决定点、同时与纵深、直接与间接、时间与节奏、平衡、最终状态与目标、终止等战役法思想，以顺利达成最终作战目标。此外，该条令还要求在制订计划的过程中，必须考虑全球进入、持久、限制、轨道的可预测性、太空能力的脆弱性、国际法等关键因素。[1]

---

[1] 张博：《美军2009年版〈太空行动〉条令》，《外国军事学术》，第44—46页，2009年第8期。

五、要求联合太空作战中心发挥枢纽作用

联合太空作战中心是战役级指挥控制中心，由战略处、战斗计划处、作战处、情报监视侦察处组成，在联合作战中向战略司令部司令或战区作战司令部司令提供太空作战支援。其主要职能包括制定太空作战策略，满足战略司令部司令和战区作战司令部司令的要求；实施日常航天活动，为所属的航天部队委派任务；接收、整理、分析、筛选并分发与航天活动相关的情报，支援太空作战行动；实施战役评估，确定太空作战效果；拟制并分发太空任务命令。

"联合作战进入"（joint operational access）

2011年11月22日，美国国防部公布《联合作战进入概念》（1.0版）文件，首次以官方公开文件的形式，对面临各种潜在敌人武装反抗时如何实现作战进入，进行了全面的分析与探讨。这份75页的文件包括导言、目的、范围、作战进入的本质、未来作战环境中的作战进入、作战进入原则、本概念所需能力等12个部分，主要内容包括以下几个方面。

一、明确定义关键术语

《联合作战进入概念》认为，"作战进入指向战区投送军力，保持足够的行动自由，完成任务的能力。由于战争是政治以其他方式的延续，因此不管是要确保商业战略通道、通过在海外驻军管理危机和防止战争以展示美国的决心，还是在战争中打败对手，作战进入都并非独立存在，而是要服务于更大的战略目标。作战进入是联合部队为确保进入所做的贡献。确保进入是美国对全球公域和某些特定领土、领海、领空、太空和网络空间不受限制的使用。而全球公域则是不属于任何一个国家的天空、海洋、太

空和网络空间。虽然作战进入是通过投送军事力量来实现的，但确保进入却要通过投入国家力量的所有要素才能实现"①。

"反介入"指的是那些防止敌军进入作战区域的行动（通常为远程的）和能力，包括中远程导弹、远程侦察监视系统、动能和非动能反卫星武器、潜艇、网络攻击力量、恐怖分子和特种作战部队。反介入行动主要针对的是通过空中和海上进入的部队，但目标也可以是支援它们的网空、太空部队等。

"区域拒止"并不是阻止敌军进入，而是指限制其在作战区域内行动自由的行动（通常为近程的）和能力，包括防空系统、近程反舰导弹和潜艇、精确制导火箭、大炮、导弹和迫击炮、生化武器、电子攻击系统、地雷水雷、小型武装舰船、地面机动部队、特种作战部队以及包括无人潜航器在内的无人作战系统。"区域拒止能力"针对所有领域的部队，包括地面部队。反介入和区域拒止之间的区别是相对的而不是严格的，很多能力用于这两者都可以。比如，在近岸水域执行"区域拒止"任务的潜水艇，在被部署执行远程巡逻任务时，同样也可以执行反介入任务。②

二、确认"反介入和区域拒止"能力是美军可能面临的最严峻挑战

《联合作战进入概念》认为，未来作战环境将呈现出复杂性、模糊性和突变性特点，对美军作战进入形成3种挑战：（1）能够拒止进入或者限制行动自由的武器系统和其他技术的改进和扩散；（2）美国海外防御态势的不断变化；（3）太空和网络空间领域的重要性日益凸显、竞争越来越激烈。未来的对手，不管是国家还是非国家行为体，都把采取"反介入和区域拒止"战略对付美国作为制胜之道。那些能够在多个领域装备多层次、高度一体化的反介入和区域拒止防御系统的对手，可能会试图彻底拒止美军的

① The Department of Defense: Joint Operational Access Concept（Version 1.0），P.1, November 22, 2011.
② Ibid, P.4.

作战进入，而那些能力稍弱，也不具备这么全面能力的对手，可能会试图给美军造成在他们看来美国政治上难以承受的更大损失。因此，潜在对手的"反介入和区域拒止"能力可能是今后几十年美军面临的最严峻挑战。

三、认为"跨域协同"是联合作战进入概念的核心思想

"跨域协同"，是指充分使用陆、海、空、天、网这五个领域的作战力量，不是简单叠加作战能力，而是形成优势互补，产生整体效能大于个体作用之和的效果。美军认为，战争范围日益扩大，任何军兵种都不具备在战场所有空间有效打击敌人的手段和能力。只有相互支援，密切协调，才能使敌方即便能避开一个军兵种打击，也难逃其他军兵种的毁伤。根据这一思想，美军将重点解决3个问题，从而增强一体化联合作战能力。一是作战力量的整合。强调重点发展军种间的相互支援能力，确保各军种都能对其他军种发挥关键的支援作用。二是战术层次的联合。除了加强军种组成部队战役层面的联合作战之外，还特别强调联合作战行动向低层次发展。甚至可以针对具体威胁，组建由不同军种单兵构成的联合战术分队。三是信息系统的构建。要求推动信息基础设施建设，搞好各军种信息系统的兼容，实现信息共享，提高实时指挥效率，充分发挥联合作战的整体威力，真正实现"跨域协同"。

四、提出联合作战进入的基本原则

为应对"反介入和区域拒止"威胁，确保进入作战地区，《联合作战进入概念》提出了以下指导原则：（1）根据广泛的任务需求实施作战进入行动；（2）预先准备作战进入区域；（3）考虑多种基地建设与使用方案；（4）通过多线作战掌握主动权；（5）用一个或多个领域的优势破坏敌人在其他领域的"反介入和区域拒止"能力；（6）破坏敌侦察监视活动，保护己方侦察监视活动；（7）在敌防御体系上打开缺口，建立安全走廊；（8）远程

机动，直取核心作战目标；（9）打击敌方纵深防御系统而不是从外围逐层突破；（10）采用欺骗、隐形、模糊手段最大限度地出其不意；（11）在攻击敌方太空与网空资产的同时保护己方的太空与网空资产。

五、要求发展联合作战进入所需要的30种能力

为应对"反介入和区域拒止"威胁，美军要求发展实现联合作战进入所需要的8类30种能力，即联通和互操作、有效指挥控制、跨域整合、态势感知、任务式指挥等5种指挥控制能力；探测与应对网络攻击、准确融合跨域全源情报、在任何必要领域开发所有类别情报等3种情报能力；发现定位压制或瘫痪敌方"反介入和区域拒止"能力并限制附带损伤、延迟破坏或摧毁敌方系统、实施电子和网络攻击、拦截敌方部队和物资等4种火力打击能力；沿多条轴线进行战略机动、进入敌方数字网络、途中对已部署部队进行演练和集结、实施强行进入行动、掩护联合机动分队前进路径等5种机动能力；击败敌目标定位系统、防御远程导弹、防护和重组基地和其他基础设施、保护部队和补给、保护友军太空力量、进行网络防御等6种防护能力；部署和保障部队、建立非标准保障机制、管理和整合承包商等3种保障能力；分享确保进入和推进地区长期稳定、获得基地使用权和飞越领空权、为区域伙伴提供训练补给装备等3种国际交流能力；向参战相关方通报情况和施加影响的信息能力。

"跨域协同作战"（cross domain synergy operations）

美军于2012年1月17日正式颁布1.0版《联合作战进入概念》（*Joint Operational Access Concept*），首次提出"跨域协同作战"这个术语，并称其为联合作战进入概念的"中心思想"，引起美国军队内外和其他国家军队的广泛关注。在其后颁布的《美国陆军和陆战队的跨军种概念：实现并维

持进入》《"拱顶石"联合作战概念：2020年联合部队》《"空海一体战"：军种协作应对反介入和区域拒止挑战》等文件中，美军不断推广、发展和强化"跨域协同作战"思想，使其逐渐成为开发新作战概念、设计武器装备发展和推动部队建设的行动指南。

《联合作战进入概念》对"跨域协同作战"下的定义是："在不同领域互补性地而不是简单地叠加性运用多种能力，使各领域之间互补增效，从而在多个领域建立优势，获得完成任务所需要的行动自由。"也就是说，美军将在陆、海、空、天、网5个领域互补性地运用军事力量，互相弥补脆弱性，共同提高有效性，不仅要在单个作战领域而且要在所有作战领域，建立整体作战优势，扫清敌方"反介入和区域拒止能力"形成的阻碍，确保美国能够不受影响地向全球任何地方投送力量，在主权领域和全球公域内自由行动，维护美国、盟国与伙伴国的国家利益。其主要内容包括以下几个方面。

一、要求扩大联合领域，实现全球一体化作战

美军认为，战争范围将日益扩大，任何军兵种都不具备在战场所有空间有效打击敌人的手段和能力；只有相互支援，密切协调，才能使敌方即便能避开一个军兵种打击，也难逃其他军兵种的毁伤。过去，美军强调军种间、军地间、美军与盟军间的联合作战，要求尽可能减少联合作战中的军种冲突，创造出大于个体之和的整体作战效益。现在，美军要求把过去的陆、海、空联合扩大到陆、海、空、天、网5个作战领域，不仅要编组陆、海、空、天、网跨军兵种一体化部队，而且要建设陆、海、空、天、网跨领域一体化战场，不仅要在一个作战区的近距离、纵深和后方作战地域实施一体化作战，而且是要在一个战区与另一个战区、一个战争区与另一个战争区、地球的一端与另一端同时实施全球一体化作战。

二、要求有效使用联合功能，实现跨域协同增效

美军认为，跨域协同要求有效使用5个不同领域的联合功能，需要实现跨机构和与外国伙伴的整合。一是指挥控制。要求尽量实施分散化指挥控制（即采用任务式指挥），使下级指挥员能够根据上级意图独立行动，以创造性的方式跨域整合作战行动。二是情报。要求进行跨机构和多国合作，保持情报力量规模、系统能力和分析技术的稳定，能够搜集、融合和共享不同领域准确、及时和详细的情报。三是火力。要求把5个领域的致命和非致命火力置于同一个目标定位和火力支援协同系统之下，不同军种之间和作战司令部之间申请、批准和协同火力支援的程序必须灵活，尽量缩短目标识别与打击之间的延迟，以免贻误战机。四是机动。要求陆、海、空、天、网络部队在向目标区域推进、在目标区内作战或撤退时，进行灵活性和适应性机动，以减少危险和损失。五是防护。要求运用分散部署、多路作战、快速行动、欺骗、伪装、反侦察、反监视等方法，降低部队的暴露程度，提高部队的生存能力。这样，跨域协同就能利用联合部队内在的非对称优势，即利用空中力量击败反舰武器、利用海上力量瘫痪防空武器、利用地面部队压制对空中力量和海上力量的地基威胁、利用网络行动击败太空系统等，实现优劣互补，提高行动效率，创造出大于个体之和的跨域协同作战效益。

三、要求联合向战术层级延伸，实现纵向横向完全联合

美军认为，几十年来联合协同（joint synergy）关注的是战略战役层级军种能力的一体化，而跨域协同则要求作战领域行动或能力的一体化，而不管是哪个军种提供这种行动或能力。过去，由于指挥、控制、通信、计算机、情报、监视、侦察系统比较落后，美军只能在战略战役层级强调联合作战，要求排除军种冲突，弥合军种缝隙，实现军种间的一体化联合作战。

将来，随着"全球信息栅格""陆战网""部队网""星座网"等信息基础设施的建成和完善，美军信息获取、认知和共享能力大幅提升，这在客观上使美军联合作战向战术层级延伸成为可能。因此，跨域协同除要求加强军种组成部队战役层面的联合之外，还特别强调联合作战行动向低层级发展，要求针对具体威胁组建由不同军种单兵构成的联合战术分队，无缝运用不同领域的作战力量，在战术层级实现一体化联合作战。这样，跨域协同就能在纵向上完全实现战略、战役、战术三级的联合，在横向上完全实现地面、海上（水下）、空中、太空、网空5个作战领域的联合，从而形成全谱全域作战优势，确保美军作战部队的行动自由。

四、要求建设网络化一体化部队，实施纵深攻击

美军认为，要应对全球公域中的"反介入和区域拒止"挑战，就必须建设一支网络化一体化部队，通过实施纵深攻击去破坏、摧毁和击败敌军部队。网络化部队是通过互操作程序、指挥控制结构和把信息变为行动的适当权力在时间和目的上连接起来的人和装备，能够在纵深和跨领域攻击敌方"反介入和区域拒止"作战体系，制造和利用敌方薄弱环节。一体化部队是通过统一安排军种部队及其行动，形成一种跨域行动的整体力量，能够把跨多个作战领域的作战能力结合起来，去完成特定的任务。有了这样一支网络化一体化联合部队，美军就可以采用纵深攻击方法，在时间、空间、目的和资源上跨域实施进攻、防御、机动，以及指挥与控制作战行动，破坏敌C^4ISR网络，获取决策优势；摧毁敌作战能力，获取行动自由；击败敌武器系统，维持进攻作战行动，夺取决定性胜利。

五、要求加快作战节奏，掌握战场主动权

美军认为，时间维度从政治到战役到战术都至关重要：政治上可能导致极短的战争准备时间，战役中部署在前沿的部队在被消灭之前需要增援，战术上在敌方武器造成不可接受的损失之前需要被定位和被压制。因此，跨域协同要求从3个方面加快作战节奏，确保美军夺取和掌握战场主动权：一是以快于敌人的作战节奏采取行动，确保己方行动始终快于敌人，迫使敌人无法及时作出反应，始终处于被动挨打的境地；二是在越来越低的层级上实现跨域协同，从而有利于加快作战节奏，把握稍纵即逝的战机；三是在不同领域和在多条战线同时采取行动，迫使敌人在多条战线进行防御，穷于应付，疲于奔命，丧失作战主动权。

六、要求综合利用非对称优势，瘫痪敌方作战体系

美军认为，联合部队的重要非对称优势之一，就是跨域运用战斗力的潜力，通过相互弥补或相互增强的方式，确立一个或几个领域的相对优势，阻止敌人有效反击，瘫痪其作战体系。第一，要率先进行信息作战和太空、网空作战，并贯穿战争全程，因为进入太空、网空和电磁频谱通常不以其他领域的优势为前提。第二，要分散使用水下部队，因为水下环境可使部队较少暴露于敌方火力之下，对于力量投送有较大的潜在价值。第三，要大胆运用空中力量，因为它不会以大规模编队方式行动，不容易遭受灾难性损失，但却能够对大多数领域作出及时响应，快速集聚力量打击其他领域效果显著。第四，要灵活运用特种作战部队，因为它在目标定位、目标指引、破坏敌方关键能力、培养本土抵抗力量等方面很有价值。第五，适时运用地面部队，夺取敌方防御外围的前沿基地，然后从这些地方投送海空军力量打击敌方的防御核心。综合运用这些领域的优势，美军就能通过快速机动，避开敌方高密度反介入武器威胁，以较小的代价瘫痪敌方作战体系，取得决定性胜利。

总而言之，跨域协同作战是美军联合作战理论在未来作战条件下的新

发展，其目的是充分利用美军技术优势、联合优势和网络优势，在陆、海、空、天、网5个作战领域形成高度一体化的战场，通过优劣互补和协同增效提升作战效益，确保美军在作战中享有完全的行动自由，以最小的代价打赢美国的战争。

全球一体化作战（globally integrated operations）

2012年9月10日，美国参联会颁布了题为《"拱顶石"联合作战概念：2020年联合部队》的文件。这份24页的文件包括导言、未来安全环境、全球一体化作战概念、对2020年联合部队的主要影响、采用这一概念的风险、结论等6个部分[①]，主要内容包括以下几个方面。

一、明确联合部队未来面临的挑战

该文件指出，在未来较长时间内，世界安全环境将具有以下特征：大规模杀伤性武器扩散、具有竞争力的现代国家崛起、暴力极端主义、地区动荡、跨国犯罪活动、对资源的恶性争夺。此外，全球经济中先进技术的融合，意味着中等军事实力的国家和非国家行为体也可以拥有曾属于超级大国的武器；网络与太空武器、精确制导弹药、弹道导弹和"反介入和区域拒止"能力的扩散，将使更多的对手具有毁灭性打击能力；对手将继续探索同时使用低技术和高技术攻击美国软肋的非对称方法；对手将在每个领域拥有更先进的能力，同时更多的对手将具备跨领域同时作战的能力；太空和网络空间将在未来发挥特别重要的作用；正在改变战争面貌的技术的融合，也正在重塑全球政治；数字技术正在深刻地改变着美军的指挥控制。所有这些，都使未来安全环境更加不可预测，更加复杂，更加危险。

---

① Joint Chiefs of Staff: Capstone Concept for Joint Operations: Joint Force 2020, September 10, 2012.

在这样的安全环境中，武装冲突将不可避免。美军未来联合部队面临的主要挑战，将是在一个不确定、复杂、多变并且日益透明的世界中，在资源有限的前提下，如何保护美国国家利益不受日益强大的敌人的威胁。

二、确定"全球一体化作战"的要素

"全球一体化作战"是关于美军联合部队应该如何为即将面临的安全环境做准备的概念，要求部署在全球的联合部队迅速将自身和跨领域、跨级别、跨地域、跨建制任务伙伴的作战能力结合起来，形成决定性力量。其核心思想是整合新兴作战能力，特别是特种作战部队、网络和情报监视侦察能力，以新的方式进行合作和战斗，实现比美军最可能面对的敌人更高水平的军事效率。它包含8个基本要素。（1）任务式指挥。强调信任、坚强意志、直觉判断和创造力等个人品质，最重视人在联合作战中的作用。以新一代数字通信技术和传感技术为代表的自动化指挥系统，可有效克服时空障碍，及时沟通上下和友邻，避免任务式指挥受个人经验不足和主观片面性的影响，以及对统一指挥和协同动作的削弱。（2）夺取、保持和利用主动权。在跨领域的冲突中，要求具备进攻精神，迫使敌人按自己的作战意图和节奏行动，同时保持己方的行动自由。控制作战节奏对于维持军事优势十分关键，要以优于对手的速度进行战役计划，并抑制敌军行动的时机和节奏。（3）全球灵活性。灵活就是要比敌人更快地作出反应。未来复杂安全环境要求美军能在全球范围内作出迅速而恰当的军事反应。为实现这一目标，全球一体化联合部队将利用网络和全球打击能力快速提升战斗能力。大规模集结部队将日渐消失，取而代之的将是更加灵活地配置兵力、预置物资、快速远征基地和更加小巧的指挥控制单元。（4）伙伴关系。应对未来复杂安全环境绝不能仅靠国家军事手段，联合部队必须有效整合美国政府机构、伙伴国军队、当事国和本地区利益攸关方的各种力量。这种

整合必须能大能小，小到一个非政府伙伴发挥作用，大到多国联合采取行动。（5）灵活建立联合部队。联合部队必须基于特定的安全挑战来组建和使用。基于任务的联合部队不会完全取代基于地理或职能组建的部队，因为地理因素是实现战区合作安全的基础，而诸如战略威慑此类的任务是按职能特性划分的。因此，采用混合指挥安排可使联合部队以更加灵活的方式完成既定任务。（6）跨域协同增效。指通过不同领域的能力形成互补，使各领域之间互补增效，从而在多个领域建立优势，获得完成任务所需要的行动自由。（7）使用灵活、隐蔽的作战能力。这些能力包括网空、太空、特种作战，全球打击和情报、监视、侦察（ISR）能力，是美军保持军事优势的源泉，将在未来联合作战中发挥举足轻重的作用。（8）区别对待，最大限度地减少非预期后果。未来作战只强调外科手术式精确打击已远远不够，必要时也要进行大规模和大范围的火力摧毁，但不可超出预期的军事目标，应尽量减少意外损伤，避免破坏美国的国际声誉和形象。

三、预见"全球一体化作战"可能对军队发展产生的重要影响

该文件认为，"全球一体化作战"将从指挥控制、情报、火力、运动与机动、防护、维持、伙伴战略等方面，对美军发展产生以下重要影响：（1）使用联合职业军事教育实现联合作战中的任务式指挥；（2）为指挥官及其参谋人员开发袖珍云计算指挥控制技术；（3）增强美军在恶劣环境中作战的能力；（4）探索互相支援的司令部如何针对未来特定威胁构建指挥关系；（5）军内外、伙伴间都能充分实现互操作；（6）保持和增强一般任务部队和特种作战部队的一体化；（7）发展能对众多威胁作出反应的分析能力；（8）改善能够更好地融合、分析和利用大数据的能力；（9）提供能够整合所有火力的火力支援协调能力；（10）改善击败"反介入和区域拒止"威胁的作战能力；（11）实现全球规模的快速部署；（12）培养渊博的

区域专门知识；（13）改善战略和战役灵活性；（14）改善战术机动；（15）同步协调全球配送；（16）使战术、技术和程序标准化，促进部队轮换；（17）改善网络防御能力；（18）继续改善太空防御能力；（19）整合导弹防御系统；（20）继续开发和执行"联合后勤企业"计划；（21）减少作战能源需求，开发作战替代能源；（22）确定联合部队将最经常地与之合作的机构，并开发通用协调程序；（23）创建任务—伙伴信息环境，促使各种伙伴关系一体化。

四、指出采用"全球一体化作战"概念存在风险

该文件认为，"全球一体化作战"概念有利于保持美军当前和未来优势，可使指挥官尽快适应和解决未来战争中的未知、复杂和易变因素，也可使领导人根据需求调整军队规模。但是，采用这一概念也存在以下风险：（1）新概念所要求的通信系统尚不存在；（2）伙伴国可能缺乏一体化作战的能力和意愿；（3）追求先进技术投入巨大，恐财力受限；（4）过分强调部队分散行动可能导致协作意识缺乏和稀缺资源浪费；（5）美国武装部队可能难以达到全球灵活性所需水平；（6）标准化可能导致多样性、灵活性、通用性全面下降，并最终导致作战效率下降；（7）消除冗余可能导致作战脆弱性和风险；（8）强调部队编组灵活性可能限制作战效率。

美军联合作战理论新发展

在奥巴马政府、特朗普政府和拜登政府国家安全战略、国防战略和军事战略的指导下，美军建设开始由"基于能力"向"基于威胁"转变，安全威胁开始由国际恐怖主义向大国竞争转变，作战对象开始由恐怖组织向中、俄军队转变，并开发出与此相适应的联合作战概念，推动美军联合作战理论不断向前发展。

一、调整联合作战理论框架，完善联合作战理论体系

美军联合作战理论包括联合作战构想、联合作战概念和联合作战条令，是覆盖战略级、战役级、战术级联合军事行动和联合人事、情报、作战、后勤、计划、通信系统等各个领域，横向纵向相互联系的知识体系。2009年以来，美军根据联合作战理论自身发展的需要，对联合作战理论框架进行了调整和完善。

（一）删除联合作战构想，突出战略指导

美军联合作战构想是对未来安全威胁、作战环境、作战样式、作战能力需求等的宏观展望，主要预见未来15～20年可能出现何种武器装备、可能采用何种作战样式、可能需要何种作战能力和作战理论等，比较宏观，比较概略，主要为创新联合作战概念提供指引。1996年7月和2000年5月，美国参联会先后颁发《2010年联合构想》和《2020年联合构想》。随后，美国陆军先后发表了《2010年陆军构想》和《陆军构想：士兵为国出征》，美国海军先后发表了《由海向陆》、《前沿——由海向陆》和《2020年海军构想：未来——由海向陆》，美国陆战队先后发表了《陆战队21世纪战略》和《2025年陆战队构想与战略》，美国空军先后发表了《全球参与——21世纪空军构想》和《2020年空军构想》，美国海岸警卫队发表了《2020年海岸警卫队构想：今天准备就绪——为明天做准备》等作战构想。[1]

随着联合作战理论体系的发展，美军在2006年左右删除了联合作战构想，转而采用国家安全战略、国家防务战略、国家军事战略、四年防务审查报告、转型计划指南、战略计划指南、应急计划指南等战略文件取代联

---

[1] 樊高月、杜健主编：《美国军事思想》，第255—257页，军事科学出版社，2017年。

合作战构想，突出对联合作战概念的战略指导。

（二）调整联合作战概念框架，突出顶层联合作战概念

联合作战概念（joint operations concepts）是联合作战构想的细化和具体化，经论证、演示、实验、军事演习或实战检验后，为修订联合作战条令提供理论依据和支撑。1999年10月—2001年10月，美国联合部队司令部连续推出3个版本的《快速决定性作战》白皮书，系统地阐述"快速决定性作战"概念。2001年7月，美国国防部向国会提交《网络中心战》报告，全面阐述"网络中心战"的内涵、概念、计划、方案和实现网络中心战所需要的战略、条件和能力，把海军提出的"网络中心战"概念推向全军。2003年11月，美国国防部正式颁布《联合作战概念》文件，紧接着又颁布了联合行动概念、联合职能概念、联合赋能概念等下位概念文件，开始形成由联合作战概念担纲，以联合行动概念、联合职能概念和联合赋能概念为支撑的概念体系。2008年，美军对联合作战概念体系的框架和内容进行重大调整，形成了由"拱顶石"联合作战概念、联合行动概念、联合职能概念和联合一体化概念构成的联合作战概念体系。[1]

2013年11月22日，美国参联会主席发布CJCSI 3010.02D指令，决定删除联合职能概念和联合一体化概念，将联合作战概念体系调整为3级："拱顶石"联合作战概念（CCJO）、联合行动概念（JOC）和支持性联合概念（SJC）。

"拱顶石"联合作战概念，即《"拱顶石"联合作战概念：2020年联合部队》，主要描述未来联合部队可能面临何种威胁、需要何种作战能力、需要采取何种作战方式才能保护美国国家利益等问题。

联合行动概念覆盖合作与安全、威慑行动、非正规战、大规模作战、稳定行动、国土防卫和民事支援等6个行动领域，广泛地描述联合部队根

---

① 樊高月：《美国军情解析》，第170页，解放军出版社，2018年。

据防务战略指南和"拱顶石"联合作战概念，如何在特定任务区域内实施军事行动，鼓励通过作战模拟、联合训练和各种研究、实验与分析，进一步检验概念的正确性。

支持性联合概念覆盖战胜恐怖分子网络、外国内部防卫、非常规战、联合城市作战、全球打击、海上基地、联合后勤、作战合同支援、海域感知、水下优势、网络中心战等19个方面，主要描述未来联合部队将如何执行一系列联合作战任务或如何在两个或多个联合作战任务区运用联合职能，深化和具体化一种或多种联合作战行动。[①]

此次调整减少了联合作战概念的层次，避免了交叉和重复，突出了"'拱顶石'联合作战概念：2020年联合部队"，使联合作战概念的战略、战役、战术3个层次更加清晰，使联合作战概念与JP3-0《联合作战纲要》对军事行动频谱的划分相一致，在某种程度上规范了联合作战概念创新活动，有利于联合作战概念的深入发展。[②]

2019年10月23日，美军发布《未来和概念》（*Futures & Concepts*），再次对联合作战概念体系进行调整，形成由"拱顶石"联合作战概念（1个）、全域机动战概念（1个）、基于威胁的作战概念（5个）、支持性联合概念（4个）、作战概念（2个）和力量运用概念（5个）构成的新联合作战概念体系。

（三）调整联合作战条令结构，完善联合条令等级体系

美军联合条令是指导美军组织和实施联合作战与联合训练的权威性文件。从纵向看，美军联合条令分为拱顶石出版物、拱心石出版物和核心条令出版物3个层次。从横向看，美军联合条令分为联合人事支援、联合情报、联合战役和作战、联合后勤、联合计划制订、联合通信系统6个系列。自

---

① CJCSI 3010. 02D: Guidance for Development and Implementation of Joint Concepts, November 22, 2013.
② 中国战略文化促进会：《2014年美国军力评估报告（民间版）》，第20—21页，2015年6月。

1991年11月首次颁布JP1《美国武装部队的联合作战》以来，美军联合条令已经逐渐发展成为比较成熟的等级体系。

在长达30多年的时间里，美军不断对联合条令等级体系进行调整，条令数量从1991年的1本到2001年的114本，再到2023年的68本（从2011年到2023年，美军联合条令数量分别为79、82、83、81、81、81、83、82、79、81、79、68、68本，前11年每年大体保持在80本左右，近两年每年为68本，精简幅度较大）。在这68本联合条令中，拱顶石出版物2本，拱心石出版物6本，核心条令出版物60本。近10多年来，美军联合条令等级体系的调整主要表现在以下8个方面：

（1）2012年在联合条令等级体系中增加了"试验联合出版物"（Joint Test Publication），又在2020年删除了"试验联合出版物"。

（2）2013年将联合条令区分为公开发行、限制发行（需要公共访问卡）、保密、带保密附件4个层次，开始加强对联合条令的管控。

（3）2014年在联合条令等级体系中增添了"联合条令注释"（Joint Doctrine Notes，JDN）系列，使美军官兵了解联合作战理论存在的问题和潜在解决方案，帮助开发新条令。与此同时，删除了"需要合并的出版物"（Pubs for Consolidation）。

（4）2018年在联合条令等级体系中增添了"联合指南"系列和参考文献。

（5）2019年删除了JP1-0《联合人事支援》的所有下位条令，只保留了拱心石出版物JP1-0；2022年删除了JP2-0《联合情报》的所有下位条令，只保留了拱心石出版物JP2-0。

（6）2022年把联合出版物1《美国武装部队条令》正式改为联合出版物1、卷1《联合作战》（JP1, Vol. 1, Joint Warfighting）和联合出版物1、卷2《联合部队》（JP1, Vol. 2, The Joint Force）。

（7）从2022年起，联合条令等级体系中的每一本条令都标注了发布日期。

（8）增编了JP3-12《网络空间作战》、JP3-25《反网络威胁》、JP3-42《爆炸军用品联合处置》、JP3-20《安全合作》等联合条令，填补了空白，同时删除或合并了部分界定不清、内容重叠的条令，使联合条令边界更加清晰，体系结构更加合理，对作战训练的指导更加有效。

（四）增加"联合条令注释"系列，着眼解决现实问题

2013年，美军在联合条令体系中增加了"联合条令注释"（JDN）系列，其目的是让全军将士分享有关现存问题和潜在解决方法的信息，帮助开发新条令和修改旧条令。截至2019年7月，美军共发布了9本《联合条令注释》，包括2013年的JDN1-13《安全部队援助》和JDN2-13《指挥官的通信同时性》，2015年的JDN1-15《作战评估》，2016年的JDN1-16《司令部红队》、JDN2-16《鉴别活动》和JDN3-16《联合电磁频谱行动》，2018年的JDN1-18《战略》，2019年的JDN1-19《竞争连续体》和JDN2-19《被迫活动的人性面》。

JDN1-13《安全部队援助》包括安全部队援助概观、组织与职责、安全部队援助计划制订、安全部队援助活动等4章，主要阐述国防部和国务院在安全部队援助中的职责、安全部队援助目标、安全部队职能、外国安全部队发展任务、安全部队援助评估等内容。

JDN2-13《指挥官的通信同时性》包括通信同时性、组织与能力、指挥官的通信同时性计划与最佳实践等三章，主要探讨同时通信的必要性，定义"听众""公众""利益攸关者"等术语，审查通信能力并提供有助于理解和计划的比较，提供三种组织的最佳实践，概述指挥官的通信同时性计划，提供概念性指挥官通信同时性程序图等。

JDN1-15《作战评估》包括作战评估概观、作战评估框架、制订评估计划等3章，主要提供作战评估概观和概念、描述联合作战中的作战评估、

引进作战评估新方法、提供更新了的作战评估步骤、深入探讨评估计划制订和如何将该计划嵌入联合作战计划制订程序、重新定义指示器、行为衡量和效果衡量、提供来自不同司令部的作战评估和评估计划实例、为指挥官或决策者提供不同表现格式的示例等。

JDN1-16《司令部红队》包括司令部红队介绍、司令部红队编制、红队挑战、红队活动、红队与联合计划、红队与联合情报等6章，主要阐述司令部红队的编成、教育、训练、作用、职能、活动等内容，要求司令部红队帮助指挥官和参谋人员进行批判性和创造性思维。

JDN2-16《鉴别活动》包括概观、鉴别活动对军事行动的支持，计划与评估，组织的作用，责任和指挥关系，特殊考虑等5章，主要阐述"鉴别活动"的定义、目的、作用、责任、指挥关系、活动范围、效果评估等内容，要求通过实施鉴别活动，向指挥官提供全面、系统、准确的敌方信息，帮助指挥官进行决策。

JDN3-16《联合电磁频谱行动》包括联合电磁频谱行动概观、为联合电磁频谱行动进行编组、计划联合电磁频谱行动、实施联合电磁频谱行动等4章，主要阐述联合电磁频谱行动的定义、作用、编成、职责、计划、实施、协调、评估等内容，要求各军种协调一致地利用、攻击、保护和管理电磁作战环境。

JDN1-18《战略》包括理论、战略结局与手段、战略方法、评估战略等4章和一个附录，主要阐述战略理论、战略构想框架和方法、基本战略途径、评估的价值和益处、如何确定成本和风险、如何评价战略等。[①]

JDN1-19《竞争连续体》包括概述、竞争连续体、竞争连续体与一体化战役、经由合作的战役、经由低于武装冲突竞争的战役、经由武装冲突

---

① 中国战略文化促进会：《2016年美国军力评估报告》，第20页，2017年8月。

的战役、竞争连续体与威慑等7个部分，主要讨论竞争连续体及其对联合部队战役的影响，着眼解决《一体化联合战役概念》中的潜在分歧，进一步发展和完善一体化战役思想。[①]

二、开发新作战概念，提出新作战思想

20世纪末21世纪初，美军曾提出"快速决定性作战""基于效果作战""网络中心战"等联合作战概念。近10年来，美军先后推出了"全球公域进入与机动""分布式杀伤""敏捷作战""濒海作战""多域作战""蜂群作战""分布式防御""马赛克战"等联合作战概念，推动联合作战理论持续向前发展，增强其针对性和实用性。

（一）全球公域进入与机动（access and maneuver in the global commons）

2015年1月，美国参联会将"空海一体战"概念更名升级为"全球公域进入与机动"联合概念。该概念密级高，主要内容至今未公开发布。从"空海一体战"等概念分析，可能包括以下内容。第一，强调陆、海、空、天、网五大作战领域的跨域联合，促进不同作战领域作战能力的互补运用，不再局限于空、海军之间的联合作战。第二，强调盟友伙伴的作用，作战编组由"临时搭配"向"常态混编"转变，作战指挥由"独立主导"向"多方分权"调整，作战协同由"战役联合"向"战术融合"突破，实现更大地域、更加持久、更加深入的合作，确保进入全球公域。第三，强调作战行动攻防结合。综合运用防空反导系统，抗击敌先制打击，最大限度保护前沿基地和机动部队。开展太空反制、网络攻击、压制敌天基在轨飞行器，致盲敌情报、侦察与监视系统。针对敌境内陆基导弹发射装置和指挥

---

① Joint Chiefs of Staff: JDN 1−19, Competition Continuum, P. I, June 3, 2019.

控制设施，实施防区外精确打击。夺取制空权，在敌防空系统上打开缺口，开辟安全通道。夺取制海权，阻止敌海军部队外出，封锁重要航道，破坏海底电缆，摧毁敌海上能源基础设施。

（二）"分布式杀伤"（distributed lethality）

2015年1月，美国海军水面部队多位高级军官联合在《美国海军学院学报》上发表题为《分布式杀伤》的论文，表明美国海军已开始关注"分布式杀伤"作战行动。此后，罗登等人通过公开演讲和网络媒体等方式，持续宣传"分布式杀伤"作战概念，不断扩大其影响力。

"分布式杀伤"是指将包括驱逐舰、巡洋舰、护卫舰、濒海战斗舰、两栖舰在内的美国海军所有水面作战平台改造成进攻型作战力量，战时呈分布式队形部署，创建不利于敌人的复杂战场环境，使敌人火力难以同时应对；依托先进的情报、监视与侦察系统，先发制人打击敌"反介入和区域拒止"目标，为美军后续行动创造有利条件。其主要内容包括以下几个方面。（1）分散兵力，集中火力。在保持强大攻击作战能力的同时，通过分散确保生存能力，从而达成两方面的效果：一是增加了敌军 C^4ISR 系统对美军打击平台持续进行侦察、跟踪和监视的难度，从而确保美军安全；二是扩大打击火力的规模，增加敌军的防御难度，可提升打击作战效果。（2）以反舰导弹强化水面舰船战斗力。提升现有水面舰船反舰作战能力是"分布式杀伤"作战概念的最重要措施。美国海军将在除航母以外的所有水面舰船上增配反舰导弹，提升其作战能力。（3）以作战概念牵引装备发展转型。美国海军正从概念研究、装备发展、测试整合等各个方面全力推进"分布式杀伤"概念的发展，希望尽快形成作战能力。

"分布式杀伤"作战概念在作战理念上回归以平台为中心，在作战思维上维持有限控制，在作战力量上延续军兵种多元协同，在作战文化上倡导进攻至上，虽然为美国海军描绘了美好的前景，但由于涉及作战样式的深层次变革，能否真正发挥作用还是个未知数。

（三）"敏捷作战"（agility operations）

2015年9月15日，美国空军颁布《空军未来作战概念》，强调"作战敏捷性"（operational agility），指明了美国空军空天作战能力和空天装备的发展方向。

"敏捷作战"是指"针对特定挑战迅速形成多种应对方案，并具备灵活变换方案的能力"，其本质是"在快速多变的环境中迅速行动的能力"，其目标是发展天空、太空和网空领域一体化作战能力，实现多领域敏捷作战。其主要内容包括以下几个方面。（1）多域一体化作战。应不断发展太空及网空作战能力，并将其与传统的空中作战能力整合起来，赋予美国空军更大的作战灵活性，到2035年实现"多域一体作战"。首先，在某一领域内的作战能力受限，便可灵活选择运用空军和联合部队在其他作战领域内优势作战手段克敌制胜。其次，网空和太空的作战能力，减少了传统上对空中作战平台的依赖性。最后，空中、太空及网空中的"软""硬"打击手段也可以相互替代、相互增强。（2）决策速度优势。敏捷作战的速度要素主要体现为决策速度优势，而认知速度则取决于一个组织在整体上处理信息和形成决策的方法。尽管美国空军已经拥有许多搜集信息的渠道，但其将海量信息及时处理并整合为可用作战情报的能力却非常有限。为了在2035年实现决策速度优势，美国空军要求：在信息搜集上，构建开放的、自适应的信息获取架构，减少不必要保密所带来的信息流动障碍；在信息处理上，将空中、太空和网空中的情报、侦察与监视系统无缝连接，用于形成共享作战态势图，运用先进系统和不同自动化程度的设备进行大数据分析，更快地处理海量分散信息，形成全球共享作战态势图；在信息分发上，使用用户自定义作战态势图，为决策者提供全球共享作战态势图的定制用户界面，并通过"人—机系统集成"综合发挥人和计算机各自在处理信息方面的优势，在恰当的时机为用户提供恰当的信息，让其作出恰当的决策。（3）动态指挥控制。作为"敏捷作战"的第三个要素，协调体现为动态指挥控制。动态指挥控制的实质就是依据作战形势的变化，快速灵活和顺畅地转换支援角色和被支援角色，灵活转换集中式控制与分布式协同的指挥控制方式；其途径是通过任务式指挥来对恰当层级进行必要授权，根据作战任务灵活下放和调整指挥权，根据形势变化快速转换和调整作战角色，以此来实现各作战单元的统一行动与协同指挥。（4）平衡力量搭配。"敏捷作战"取决于针对特定挑战形成多种应对方案或选项的能力，但资源却是有限的。因此，平衡力量搭配的实质，是充分发挥高、低技术平台各自的优势，在必要时根据具体的形势、任务和威胁恰当选择使用相应的作战能力，形成"高低搭配"，以此来提升作战效率，节约作战成本。平衡力量搭配还包括充分利用和获得盟友作战资源。（5）"人—机系统"效能优化编组。作为"敏捷作战"最后一个要素，作战力量体现为"人—机系统"效能优化编组。美国空军及其职能机构是一个由大量人员和各种装备构成的"人—机系统"，优化"人—机系统"的集成方式，可以提升和充分发挥"人—机系统"的效能。美国空军根据多域指挥控制、动态制权、全球一体化情报侦察与监视、全球快速机动和全球精确打击五大核心职能，进行"人—机系统"效能优化编组，重点优化"人—机系统"的集成方式，让人与机各自发挥所长，提高两者协作水平，让自动化系统提升决策水平、作战效能；让机提高人的思维和能力水平而不是替代人。美国空军与其他军种之间、美国与盟国军事力量之间、美国政府与商业机构之间的互操作性和透明度，以及动态指挥都将有助于美国空军优化"人—机系统"的集成方式。

"敏捷作战"概念的提出具有重要的转折意义，标志着美国空军在考虑装备发展时将不仅仅局限于单一领域的任务需求，而是更加注重多域敏捷作战的需求，研究和开发适应"敏捷作战"五大要素需要的武器装备，确保其在2035年前后能够实现一体化空中、太空和网空作战并在这些作战中自由行动。

（四）"濒海作战"（littoral operations）

2017年11月，美国陆战队和海军联合发布《对抗环境下的濒海作战》文件，指出海军和陆战队一体化程度不高，在复杂或受限水域实施濒海作战面临严峻挑战，提议重点采取以下措施：一是使用海军、陆战队及前沿部署的其他军兵种部队，组建由海军、陆战队、海岸警卫队构成的联合部队海上司令部，统一指挥海上作战行动；二是编设"蓝与绿"一体化舰队参谋部，帮助指挥官计划和实施涉及海军和陆战队的联合作战行动；三是组建"一体化海上作战任务群"，在濒海地区的陆、海、空、天、网等作战领域开展行动；四是扩大行动范围，要求陆战队空地特遣部队在海上、从海上并在濒海地区实施作战。

（五）"多域作战"（multi-domain operations）

2018年12月6日，美国陆军训练与条令司令部颁布小册子525-3-1《2028年多域作战中的美国陆军》，进一步发展其多域交战和跨域协同作战思想。"多域作战"描述美国陆军部队如何在陆、海、空、天、网等领域及电磁频谱和信息环境中作战，其中心思想是陆军作为联合部队的组成部分，实施多域作战赢得竞争；需要时，陆军部队将穿透和瓦解敌人的"反介入和区域拒止"系统，利用组合的机动自由，实现战略目标，迫使敌人在有利于美国及其盟国与伙伴国的条件下回归竞争。其主要内容包括以下几个方面。（1）多域作战聚焦中、俄。《2028年多域作战中的美国陆军》明确指出，"多域作战概念对中国和俄罗斯这样的后工业时代、基于信息对国家军队造成的特定问题，提出详细解决办法"，以"威慑和击败中、俄在竞争与冲突中的攻击"。① （2）提出多域作战三原则：一是校准的部队态势，即将位置和能力结合起来，在所有战略距离上实施机动；二是多域编队，即拥有在竞争空间中与接近同等对手进行多域作战所必需的能力与持久力；三是聚合，即所有领域、电磁频谱和信息环境中的作战能力迅速而连贯地整合起来，通过跨域协同和多种进攻形式优化效果，打败敌人。（3）提出多域作战的战略目标。在竞争中，联合部队通过主动接触反击针对伙伴国的胁迫、非常规战和信息战，威慑敌升级行动，击败敌企图，不战而屈人之兵，为快速过渡到武装冲突创造条件。在武装冲突中，联合部队通过优化多域作战效果在决定性的空间穿透敌人的战略战役"反介入和区域拒止"系统，瓦解敌人的军事系统，利用必要的机动自由击败敌人进攻，实现战略战役目标，创造有利于政治结局的条件。在回归竞争中，联合部队巩固战果，慑止进一步的冲突，恢复部队，重建符合美国战略目标的地区安全秩序。（4）提出多域作战中的五大问题和解决方案。①万一暴力升级，联合部队如何抢先击败敌人破坏地区稳定的行动，快速过渡到武装冲突？②联合部队如何穿透敌人支援地域纵深的"反介入和区域拒止"系统以使战略战役机动成为可能？③联合部队如何瓦解敌人纵深地域的"反介入和区域拒止"系统以使战役战术机动成为可能？④联合部队如何击败近距离和纵深机动地域的敌人并利用因此产生的机动自由去实现战役战略目标？⑤联合部队如何再次抢先巩固战果并产生持续后果，为长期威慑创造条件并适应新的安全环境？多域作战概念为每一个问题提供了详细的解决方案。（5）提出陆军的作战能力需求。要实施多域作战，就需要范围更广、能力更强的合成兵种机动，需要梯形编队，需要聚合跨域作战能力，需要最大限度地发挥人的潜力，因此陆军需

---

① The U.S. Army in Multi-Domain Operations 2028, P. Ⅵ-6, December 2018.

要发展或改善以下14种能力：①校准部队态势，在竞争中击败中、俄攻势行动，慑止向武装冲突的升级；②通过建设伙伴国的作战能力和互操作能力、预置装备和供给、实施准备性情报活动等，准备作战环境；③建设盟国与伙伴国作战能力，击败中、俄发起的非常规战和信息战；④通过建设具有战役或战略重要性的城区，准备作战环境；⑤建立精确后勤；⑥建立必要的权力机构并给予准许权，以便有效地实施竞争和快速过渡到武装冲突；⑦改善各级部队在密集城区地形实施多域作战的能力；⑧通过跨域行动支持可靠的美国信息叙述；⑨使各级指挥官和参谋人员在全域、电磁频谱和信息环境中能够看见和指挥作战，在决定性空间聚合建制内和建制外作战能力；⑩向联合部队指挥官提供能够聚合作战能力的多域编队和系统，攻击中、俄军事部队和系统的特定薄弱环节；⑪向联合部队指挥官提供能够在激烈竞争环境中独立实施机动和运用跨域火力的多域编队；⑫通过向伙伴国明确展示美国的安全义务巩固既得战果；⑬用太空、网络空间和电磁频谱作战行动实现和补充地面、空中和海上作战能力；⑭吸引、保留和最大限度地使用素质高、体能强、精神韧的士兵，他们拥有实施多域作战的技能和专门知识。成功的多域作战，需要充分发展、训练和运用这些能力。

"多域作战"概念扩展了美国陆军先前在《多域交战：21世纪合成兵种的演变》中阐述的思想，是陆军条令发展的第一步，而不是最终产品。因此，随着时间的推移和研究的深入，多域作战理论还会得到进一步发展。

（六）"蜂群作战"（swarm operations）

2014年1月，美国智库"新美国安全中心"首席执行官罗伯特·沃克（同年4月出任美国国防部常务副部长），发表《即将来临的战场机器人时代》报告，首次提出"蜂群作战"概念。其核心思想是，利用数量众多、高度智能化的无人作战系统，通过数据链获取目标信息后，自主展开情报收集、跟踪监视、干扰欺骗和实施打击，使敌防不胜防。"蜂群作战"的任务主要包括以下几个方面。一是监视侦察。利用无人机体积小、数量多、成本低等特点，打造覆盖面广、隐蔽性好、渗透力强、效费比高的新型战场态势感知体系。二是干扰欺骗，既可干扰欺骗敌来袭导弹，又可作为诱饵迷惑敌防空系统，还可配置电子干扰装置致盲敌方雷达。三是饱和攻击。蜂群无人机具有自适应编队飞行及自主控制、自我调适能力，可自动分配攻击目标，协调飞行航路，提升饱和攻击效果。四是作战支援。数架大型无人机或多架中小型无人机，在一架有人机的指挥控制下编队飞行，可为有人机提供电子干扰、火力压制、通信中继、空中加油等各种支援。

（七）"分布式防御"（distributed defense）

2018年1月，美国智库战略与国际研究中心发布《分布式防御——一体化防空反导新作战概念》报告，提出"分布式防御"概念，建议创建分散化、模块化、更加灵活和富有弹性的防空反导架构，使潜在对手打击成本更高、任务更加复杂。其主要内容包括：一是构建统一、通用的传感器网络，作战管理人员可调用任何传感器的跟踪数据；二是分散部署火力单元，将拦截弹、传感器和火控系统分别置于不同位置，增强系统弹性；三是混合装载拦截弹，使同一个发射架装载不同的拦截弹，进行分层防御，增加作战的灵活性；四是加强攻防兼备，使发射架可以同时装载进攻型和防御型导弹，增强火力单元的作战能力；五是研发多任务导弹，同时执行打击和防御任务；六是使用集装箱进行伪装，将集装箱改造为具有独立供电、通信和冷却系统的移动发射装置，灵活预置到海上或陆地上，可以根据需要重新定位这些集装箱，执行导弹发射任务。

（八）"马赛克战"（mosaic warfare）

2020年2月，美国智库战略与预算评估中心发布《马赛克战：利用人工智能和自主系统实施决策中心战》报告，阐述"马赛克战"概念。"马赛克战"强调发挥人工智能、自主系统等技术优势，构建动态、协同、高度自主的可组合作战体系，创新指挥方式和作战样式，更高效地应对未来高端军事冲突。主要内容包括：一是强调由"网络中心战"向"决策中心战"转变，注入新技术确保局部指挥控制和通信畅通，利用人工智能增强的决策支持系统，加快OODA（观察、判断、决策、行动）循环，提高决策能力；二是强调由构建"杀伤链"向编织"杀伤网"转变，通过化整为零的办法，调整力量组合方式，分解成多个互联的小型作战体系，整合后建立起庞大的"杀伤网"，增强作战体系的抗毁能力；三是强调由多军种联合作战向全域联合作战转变，把全域联合作为应对大国军事威胁的新样式，下沉联合层级、提升联合程度、增强联合能力，寻求建立克敌制胜的非对称优势。

（九）"联合竞争概念"（joint concept for competing）

2023年2月10日，美军发布《联合竞争概念》，目的是推进思维范式转移，使联合部队能够与跨机构、多国和其他跨组织伙伴，合力进行成功的战略竞争。该概念认为，美国的对手正在结合使用军事和民事力量扩大竞争空间，企图通过各种方法和手段（包括治国才能、经济力量以及颠覆、胁迫、虚假信息和欺骗）实现其战略目标；他们投资关键技术，以抵消美国的战略和常规军事能力（例如核武器、反介入和区域拒止系统、进攻性网络空间、人工智能、超声速投送系统、电磁频谱）。简单地说，美国的对手想"不战而胜"，但他们也在加强军事力量建设，以便在同美国的武装冲突中"战而胜之"。因此，美国联合部队必须拓展竞争思维，塑造竞争空间，推进一体化战役活动，把战略竞争焦点转向有利于美国利益或能够破坏敌方利益的领域，利用竞争空间获取对敌优势和追求国家利益。"如果忽视战略竞争的威胁，不积极地进行竞争，而准备可能永远也不会发生的战争，美国就会有放弃战略作用、优势和影响力的风险"，美军就可能"不战而败"。实施联合竞争概念，需要一套结构性方法，包括：（1）了解问题的特点和范围；（2）确定竞争的子领域和力量工具；（3）评估竞争子领域；（4）评价备选的子领域竞争战略；（5）制定一体化竞争战略。成功地推行一体化竞争战略，就能实现战略竞争目的：（1）威慑侵略；（2）为武装冲突做好准备；（3）反击对手的竞争战略；（4）支持跨组织伙伴的竞争行动。

三、调整和更新联合作战条令，适应战争形态变化

随着信息技术、人工智能技术的快速发展和新型武器装备的不断列装，现代战争形态也在发生变化。为了适应这种变化，美军根据自己的实战经验和对新作战概念的演练，滚动修订联合作战条令，确保打赢当前的和未来的战争。近10年来，美军对战略、战役、战术3个层次和人事、情报、作战、后勤、计划、联合通信系统6个系列的联合条令进行了不同程度的调整和更新。

（一）调整和更新"拱顶石"条令，持续提供战略指导

美军"拱顶石"条令，又称顶层条令，包括1号联合出版物（JP1）《美国武装部队的联合作战》（*Joint Warfare of the Armed Forces of the United States*）和0-2号联合出版物（JP0-2）《统一行动的武装部队》（*Unified Action Armed Forces*）。美军于1991年11月11日首次颁发JP1《美国武装部队的联合作战》，后于1995年1月10日、2000年11月14日、2007年5月2日、2009年3月20日、2013年3月25日、2017年7月12日6次进行更新，并在2007年更新时将其改称为《美国武装部队条令》（*Doctrine for the Armed Forces of the United States*）。美军1995年2月24日首次颁发JP0-2《统一行动的武装部队》，2001年7月10日进行了更新，但后来将其删除，把相关内容并入JP1《美国武装部队条令》中。

2017年7月12日版JP1《美国武装部队条令》更新的主要内容包括：在第一章"理论与基础"中增加了"理论"部分；增加了第六章"联合部队

发展"，包括增加"联合概念与评估"部分；建立了有关战争、作战形式、战役和作战的分类系统；建立了有关政策、战略、条令和概念的分类系统；确立并定义了"全球同步器"；明确了国防部的信息作战作用，以提高计划和实施军事行动的有效性；扩大了指挥官通信同步和信息作战的作用；由于撤编了联合部队司令部，增添了全球部队管理执行指导信息；引进"全部队适应性"作为联合部队的一种价值观；减少冗余，增强JP1《美国武装部队条令》和JP3-0《联合作战纲要》之间的连续性；减少冗余，增强JP1《美国武装部队条令》和JP5-0《联合作战计划制订》之间的连续性；确立信息为第七联合职能。[①]

《美国武装部队条令》是美军纲领性条令，将指导所有联合条令和军种条令的修订与完善。此次更新的范围广，内容多，需要进行深入了解和研究，以掌握美军作战理论的最新研究成果和未来发展趋势。

2022年美军把联合出版物1《美国武装部队条令》正式改为联合出版物1卷1《联合作战》和联合出版物1卷2《联合部队》，并于2023年8月27日对联合出版物1卷1《联合作战》进行了更新。

（二）调整和更新JP1-0系列条令

美军JP1-0系列条令是关于联合人事支援的条令，但过去内容比较杂，许多不属于人事支援的条令也囊括其中，如JP1-01.1《联合出版物摘要》、JP1-02《国防部军事和相关术语词典》、JP1-02.2《联合电子图书馆指南》、JP1-03.10《联合报告结构通信地位》、JP1-05《联合作战中的宗教事务》等，数量多达18本。2018年，经过调整的JP1-0系列条令只有3本，包括JP1-0《联合人事支援》、JP1-04《军事行动的法律支援》和JP1-06《对联合作战的财务管理支援》。其中，JP1-0《联合人事支援》是基本

---

① Joint Chiefs of Staff: JP1, Doctrine for the Armed Forces of the United States, 25 March 2013 Incorporating Change 1, July 12, 2017.

原理（keystone）条令，其他两本是其下位条令。2019年美军删除了JP1-0《联合人事支援》的所有下位条令，只保留了拱心石出版物JP1-0。

2009年以来，美军于2011年、2016年和2020年3次更新JP1-0《联合人事支援》。2016年版《联合人事支援》更新的主要内容包括：将联合人力局更名为人力资源局，将人事勤务局更名为军事人事局，取消联合部队人力人事部编制表中的部长行动组；将联合人事接待中心更名为联合人事处理中心；修改范围陈述，以包括"评估"和"人力"；澄清"人事勤务支援"、"人事支援"和"人事勤务"三个术语之间的差异；为联合人事责任和使用联合人事责任调解报告系统与联合人事状态报告提供指导；合并疏散与遣返行动新指南；澄清国防部海外承包商的人事责任；更新附录E的格式和内容需求。①2020年版JP1-0《联合人事支援》对前一版JP1-0进行了11处修改，但无实质性改变。

此外，美军于2011年8月17日更新了2007年版JP1-04《军事行动的法律支援》，于2016年1月11日更新了2008年版JP1-06《对联合作战的财务管理支援》，但又于2019年删除了这两本条令。

（三）调整和更新JP2-0系列条令

美军JP2-0系列条令是关于联合情报的条令，2019年共有5本。JP2-0《联合情报》是基本原理条令，JP2-01《对军事行动的联合与国家情报支援》、JP2-01.2《联合作战中的反情报与人工情报》、JP2-01.3《作战环境的联合情报准备》和JP2-03《对联合作战的地球空间情报支援》是其下位条令。2005年，美军从结构上删除了JP2-02《对联合作战的国家情报支援》，将其内容并入新版JP2-01，将其名称由《对军事行动的联合情报支援》改为《对军事行动的联合与国家情报支援》。

---

① Joint Chiefs of Staff: JP1-0, Joint Personnel Support, P. Ⅲ, May 31, 2016.

2007年6月22日，美军颁布新版JP2-0条令，将其名称由《对联合作战的情报支援条令》改为《联合情报》。2013年10月22日，美军对2007年版JP2-0条令进行了更新。更新的内容主要包括：澄清"情报询问"这个术语，为特定出版物提供指导；解释联合情报处理，并重写该节以更好地开发其特性；增加术语"社会文化分析"（sociocultural analysis），该术语中的"其他相关行动者"，不仅包括直接敌人，而且包括任何可能帮助这个敌人的个人或群体；增加了"身份情报"的描述，并将它归为产品类；增加了"收集战略"的定义，修改了"收集计划"和"收集要求"这两个术语；把"迹象和警告"这个术语改为"警告"，并且修改了"警告"的定义；澄清了"红组"（red cell）和"红队"（red team）这两个术语之间的差别。①

2009年以来，美军还于2012年1月5日和2017年7月5日两次更新JP2-01《对军事行动的联合与国家情报支援》，2009年6月16日更新了2005年版JP2-01.3《作战环境的联合情报准备》，2012年10月31日更新了2007年版JP2-03《对联合作战的地球空间情报支援》。2022年美军删除了JP2-0《联合情报》的所有下位条令，只保留了拱心石出版物JP2-0。

（四）调整和更新JP3-0系列条令

美军JP3-0系列条令是关于联合作战的条令，是美军联合条令的主体。该系列条令经过合并和新增，数量从2000年的66本到2010年的53本，再到2015年的55本和2019年的58本。2009年以来，美军增编了JP3-12《网络空间作战》、JP3-20《安全合作》、JP3-25《反网络威胁》、JP3-42《爆炸军用品联合处置》、JP3-85《联合电磁频谱作战》（取代了原来的JP3-13.1《电子战》和JP6-01《联合电磁频谱管理行动》）等联合作战条令，填补了这些领域的理论空白，同时删除或合并了部分界定不清、内容重叠的

---

① Joint Chiefs of Staff: JP2-0, Joint Intelligence, P. Ⅲ, October 22, 2013.

联合作战条令，为联合作战和联合训练提供了更为全面、更加有效的指导。

JP3-0《联合作战纲要》是基本原理条令，JP3-01《反空袭与导弹威胁》、JP3-02《两栖作战》、JP3-03《联合遮断》、JP3-05《特种作战》、JP3-06《联合城市作战》、JP3-07《稳定》等其他57本条令是其下位条令。2006年9月17日版JP3-0将条令名由《联合作战条令》（*Doctrine for Joint Operations*）改为《联合作战纲要》（*Joint Operations*）。随后，美军于2008年2月13日、2010年3月22日、2011年8月11日、2017年1月17日、2018年10月22日5次更新JP3-0《联合作战纲要》。

2018年版JP3-0《联合作战纲要》更新的内容主要包括：修改第五章"贯穿冲突连续体的联合作战"，扩展了对不同类型军事行动中千变万化的军事活动平衡问题的讨论；将第五章"贯穿冲突连续体的联合作战"中的相关信息分散到第六章"军事接触、安全合作与威慑"、第七章"危机反应与有限应急行动"和第八章"大规模作战"，增强可读性；澄清概念相位调整模型结构和相关图形；将当前有关联合电磁频谱管理行动和保护平民的信息结合在一起；减少JP3-0《联合作战纲要》、JP1《美国武装部队条令》和JP5-0《联合计划制订》之间的重复冗余，增强连续性；建立与新联合条令JP3-20《安全合作》的连续性；更新评估信息；修改第三章"联合职能"，把联合信息职能作为第七种联合职能；修改第四章中有关信息环境的描述；增加新附录B"宗教事务"；更新附录C中的主要参考物；更新术语和定义。[①]

此外，美军还对JP3-0的50多本下位条令进行了定期或不定期更新。例如，2016年美军更新了JP3-03《联合遮断》、JP3-07《稳定》、JP3-08《跨组织合作》、JP3-34《工程兵联合行动》、JP3-41《化生放和核反

---

① Joint Chiefs of Staff: JP3-0, Joint Operations, P. Ⅲ, October 22, 2018.

应》、JP3-61《公共事务》等6本条令；2017年更新了JP3-01《反空袭与导弹威胁》、JP3-18《联合强行进入作战》、JP3-68《非战斗人员撤离行动》等3本条令；2018年更新了JP3-12《网络空间作战》、JP3-14《太空作战》、JP3-18《联合强行进入作战》、JP3-22《外国内部防卫》、JP3-24《反暴乱》、JP3-27《国土防卫》、JP3-32《海上联合作战的指挥与控制》、JP3-33《联合特遣部队本部》、JP3-35《部署和再部署行动》、JP3-57《民事—军事行动》、JP3-59《气象与海洋行动》等11本条令；2019年更新了JP3-02《两栖作战》、JP3-17《空中机动作战》、JP3-30《联合空中作战》、JP3-31《联合地面作战》、JP3-72《核作战》等5本条令；2020年更新了JP3-14《太空作战》。

总的来看，美军90%以上的联合作战条令是每5年更新一次；少数条令的更新间隔超过5年，如JP3-18《联合强行进入作战》、JP3-33《联合特遣部队本部》和JP3-59《气象与海洋行动》的更新间隔都是6年；个别条令的更新间隔有时因特殊情况则少于2年，如美军2008年2月13日更新2006年9月17日版和2018年10月22日更新2017年1月17日版JP3-0《联合作战纲要》的间隔时间都少于2年。

（五）调整和更新JP4-0系列条令

美军JP4-0系列条令是关于联合后勤的条令，2010年共有13本，2012年删除了JP4-07《普通用户后勤》，2017年新增了JP4-04《联合应急基地》，2019年删除了JP4-06《丧葬事务》和JP4-08《多国作战后勤支援》，目前共有11本。JP4-0《联合后勤》是基本原理条令，JP4-01《国防运输系统》、JP4-02《联合卫生勤务》、JP4-03《大宗石油与水联合条令》等10本条令是其下位条令。2008年7月18日，美军更新了2000年4月6日版JP4-0，条令名称也由《联合作战后勤支援条令》（*Doctrine for Logistic Support of Joint Operations*）改为《联合后勤》（*Joint Logistics*）。2013年10月16日，美军又更新了2008年版《联合后勤》。

2013年版《联合后勤》更新的内容主要包括：增加了第三章"协调和同步联合后勤"；引进了"联合后勤企业"这个术语；提出联合参谋部作战部是联合部署流程的拥有者；引进"联合后勤企业可视性"这个术语；从JP4-07《联合作战期间普通用户后勤战术、技术和程序》引入"普通用户后勤"这个术语，删除JP4-07；修改后勤功能与下属能力的使用；提出卫生勤务与下属能力：卫生勤务投送、部队卫生防护和卫生系统支援；用"应急基地勤务"取代"基地营房勤务"；引进"基地运作支援整合者"这个术语；论述基地和设施支援；修改联合部署和分发运作中心的职责；修改国防后勤局的作用；提出地区作战司令部司令选择的评选与设计；引进"作战能源"这个术语；修改第四章"联合后勤计划制订"，改善与JP5-0《联合作战计划制订》和JP3-0《联合作战纲要》的连续性，适应国防部过渡到"适应性计划与实施系统"；修改第四章"联合后勤计划制订"，规范联合作战计划制订流程中的后勤计划制订过程；修改第四章"联合后勤计划制订"，确认和适应计划制订流程行动和关键信息，根据联合战略能力计划或作战司令部司令指示，推进全球或战区战役计划、下属战役计划和应急计划的联合开发；修改第四章"联合后勤计划制订"，整合、同步和优先联合后勤能力，在计划开发的所有阶段朝着实现受援指挥官的作战目标和预期结果努力；修改第四章"联合后勤计划制订"，把规范后勤、后勤能力和后勤估算，作为国防部长计划复查流程的一部分；删除第五章"控制后勤"；增加一个战区后勤概览附录；增加一个后勤参谋估算格式附录；修改有关联合后勤参谋机构的附录；修改有关执行代理人的附录；增加一个有关地区作战司令部司令后勤控制选择评选与设计描述的附录；修改"后勤支援概念"的定义；增加"负责普通用户后勤的领头军种或机构"这个术语；删除对"支援项目"的定义；删除对"时间明确的投送"

的定义。[1]

2009年以来，美军还于2013年6月6日和2017年7月18日两次更新JP4-01《国防运输系统》，2012年7月26日、2017年12月11日和2018年9月28日三次更新JP4-02《联合卫生勤务》，2010年12月9日和2016年1月11日两次更新JP4-03《大宗石油与水联合条令》，2010年3月22日、2014年2月21日和2018年10月23日三次更新JP4-05《动员计划制订》，2010年2月5日和2013年12月19日两次更新JP4-09《分发行动》，2019年1月4日更新JP4-04《应急基地》（删除了"联合"二字），2014年7月16日和2019年3月4日两次更新JP4-10《作战合同支援》。

（六）调整和更新JP5-0系列条令

美军JP5-0系列条令是关于联合作战计划制订的条令，2002年前共有5本，包括JP5-0《联合作战计划制订条令》、JP5-00.1《战役计划制订联合条令》、JP5-00.2《联合特遣部队计划制订指南与程序》、JP5-03.1《联合作战计划制订与实施系统（第一卷）》和JP5-03.2《联合作战计划制订与实施系统（第二卷）》。JP5-0《联合作战计划制订条令》是基本原理条令，其他4本是其下位条令。随后，美军逐步删除了4本下位条令，只保留了JP5-0基本原理条令，其名称也由1995年的《联合作战计划制订条令》（*Doctrine for Planning Joint Operations*）改为2006年的《联合作战计划制订》（*Joint Operation Planning*），再改为2017年的《联合计划制订》（*Joint Planning*）。

2017年6月16日，美军颁布新版JP5-0《联合计划制订》，取代了2011年版《联合作战计划制订》。更新的内容主要包括：把条令名由"联合作战计划制订"改为"联合计划制订"；增加一章，介绍战役计划制订概念，组

---

① Joint Chiefs of Staff: JP4-0, Joint Logistics, P. Ⅲ-Ⅳ, October 16, 2013.

织和指导战斗之外的日常行动；确认在作战司令部一级提供多种可行性选择的要求，完成参联会主席和国防部长决策程序；增加为决策者确认作战与战略风险的要求；把战役计划和实施与应急计划连接起来；删除"周密计划"与"危机行动计划"术语因为两者都使用相同的程序；删除6阶段分段模式，但不改变阶段的定义或把分阶段作为计划工具；更新和扩展有关评估的讨论；扩展对评估的讨论；增加有关态势计划、战区分发计划和红队的附录；更新术语和定义。[①]

2020年12月1日，美军更新了2017年版JP5-0《联合计划制订》，但仅有5处改动，变化不大。

（七）调整和更新JP6-0系列条令

美军JP6-0系列条令是关于联合通信系统的条令，2012年前共有5本，包括JP6-0《联合通信系统》、JP6-01《联合电磁频谱管理行动》、JP6-02《使用战役/战术指挥、控制、通信和计算机系统的联合条令》、JP6-03.7《全球军事指挥与控制计算机系统内部计算机网安全政策》和JP6-06.1《联合"海夫快克"（HAVE QUICK）计划者指南："海夫快克"联合战术、技术与程序》。JP6-0《联合通信系统》是基本原理条令，其他4本是其下位条令。后来，美军逐渐删除了JP6-02、JP6-03.7和JP6-06.1，只保留了JP6-0《联合通信系统》和JP6-01《联合电磁频谱管理行动》两本条令。JP6-0的名称也从1995年版的《支援联合作战的指挥、控制、通信和计算机系统条令》（*Doctrine for Command, Control, Communications, and Computer Systems Support to Joint Operations*）改为《联合通信系统》（*Joint Communications System*）。

美军于2006年3月20日、2010年6月10日、2015年6月10日和2019年

---

① Joint Chiefs of Staff: JP5-0, Joint Planning, P. Ⅲ, June 16, 2017.

10月4日4次更新JP6-0《联合通信系统》条令。2019年版更新的内容主要包括：根据最新的《联合司令部计划》，把网络空间职责重新分配给美国网络司令部；把"网络空间作战"从第一章"联合通信系统概观"中"联合通信系统的作用"一节，移至第二章"信息环境"中"网络空间与网络空间作战"一节；采用正确的网络空间相关术语，使JP6-0《联合通信系统》与JP3-12《网络空间作战》保持一致；使电磁频谱管理和行动与其他联合出版物保持一致；删除要求作战司令部向联合网络中心咨询的规定；将多种索引更新到正确的出版物。[①]

四、美军联合作战理论新发展的基本特点

近十几年来，在奥巴马政府、特朗普政府和拜登政府国家安全战略、国防战略、军事战略等战略思想的指导下，美军联合作战理论快速发展，一片繁荣，新概念、新思想、新成果不断涌现，推动着美军作战、训练、教育和装备建设不断向前发展。通过对美军联合作战理论新发展的系统梳理、深入分析和总结归纳，可以发现以下基本特点。

（一）根据国家安全战略变化，确定中国是主要作战对象

奥巴马政府2009年1月上台后，先后推出"重振美国，领导世界"战略、向亚太"再平衡"战略和"防务战略指南"，强调通过合作弱化中、俄威胁，全面防范中、俄，同时将中国视为最大安全挑战，认为"中国崛起变成地区强国后，可能从多方面影响美国的经济与安全"。[②]特朗普政府2017年1月上台后，先后推出"美国优先"战略和印太战略，把中国称为修正主义国家、长期战略竞争对手和最大安全威胁，明确指出"中国和俄罗斯

---

① Joint Chiefs of Staff: JP6-0, Joint Communications System, P. Ⅲ, October 4, 2019.

② 樊高月、杜健主编：《美国军事思想》，第126页，军事科学出版社，2017年。

挑战美国权力、影响力和利益，企图侵蚀美国的安全和繁荣"①，要求在政治、经济、军事、外交等方面同中国展开全面竞争，并竞而胜之。奥巴马政府特别是特朗普政府国家安全战略和国防战略对中国的认知和定位，从根本上改变了中美关系的性质，使中美关系由建设性合作伙伴关系转变为长期战略竞争关系，增加了中美武装冲突和军事对抗的可能性。

在奥巴马和特朗普政府国家安全战略、国防战略和军事战略的指导下，美军联合作战理论发展发生了明显变化。过去，美军联合作战构想、联合作战概念和联合作战条令从未把中国作为主要作战对象。到了奥巴马政府时期，美国推行亚太"再平衡"战略，从地缘战略上防范和围堵中国，美军开始开发"空海一体战概念"和"联合作战进入概念"，从军事上应对所谓的"中国威胁"。在美军1.0版《联合作战进入概念》中，中国出现了5次；在美国战略与预算评估中心等民间智库的"空海一体战"研究报告中，中国成为主要作战对象，如何摧毁中国的"反介入和区域拒止"能力成为那些研究报告和美军联合作战概念着力解决的问题。到了特朗普政府时期，中国更是受到前所未有的重视：在《国家安全战略》报告中出现33次，在《核态势审查报告》中出现46次，在《2028年多域作战中的美国陆军》中出现48次，在《国防部印太战略报告》中出现91次。由此可见，随着国家安全战略的变化，美军联合作战理论发展也在发生相应的变化。在未来相当长的一段时期内，中国都会是美国的主要作战对象，应对中国的"反介入和区域拒止"能力、打赢与中国的国家间高端战争，将是美军联合作战理论创新发展的主要方向。

（二）适应作战环境变化，重点关注作战进入

2016年7月14日，美国参联会颁布《联合作战环境2035》，对未来作

---

① The White House: National Security Strategy of the United States of America, P. 2, December 2017.

战环境进行预测和分析，认为"世界秩序、人口分布以及科技与工程领域正在出现的趋势，将重新定义2035年的安全环境"①；意识形态暴力竞争、领土和主权受到威胁、对抗性政治地缘平衡、全球公域遭受破坏、网络空间竞争、重新确立破碎地区秩序等问题，可能引发未来冲突。由于美国已把中国视为最大安全威胁，中美之间在亚太地区发生武装冲突的可能性激增。中国在太平洋西岸，美国在太平洋东岸，隔洋相望，相距万里之遥。美国要与中国作战，美军必须首先解决如何进入战区的问题。虽然进入作战对美军并不新鲜，几十年来向战区投送兵力未遇任何阻碍，但未来进入作战的环境却是全新的：一是中国军队拥有强大的"反介入和区域拒止"能力，能够限制美军行动自由；二是美国海外基地数量减少、规模缩小、力量相对薄弱；三是太空和网络空间领域的重要性日益凸显，竞争越来越激烈，中美差距缩小。作战环境的这些变化，使美军未来作战进入受到前所未有的挑战。因此，在近10年的联合作战理论创新发展中，美军一直特别关注作战进入问题。

（三）基于能力，概念驱动

"基于能力，概念驱动"既是美国军事转型的基本方法，也是美军联合作战理论创新发展的基本方法。美军创新联合作战理论主要基于3种能力：一是现有武器装备的能力，即已经列装部队的主战装备，如B-52、B-2战略轰炸机，F-22、F-35、F-16、F/A-18战斗机等空战兵器，航空母舰、导弹驱逐舰、濒海战斗舰等海战兵器，M1"艾布拉姆斯"主战坦克、M2"布雷德利"步兵战车、"斯特赖克"轮式装甲车等陆战兵器和"入侵者"电子侦察卫星、"军事星"通信卫星、GPS导航定位卫星等太空兵器；二是可能装备部队的新型武器装备能力，如空军的X-37B轨道飞行器、陆军的先进

---

① 中国战略文化促进会：《2016年美国军力评估报告》，第16页，2017年8月。

高超声速武器、海军的潜射高超声速导弹等全球快速打击系统；三是在研的新概念武器能力，如第六代战斗机、电磁炮、激光武器、生物科技武器等。基于这些能力，美军提出了"空海一体战""跨域协同作战""全球一体化作战"等联合作战概念。这些联合作战概念经过分析、研究、实验以及军事演习和实战检验，如果被证实是正确的，就会被纳入联合作战条令，指导美军进行联合作战和联合训练，从而驱动联合作战理论向前发展。

（四）各司其职，滚动发展

美军联合作战概念开发和联合作战条令制定，涉及多个单位，包括国防部长办公厅、参联会主席、联合需求监督委员会、联合参谋部（作战计划与联合部队发展部）、联合部队司令部、作战司令部、职能司令部等。但简单地说，21世纪头10年主要由参联会主席、联合部队司令部和各军种相关部门负责。2011年联合部队司令部撤编后，发展联合作战理论的职责回归联合参谋部作战计划与联合部队发展部。现在，主要由参联会主席负责发布编写联合作战概念和联合条令的指令，由联合参谋部作战计划与联合部队发展部（J7）负责管理编写工作，由作战司令部、职能司令部和军种相关部门负责具体编写。这些部门职责明确、关系顺畅、各司其职、协调一致地推动联合作战概念和联合作战条令滚动发展。一是联合作战概念的滚动发展。美军创新一种作战概念后，不是一蹴而就，而是继续研究，不断深化。美军规定，新概念颁布18个月后，要进行全面评估，并在此基础上进行修改。例如，美军"快速决定性作战"概念先后公布了0.5版、1.0版和2.0版3个版本，"空海一体战"概念有1.0版至9.0版9个版本，"联合作战进入"概念也有多个版本，美国陆军的"多域作战"概念也是从"多域交战"滚动发展到"多域作战"的。二是联合作战条令的滚动发展。美军规定，联合作战条令正常情况下必须每5年更新一次，以便把经过演习或实战证明的新作战思想纳入条令之中，推动联合作战理论向前发展。从近10年美军联合作战条令的修订情况看，90%以上的联合作战条令是每5年更新一次，只有少数条令的更新间隔超过5年（如JP3-18《联合强行进入作战》、JP3-33《联合特遣部队本部》和JP3-59《气象与海洋行动》的更新间隔都是6年），个别条令的更新有时因特殊情况则少于两年（如2008年、2011年和2018年三次更新JP3-0《联合作战纲要》的时间都少于2年）。

（五）强调跨域协同增效，推动联合作战向更高水平发展

美军联合作战经历了协作式联合作战、合作式联合作战和一体化联合作战，现在发展到了跨域协同作战阶段。过去，美军着重军种之间、军地之间、多国之间在战略战役层次的联合。现在，跨域协同作战要求扩大联合领域，实现全球一体化作战，不仅要编组陆、海、空、天、网跨军种一体化部队，而且要建设陆、海、空、天、网跨领域一体化战场；不仅要在一个作战区的近距离、纵深和后方作战地域实施一体化作战，而且要在一个战区与另一个战区、一个战争区与另一个战争区、地球的一端与另一端同时实施全球一体化作战。要求针对具体威胁组建由不同军种单兵构成的联合战术分队，无缝运用不同领域的作战力量，在战术层级实现一体化联合作战。这样，跨域协同作战就能在纵向上完全实现战略、战役、战术3个层次的联合，在横向上完全实现地面、海上（水下）、空中、太空、网空5个作战领域的联合，从而将联合作战推向更高水平。

陆军作战理论

美国陆军是美国武装部队中建立最早的军种。1775年6月，第二届北美大陆会议决定建立各殖民地联合武装力量——大陆军，并任命华盛顿为总司令。经过近250年的发展，这支由殖民地民兵起家的军队已经成为世

界上首屈一指的陆军，其作战思想也从借鉴欧洲陆军作战理论逐步发展为独具特色的美国陆军作战思想。美国陆军作战思想包含在美国陆军作战条令、作战概念和作战构想之中，主要包括但不限于以下内容。

一、"灵活机动作战"

在独立战争期间，美国没有正规军，作战力量主要是来自各州的民兵。这些民兵没有受过正规军事训练，纪律松懈，武器装备水平低，仅有与印第安人进行战斗的非正规战斗经验。面对装备精良、训练有素、战法正规、惯于采用线式队形作战的英国军队，华盛顿指挥美国大陆军运用游击战、运动战等作战形式和散兵战、袭击战等战术，灵活机动地与英国军队周旋，最终打败英国军队，赢得了独立战争的胜利。

1. 散兵战术

散兵战术，是指部队在进攻行动中，以三五成群的战斗队形疏开，巧妙利用可以抵挡敌人密集火力的天然隐蔽场所，在遮蔽物后面灵活变换位置，以灵活多变的战法打击防御之敌。这种战术对于当时欧洲流行的线式队形而言，是非正规战术，是一种创新。弱小的美军当时运用这种灵活多变的战术有效地保护自己，不断地杀伤英军有生力量，取得了一次又一次的作战胜利。

2. 袭击战术

美国独立战争期间，美军经常运用袭击战术出奇制胜。该战法的主要特点是：袭击目标通常选择在敌人防守的重要城市、据点或枢纽部位；袭击的时机一般选择在节假日敌戒备松懈之际，以及夜间或复杂气象等能见度不良的时机；袭击的方法大多为集中精兵，秘密迅速机动，突然发起攻击，快打速决，袭击与追击相结合，以便发展胜利。马汉在《前哨》中对袭击战术的总结是："冬季和不良天候（对于发动突然袭击）是最理想的，因为敌人的步哨和警戒哨完全可能放松警惕……最佳目标是位于峡谷或村庄而未采取适当措施防范袭击之敌。在此情况下，只需由步兵控制峡谷出口，以骑兵向敌猛冲，即可彻底打败该敌。"

3. 合围战术

合围战术，是指进攻部队通过广泛的兵力兵器机动，形成对敌合围，并在合围过程中使用多种手段切断敌方的供应保障，而后对敌实施决定性攻击。美军在独立战争期间，成功地运用合围战术大量歼灭英军有生力量。在萨拉托加之战中，美军采取钳形攻势，首先对英军达成合围，割裂其一切联系，断其补给，而后对其实施多路多方向的攻击，使之陷于绝境，最后迫使英军5600余人投降。在约克敦之战中，美法联军也是首先通过广泛的海上和陆上机动，将英军围困在濒海小镇约克敦地区，予以大量杀伤、消耗，断其退路，阻其增援，而后按照统一号令发起全面进攻，取得全胜。①

二、"合同作战"

1917年4月6日，美国正式对德国宣战，命令约翰·潘兴将军率美国远征军前往欧洲与同盟国军队作战。在圣米耶尔战役和攻打默兹—阿尔贡地区的作战中，美军在沿用传统战术的同时，充分利用英、法军的飞机和坦克，对现代合同战术进行了初步尝试，同时也吸取了欧洲军事强国先进的战术思想。在第二次世界大战期间，美国的科技生产力进一步发展，坦克、装甲车、大口径火炮、飞机等现代化主战武器大量装备部队，并且出现了新的兵种——空降兵。美军在欧洲战场、北非战场和太平洋战场的反法西斯战争，特别是在欧洲和北非战场与英法盟军的协同战斗，使其在第一次世界大战末

---

① 中国人民解放军总参谋部军训和兵种部：《美国陆军战术发展研究》，第52—59页，中国人民解放军总参谋部第六十研究所，2010年。

期形成的初级合同战术发展成机械化条件下成熟的诸军兵种合同战术。

1. 步炮协同战术

步炮协同战术，是美军参加第一次世界大战时沿用的传统进攻战术。主要协同方式是：攻击发起前，先由炮兵对敌防御阵地实施突击，而后炮火延伸，步兵呈线式队形向敌发起冲击。步炮协同战术中步兵仍是线式冲击队形，但是火炮的运用方法较以往有所改进，出现了炮火护送步兵冲击的雏形，也为以后步坦炮协同打下了一定的基础。

2. 步坦炮协同战术

步坦炮协同战术，形成于第一次世界大战末期，以坦克大量运用于战场为前提。第一次世界大战期间，美国虽然总共只生产了几十辆坦克，却利用法军大量的坦克对这种战术进行了有益的尝试，并取得了令人满意的战果。这为第二次世界大战中真正意义上的诸军兵种合同战术打下了良好的基础，也为第二次世界大战中大规模运用火力的战术奠定了实践基础。

3. 诸军兵种合同战术

到第二次世界大战前夕，美军对机械化战争认识和装甲部队训练方面取得了一些进展。与此同时，美军加强了坦克等主战装备的生产，军事实力得到了很大发展，武器装备从火器时代进入了机械化时代，地面主战武器以坦克、火炮为主，同时还能得到空中力量的支援和保障。在第二次世界大战期间，基于新的军事思想和高度合成的机械化部队编制，美军对野战条令做了重大修改。据不完全统计，美国战争部颁布和修订的FM系列条令就多达346本，涉及范围包括步兵、装甲兵、炮兵、陆军航空兵、工兵、防化兵等各个兵种。这些条令对部队编制、战术思想都做了详细的规定。例如，1941年版陆军《作战纲要》明确指出，无论是装甲兵还是步兵，仅依靠自身装备难以独立完成任务，对组织较为完善的防御阵地进攻时，必须得到炮兵、坦克兵、战斗航空兵和其他兵种力量的充分支援；明确规定炮兵必须支援装甲兵行动，航空兵除了执行一般空中打击任务外，还应向装甲兵提供直接支援，主要打击炮兵射程以外的目标和反冲击之敌，机降和伞降部队也可配合装甲兵行动；要求进攻部队尽量采取"翼侧迂回，侧后攻击"的战术，当敌防御部署不便于实施迂回包围时，则运用"正面突破，纵深突击"的战术。战斗中，全部支援炮兵和轰炸航空兵以及担任支援任务的坦克分队对敌实施火力准备，首先突击敌炮兵，而后突击敌防御阵地，待达成火力优势后，一线冲击分队在本部队支援及建制火力掩护下向敌发起冲击，突破一线防御后，迅速向下一道防御阵地进攻。这一行动通常由坦克部队在支援分队火力掩护下实施。炮兵根据被支援部队的召唤实施连续集中射击，提供直接支援。与此同时，侦察航空兵继续观察战场态势，并随时向师长报告，航空兵继续突击纵深之敌，或根据战场态势变化突击反冲击之敌。预备队用于抗反或向敌纵深发展进攻、扩张战果。[①]

三、"登陆作战"

美国陆军在野战条令中将登陆行动称为"联合海外远征"行动，认为该行动"是将一支陆军和海军联合部队通过海路派往战区，执行上岸行动，可包括以下全部或若干行动：占领海滩，以便从该海滩发起大型地面行动；夺占或确保某一地域安全，以便与其他行动相联系；或者用作海军力量基地，以便实施下一步行动；夺占或确保某一地域安全，剥夺敌人对该地域的使用权；摧毁敌方基地或设施"。第二次世界大战期间，美军在太平洋地区共实施过160多次岛屿登陆，还在欧洲、北非与英军联合实施过多次成功的登陆作战。这些登陆作战对第二次世界大战的胜利起了重要作用。美国陆军认为，登陆行动是攻势行动，与地面进攻相比，面临诸多困难：在

---

① 中国人民解放军总参谋部军训和兵种部：《美国陆军战术发展研究》，第61—69页，中国人民解放军总参谋部第六十研究所，2010年。

登陆过程中，登陆部队很难发挥战斗作用，极易受到敌方各种武器的打击；对地形不熟悉，难以掌握敌方部署情况；补给和通信困难，行动的成功依赖于两个完全不同性质军种之间的顺畅协同。因此，美国陆军在登陆作战中特别强调以下几个方面。

1. 夺取海空优势

美军认为，登陆与抗登陆的海空兵力对比至少为4∶1或5∶1，最多可达到几十倍的优势。硫黄岛登陆时，美日海军兵力的对比为66∶1，空军兵力对比为100∶1。凭借强大的海、空军优势，登陆部队不仅在登陆作战的各个阶段可以得到强大的海空军支援，而且还通过登陆前的预先火力准备，夺取登陆地区的制海权和制空权，从而封锁、孤立登陆地区之敌。

2. 进行周密细致的准备

美军认为，登陆作战是一种非常复杂困难的作战样式，需要较长时间的周密准备。登陆作战的准备工作通常包括制订作战计划、集结登陆兵力和登陆运输工具、组织周密而全面的侦察、对登陆兵力进行协同训练、筹措与储备物资器材、组织战役伪装等。多数登陆作战需要3～6个月进行准备，美军在太平洋的历次登陆作战都用了3～4个月进行准备，而在诺曼底的登陆作战则用了一年半时间进行准备。

3. 正确选择登陆场

1944年2月美军进攻马绍尔群岛时，利用日军判断失误，出奇制胜。当时，由于美军已攻占吉尔贝特群岛，马绍尔群岛中最南端的米里岛翼侧空虚。日军判断美军可能先攻米里岛，因而从其他岛屿向该岛增加兵力进行重点防守。但美军登陆部队绕过了处于外侧的米里岛，集中兵力在位于群岛中心的加林岛西端防御薄弱处登陆，顺利地占领了该岛，而后四面出击，打乱了日军的部署，使其企图以米里、马罗拉普等岛屿迟滞削弱进攻部队的设想归于破产。

4. 突击登陆，建立滩头阵地

突击登陆是登陆作战最紧张、最关键，也是最困难的阶段。美军在第二次世界大战中，为了确保突击登陆的成功，除了采取其他措施外，更重要的一点是，在战术级别上突击登陆的正面通常规定得比较窄。在实际登陆过程中，集团军的登陆正面宽度约为30千米，军为5～6千米；步兵团的突击登陆地段为700～850米，营为350～400米，较之条令规定的突击登陆地段步兵团为1～2千米、营为500～900米要窄得多。

5. 不间断的后勤保障

登陆作战的后勤保障工作量大、距离遥远并面临海空威胁。为确保后勤保障不间断，美军在太平洋登陆作战中，登陆部队的特混舰队之后，总是跟着一个后勤舰队，包括油船、平底船、扫雷舰、测量船、抢险救生船、水上干船坞、起重船等。此外，还建立了登陆建筑部队，随登陆部队行动，负责修建码头、营房、道路和机场。[①]

四、"空降作战"

空降作战出现在第二次世界大战中，是一种崭新的作战样式。第二次世界大战以来，美国陆军曾在荷兰战役、莱茵河战役、诺曼底登陆战役、入侵巴拿马、海湾战争、伊拉克战争等作战行动中，实施过空降作战。随着武器装备的发展，空降方式也逐渐从伞降发展到伞降与机降相结合。1990年12月18日，美国陆军颁布了FM3-18.11《空降作战》条令；1993年8月31日，颁布了FM3-91《轻型、空降和空中突击战术与技术》，使空降作战理论不断发展完善。根据掌握的资料，陆军空降作战思想主要包括以下内容。

---

① 钱俊德：《美国军事思想研究》，第121—123页，军事科学出版社，1992年。

1. 规定空降作战的基本原则

美国陆军为空降作战规定了5条基本原则。（1）集中使用。集中使用空降兵，主要是指空降突击梯队要有足够的兵力，以便在着陆后的一定时期内保持局部优势兵力，迅速攻占预定目标。（2）隐蔽突然。在敌纵深内实施空降作战，突然性极其重要，从某种意义上说，没有突然性，就没有空降作战的胜利。（3）加强保障。由于空降兵自身拥有的重武器少，携带的作战物资器材有限，独立和持久作战能力弱，在运送和着陆过程中极易遭受对方航空兵和防空兵的攻击，美军特别重视空降作战的制空保障、火力支援保障和情报保障。（4）疏散配置。空降部队在集结时和着陆后不仅可能遭到对方战役战术导弹和作战飞机的突击，还可能遭到核突击。因此，必须疏散配置，必要时才集中行动，以尽量减轻对方空中突击所造成的危害。（5）统一指挥。空降作战中，不仅有空降兵与正面部队的协同，还有空降兵与航空兵的协同，各兵种各专业部队也需要密切配合与协调。因此，必须建立联合空降作战司令部，统一计划，统一指挥，确保参战部队协调一致地采取行动。

2. 区分空降作战的类型

美国陆军把空降作战区分为短期空降作战、长期空降作战、袭击式空降作战和特种空降作战4种类型。短期空降作战投入兵力较少，一般为一个旅至一个军；作战纵深较浅，通常为20～180千米；持续时间短，一般为三昼夜左右；主要依靠自身携带的补给品和有限的后续供应进行战斗；其目的是夺取并扼守对当前作战行动有重要意义的目标，配合正面部队进攻或登陆。长期空降作战投入兵力多，一般在一个军以上；作战纵深远，可达数百甚至上千千米；持续时间长，可达数日至数周；其目的是夺占对方重要战略目标和地域，配合地面部队实施大规模战略性进攻。袭击式空降作战投入兵力一般为一个加强连至一个师，适合于完成多种不同性质的战略或战役战术任务。特种空降作战一般规模不大，其主要任务是：在次要方向上实施空降佯动，吸引对方注意力；在局部战争中攻占交通枢纽、支援盟国等。

3. 提出空降作战应着重考虑的问题

在组织和实施空降作战时，美国陆军除要求做好充分准备外，还特别强调以下3点。一是组织可靠的空中掩护。在诺曼底登陆和莱茵河战役的空降作战中，美军分别出动轰炸机和战斗机4900和7560架次，保障在局部地区夺取制空权，确保出发机场和运输航行的安全，压制空降地域之敌，支援空降兵着陆和进行地面作战。二是正确选择空降场。空降场是空降兵实施伞降和机降的场所，选择空降场的目的是为空降兵安全着陆和迅速投入战斗创造有利条件。美军对选择空降场的要求是：选在主要作战方向上，并靠近预定突击目标；对方防御薄弱，增援困难；地形适宜空降；无敌方反空降部队；无核生化沾染和天然障碍物；便于己方实施火力支援；便于与正面部队配合作战；易于空中识别；便于飞机直接进入等。因此，要求事先对预定的空降地域进行周密的侦察。[①]三是隐蔽突然，出敌意外。美军认为，空降作战只有隐蔽突然，出敌意外 '才能取得效果。为了达成突然性，美军空降部队通常在夜间出发，拂晓空降和发起进攻。美军在西西里岛、诺曼底、法国南部拉穆等地的空降作战，都是在夜间或拂晓实施空降的。为达成突然性，美军有时还采用投放金属屑、假伞兵、噪声模拟器等欺骗措施。[②]

4. 确定适合空降部队执行的任务

美国陆军认为，空降部队适合执行下述任务：（1）担任全军战备值班任务，随时准备实施应急作战；（2）进行远距离快速部署，实施常规威慑；（3）空降在敌岸防御浅近纵深内，配合登陆部队作战；（4）空降在敌占区深远纵深内，为主攻部队夺占重要交通线；（5）首先进入作战地区，为后续

---

① 军事科学院外国军事研究部：《美军作战手册（下）》，第644—648页，军事科学出版社，1993年。
② 钱俊德：《美国军事思想研究》，第125—127页，军事科学出版社，1992年。

部队到达扫清障碍；（6）抢占地面部队不能立即到达的地区，增援处于困境中的部队；（7）根据美国国家利益，支持或镇压某些国家内的反叛势力；（8）在特殊情况下，作为普通步兵实施防御战斗；（9）发挥优势，参与非战争军事行动。[1]

五、"核作战"思想

1945年7月，美国成功爆炸了第一颗原子弹，成为世界上第一个掌握核武器的国家。1951年底，美军颁发了第一部有关核武器的野战条令《原子武器的战术使用》。1953年5月，美国陆军用280毫米原子加农炮成功试射了一枚核炮弹，从而使陆军步入核时代。同年，陆军指挥与参谋学院教官莱因哈特和金特纳合著的《陆战中的原子武器》出版，对陆军核作战思想的形成产生了较大影响。1954、1956和1958年的陆军《作战纲要》修订版，都阐述了原子武器、化学武器和细菌武器的作战使用。总的来看，美军核作战思想经历了20世纪50年代初至50年代末的形成阶段、50年代末至60年代中期的日趋成熟阶段、60年代中期至70年代中期的影响下降阶段、70年代中期至80年代初核威胁条件下常规作战思想重新成为主流的阶段。从其发展过程可以看出，由于受多种因素制约，战术核武器难以在战斗中使用，特别是难以满足美国安全战略的需要，且在多种作战行动中，无法替代常规作战力量。因此，核武器对美军作战思想的影响主要停留在理论层面。从美军相关条令看，其核作战思想主要包括以下观点。

1. 进攻任务的正面和纵深扩大

美军要求进攻正面与纵深既能保证部队具有足够的突击能力，又不致遭受对方核武器的毁伤。其机械化步兵师进攻地带宽度约为20千米，

---

① 樊高月：《美陆军第82空降师：美国仪仗队》，第200—206页，世界知识出版社，2000年。

最初目标纵深约为20千米，最后目标纵深约为35千米。同时，战斗部队必须更加疏开配置，各部队间要保持较大间距，降低敌军核武器突击的杀伤效能。

2. 强调从行进间发起进攻

美军主张，为免受敌人火箭核武器的杀伤，又能收到突然进攻的效果，部队应从距离敌前沿30～40千米的地域由行进间发起进攻，而且进攻准备时间也应比过去缩短1/2～2/3。同时，美军强调在核战场快速机动的作用，主张进攻时以高速机动的装甲部队突入敌防御纵深，并迅速扩张战果。

3. 重视核火力准备

美军核火力准备通常在直接火力准备之前实施，目的是使用炮火准备和航空火力准备压制核武器未能摧毁的敌方目标。由于实施了核火力准备，突破敌预有准备的防御时，炮火的密度可降低，炮火准备的时间也可缩短1/2～2/3。

4. 迅速向纵深推进

发起冲击时，在核突击方向上的部队应充分利用核突击缺口突入敌阵地，并迅速向纵深推进。美军强调，在使用核武器情况下，部队应奋勇向前，不应为拉平战线而迟滞不前；不能为争夺要点而陷入持久战斗，而应迅速迂回，向纵深实施广泛的机动。在纵深战斗中，为保障部队顺利向前推进和追歼退却之敌，可实施核突击，或者预先派出战术空降兵夺取对方纵深的重要目标。[①]

六、"空中机动作战"

1963年6月，美国陆军颁发了第一本《空中机动作战》条令，指出空中

---

① 中国人民解放军总参谋部军训和兵种部：《美国陆军战术发展研究》，第88—90页，中国人民解放军总参谋部第六十研究所，2010年。

机动作战的任务包括：节约兵力行动、袭击、反空降和反游击作战、超越障碍的突击作战、扩张核突击的效果、夺取和有限度地扼守重要地域、佯攻和佯动、侦察和警戒、对突入之敌进行反冲击、由舰至岸的登陆作战等。1963年9月，陆战队也颁布了《直升机机降作战》条令。1965年6月，美国陆军正式成立了第一个空中机动师——第1骑兵师，标志着美国陆军空中机动由伞降向机降的转变。该师装备飞机434架（直升机428架），其建制飞机可一次空运1个旅的兵力。此外，还可使用支援它的空运部队实施空中机动。新建立的第1骑兵师被立即投入越南战争，创造出著名的"蛙跳"战术。①所谓"蛙跳"战术，是指陆军航空兵受领任务后，立即出动直升机把突击队员运送到战斗地域，突击队员迅速机动到敌人的翼侧和后方，配合正面攻击部队对敌实施包围，向前推进；战斗目的达成后，继续按预定作战方案，在下一个要点机降，组织第二次对敌垂直包围行动，使正面部队逐步推进，保持进攻态势。"蛙跳"战术在越南战场上主要表现为以下4种行动。

1. 纵深拔点

这是美军在越南战场较为常用的作战方法。即地面部队运用直升机实施空中机动，快速、隐蔽进入作战地区，突然攻击敌纵深目标。攻击的主要目标是：敌指挥机构、通信及交通枢纽、据点、机场、重要仓库等。如美军在茶平战斗中，侦察组发现了一个越军据点，就立即用直升机空运大量部队到作战地区，一举摧毁了越军这个据点。

2. 抢占要点

抢占要点，就是运用空中机动部队先敌抢占敌纵深要点，为后续作战行动创造有利条件。如在1971年的"兰山719"作战行动中，美军使用100余架次直升机载运3个旅，先于越军抢占了班东南北地区要点，从而形成

---

① 钱俊德：《美国军事思想研究》，第270—271页，军事科学出版社，1992年。

了有利的作战态势。

3. 前后夹击

前后夹击，是指在敌方翼侧或后方实施机降行动，配合正面部队实施前后合击。如1970年4月，美军一支装甲部队沿一号公路向西推进时，发现越军正在公路以北集结，当即召唤突击部队以直升机"蛙跳"，在该地域北侧机降，形成南北夹击，全歼了集结地域内的越军。

4. "蛙跳"撤离

"蛙跳"撤离，是指在作战不利的情况下，以直升机实施空中机动，将部队撤出战场或直接撤回营地。如在1971年的印支9号公路战役中，美军就是在战局不利的情况下，以直升机空运方式将南越伪第1步兵师第2团撤至660高地，从而成功地掩护其装甲骑兵旅和第1步兵团撤退，并将据守在640高地的伪第258旅残部由直升机直接"蛙跳"撤回。[①]

七、"特种作战"

1960年11月，美国驻南越军事顾问团编写了《反暴乱作战的战术和技术》一书，阐述了南越伪军反游击战的原则、技术和经验。1961年1月，约翰·F.肯尼迪就任美国总统，10月视察美国陆军特种部队，为特种部队的发展注入了新的活力，特种部队大队由原来的3个迅速增加到7个。1962年版陆军《作战纲要》详细阐述了反暴乱等非正规作战的原则、方法、计划、实施和特点，使特种作战发展进入黄金时期。在其后的几十年间，陆军特种作战理论快速发展，特种作战部队地位作用不断提升，特种作战部队在越南战争、海湾战争、阿富汗战争和伊拉克战争中都发挥了极其重要的作用。总的来看，陆军特种作战思想主要包括以下内容。

---

① 中国人民解放军总参谋部军训和兵种部：《美国陆军战术发展研究》，第91—93页，中国人民解放军总参谋部第六十研究所，2010年。

1. 明确特种部队的地位作用

无论战时或平时，特种部队都应能实施政治敏感性高、常规作战行动难以奏效的特种作战行动，以尽可能小的代价达成作战目的。在战争中，特种部队可遂行战略、战役和战术级任务，影响作战的进程和结果；在非战争冲突中，使用特种部队有助于保持外交上的灵活性；在和平时期，特种部队兼有预防危机和实施威慑两种作用。特种部队可以用来支援常规部队作战，也可以在常规部队支援下作战；可以独立行动，也可以与常规部队协同作战。

2. 规定特种部队的作战任务

与常规作战部队不一样，特种作战部队要在不便于使用军事力量的时机和地方使用军事力量，这就决定了其任务的特殊性。概言之，美国陆军特种部队主要遂行以下6种任务。（1）非常规战。非常规战是一种范围广泛的包括叛乱或其他武装抵抗运动的军事和准军事行动。除了实施间接的颠覆、破坏、情报搜集和脱险行动外，还要进行游击战和其他隐蔽或秘密的直接进攻性行动。（2）外国内部防卫。外国内部防卫是一国政府的或民间的军事机构，参与另一国家政府的旨在防止被颠覆和失去法律控制的任何行动计划。在这种部门间协调活动中，特种部队的主要任务是为东道国编组、训练、指导和帮助军事和准军事部队。（3）直接行动。直接行动是特种作战部队遂行的短期攻击和其他小规模的进攻行动，旨在占领、摧毁和破坏特定的目标，或捕获与抢救特定的人员，以及摧毁特定的物资器材。典型的直接行动包括攻击重要目标、切断重要的交通线或破坏其他目标体系等。（4）特种侦察。即特种作战部队在平时、冲突或战争的任何环境中运用目视或其他搜集方法，获得或核实现实或潜在敌人的能力、意图、行动等有关情报。在战争期间，特种部队通常向敌深远后方派出特种小队，搜集和监视战区司令部及其下属司令部关心地域内的敌情，提供急需的情报。在冲突中，特种部队可遂行战略、战役和战术级的特种侦察任务。特种部队还可通过特种侦察获取特定地区的有关气象、水文或地理特征资料。特种部队使用先进的战场侦察和监视技术，搜索目标，查明和评估打击效果。（5）反恐怖行动。反恐怖行动是政府的或民间的军事机构采取进攻性措施，防止、遏制和消灭恐怖主义活动。特种作战部队在这种部门间协调活动中的主要任务是运用其特殊能力，预防、预先制止和解决国外的恐怖事件。特种作战部队可遂行或支援下列反恐怖行动：抢救人质，从恐怖组织手中夺回敏感物资，袭击恐怖分子的永久性基地等。（6）心理战。心理战是为了对行为进行疏导以配合指挥官的战术、战役和战略意图而设计的心理产品和行动。美军特种作战部队主要利用广播、电视、报刊、传单、因特网、政治经济文化交往等实施心理战，其目的是在选定的外国宣传对象中诱导或强化有利于美国国家目标的态度和行为。

3. 规定特种作战的原则

美国陆军为其特种作战规定了以下12条原则。（1）了解作战环境。必须了解敌我双方的决策者是谁，其目标与战略是什么。他们必须影响己方的决策者，使其了解特种作战的需求和不提供充分支援可能产生的后果；必须保持灵活性，使自己的作战行动适应不断变化的现实情况；必须预见到作战环境的变化，以便利用稍纵即逝的战机；必须支持和帮助当地的军事力量调整战略战术。（2）认清政治实质。不管遂行何种任务，特种作战部队指挥官都要考虑到其军事行动的政治影响。（3）促进部门间的协作。当参与部门间的联合行动时，特种作战部队指挥官必须预见到任务含糊不清、利益和目标上出现矛盾、活动受到隔绝和保密、指挥不统一等情况，并采用下列方法促进统一行动：要求有关方面清楚地说明任务和决策者的意图；不断地协调有关方面的行动。（4）区别对待威胁。必须谨慎地选择使用特种作战部队的时机、地点和方法。使用特种作战部队的时机是在非军事方法不足以解决问题，而其他（常规）军事方法又不适宜或不可能的时候。地点则是预期目标所在而常规军事部队影响所不能及的地域。方法有以下3种：一是实施精确的外科手术式打击，以最大限度地减少副作用；二是隐蔽和秘密地行动，以便只将效果表现出来；三是间接地通过外国政府或政治集团的军队进行。（5）考虑长期效应。将每个孤立的问题放到更广的政治、军事和心理意义上加以考虑，从长计议解决办法，还应考虑法律和政治方面的强制因素，以便在取得战术胜利时避免战略上的失误。切忌因寻求急功近利的短期效应而损害国家的长期目标。（6）确保特种作战的合法性与可信性。如果没有合法性与可信性，特种作战就得不到外国当地力量、美国民众及国际社会的支持。特种作战部队指挥官必须确保其法律顾问审查有关特种作战行动的所有敏感问题。（7）预见与控制心理效应。必须把心理战同其他各种行动结合在一起，以实现预期的心理效应。（8）间接运用力量。在支持外国政府或集团（充当军事顾问、提供训练和援助）时，必须避免失去控制，力求发挥它们在促进实现美国安全目标方面所起的重大作用。特种部队的一切努力应集中于增强外国政府或集团的合法性与可信性。（9）拟订多种作战方案。必须拟订范围广泛的作战方案和应急计划，以保持行动的灵活性。他们在执行任务之前及期间应能从一种方案转为使用另一种方案。（10）确保长期支持。特种作战的战略、方针和援助项目必须是长久的、连贯的和可靠的。特种部队要有耐心、信心和毅力，保持行动不间断，直到达成最终目的。（11）确保足够的情报。特种作战任务的成功往往取决于执行者获得详尽的、近乎实时的和全来源的情报。在战术层级上，只有特种作战部队才需要国家的和战区的情报。特种作战部队需要大量的情报支援，其指挥官必须分清情报搜集的轻重缓急，注明哪些是对完成任务必不可少的情报、哪些是供参考的情报。（12）寻求保密与协同间的平衡。在制订计划和执行任务的过程中必须采取有力措施，解决保密、缩小情报范围和保证关键人员参加制订计划工作之间的矛盾。过分强调保密，往往导致协调不够，影响任务的完成。①

八、"积极防御"

1972年，美国陆军步兵学校提出一种对付敌集群坦克进攻的"耗敌防御"战术，要求利用有利地形，充分发扬火力，机动灵活地打击敌人，以空间换取敌兵力的大量消耗，使兵力对比发生有利于自己的变化，为歼灭敌人创造有利条件。1974年，美国《步兵》杂志探讨了运用"群岛"式防御战术来对付大量坦克进攻的问题。1976年，美国陆军颁布新版野战条令FM100-5《作战纲要》，突出了以苏联为主要作战对象、以欧洲为主要战场的思想，提出了对付苏军进攻的"积极防御"作战理论，主张将防御部队的主力使用在敌军的主要突击方向上。其主要内容包括以下几个方面。

1. 明确"积极防御"的方法

该《作战纲要》为积极防御确定的具体方法是：在敌军发起进攻之前，防御部队相对平均地配置在整个防线的各个地段内；敌军发起进攻后，美军在掩护部队地域实施一系列迟滞作战，以空间换时间，疲惫和消耗敌军，同时查明敌军的主攻方向，并及时从各个地段实施横向机动，将主力部队集中到敌军的主攻方向上，建立起为挫败敌军所必需的兵力兵器对比（1∶3，即防御方为1，进攻方为3）。

2. 不主张保留强大的预备队

该理论主张把绝大部分兵力靠前配置，强调把未投入战斗的或战斗不激烈方向上的部队都作为随时机动使用的预备力量，不主张在纵深内专门保留强大的预备队。认为实施反冲击会失去防御者的有利条件，主张慎重

---

① 樊高月：《美国特种部队》，第17—22页，海南出版社，2003年。

对待反冲击，尽可能以火力来代替反冲击。

3. 认为战争将从常规作战开始，然后转入常规—核作战阶段

该《作战纲要》认为，首次使用的战术核武器可能用作防御，而后可能用来支援进攻作战，以便消灭敌人或收复失地。因此，各级部队对核武器的使用已不取决于核弹药数量的多少，而取决于为彻底破坏敌军战斗力所必须遂行的任务。

4. 提出了进攻和防御的基本原则

该《作战纲要》废弃了九大战争原则，但提出了进攻和防御基本原则。进攻基本原则包括：（1）了解战场上的情况；（2）集中压倒优势的作战力量；（3）压制敌方防御火力；（4）震撼、压倒和歼灭敌人；（5）攻击敌人后方；（6）提供不间断的机动支援。防御基本原则包括：（1）了解敌情；（2）了解战场上的情况；（3）在关键的时间与地点集中兵力；（4）合同战斗；（5）利用防御者的有利条件。

"积极防御"理论出台后，遭到了军内外的广泛批评，因为它过分强调防御，缺乏进攻精神；过分强调火力，不重视机动的作用；偏重于抵抗敌军的第一梯队，不重视主动打击其后续梯队；只论述师以下部队的战术行动，不重视对付敌军大兵团的战役行动。于是，陆军从1977年开始着手修改"积极防御"作战理论。[①]

九、"空地一体战"

1981年，美国陆军训练与条令司令部把"扩大的战场"和"一体化战场"理论结合在一起，统称为"空地一体战"理论。1982年，美国陆军颁布新版《作战纲要》，摒弃了1976年版《作战纲要》提出的"积极防御"

---

① 钱俊德：《美国军事思想研究》，第273—275页，军事科学出版社，1992年。

思想，恢复了目标、进攻、集中、节约兵力、机动、统一指挥、安全、突然、简明等九大战争原则，正式提出"空地一体战"理论。1986年版《作战纲要》进一步发展和完善了"空地一体战"理论。在1989年的入侵巴拿马战争和1991年的海湾战争中，该理论得到了成功的运用。"空地一体战"的核心思想，是将具有决定意义的进攻行动指向敌纵深和后方，摧毁或削弱敌赖以实施连续进攻或防御的后续梯队、支援部队和指挥机构。其基本内容主要包括以下几个方面。

1. 提出"空地一体战"的四项基本原则

"空地一体战"的四项基本原则是：（1）主动，就是夺取和保持主动权，并积极运用这种主动权去打败敌军；（2）灵敏，就是使己方部队比敌军更快地行动，以利于集中己方实力去对付敌之弱点；（3）纵深，就是要从空间、时间、力量三个方面，攻击敌军纵深，保护己方纵深；（4）协调，就是对战场上的各种活动进行时间、空间和目的方面的安排，以便在决定性的时间和地点产生最大限度的战斗力。

2. 规定"空地一体战"的十项要则

"空地一体战"的十项要则是：（1）确保行动的统一；（2）预见战场上的态势；（3）集中战斗力击敌弱点；（4）指定、保持和改变主要作战方向；（5）坚持战斗；（6）快速运动、猛烈打击和迅速结束；（7）利用地形和气象条件，采取欺骗和作战保密措施；（8）为实施决定性的行动保存实力；（9）使各军种、兵种相辅相成和相互加强；（10）了解战斗对士兵、部队和指挥人员的影响。

3. 确立战役理论

1982年版《作战纲要》在美军历史上首次把战争行动区分为战略、战役、战术三级，并指出"战争的战役级就是为在一个战争战区内达成战略目的而对现有军事力量的使用"。1986年版《作战纲要》首次引入了"战役法"的概念，并指出"战役法研究如何通过筹划、组织和实施战役和大规模作战行动，在一个战争区或作战区内使用军事力量达成战略目的"。战役法要求在组织和实施战役级行动中，攻击敌军重心，保护己方重心；把握作战力量的顶点和掌握机动艺术。机动是战役法的核心，是战役军团在战役作战中主要关心的事情。实施战役机动的目的，是避强击弱，达成突然性，分割敌军，打乱敌作战计划，造成有利于己方的作战态势。战役机动要求有足够的纵深、地面机动与空中机动相结合、机动与火力相结合、有战役预备队来利用战役机动所造成的有利态势。[①]

十、"全维作战"（full-dimensional operations）

1993年6月，美国陆军总部颁布新版野战条令FM100-5《作战纲要》，正式提出"全维作战"理论，并用它取代了1982年提出的"空地一体战"理论。1994年8月，美国陆军训练与条令司令部颁发第525-5号手册《21世纪部队的作战》，系统地阐述美国陆军未来"全维作战"构想，进一步发展和完善了"全维作战"理论。

"全维作战"是指"在所有可能的战争和非战争军事行动中，运用一切可以获得的手段，以最小的代价决定性地完成所受领的任何任务"[②]。其主要内容包括以下几个方面。

1. 重新确定陆军的任务

冷战时期，美国陆军的主要任务是在核威胁条件下与以苏军为主的华约国家军队进行大规模常规战争。冷战结束后，美国陆军不仅要应对不确定的地区性突发事件，打赢常规局部战争，而且要参与维和、反恐、缉毒、反暴乱、人道主义援助等非战争军事行动，维持社会的和平与稳定。这就

---

① 钱俊德：《美国军事思想研究》，第276—286页，军事科学出版社，1992年。

② Headquarters, Department of the Army: FM100-5, OPERATIONS, P. 1-4, June 1993.

极大地扩展了美国陆军的职责和任务。

2. 强调陆军在联合作战中的作用

"全维作战"理论认为，由于未来战争和非战争行动多数仍将发生在地面，陆军仍将是国家当局解决地面冲突的最有力手段；在以陆地为主的全维联合作战中，陆军将起核心作用。陆军不仅将与其他军种联合行动，还将与各种政府机构、民间机构、其他国家军队或国际机构联合行动，联合作战的范围将比冷战时期更为广泛。

3. 将"兵力投送"确定为陆军兵力运用的基本方式

"全维作战"理论认为，冷战结束后，美国将在哪里打仗、与谁打仗已经变得非常不确定，冷战时期部署在前沿的部队大多要撤回美国本土，未来主要是进行应急反应作战。驻守美国本土的陆军部队要对世界各地突然爆发的危机作出反应，就必须迅速赶往事发地点。这就需要以"兵力投送"的方式，迅速将陆军力量投送到事发地点，以便按照美国的意图和方式控制和结束危机。

4. 将"全纵深同时攻击"确定为陆军的核心战法

"全维作战"理论要求陆军在联合作战中，"在完成任务所需的时间和地点集中发挥武器的效能和使用部队，力求在战场全纵深同时攻击敌人"。也就是说，陆军部队在其他军种、其他国家军队和参与作战的各种机构的支援配合下，运用一切杀伤性和非杀伤性手段，同时对敌人前沿、纵深和后方地域的重要目标实施打击，使敌人防不胜防，难以组织起有效的防御，从而导致作战体系迅速瓦解，最终难逃失败命运。[1]

5. 阐明"21世纪部队"的基本特征

"全维作战"理论认为，21世纪的陆军部队在作战理论、编制体制和作

---

[1] 董鸿宾：《浅谈美陆军"全维作战"理论的特点》，《外国军事学术》，第42—44页，1996年第6期。

战能力上应具备下列5种特征："灵活的作战理论"，即针对具体情况灵活运用作战理论规定的原则；"战略机动能力"，即在适当的时间将适当的作战力量运送到适当的地点；"可裁剪"与"可组合"的编制，即作战部队可根据任务需要灵活编组；"兼容能力"，即与其他军种、其他国家的军队和非军事部门联合作战的能力；"多种作战能力"，既能实施战争行动，又能实施非战争军事行动。

6. 指出"全维作战"的发展趋势

《21世纪部队的作战》指出，"全维作战"的发展变化将主要涉及5种"战斗动态因素"：一是作战指挥，即指挥体制更加"扁平"，作战指挥的"艺术性"增强；二是作战空间，即作战空间扩大，兵力密度缩小；三是全纵深同时攻击，即战役不再是一系列分阶段依次实施的作战行动，而是在作战空间的全正面、全高度、全纵深同时打击敌人；四是早期进入，即在战争和非战争军事行动中都需要向突发危机地区投送兵力；五是战斗勤务支援，即根据战争与非战争军事行动的发展变化，建立新的战斗勤务支援体制，确保能够灵活编组后勤部队和快速投送后勤力量，为多种军事任务提供精确、及时的后勤支援。①

十一、"全谱作战"(full spectrum operations)

2001年6月，美国陆军总部颁布野战条令FM3-0《作战纲要》(原编号为FM100-5)，正式提出"全谱作战"思想，用它取代了1993年提出的"全维作战"思想。该条令从作战环境、全谱作战基础、实施决定性全谱作战、创造条件行动等4个方面，系统地阐述了"全谱作战"思想的基本内容。2008年2月，美国陆军总部颁布新版FM3-0《作战纲要》，进一步发

---

① 聂送来：《美陆军"全维作战"发展构想》，《外国军事学术》，第18—20页，1995年第8期。

展和完善了"全谱作战"思想。其主要内容包括以下几个方面。

1. 阐明陆军面临的主要威胁

"全谱作战"思想认为,随着全球化、城市化、技术发展、资源争夺、大规模杀伤性武器扩散、自然灾害、失败国家等因素发生变化,美国陆军面临的威胁也将发生变化。这些威胁大致可以分为4种:传统性威胁,即一些国家所进行的传统军事竞争或冲突;非正规威胁,即采取非传统、非对称的方式挑战美国的传统优势;灾难性威胁,即采用大规模杀伤性武器对美国造成突然的灾难性后果;破坏性威胁,即用先进技术抵消美国在一些关键作战领域的优势。

2. 提出"作战连续体"概念

"作战连续体"(the continuum of operations)提供运用地面力量的框架,包括"冲突谱系"(the spectrum of conflict)和"作战主题"(the operational themes)。"冲突谱系"是从稳定和平到全面战争的暴力升级,可以分为4个阶段:稳定和平、不稳定和平、叛乱、全面战争。"作战主题"用于描述和反映在一定时间和阶段内所关注的主要行动,包括平时军事参与、有限干涉、和平行动、非正规战争等4种类型,每种类型又可分为多种行动样式:平时军事参与,包括多国训练和演习、安全援助、联合交叉训练、救援行动、军备控制、反毒品行动;有限干涉,包括非战斗人员撤离行动、突击、袭击、显示力量、对外人道主义援助、后果管理、实施制裁、裁减大规模杀伤性武器;和平行动,包括维和行动、和平建设、调停行动、强制实施和平、预防冲突;非正规战争,包括外国内部防卫、支持反政府行动、反叛乱行动、打击恐怖主义、非正规战。不同"作战主题"要求美国陆军采取不同的特遣编组、资源配置、防护和战术任务。"作战主题"的各种行动类型与"冲突谱系"中的冲突阶段相对应。

3. 明确各类作战的基本任务和目的

"全谱作战"把陆军作战行动明确划分为进攻、防御、稳定、民事支援等4类，要求在国外的联合作战中主要遂行进攻、防御和稳定行动，在保卫本土的作战行动中主要遂行民事部门支援下的进攻、防御和民事支援行动，同时详细阐述了各类作战的基本任务和目的。

全谱作战各作战类型的基本任务和目的

进攻行动	防御行动
基本任务	**基本任务**
接敌运动	机动防御
扩张战果	地域防御
追击	后退行动
目的	**目的**
扰乱、孤立、瓦解和消灭敌军	迟滞或击败敌人进攻
夺取关键地形	赢得时间
剥夺敌人的资源	节省兵力
获取情报	扼守关键地域
欺骗和牵制敌人	保护平民、重要资产和基础设施
为稳定行动创造安全环境	获取情报
稳定行动	民事支援行动
基本任务	**基本任务**
民事安全	为应对灾难或恐怖袭击提供支援
民事控制	支援民事法律的实施
重建关键的公共设施	根据需要提供其他支援
支持政府管理	
支持经济和基础设施建设	
目的	**目的**
提供安全的环境	拯救生命
保护地面区域	重建关键的公共设施
满足平民的重要需求	维持或恢复法律和秩序
为东道国赢得支援	保护基础设施和财产
为机构和东道国的成功塑造环境	维持或重建地方政府
	为跨机构行动塑造环境

4. 明确陆军战斗力要素

"全谱作战"思想认为，陆军战斗力要素包括领导、信息、运动与机动、情报、火力、保障、指挥与控制、防护等8个方面；运动与机动、情报、火力、保障、指挥与控制和防护构成"作战职能"，领导和信息是战斗力的倍增器。指挥官通过正确运用领导和信息将作战职能转化为战斗力，通过兵力调整、特遣编组和相互支援使战斗力诸要素同时发挥作用。

5. 明确战役法的作用

"全谱作战"思想认为，战役法是战役级指挥中最有创造性的部分，其主要作用在于：（1）区分战争层级，即把战争活动区分为战略级、战役级和战术级，明确这三级之间的关系和各级指挥官的具体职责和行动；（2）战役设计，包括确定问题框架、制定战役设计和改进战役设计。"确定问题框架"包括了解和阐明最终战略目的，确定适当的作战主题、作战方式、制胜机制或稳定机制。"制定战役设计"要求确定适当的作战方式，明确决定点，制定作战线和努力线。"改进战役设计"用于检查指挥官如何实施行动，包括确定部队的战役抵达范围、作战顶点、作战速度、同步和纵深作战、划分和转换作战阶段等。

6. 强调信息优势

"全谱作战"思想认为，信息优势是全谱作战取胜的关键，陆军应在以下4个领域实现信息优势：五项信息任务，即信息作战、争夺指挥与控制权、信息防护、作战保密和军事欺骗；情报、侦察和监视；"知识管理"，即如何创造、组织、应用和转化知识，从而更好地理解当前态势并定下作战决心；"信息管理"，即采用各种方式和信息系统，收集、处理、存储、展示、传播和保护知识成果、数据和信息。

7. 明确提出战略和战役抵达范围

"全谱作战"思想认为，作为战略和战役的地面作战力量，美国陆军必须有能力迅速抵达战区并采取有效的作战行动。为此，提出了"战略抵达范围"和"战役抵达范围"概念。"战略抵达范围"，即能够从空中、陆地、海上、太空、电磁空间等多个维度投送决定性军事力量的距离。"战役抵达范围"，即能够确保战役胜利所必须建立或维持的条件。指挥官和参谋人员通过认真、集中的战役设计，能够增大战役抵达范围。[①]

十二、"联合地面作战"（unified land operations）

2011年10月，美国陆军颁布2015年条令体系内的首部顶层作战条令ADP3-0《联合地面作战》（又译为"统一地面作战"）。它规定了陆军在未来作战行动中生成和使用战斗力的原则和方法，将对美国陆军未来的作战、训练和军队建设产生重大影响。其主要内容包括以下几个方面。

1. 分析未来战略环境

美国陆军认为，要实施"联合地面作战"，就必须分析具体的行动环境、友邻特点和威胁特点。《联合地面作战》指出，指挥官根据作战变量和任务变量分析行动环境，计划、准备、实施和评估作战行动。作战变量包括政治、军事、经济、社会、信息、基础设施、物理环境和时间。任务变量包括任务、敌人、地形和天气、可利用的部队及支援、可利用的时间及民事关切。这些变量在具体形势、领域（陆、海、空、太空、网空）、作战地域或关切地域中的互动，构成指挥官的行动环境。行动环境并非静止不变，而是随时间变化而改变，即使在同一战区也没有完全相同的行动环境。因此，指挥官要考虑到不断变化的作战变量或任务变量对兵力运用和战术行动的影响，为快速完成作战样式转换做好准备。《联合地面作战》指出，陆军必须将自身行动融入"联合行动"这一更大的

---

① 张双鹏、蒲世强：《美国陆军2008年版〈作战纲要〉评介》，《外国军事学术》，第49—51页，2008年第4期。

框架，与友邻机构紧密合作，依靠合作伙伴提供陆军自身不具备的各种能力。各友邻机构拥有获得成功所必需的各种知识、技能及能力，与各伙伴积极合作能够使陆军扬长避短、优势互补。《联合地面作战》认为，陆军今后最有可能面临的安全威胁是混合威胁，即正规部队、恐怖组织、犯罪集团等各种行为体为达到互利效果进行多样化的动态组合，打败美军是他们进行联合的唯一目标。混合威胁既包括采取持久战或利用代理人进行胁迫、恐吓的国家行为体，也包括使用传统国家才具备的高端能力的非国家行为体。

2. **明确"联合地面作战"的基础**

美国陆军认为，"联合地面作战"建立在主动权、决定性行动和任务式指挥的基础之上。主动权，是指陆军通过杀伤性和非杀伤性行动，在敌人没有准备的时间和地点打击敌人，夺取关键地形，保护民众和关键基础设施，削弱敌军凝聚力，将敌人置于无法连贯运用各种军事能力的地位。决定性行动，包括进攻、防御和稳定行动，是指陆军同时采取与任务和环境相适应的进攻、防御和稳定行动，应对常规和混合威胁，实施持续的、决定性的地面行动。任务式指挥，是指挥官使用任务命令行使权力、下达指示，支持下级指挥官在上级意图范围内发挥主动性，授权灵活机敏、适应力强的各级领导实施联合的地面行动；任务式指挥强调以指挥官为核心，赋予各级指挥官最大限度行动自由，能够有效发挥集体和个人主动性，使各级指挥官能够积极适应环境变化并迅速作出调整。

3. **确定陆军必须具备的核心能力**

《联合地面作战》将合成兵种机动和广域安全作为陆军今后必须具备的核心能力。合成兵种机动是指在联合行动中运用战斗力诸要素打败敌地面部队，夺取、占领并保护陆上地域，实现对敌物理、时间和心理优势，夺取并利用主动权。合成兵种机动强调从敌人无法预料的方向将其暴露在美军战斗力之下，并阻止敌作出有效的反应。广域安全是指在联合行动中运用战斗力诸要素保护民众、己方部队、基础设施及行动，阻止敌人获得优势位置，为保持主动权而巩固已取得的成果。合成兵种机动和广域安全为陆军在战术行动以及与进攻、防御、稳定行动相关的任务中平衡运用战斗力诸要素提供了手段。

4. 规定"联合地面作战"原则

美国陆军认为，联合地面作战必须遵循以下六项原则。（1）灵活性，即在思想、计划和行动中具备灵活性，采用任务式指挥方式，发挥主观能动性，综合运用多种能力、编队和装备，灵活应对各种困难。（2）融合。融合既包括陆军对联合部队、跨机构组织和多国伙伴实施的告知和影响行动，也包括为使陆军的各项能力和计划符合联合行动要求而进行的努力。陆军既运用自身能力弥补联合部队、跨机构组织和多国伙伴能力的不足，同时也依赖其他各种机构提供陆军自身不具备的能力。（3）杀伤力。杀伤力是陆军的永恒要求，甚至在只发出武力威胁便足以完成任务的情况下也需要以杀伤能力为保证。合法、专业地使用杀伤力量的能力是采取有效的进攻、防御和稳定行动的基础。（4）适应能力。适应能力对于夺取、保持和利用主动权至关重要。适应能力需要理解作战环境，尽管完全理解作战环境难以实现，但是陆军领导仍要在时间允许的情况下尽可能充分理解作战环境。（5）纵深。纵深是作战行动在空间、时间和目的上的延伸。陆军领导通过在整个作战框架内安排各种行动打击敌全纵深，阻止敌有效使用预备队、指挥和控制节点、后勤及其他能力，进而实现决定性结果。当敌被迫在其物理、时间和组织全纵深应对美军行动时，联合地面作战能够取得最好效果。另一方面，陆军要在自身组织内部以及作战行动的空间、时间和资源等方面构建纵深，包括使用安全部队、保持预备队、实施持续侦察、控制行动节奏。（6）协同。协同是在时间、空间和目的上对军事行动进行安排，以求在决定性的地点和时间最大限度生成战斗力。协同是在相同时间不同地点实施多个相互关联、相互支持的任务的能力，进而产生比单独实施每项任务更好的效果。

5. 扩大了战役法的应用范围

ADP3-0指出，战役法通过战术行动在时间、空间和目的上的安排实现全部或部分战略目标。[①]1986年版"空地一体战"条令首次提出"战役法"，但是并没有将战役法与陆军的任何级别或战争的任何层次联系起来，强调"战役法并不局限于任何指挥层次"[②]，表明陆军各级别在为实现战略目标而安排和组织行动中都占有一席之地。1993年版FM100-5保留了战役法，同时将其纳入战争的战役级这一章。在2008年版FM3-0中，战役法的重要性上升，单独列为一章，但是其应用范围发生了变化。2008年版FM3-0将战役法的运用限制在战争的战役级，强调战役法"仅应用于战役层级"[③]。2011年，上述规定被取消，战役法应用范围受到的限制减少，ADP3-0规定战役法"不局限于特定的级别或编队……可以应用于必须在时间、空间和目的上有效安排多个战术行动的任何编队，以实现全部或部分战略目标"[④]。其任务是在时间、空间和目的等方面对军事行动进行有效安排。其重点是指挥官如何平衡各种风险和机遇，创造并维持夺取、保持和利用主动权所需的各种条件，获取相对优势位置，同时将各种战术行动联系起来实现战略目标。战役法要求指挥官理解作战环境、战略目标及所属部队各分队的能力，并不断拓展和更新对以上问题的理解，不被已经形成的各种观念所束缚。

① Headquarters, Department of the Army: ADP 3-0, Unified Land Operation, p.9, October 10, 2011.

② Headquarters, Department of the Army: FM100-5 Operations, p.10, 1986.

③ Headquarters, Department of the Army: FM3-0 Operations, p.6-1, 2008.

④ Headquarters, Department of the Army: ADP 3-0, Unified Land Operation, p.9, October 10, 2011.

海军作战理论

1798年4月30日美国成立海军部后，海军正式脱离陆军而成为独立军种。在其200多年的发展过程中，美国海军经历了独立战争、第二次英美战争、第一次世界大战、第二次世界大战、朝鲜战争、越南战争、海湾战争、阿富汗战争、伊拉克战争等重大战争，其作战思想也随着武器装备的发展和战争实践的增多而得到不断的发展和完善。美国海军作战思想深受马汉"海权论"的影响，强调建设强大的海军，建立海外海军基地，掌握制海权；要求海军舰艇部队必须随时准备在海上实施速决战和连续作战，以速决战夺取初战的胜利，以连续作战赢得战争的最后胜利。为此，美国海军提出了快速反应、力争主动、积极进攻、灵活机动、集中火力、隐蔽突然、远距打击、密切协同、速战速决的作战原则。美国海军作战思想包含在其作战条令、作战概念和作战构想中，主要内容包括以下几个方面。

一、"夺取制海权"

美国海军认为，只有夺取制海权，控制海洋，才能保护海上通道，顺利投送军事力量，对海外危机和冲突作出快速反应，保护美国国家利益不受伤害。而要夺取制海权，首先必须夺取海上制空权，才能有效实施海上作战。因此，这就需要采用航母特混舰队的方式，实施海军对海军的海上战役，破坏敌方海上交通线，保护己方海上交通线。作战中，舰载航空兵以航空母舰为海上航空基地，实施反航空兵作战，夺取己方舰艇活动海域的制空权，同时为其他作战行动提供必要支援。要夺取制海权，仅夺取海上制空权还不够，还必须同时实施封锁作战、水面作战、反潜作战、反水雷作战、防空作战等作战行动，夺取和保持战场主动权，确保己方行动自由，同时剥夺对方行动自由。

海上与区域控制要求部队能够打败近海防御之敌并且能够控制海岸外数百千米的海域以及陆上纵深数百千米的战场空间。只有夺取了制海权和制空权，首批部队及后续梯队才能安全地进入。海军部队必须控制通向某一区域的海上通道，因为大部分的部队、装备和供给都是通过海运到达该区域的。一旦部署在战区内，海军部队必须具备强大的强行进入能力，并且能够在世界上任何地区执行这一任务。[①]

二、"近岸作战"

冷战结束后，新的世界大战的危险逐渐远去，美国主要面临局部战争和地区冲突的威胁。美国海军在海上面临的巨大威胁也已消失，远洋作战中已经没有旗鼓相当的对手。于是，从1992年起，先后提出"由海向陆""前沿——由海向陆""未来——由海向陆"战略，使海军作战思想发生了一系列根本性变化：作战想定由打一场全球性全面战争转变为对付各种地区性冲突，作战对象由原来的苏联海军转变为第三世界国家军队，作战任务由控制海洋转变为支援陆上作战，作战地域由远洋转变为近岸，主要作战方式由单一军种作战转变为与陆战队、陆军、空军，甚至与盟国军队联合作战。

美国海军认为，它在联合作战中的基本任务是前沿存在、威慑、海上与区域控制和力量投送。在和平时期，美海军将利用自己的远征作战能力，秘密或公开地部署在全球的重要海区，保持前沿存在。例行性的前沿存在可以使海军部队迅速到达全球范围内任何爆发危机的地区，同其他海上、地面和空中部队一起应对危机。具有极强作战能力而又部署在前沿的海军

---

① 钱俊德：《美国军事思想研究》，第293—295页，军事科学出版社，1992年。

部队，是一种巨大的威慑力量，使潜在的对手认识到，任何潜在的敌对行动都将付出高昂的代价。

三、"力量投送"

力量投送是美国海军的一项基本能力。根据不同的情况，海军可灵活选择使用装备有精确制导弹药的航母舰载机、陆战队空地特遣部队、海上发射的巡航导弹，或特种作战部队去实现自己的作战目标。在较大规模的冲突中，海军在必要时夺取机场或港口，为后续岸基航空兵和地面部队建立前进基地。与此同时，海军还派出舰队旗舰，为联军或盟军部队提供指挥与控制能力；利用战略海运舰船为地面部队运送装备和给养等。

四、"封锁作战"

海上封锁作战按目的可分为经济封锁和军事封锁。经济封锁多在交战之前以海上拦截的方式进行，目的是切断对方海上贸易，削弱对方支持战争的潜力。海上拦截的方法：一是以空中作战平台和水面作战平台，监视对方海域的船只活动；二是阻止他国商船进入对方港口；三是强行登船检查。军事封锁通常在交战过程中实施，目的是分割对方海上兵力，限制对方海上力量机动。封锁的方法：一是用潜艇封锁航道；二是用水雷封锁对方港口（基地）；三是用舰载武器攻击对方舰艇。封锁的持续时间视情况而定，少则数十天，多则几个月或数年。

五、"反舰作战"

反舰作战是一种传统的海上作战行动，目的是夺取和保持制海权。使用的兵力主要是航空母舰、潜艇、巡洋舰、驱逐舰。反舰作战，通常在战区司令部下属海军司令或航母打击群（大队）司令统一指挥下进行。主要行动有：利用舰载侦察飞机监视对方舰船行动；利用舰载战斗机、舰载导弹、鱼雷（舰炮）攻击对方水面舰艇；利用潜艇攻击对方的水面舰艇。

六、"反潜作战"

反潜作战是针对对方潜艇的一种作战行动。美军反潜作战，通常采取5个步骤：一是派出飞机、水面舰艇或潜艇，在对方潜艇可能活动的海区进行侦察和搜索，目的是发现对方潜艇；二是通过观测行动，对发现的水下目标进行识别，并确定敌潜艇的方位；三是跟踪和接近敌潜艇，并进行准确定位；四是定位后，用机载、舰载、艇载反潜武器对敌潜艇进行攻击，直到击毁为止；五是反潜结束后，反潜兵力撤出反潜海域，反潜兵器恢复到非战斗状态。

七、"反水雷作战"

反水雷作战，是为舰艇实施近岸火力支援和两栖作战，在对方水雷障碍区开辟通路的行动。反水雷作战通常由反水雷编队实施，其编成多由扫雷舰、扫雷支援舰、反水雷直升机和爆破排雷人员组成。美军排除水雷的主要行动有：一是用舰载猎雷声呐，探测在浅水和深水中的锚雷和沉底雷，然后以各种方式摧毁水雷；二是用反水雷直升机，拖带机械切割扫雷具进行扫雷；三是当水雷浮出水面后，由爆破排雷人员将水雷炸掉或射击引爆。

八、"防空作战"

海上防空作战，是指舰队为免遭对方空中攻击采取的对空防御行动。舰载飞机和巡洋舰通常是防空的主要力量。防空作战任务是发现和拦截对方空中袭击兵器，保护舰队的安全。舰队防空作战，通常以航母打击群（大队）为中心组织，建立三道防空区：第一道为外层防御区，在该防区遂行任务的主要是预警机、电子战飞机和战斗机。预警机负责监视敌空中目标，并将目标数据传递给战斗机，力求在敌机发射导弹之前将其击落；第二道为中层防御区，主要由配备中程舰空导弹的巡洋舰和驱逐舰，以及战斗机，以有效的攻击击毁来袭的战斗机或导弹；第三道为近层防御区，主要是以近程舰空导弹和舰载速射炮，攻击射程内的空中来袭目标。[1]

空军作战理论

1947年7月26日，美国陆军航空队正式脱离陆军建制，成为一个与陆军和海军平行的独立军种。9月18日，美国成立空军部，统一管理和指挥所有空军部队和机关。在成为独立军种的70多年时间里，美国空军参加过朝鲜战争、越南战争、空袭利比亚战争、入侵巴拿马战争、海湾战争、科索沃战争、阿富汗战争和伊拉克战争。丰富的战争实践和持续的理论创新，使美国空军逐渐形成了自己独特的作战思想。美国空军作战思想包含在其作战条令、作战概念和作战构想中，主要内容包括以下几个方面。

一、"夺取制空权"

受杜黑"制空权论"的影响，美国空军认为，掌握制空权就是胜利，没有制空权就注定失败。掌握了制空权，己方空军就能对敌地面部队和后方目标实施有效打击，己方地面和海上作战行动就能免遭敌方空中力量的干扰和破坏，收到预期效果。没有制空权，己方作战部队就难以掌握战场主动权，作战行动就难以按预定计划进行，也就难以达成预定作战目标。

---

[1] 军事科学院外国军事研究部：《美国军事基本情况》，第374—376页，军事科学出版社，2013年。

因此，无论是在大规模战争还是在小规模战争中，美国空军都特别重视首先夺取制空权。

为夺取制空权，美国空军特别重视集中优势兵力，对敌重心目标实施主动进攻，突然袭击，力争取得决定性战果。这种集中主要体现在两个方面：一是兵力兵器的集中，即在具有决定性意义的方向和目标上集中兵力兵器，在次要方向上节省兵力兵器，以有利于达成主要作战目标；二是时间和空间的集中，即在尽可能短的时间内，使用新的技术，实施多方向、多层次、多目标的同时突击，一举摧毁预定作战目标。在作战中，主动性和突然性是决定性因素。主动性表现为积极进攻，没有进攻，就不可能夺取胜利。突然性则强调在出敌不意的时间和地点，利用高速度、机动性和欺骗措施，使用新式武器并集中兵力实施突击，以取得事半功倍的效果。[1]

二、"战略瘫痪"

受富勒、利德尔·哈特、威廉·米切尔等人的影响，美国退役空军上校约翰·博伊德，在20世纪七八十年代进行了一系列专题演说，提出了独具特色而又富有创意的OODA（Observation，Orientation，Decision，Action）理论，并通过数百张幻灯片系统地阐述了"战略瘫痪"思想。他的"战略瘫痪"思想被美国空军官方采纳后，对美国空军作战思想产生了重大影响。

所谓"战略瘫痪"，就是旨在使敌人丧失能力而非将之消灭的一种具有物质因素、智力因素和精神因素的军事选择。它寻求以军事上不可避免的最小努力和代价，来获得政治上可能存在的最大效果和利益。它旨在达成一种快速决定性的结果，即通过机动作战打击敌人赖以维持和控制其作战行动的物质和智力上的能力，削弱其精神上的抵抗意志。在作战目标选择

---

① 钱俊德：《美国军事思想研究》，第290—291页，军事科学出版社，1992年。

上，战略瘫痪思想着眼于敌人整个作战体系，强调通过对敌战略性目标的直接打击达成作战目的；在作战指挥上，战略瘫痪思想要求实施更加快速、高效的指挥与控制，创造出人意料的、危险的战役和战略形势，打垮敌人司令部的精神和意志；在作战方法上，战略瘫痪思想促使美军由消耗战和歼灭战向重心攻击和结构破坏转变，不以歼灭对方有生力量和攻城略地为根本目的，而是通过瘫痪对方作战体系的功能，使敌方无还手之力，屈服于己方的意志，达成战略战役目的。[①]

三、"空袭作战"

空袭作战，是以空袭为主要内容、通常伴有空战行动的空中作战样式，分为战略空袭作战、战役空袭作战和战术空袭作战。战略空袭作战，是为达成战争的全部或部分目的，由空军的战略战役军团或特种空袭力量，独立或在其他军种相关力量的协同下，对敌方战略目标进行的空袭，或对具有独特战略意义的少数敏感要害目标进行的空袭，前者包括一系列空袭战役、战斗，后者通常为一次"外科手术"式空袭。战役空袭作战，是为了达成战役目的，由空军的战役军团，独立或在其他军种相关力量的协同下，对敌方的整个战役纵深重要目标进行的一系列空袭战斗的总和，通常是诸军兵种联合战役的组成部分。战术空袭作战，是为达成战斗目的，由空中力量对敌有限地域的一个或数个目标进行的空袭。空袭作战的基本特征，是以航空器的火力对敌方地面、海上目标进行打击，而这种打击通常具有乘敌不备、出敌不意的奇袭、偷袭性质。美国空军在海湾战争、科索沃战争、阿富汗战争、伊拉克战争等局部战争中，都实施过令人印象深刻的空袭作战。

---

① 中国人民解放军总参谋部军训和兵种部：《联合作战与联合训练（论文精选）》，第507—514页，中国人民解放军总参谋部第六十研究所，2005年。

从美国空军在近几场局部战争中实施空袭作战的情况看，现代空袭作战一般具有以下特点：一是空袭通常揭开战幕，并贯穿战争始终；二是高层控制，按级指挥，即通常由战役级以上的联合部队指挥官集中指挥和控制；三是在敌战役或战略纵深，对选定目标进行集中而连续的袭击；四是通常突然发起，连续进行，速战速决；五是较大规模的空袭作战，通常是诸军种联合作战；六是空袭机群的编成多样化；七是空袭作战以精确制导弹药为主，多种弹药并用。[①]

四、"外科手术式打击"

美国空军"外科手术式打击"的思想可以追溯到20世纪60年代。在1962年的古巴导弹危机中，美国政府中的部分人员不赞成全面摊牌，而主张采用"外科手术式打击"的方式，只对古巴导弹基地进行突然的空中打击。这种打击样式能速进快撤，速战速决，快速达成某种战役甚至战略目的；就打击目标而言，既可以选择对己方威胁较大的目标，也可以选择攸关对方发展甚至命运的敏感、高价值目标；就预期目的而言，既可以是维护自身的安全，也可以是报复、惩罚或压服敌方，迫敌就范。因此，它一直受到美国空军的青睐，并在1986年的空袭利比亚战争中被用于实战。

然而，并不是任何一个有空中力量的国家都可以成功地进行"外科手术式打击"，因为这种空中打击样式必须具备4个基本条件：一是敢做"手术"的勇气和敢打必胜的信心；二是锋利的"手术刀"，即尖子飞行员加先进的武器装备；三是有效的"麻醉剂"，即欺骗、隐蔽措施加灵活战术；四是"主刀"和助手密切配合，即多机种密切协同。美国空军是世界上少数具备这些条件的空军之一。

---

① 董文先：《现代空军论》，第671—575页，蓝天出版社，1993年。

五、"空中遮断"

空中遮断是在敌军有效应对己方部队之前或达成目的之前，对其进行毁歼、打乱、改变或迟滞的空中机动样式。空中遮断的目标是敌方交通线、补给中心、指挥与控制节点或野战部队。空中遮断寻求利用现有空中资源通过攻击相对较少的目标达成严重打乱敌军的效果。直接攻击敌野战部队、车辆或炮兵并不一定取得好的效果。空中遮断或作为整个战场遮断的一部分，使整个或部分战场的敌军与其支援和加强资源隔离开；或响应地面作战，攻击某个战场局部的敌人。在地面战场附近实施空中遮断时，空中与地面融为一体可获得最大效果。

六、"近距离空中支援"

近距离空中支援是使用航空航天力量直接支援地面部队的行动样式。航空兵通常需要打击靠近己方地面部队的目标，这就要求近距离空中支援必须与地面部队火力与运动密切结合。近距离空中支援对航空兵来说不是发挥最大优势的选项，但对于地面部队而言则是十分有效的手段。近距离空中支援的战术控制权通常由航空兵部队指挥官掌握，目标引导人员一般由空军派出。近距离空中支援是在地面部队建制火力无法有效发挥时才使用。通常是地面轻型部队对近距离空中支援的需求大于重型部队。

七、"五环目标"

美国空军上校约翰·A.沃登三世在1988年出版的《空中战役：制订作战计划》中提出的"五环目标"选择与打击思想，对海湾战争中美军空中战役计划的制订产生了巨大影响。1995年，沃登三世在美国《空天力量杂志》春季号发表题为《战略：把敌人作为一个系统》的文章，结合海湾战争空战经验，进一步阐述了"五环目标"思想。1999年的科索沃战争再次证明"五环目标"思想收效显著。2001年1月，"五环目标"思想被正式写入美国空军AFDD2-1号条令文件《空中作战条令》，成为指导美国空军进行作战训练的思想之一。

"五环目标"思想把敌人的作战系统分为由内向外的5个功能性子系统环，即领导集团环、关键性生产要素环、基础设施环、民心士气环、野战部队环。领导集团是敌方领导人及其指挥控制通信系统，消灭敌方领导人、摧毁或破坏敌方指挥控制通信系统，就可以达到削弱敌方战斗意志和战斗力的目的。关键性生产要素包括电力、石油、供水系统等，是一个国家正常运转所必需的设施，失去这些设施不但现代化武器装备将失去作用，甚至人们的生活也会变得十分困难。基础设施包括铁路、公路、桥梁、机场、港口等运输系统，一旦运输系统遭到破坏，国家的防御能力就会随之下降。民心士气涉及民众的抵抗意志，一旦遭受打击，作战能力和战争潜力就会明显下降。野战部队是实现战争目的的主要工具，只有重创敌人的野战部队，才能使内环（领导集团环）失去保护。

"五环目标"思想认为，打击敌方领导层的"斩首行动"是瘫痪敌作战体系的最有效途径，是军事行动永远的战略目标；在打击敌人领导层的同时，可以并行地对其他四个环内的目标实施打击，直到敌人领导层屈服为止；对其他环内的目标实施打击时，应根据其对领导层的影响的重要程度来对其进行排序，最外环的目标并不是最不重要的目标。

"五环目标"思想的实质在于：毁节断链，破坏敌战争结构；釜底抽薪，削弱敌战争基础。其基础主要包括4个方面：一是系统对抗，即在选择攻击目标时，要把敌人作为一个结构复杂的大系统加以考虑，如果分散地考虑单架飞机、单件武器和单支部队，就会一叶障目，难以找到最佳攻击目标。二是战略瘫痪，即应尽量避免与敌军形成正面冲突，而是通过打击敌指挥控制、后勤等重要目标致敌瘫痪，以较小代价获取较大胜利。三是打击重心，即准确判明敌人重心所在并对其实施打击。四是并行作战，因为复杂军事大系统往往由相当多的子系统构成，每个子系统都有其自身的重心，它们之间形成了复杂的互动关系，这就决定了并行作战的合理性和必要性。与顺序攻击相比，并行作战不仅破坏效果更加显著，而且更易造成敌人的混乱和精神崩溃，从而迅速达成军事和政治目的。

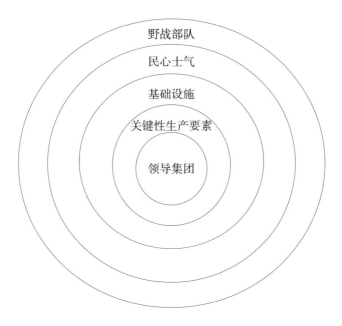

沃登的"五环目标"战略体系

八、"空天作战"（Air and Space Operations）

1992年3月，美国空军颁布新版AFM1-1《美国空军空天基本条令》（*Basic Aerospace Doctrine of the United States Air Force*），取代了1984年1月5日颁布的AFM1-1条令。在新版条令中，美国空军首次使用"空天作战"（aerospace operations）这个术语，认为美国空军是"空天力量"（aerospace power），具有空天控制、力量运用、力量增强和力量支援4种作用，能够

"提供实施和维持空天作战的能力"。①1997年9月，美国空军颁布AFDD1（用新编号方式"AFDD"取代了"AFM"）《空军基本条令》（*Air Force Basic Doctrine*），取代了1992年3月颁布的AFM1-1条令。该条令认为，"空中力量主要受空气动力学的影响，而太空力量则受轨道结构原理支配，不受大气垂直范围的限制"②，两种作战行动的物理环境是不同的。于是，在表述"空天力量"和"空天作战"这两种意思时，停止使用"aerospace power"和"aerospace operations"，而使用"air and space power"和"air and space operations"。此后，美国空军颁布的新版AFDD1、AFDD2和AFDD3系列条令都相继废除了旧用法，采用了新用法。从美国空军2007年4月3日颁布的新版AFDD2条令《作战和编组》（*Operations and Organization*）看，"空天作战"思想主要包括以下内容。

1. **认为空天力量最适合实施并行作战和非对称作战**

空天力量通常用于实施并行作战和非对称作战。并行作战能在短时间内对敌人作战体系的许多点施加压力，产生最大的震撼和混乱效果，限制敌人的反应和适应能力。非对称作战通过使用某种敌人不能使用、不会使用或不能有效防御的能力，形成敌人不能直接对抗的巨大优势，打击敌人的薄弱环节，最大限度地降低敌人的作战能力，迅速取得决定性效果。经验表明，并行作战和非对称作战比顺序作战和对称作战更有效，能够更快地取得战果，并且代价更小。空天力量不受地形地物限制，机动速度快，奔袭距离远，精确打击能力强，能够实施直接达成联合部队指挥官作战目标的作战行动，在某些情况下还是唯一能够提供初始反应的力量，用于并行作战和非对称作战能够收到最好的效果。

---

① Headquarters US Air Force: Basic Aerospace Doctrine of the United States Air Force, Volume I, P.15, March 1992.

② United States Air Force: Air Force Basic Doctrine, P. 21, September 1997.

2. 确认新的军事行动分类

美国空军在1992年版《美国空军空天基本条令》中，开始把军事行动分为战争和"战争以外的军事活动"（military activities short of war）两大类。1993年，美军在JP3-0《联合作战条令》中把军事行动分为战争和"非战争军事行动"（military operations other than war）两大类。此后，美国空军一直沿用《联合作战条令》的分类法。2006年，美军颁发新版JP3-0《联合作战纲要》，宣布停止使用"非战争军事行动"这个术语，而将军事行动分为3类：军事接触、安全合作和威慑；危机反应和有限应急行动；大规模作战和战役。美国空军2007年版AFDD2条令《作战和编组》正式采用联合作战纲要的这种新分类法，认为：军事接触、安全合作和威慑行动建立、塑造、维持和改善与其他国家和国内民政当局的关系，主要包括军备控制、后果管理、反毒品、国外人道主义援助、军事接触、国家援助、回收行动、单边和多边军事演习等行动；危机反应和有限应急行动可能是持续时间有限的小规模独立军事行动或持续时间较长的大规模作战行动的重要组成部分，主要包括反恐怖活动、反放射和核生化活动、强行制裁和海上拦截行动、强制实行禁区、确保航行和飞越领空自由、非战斗人员撤离、维持和平、强制实行和平、保护海运、展示武力、打击与袭击、支持反暴乱、支持反骚乱等行动；大规模作战和战役是实现国家目标或保护国家利益的大规模持久作战行动，通常是包括多个作战阶段的联合战役。

3. 确定基于效果作战的原则

基于效果作战是用于影响或改变系统或能力以达成预期结果的作战行动，包括制订计划、实施计划和评估作战行动。基于效果作战一般遵循下列原则：努力使计划制订、计划实施和作战评估一体化；聚焦于目标和最终状态；聚焦于创造效果而不是平台、武器或方法；考虑所有类型的效果；以最有效的方法实现目标；在战略、战役、战术层级综合使用军事、外交、信息、经济等所有力量手段和能力；承认战争是复杂自适应系统的冲突；关注行为而不仅仅是关注物理变化；承认所有行为者的渊博知识和作战环境对胜利十分重要；必须考虑"无意结果定律"。

4. 规定空军部队指挥官的职责

当联合部队指挥官授权空军部队指挥官对空中组成部队实施作战控制时，空军部队指挥官肩负支持联合部队指挥官的空天计划、制订作战方案并将之推荐给联合部队指挥官、制定空天战略与作战计划等12项责任。作为联合部队的军种组成部队指挥官，空军部队指挥官肩负着正确使用空军部队向联合部队司令提出建议，编组训练装备和保障在战区内执行任务的空军部队，为陆军、海军、陆战队、特种作战部队和临时联合体伙伴提供单边联络等10项责任。作为联合部队空天组成部队指挥官，空军部队指挥官肩负编组联合部队空中组成部队参谋部、制订联合空天作战计划、计划协调和分配空天作战能力和部队等11项责任。

5. 规定空天远征特遣部队的编组

空天远征特遣部队是一种根据作战任务进行一体化作战编组，要求在作战兵力、保障兵力、指挥控制和防护兵力之间保持适当平衡，其要素包括单一指挥官、指挥控制机构和根据任务编组并得到充分支援的部队。美国空军可编组下列空天远征特遣部队：编号远征空军（Numbered Expeditionary Air Force），由多个远征联队组成，是规模最大的空天远征特遣部队；空军远征联队（Air Expeditionary Wing），即空天远征特遣部队中的联队，通常包括联队指挥分队和下属大队与中队；空军远征大队（Air Expeditionary Group），即空军远征联队中或独立部署的大队，通常包括远征联队指挥分队的一部分和几个中队；空军远征中队（Air Expeditionary Squadron），即空天远征特遣部队中的中队，主要用于支援危机行动，不用于遂行独立作战行动；中队以下级别的远征分队（Expeditionary Elements below Squadron Level），包括爆炸物处理组、军犬组、联络组、保密部队等，可作为空天远征特遣部队的一部分或空军部队的独立分队部署。[1]

陆战队作战理论

美国陆战队建于1775年11月10日，当时被称为"大陆陆战队"，1783年被解散，1798年7月11日被重建。由于陆战队平时归美国海军部管辖，我们过去习惯于将陆战队看作海军的一部分。实际上，美国陆战队是一个独立的军种，有着不同于海军的军种文化、体制编制、作战方式和作战理论。在200多年的历史中，陆战队有着自己独特的战斗经历、光荣传统和作战思想。美国陆战队作战思想包含在其作战条令、作战概念和作战构想中，主要内容包括以下几个方面。

一、"超地平线登陆作战"

美国陆战队于20世纪80年代后期提出了"超地平线登陆作战"思想，强调使用新型登陆工具，从地平线外向敌岸发起快速突击，在短时间内使大量登陆兵登陆，使敌军猝不及防，同时使用远程兵器打击登陆地域以外与纵深内的目标，使用机降部队袭击敌军后方，破坏敌岸防整体部署。其主要内容包括以下几个方面。

1. 以快速登陆工具威胁敌广大海防线，在敌防御薄弱地段登陆

"超地平线登陆作战"思想是在新一代登陆工具的基础上形成的。新一代登陆工具主要是指气垫登陆艇和MV-22"鱼鹰"偏转翼飞机。通过使用

---

[1] the United States Air Force: AFDD2, Operations and Organization, April 3, 2007.

气垫登陆艇和"鱼鹰"飞机，一支距敌海岸400海里的两栖特遣部队能在24小时内威胁1000海里长的海岸线。一支距敌海岸200海里的特遣部队可在12小时内威胁700海里长的海岸线。从距海岸150海里的海上使用"鱼鹰"飞机，可在260海里海岸线范围内将机降部队输送至50海里纵深处。气垫登陆艇和"鱼鹰"飞机的这些能力使两栖特遣部队能在更大的正面与纵深上威胁敌军，从而迫使敌岸防部队在更大的正面和纵深上分散其战斗力。这样，登陆部队就有更多的机会在敌防御薄弱的地段接近海岸，实施登陆。

2. 采取各种措施达成登陆作战的战术突然性

"超地平线登陆作战"思想认为，未来空间监视系统将更加先进，登陆作战的战略突然性将越来越难以达成，因此要求采取一切措施来最大限度地达成登陆作战的战术突然性，主要措施是：（1）推迟确定登陆场，即在距敌海岸约400海里时，才开始确定登陆场的工作，以便找出敌军的弱点和可供登陆的地点。（2）从地平线外发起突击，快速登陆，使敌军来不及作出有效反应。气垫登陆艇从距岸25～35海里处（地平线以外）以40节以上的速度向岸滩发起突击，搭乘"鱼鹰"飞机的登陆兵从距岸50海里的海上以每小时250海里的速度发起垂直登陆。由于从敌岸防部队火力范围以外发起突击，登陆速度又快，突击登陆部队的生存力可得到很大提高。（3）实施欺骗与佯动。在敌军威胁较大的条件下实施"超地平线登陆作战"时，要积极实施战术欺骗。发起突击前一小时，可使用搭乘登陆兵的"鱼鹰"飞机对距主要登陆场65～100海里处的目标实施两栖佯动，以诱使敌机动防御兵力向佯动方向移动，使其不能及时增援实际登陆方向上的守敌。实施佯动的"鱼鹰"飞机在完成任务后，立即改变航向，沿海岸飞向指定的登陆地域，参加主要登陆方向上的垂直登陆。

3. 以多种手段封锁战场和实施纵深攻击，以破坏敌抗登陆整体部署

"超地平线登陆作战"思想不仅重视摧毁登陆场上敌军的防御，而且更重视压制登陆场外能支援或加强登陆场守敌、威胁登陆部队的敌军兵力兵器，主张通过封锁战场和实施纵深攻击，来破坏敌抗登陆防御的整体部署，削弱敌军的反应能力，以保证登陆部队顺利作战。其主要措施是：（1）预先封锁目标地域。在登陆突击前12小时，开始实施封锁目标地域的行动。其目的：一是夺取制空权和制海权；二是封锁目标地域；三是使敌军相信，美军可能在广大区域的任何地点实施突然攻击，从而使敌军仍然保持分散状态，不敢将预备队用于最初登陆地域。（2）打击登陆场以外的关键目标。打击登陆场以外的指挥与控制设施、机场、交通枢纽和重要武器系统，可确保登陆作战顺利进行。（3）对敌后方实施机降袭击。在登陆突击发起前，可使用一些连规模的袭击队，搭乘"鱼鹰"飞机，对防守海岸的摩步师后方实施机降袭击，攻击敌军司令部、通信设施、防空雷达、桥梁和重要武器系统等目标。（4）以较多的兵力在纵深实施垂直登陆。突击登陆部队以40%的兵力抢占滩头阵地，以60%的兵力实施纵深战斗，阻止实施增援的敌后续部队。[①]

二、"远征机动作战"

2001年11月10日，美国海军部和陆战队司令部共同颁布《远征机动作战》（Expeditionary Maneuver Warfare）文件，正式提出"远征机动作战"思想，把"由海向陆机动作战""舰到目标机动""岸上持久作战"等概念有机地联系在一起，实现了陆战队作战理论发展中的一次重大飞跃。其主要内容包括以下几个方面。

1. 提出3个核心概念

"远征机动作战"思想包括远征作战、机动战和增强型网络化海上基地3个核心概念。远征作战概念认为，真正的远征部队不仅要能够分散部署到

---

① 穆奕：《90年代的美军登陆作战理论——"超地平线"登陆作战设想》，《外国军事学术》，第32—36页，1990年第1期。

遥远的战场，不依赖海外基地或设施的支援就能立刻投入作战，而且要能够进行较长时间的持续作战；随着海上预置系统的改善，陆战队的机动性、指挥控制系统和后勤支援能力将得到很大提升，远征部队将更具灵活、持久、致命的作战能力。机动战概念认为，由地面部队、空中力量和后勤支援力量组成的空地特遣部队，最适合在广阔范围内实施机动战；它们部署在海上基地，能从海上直接前往任何想去的内陆地区；这种能力把海上机动和陆地机动联系起来，使原先分阶段实施的两栖作战变成一体化的前沿机动作战。增强型网络化海上基地概念认为，增强型网络化海上基地把一系列平台与未来新能力整合起来，进行分阶段的海上集结、抵达和选择性卸载，将做好战斗准备、具备持续作战能力的特遣部队直接投送到战区实施作战行动。这3个概念相辅相成，紧密结合，就能生成强大的远征机动作战能力。

2. **提出五大能力需求**

"远征机动作战"思想提出了以下5种能力需求。（1）战略灵敏性。要求陆战队具备高度戒备、灵活编组、持久作战和致命的攻击能力，能够灵活地调整部署，迅速地从危机前状态转变为在任何遥远战区实施作战行动。（2）作战可达性。陆战队与其他国家力量相结合，快速抵达战区，在整个作战空间维持适当而有效的作战力量。（3）战术灵活性。陆战队可同时执行多种毫无关联的任务，能由一种任务迅速转入执行另一种任务，能为联合部队提供多维空间作战能力。（4）支持和维持能力。通过聚焦式后勤，陆战队投送的力量不需要别国基地的支援，就能在宽大正面和深远纵深上实施快速、隐蔽和精确的打击，及时遏制、缓解或解决危机，增强盟友对美国的信心。（5）实施联合与多国作战的能力。陆战队通过建立最初的指挥控制系统、为后续部队夺取前沿作战基地、挫伤对手的"反介入"能力、发展联合部队作战成果、开辟新的战线等方式，为联合或多国作战提供手段，创造战机。

3. 要求发挥7项作战功能

"远征机动作战"思想要求发挥以下7项功能。（1）多维空间机动。陆地、空中，尤其是海上作战机动，使指挥官能利用陆战队固有的作战机动性，选择有利的时间和地点打击敌人的弱点，获得决定性效果。（2）综合火力。火力不仅仅是投下弹药，摧毁目标，而且能够给对手造成巨大的心理压力。陆战队把综合火力与机动结合起来，使用火力来支援机动，通过机动扩大火力打击效果，从而粉碎对手的凝聚力。（3）情报。情报具有优化决策质量和指挥速度的功能。要求把传统的作战领域与情报完全结合起来，其目的是帮助指挥官找到敌人的关键弱点并加以利用。（4）后勤。陆战队通过使用远征支援基地、海上基地支援、伴随支援、减少消耗、改进装载方式、"可视化"物流、发展小而轻但仍具相同杀伤力的替代性弹药等方式，减小岸上后勤支援部队的规模。（5）指挥和控制。无论是在海上，还是在向岸上转移或运动中，远征部队都应能近实时地获取、处理和使用情报信息，拥有战役战术战场感知能力，同时还必须与战区和国家级资源联通，与其他军种和盟国的系统实现互联互通，从而在整个部署和作战期间为指挥官提供无缝隙的指挥控制能力。（6）保护部队。采取一系列主动和被动措施，保护部队的战斗潜能，以便能随时随地加以运用。（7）信息作战。信息作战是一种力量倍增器，既可以削弱敌人部署和控制部队的能力，也可以为陆战队完成任务创造条件。应采取一切措施确保己方的信息正确完整，同时影响敌人的信息系统和决策过程。[①]

三、"两栖作战"

两栖作战是陆战队由海向陆作战主要样式之一，通常是在空中作战兵

---

① 车先明、陈学惠：《美军作战理论前沿问题聚焦》，第520—524页，军事科学出版社，2005年。

力的支援下，由海军舰艇和搭乘舰船的登陆部队，从海上向陆地或岛屿发起进攻。两栖作战分为两栖突击、两栖撤退、两栖佯动和两栖袭击。其中，两栖突击是主要类型。

两栖突击按照装载上船、预先演练、航渡和突击登陆4个阶段进行。装载上船是从两栖特遣部队驻地向集结地域集中人员、装备和物资开始，到航渡开始时结束。在集结地域，各部队进行各项上船准备工作，并按照装载上船计划完成上船和装载任务。

预先演练通常在航渡过程中按照两栖作战程序进行，目的是检验和完善两栖作战计划。主要演练登陆部队的换乘、卸载和登陆中的指挥、控制、通信和协同动作。

航渡是从会合区开始，到舰船抵达两栖作战目标区内指定位置为止。为了使航渡能够有序地进行，海军的舰船通常按D日（进攻发起日）抵达两栖作战目标区的先后顺序，编成D日前到达的航渡群，D日到达的航渡群和D日后到达的航渡群，以航渡群方式实施航渡。

突击登陆，夺取登陆场，是从航渡结束到夺取登陆场为止。在该阶段之前，通常要进行先期作战，目的是孤立登陆地域，获取对方有关情报，破坏对方反登陆准备，为实施两栖突击而在登陆地域做好上岸准备。为了达成突然性或在对方防御薄弱时，也可不进行先期作战。突击登陆时，通常要进行直接火力准备，即由空军和海军对登陆地域内的敌方部队、防御阵地、火器发射阵地、滩头阵地和障碍物等进行猛烈的空中火力、导弹和舰炮火力突击，为登陆部队突击上岸创造条件。直接火力准备从两栖特遣部队抵达运输区进行换乘时开始，到登陆兵第一突击波登陆时为止。持续时间一般为数十分钟至数小时。

突击登陆时，通常先由扫雷舰、反水雷直升机和特种海上分队，对重点运输区、火力支援区和通往登陆滩头的海上接近航道进行扫雷，以保障登陆部队和舰船的安全。

夺取登陆场时，在火力支援下，先由登陆部队第一梯队营搭乘偏转翼飞机或直升机、气垫船和两栖突击车突击登陆，夺取登陆滩头；之后，团的后续突击梯队或预备队登陆扩张战果，消灭残存之敌，连接各登陆滩头，夺取指定目标。当第一梯队团夺取和巩固登陆地段后，师后续突击部队（预备队）登陆，在第一梯队团的配合下，粉碎敌方的反突击或反冲击，夺取和巩固师登陆场。

在夺取登陆场时，如果实施空降作战，其空降场通常选在登陆场外沿附近便于夺取目标、便于隐蔽、便于运动和便于着陆的地域。空降兵力视任务而定，通常为团（旅）规模。在夺取登陆场后，通常根据上级指令，按照地面攻防理论实施进攻或防御战斗。[①]

美军作战理论主要特点

美军作战理论覆盖陆、海、空、天、网各个作战领域，涉及作战行动的各个方面，范围广阔，内容丰富，呈现出鲜明的美国特色，其中最主要的有以下7个方面。

一、强调进攻作战，争夺战场主动权

美军认为，战争的目的是战胜敌人，而任何战争的最后胜利，都有赖于进攻。因此，进攻是贯穿美军作战思想的一条主线，无论是在进攻作战还是在防御作战中，进攻思想都起着主导作用。在建军初期，美军以弱对

---

① 军事科学院外国军事研究部：《美国军事基本情况》，第376—378页，军事科学出版社，2013年。

强，战略上无疑是防御性的，但在作战中却主要采用散兵战术、袭击战术、合围战术等进攻战术，最终打败了比自己强大的英国军队。在1921年颁布的九大战争原则中，进攻被列在第二条，足见其地位之重要。美军认为，进攻的目的是夺取、保持和利用主动权，进攻行动是实现作战目标最有效的和决定性的方法；即使在防御作战中，也必须发扬进攻精神，重视攻势行动，努力利用每一个机会去夺取或再次夺取主动权。美军提倡在防御作战中采用机动防御或机动与地域防御相结合的样式，其目的就是在机动中制造敌人的薄弱环节，寻找主动进攻的机会，力争再次夺取战场主动权。美军在独立战争、国内战争、第二次世界大战、海湾战争、伊拉克战争等战争中，留下了许多经典的进攻作战战例。

二、强调联合作战，合力制胜

美军在历史上进行过许多联合作战，并且认识到了联合作战的重要性。但在1986年以前，美军并没有很好地总结自己联合作战的经验教训，联合作战理论发展十分缓慢。尽管艾森豪威尔、布雷德利、泰勒等美军高级将领不断呼吁加强联合作战，但收效并不明显。1986年通过的《戈德华特－尼科尔斯国防部改组法》给美军联合作战的发展注入了新的活力，使美军能够采取多种措施全面加强联合作战建设：一是赋予参联会主席制定联合作战条令的职责和权力；二是在军内外开展联合作战大讨论，统一全军对联合作战的认识；三是成立联合部队司令部负责培育联合作战文化和编写联合作战条令；四是在各级军校中增设联合作战课程；五是编写出版1～6系列联合出版物，以此指导全军联合作战发展；六是按照联合作战条令修订军种作战条令，使军种作战理论与联合作战理论保持一致；七是定期修改联合与军种作战条令，推动联合作战理论向前发展，使联合作战由军种联合向跨部门、跨机构、跨作战领域联合发展；八是开展多层次、多类型、多领域的联合作战演习，检验联合作战理论的可行性和适用性。通过这些措施，美军上下已经形成一种独特的联合作战文化，都认识到现代技术提供了前所未有的军事能力，任何单一武器或部队如不与其他互补性作战能力一起使用，都不能充分发挥其潜力；各军种只有协调地运用各自的独特作战能力，才能创造出大于个体之和的整体作战效能。因此，美军未来不管在什么地方、在什么条件下作战，都将采取联合作战方式，以整体合力夺取战争的胜利。

三、强调联盟作战，夺占道义高地

奉行军事联盟战略是美国的传统。早在美国独立战争时期，美国就在1778年同法国签订了军事同盟条约，并在法国和西班牙军队的帮助下打败了英国军队。在第一次世界大战中，美国加入协约国一方，与同盟国军队作战。在第二次世界大战中，美国加入同盟国一方，与轴心国军队作战。第二次世界大战结束后，美国加入北约，并与许多拉美国家和亚洲国家结成军事联盟，共同应对可能面临的威胁。冷战结束后，美国成了唯一的超级大国，但美国并没有解散这些军事联盟，反而在想方设法地加强这些军事联盟，其目的是确保美国绝对安全。与此同时，美军在联合与军种作战条令中，系统地发展和完善联盟（多国）作战理论，力求与盟国军队实施协调一致的作战行动。如果说第二次世界大战前和冷战中美国推行联盟战略是为了借助盟国的军事力量打赢战争，那么冷战后美国加强军事联盟则主要是出于政治目的，即要树立美国"得道多助"的国际政治形象。在拥有世界最强大的核、常军事力量和全谱优势的情况下，美军强调联盟作战完全是为了争夺道义高地。

四、强调机动作战，制造敌薄弱环节

美军向来崇尚技术，20世纪60年代之前都比较推崇消耗战，主张以强

大火力大量消耗敌人，直至取得战争胜利。越南战争期间，美军开始重视空中机动作战，于1963年6月颁布了首本《空中机动作战》条令，于9月颁发了首本《直升机机降作战》条令，于1965年6月正式组建了第一个空中机动师——第1骑兵师，空中机动作战理论得到了很大发展。然而，陆军1976年版《作战纲要》提出"积极防御"思想，要求以强大火力疲惫和消耗敌人，再次回归消耗战的老路。该纲要颁布后，遭到军内外的广泛批评，迫使陆军于1977年开始着手修订作战理论。1982年版《作战纲要》提出"空地一体战"理论，强调实施机动作战。1986年版及以后的《作战纲要》和《联合作战纲要》都强调机动作战，使美军机动作战理论得到不断发展和完善。美军认为，实施机动作战：一是可以打乱敌军作战计划，迫使敌人集中或分散兵力以应对战场出现的新情况，并在此过程中暴露出薄弱环节，处于不利地位；二是有助于己方保持主动权和行动自由，减少己方弱点；三是己方空中力量可对敌暴露出来的薄弱环节实施致命打击，一举摧毁敌作战体系，取得决定性战果。随着武器装备战术技术性能的提高和精确制导弹药的增多，美军倾向于用火力的机动来取代兵力兵器的机动。

五、强调空天一体战，争夺制空制天权

美军虽然认为天空和太空是两个完全不同的物理领域，但空天一体战的思想却根深蒂固。美国空军1959年版《美国空军基本条令文件》首次以"航空航天力量"代替"航空力量"，1971年版《美国空军作战条令》首次把"空军在太空的作用"列为条令内容，其后各版条令不断发展和完善"空天一体战"理论。2000年发表的《航空航天部队：保卫21世纪的美国》白皮书则正式确立了"航空航天一体化"的建军和作战思想。美军在空中进行的各种作战行动（包括空袭作战、遮断作战、近距离空中支援和反航空兵作战），都离不开太空军事资源（包括侦察卫星、全球定位卫星、气象卫星等）的支援。在近几场局部战争中，美军太空部队通过搜集情报、侦察监视、导弹预警、环境监测、卫星通信、全球定位、导航和授时等活动，向作战部队提供了95%以上的信息支援，起到了"力量倍增器"的作用。同样，美军在太空进行的各种活动，也离不开空中力量的支援。因此，没有太空力量的支援，空中力量就不可能完全夺取和掌握制空权，而没有空中力量的支援，太空力量也不可能完全夺取和掌握制太空权。

六、强调信息作战，争夺制信息权

信息作战是美军在20世纪90年代提出的新作战理论，是人类进入信息时代的产物。信息作战需要心理战、军事欺骗、作战保密、电子战、计算机网络战等核心能力，需要信息保证、物理安全、物理攻击、反情报、战斗摄录等支援能力，需要公共事务、军民关系活动、支援性公共外交等相关能力，是一种崭新的作战样式。信息作战的实质，是以信息为主要作战手段，通过攻击敌方认知与信念，迫使敌方放弃对抗意愿，停止作战。其目的是使敌方收到能促使其停止战斗的足够信息，影响其作战决策，实现不战或小战而屈人之兵的效果。美军认为，在信息时代战争中，信息是主导战争的重要因素，制信息权是战场上的"制高点"，谁取得了战场上的制信息权，谁就能掌握作战的主动权，并最终赢得战争的胜利。因此，近些年来美军特别重视信息作战理论的发展和信息作战能力的建设，多次更新其信息作战条令，不断研制和列装新型信息作战武器装备，并把它们用于战争实践，使其信息作战思想不断得到发展、丰富和完善。

七、强调前瞻性，准备打下一场战争

由于现代科学技术特别是信息和网络技术飞速发展，危机爆发突然，作战对象、作战地点和作战方式很难预料，现代战争存在着不可重复性。

因此，美军作战思想特别重视前瞻性，总是着眼于如何打赢下一场战争，而不是如何重复上一场战争。一是对新作战样式特别敏感，舍得花大力气进行前瞻性研究。1991年的海湾战争刚刚出现"信息作战"的萌芽，美军就敏锐地感觉到了它的重要性，立即组织人力、物力进行前瞻性研究，收到了很好的效果：美国空军于1995年10月颁发了《信息战基础》，提出了信息对抗、C2攻击、信息作战等概念；美国陆军于1996年8月颁发了《FM100-6：信息作战》，提出了陆军实施信息战的原则、方法和程序；美国参联会于1998年10月9日颁发了JP3-13《联合信息作战条令》，系统地阐述了联合信息作战的基本原则、进攻性信息作战和防御性信息作战的概念和方法、联合信息作战的组织与计划、联合信息作战的训练与演习等内容，形成了比较成熟的信息作战理论。二是超前设计作战概念。无论是美国陆军提出的"21世纪陆军"和"未来空地一体战"概念，还是美国参联会提出的《2010年联合构想》、《2020年联合构想》和《"拱顶石"联合作战概念：2020年联合部队》，都把前瞻性目光放在未来15～20年或8～15年。三是大力开发未来作战系统。美军1997年提出"网络中心战"概念后，就开始投入巨资开发或改进全球信息栅格、战场感知网、指挥控制网、交战网、信息传输系统、全球定位系统、敌我识别系统和HTV-2、X-51A、X-37B、X-47B等无人系统，为将来实施网络化作战做准备。

21世纪美军武器装备

联合作战能力、精确打击弹药、指挥与控制、装备的完好率、部队的良好训练状态和友军支援等，都是我们在"伊拉克自由行动"中取胜的重要因素。

——美国中央司令部司令汤姆·弗兰克斯上将[①]

美国军队的武器装备，无论是地面武器装备和海上武器装备，还是空中、太空和网空武器装备，都处于世界领先地位。为了维持世界霸主和领导者地位，美国必将继续致力于新一代武器装备的研究和开发，努力保持武器装备的优势地位，为美国军队提高全球一体化跨域作战能力提供有力的物质支撑。美国军队的武器装备种类多、型号全、数量大，由于篇幅所限，在此不能逐一介绍，只能简要地介绍少量最常用、最具代表性的武器装备。

空战兵器

美军空战兵器，主要包括轰炸机、战斗机、攻击机、预警机、侦察机、运输机、加油机等，是美军夺取和保持制空权的主要手段，是美国实施对

[①] 李辉光主译：《伊拉克战争——战略、战术及军事上的经验教训》，第3页，军事科学出版社，2005年。

外干涉、保卫国家利益和维护世界霸主地位的主要力量。

空中堡垒：战略轰炸机

战略轰炸机是美国战略力量的重要组成部分，既可执行核攻击任务，又可实施常规作战，是美国"三位一体"战略力量中机动力最强、使用范围最广的武器系统。目前，美国空军装备B-52、B-1、B-2三种型号的战略轰炸机，共141架（B-52，76架；B-1，45架；B-2，20架）。

B-52"同温层堡垒"战略轰炸机　由美国波音公司研制。1955年开始装备部队，1962年停产。主要设备包括AAQ-6前视红外设备、AVQ-22微光电视、AN/ALQ-155（V）先进电子对抗设备、ALR-46数字式雷达告警接收机、脉冲多普勒尾部告警雷达、波音公司的攻击电子系统。弹舱内和翼下可挂27.2吨常规炸弹和5000吨～2400万吨级（TNT当量）的核弹。B-52G可带12枚AGM-86B巡航导弹，8枚AGM-69近距攻击导弹（部分G型可带"鱼叉"反舰导弹）。B-52H装1门20毫米六管炮，外挂12枚AGM-86B巡航导弹，内部弹舱可装8枚同类导弹。机长49.05米，翼展56.39米，最大起飞重量221350千克，载弹量约27000千克，最大速度1010千米/小时，巡航速度800～896千米/小时，主要用于远程常规轰炸和核轰炸。主要特点：突击力强、轰炸威力大；航程远，空中加油后可飞抵地球任何地方；作战使用灵活，既可挂载各种常规炸弹和核弹，又可挂载射程远、精度高的近程攻击导弹和巡航导弹，但B-52自身没有隐身能力，攻击设防目标时需要大量飞机护航。

B-1"枪手"战略轰炸机　由美国罗克韦尔国际公司研制。1986年开始装备部队。主要设备包括APN-218多普勒速度传感器、APQ-164多模态攻击雷达和高精度惯导系统。装备84颗MK-82型常规炸弹或84颗MK-62型水雷；30枚CBU-87/89型集束弹药和CBU-97/105弹药；24枚GBU-31联合直接攻击弹药。从2004年起，开始携带AGM-158联合空地防区外导弹。机长44.81米，翼展41.67米，最大起飞重量216366千克，载弹量67081千克；最大平飞速度1.25马赫，突防速度965千米/小时，巡航速度0.7马赫，航程12000千米。主要特点：采用变后掠翼，有利于改善低空和高空飞行性能和起飞着陆性能，还可增加航程；采取了隐身措施，雷达反射截面积小，仅为B-52的1/100，但由于设计问题，后弹舱通常不挂弹，有损作战效能。

B-2"幽灵"战略轰炸机　由美国诺斯罗普公司研制。1989年7月首次试飞。主要设备包括AN/APQ-118隐身攻击雷达、TCN-250塔康系统、VIR-130A仪表着陆系统、ICS-150X内部通信系统。可携带16枚SRAM II短距攻击导弹或AGM-129先进巡航导弹，替代武器为B61、M83、MK36、MK82、M117等各种核弹或常规炸弹。机长21.03米，翼展52.43米，最大起飞重量168430千克，最大武器载荷22680千克；巡航速度（高度12200米）0.8马赫，实用升限15240米，进行一次空中加油航程超过18500千米。主要特点：采用飞翼布局，前缘平直，后掠角为33度；大量采用石墨/碳纤维和其他先进复合材料、蜂窝状雷达吸波结构，雷达反射截面积减小，正常探测距离下仅与一只小鸟相当。B-2的主要作战任务，是利用其优异的隐身性能，从高空或低空突破敌方的防空系统，对战略目标实施核轰炸或常规轰炸。

空中杀手：战斗机与攻击机

战斗机是以航炮、空空导弹等为基本武器，用于歼灭空中敌机和飞航式空袭兵器的飞机，又称歼击机或截击机。攻击机是以炸弹、火箭、空地导弹为基本武器，对敌方战场和战区地面目标实施攻击的飞机。美国空军的战斗机与攻击机是一个庞大的家族，包括F-35、F-22、F-16、F-15战斗机和A-10攻击机，共1982架。其中，现役1278架，国民警卫队和后备队704架。这些战斗机与攻击机是空军实现"全球力量，全球警戒，全球到达"的主要手段。

F-35"闪电II"联合攻击战斗机 由美国洛克希德·马丁公司设计生产的单座、单发隐身多用途战斗机。1993年启动验证机研究。英国、意大利、荷兰、加拿大、挪威、丹麦、澳大利亚和土耳其参与研究。2006年12月15日在得克萨斯州首飞成功，2013年开始交付部队使用。有F-35A、B、C三种型号，A为陆基型，B为垂直起降型，C为舰载型。美军将用F-35逐渐取代F-14、F-15、F-16、F-117、AV-8B等机种，其全球总需求量估计高达5000架。主要设备包括AN/APG-81有源相控阵雷达、光电分布式孔径系统、综合电子战系统和光电瞄准系统。装备1门GAU-22/A四管加特林机炮，储弹量180发；携带2枚AIM-120C中程空空导弹和2枚1000磅激光制导炸弹。机长15.67米，翼展10.7米，最大起飞重量31800千克，最大时速1.6马赫，航程2220千米，作战半径1093千米（A型）、833千米（B型）、1110千米（C型），实用升限18288米。主要特点：一是隐身性能强。F-35的隐身设计（前向雷达反射面积约为0.065平方米，比苏-27、F-15低两个数量级），不仅减小了被发现的距离，还使全机雷达散射及红外辐射中心发生改变，导致来袭导弹的脱靶率增大。二是探测、感知、识别能力强。其电子系统的探测距离接近现有雷达探测距离的3倍，能够向飞行员提供超高分辨率的合成孔径雷达图像，可以在防区外对目标进行精确探测和识别。三是不受天气影响，全天候地攻击陆、海、空目标。

F-22"猛禽"战斗机 由美国洛克希德·马丁和波音公司联合研制的单座双发第四代隐身超音速战斗机。1985年招标，1986年开始示范验证，1991年获得合同，1997年进行首次飞行，2004年开始批量生产，2011年底停止生产。美国空军现有186架。主要设备包括多功能触敏控制液晶显示屏、电子扫描相控阵雷达、电子战综合系统、综合通信/导航/目标识别系统、光电传感系统等。装备1门20毫米M61A2"火神"机关炮（配弹480发）、6枚AIM-120"先进中程空空导弹"、2枚AIM-9"响尾蛇"导弹，2枚GBU-32联合直接攻击弹药、2枚风偏修正弹药撒布器、8枚GBU-39小直径炸弹。机长18.90米，翼展13.56米，最大起飞重量22700千克，最大时速1448千米，航程4840千米，作战半径2177千米，实用升限15240米。主要特点：机载电子设备、机动性能和武器配置领先于世界其他各种先进战斗机，具有很高的隐身性能和超音速巡航能力，能够先敌发现，先敌发射，在对地攻击和空战中占有巨大优势。但该机价格昂贵（每架近2亿美元），维护复杂，令美国人自己也望而却步。

F-16"战隼"战斗机　由美国通用动力公司研制的第三代单发单座轻型战斗机，主要用于争夺制空权，也可执行对地攻击任务。1972年开始研制，1979年开始装备部队。几经改进，前后有A、B、C、D、E、I、N、R、XL、ADF和AFTI/F-16、F-16/J79、NF-16D等13种型号，有些型号的最大起飞重量已近20吨。截至2012年4月已生产了4500架，装备了17个国家和地区的空军和海军。主要设备包括AN/APG-66脉冲多普勒雷达、LittonAN/ALR-56M型雷达预警系统、AN/ALQ-131电子干扰吊舱、AN/ALE-47红外诱饵、干扰丝撒布器、"哈姆"瞄准系统吊舱、AN/APX-101敌我识别器、AN/ARC-164甚高频电台、全球定位系统等。装备1门20毫米M61A1多管机炮（配弹511发），9个武器挂点，可外挂武器包括AIM-9J/L"响尾蛇"空空导弹、制导炸弹、核弹和常规炸弹，最大外挂载荷4760千克。机长15.09米，翼展9.45米，最大起飞重量11372千克，最大平飞速度2120千米/小时，巡航速度（高度11000米）849千米/小时，实用升限15240米，作战半径925千米，转场航程3890千米。主要特点：一是具有优良的飞行性能，飞行阻力小，机动性好；二是机载电子设备先进，有良好的全天候作战能力，下视下射能力大为提高；三是空战能力突出，但也兼具良好的对地攻击能力；四是飞机的可靠性和可维护性能好，改进发展潜力大。

F-15"鹰"式战斗机 由美国麦道公司研制的第三代重型战斗机，主要用于夺取制空权和对地攻击。1969年开始研制，1972年首次试飞，1976年开始装备部队，主要有A、B、C、D、E等型号。至1992年底停产时，共生产1234架。主要设备包括AN/APG-70火控雷达、自动驾驶仪、中央计算机、平视显示器、惯性导航系统、预警雷达、电子对抗系统等。装备1门20毫米六管机炮（配弹940发），可同时携带4枚AIM-9L/M"响尾蛇"和4枚AIM-7F/M"麻雀"空空导弹，或8枚AIM-120先进中程空空导弹，对地攻击武器包括各种炸弹、火箭弹，最大载弹重量10705千克。机长19.43米，翼展13.05米，最大起飞重量30845千克，最大平飞速度2650千米/小时，作战半径1200千米，实用升限18300米。主要特点：机动性能好，特别适用于近距格斗和超视距导弹攻击；空战火力强，武器命中精度高；机载电子设备性能好；电台功率只有5瓦，造成远距离通信比较困难；机上的图像记录系统质量不高，有时受战场信号干扰而模糊，不利于评价作战效果。

F/A-18"大黄蜂"战斗/攻击机 由美国麦道公司和诺斯罗普·格鲁曼公司研制的舰载单座双发超音速多用途第三代战斗/攻击机，主要用于海上防空，也可对地攻击。1975年开始研制，1978年首飞，1980年开始交付使用。有YF/A-18A/B、F/A-18A、RF-18A、F/A-18B、F/A-18C、F/A-18D等6种型号，共生产了1137架。主要设备包括AN/AVQ-28平视显示器、AN/AYK-14中央计算机（2台）、AN/APG-65脉冲多普勒雷达、多功能显示器、外挂物管理装置、AN/AWG-21反辐射导弹（AGM-78）控制器等。装备1门20毫米"火神"航炮（配弹570发）、2枚"响尾蛇"和4枚"麻雀"空空导弹，还可携带AIM-120中程空空导弹或"鱼叉"空舰导弹、"小牛"空地导弹、激光制导炸弹、反坦克子母弹、航空爆破弹等。机长17.07

米/18.31米，翼展11.43米/13.62米，最大起飞重量22328千克/29938千克，最高速度1900千米/小时，作战半径722千米，实用升限1.5万米。主要特点：一是主要用于舰队防空，也用于对地攻击；二是可靠性维护性好，生存能力强，大迎角下飞行特性卓越，武器投射精度高。

A-10"雷电"攻击机 由美国费尔柴尔德公司研制的亚音速近距空中支援攻击机，主要用于攻击坦克群、战场上的活动目标和重要火力点。1966年提出计划，1970年选中方案，1972年首次试飞，1975年交付使用。至1984年停产，共向美国空军交付707架。主要设备包括两台显示器、战术突防设备、激光目标识别器、X波段应答器、主动和被动式电子对抗设备等。装备1门30毫米GAU-8/A七管速射机炮（配弹1350发），4个火箭发射架，11个挂架，最大外挂载荷7250千克。典型的挂弹方案有：28颗MK80炸弹、20颗"石眼"Ⅱ集束炸弹、若干CBU-52/71/38/70子母弹箱、6枚AGM-65"幼畜"空地导弹和两枚AIM-E/J"响尾蛇"空空导弹。机长16.26米，翼展17.53米，最大起飞重量22680千克，限制时速834千米，巡航速度（高度1525米）623千米/小时，近距支援活动半径463千米，纵深攻击活动半径1000千米，实用升限9144～11000米。主要特点：结构简单，火力强，反应灵活，短距起降性能好；低空亚音速性能好，留空时间长；生存力强；机动性较差，易受高射炮攻击；夜间攻击能力有限。

空中哨兵：预警机、侦察机与电子战机

预警机是一种以飞机为平台的C^3I系统，装有远程警戒探测雷达，用于搜索和监视空中或海上目标，引导己方飞机执行作战任务。可发现和监视300～600千米以外的空中目标，并引导和指挥己方战斗机进行拦截。按照功能，可分为空中预警机、预警指挥机、监视与指挥机3种。

侦察机是专门用于空中搜索、获取情报的军用飞机，包括有人侦察机和无人侦察机。有人侦察机按任务可分为战略侦察机和战术侦察机，可进行目视侦察、成像侦察和电子侦察，主要有U-2R/S"龙夫人"战略侦察机、RC-135"联合铆钉"电子侦察机、RC-12"护栏"电子侦察机、EP-3E"白羊座Ⅱ"电子侦察机、WC-130"大力神"气象侦察机、WC-135W"不死凤凰"气象侦察机、ES-3A"海盗"电子巡逻机等。无人侦察机按航程可分为近程无人机（活动半径700千米以下）、中程无人机（活动半径700～1000千米）和远程长航时无人机（活动半径1000千米以上，高空型飞行时间不少于24小时，中空型不少于12小时），主要有MQ-1"捕食者"、MQ-8A"火力侦察兵"、MQ-9"死神"、RQ-2A"先锋"、RQ-4A"全球鹰"、RQ-5"猎人"、RQ-7"影子200"、RQ-11"乌鸦"等。

电子战机是专门用于对敌方雷达、电子制导系统和无线电通信设备等实施电子侦察、电子干扰或攻击的飞机。通常由轰炸机、战斗机、运输机等改装而成。按功能，可分为电子干扰机和反雷达机。美军的电子战机主要有EC-130H"罗盘呼叫"、EA-6B"徘徊者"、F-16CJ、EA-18"咆哮者"等。

E-2"鹰眼"指挥预警机　由美国诺斯罗普·格鲁曼公司研制。美国海军舰载或岸基全天候空中指挥预警机。1961年首飞，1964年交付海军使用。后经多次改进，有A、B、C、D、T等型号。目前，A、B型已全部退出现役，T型出售给中国台湾，美国海军主要使用C、D型。E-2D的主要设备包括AN/APY-9先进超高频相控阵雷达、18收/发频道的ADS-18被动式固态电子扫描阵列天线、先进红外线搜索追踪系统、新的电子接收系统、导航系统、新型任务资料处理单元、通信传输系统等。可同时跟踪2000余个目标，控制40余次空中拦截行动，探测距离达到269～463千米，续航时间

8小时。机长17.60米，翼展24.56米，最大起飞重量26083千克，最大速度648千米/小时，最大航程2708千米，实用升限10576米。主要特点：一是态势感知能力强。E-2D预警机加装了红外搜索与跟踪监视系统，能够利用雷达同步监测的数据，实时计算导弹的发射点和攻击点，最终通过与之相连的数据链路，为航母战斗群提供非常准确的三维位置图像和跟踪信息。二是敌我识别能力强。敌我识别系统与升级后的雷达和天线阵相结合，通过改善目标跟踪的连续性和精确性提高目标识别能力。三是协同作战能力强。通过数据链将来自各种平台的雷达跟踪测量数据融合为一幅高质量、实时合成的跟踪图像，实时地参与到军舰和飞机的信息网络中，允许网络内的所有作战平台在其传感器的监视容量内同时看到完整的空中图像，协同应对各种威胁。

E-3"哨兵"预警机 由美国波音公司研制的全天候远程空中预警和控制飞机。1966年开始研制，1975年首飞，1977—1984年全部交付使用。主要有A（首批生产型）、B（改进型）、C（适合欧洲使用型）3种型号，共生产84架，美国空军现有32架。主要机载设备包括雷达、敌我识别、数据处理、通信、导航与导引、数据显示与控制等6个分系统。机长46.61米，翼展44.42米，雷达天线罩直径9.1米，雷达天线罩厚度1.8米，最大起飞重量147000千克，最大平飞速度853千米/小时，实用升限12200米，执勤续航时间6～8小时。主要用于搜索、监视陆上、水上、空中目标，引导己方飞机作战，亦可对台风中心进行跟踪。主要特点：一是机载预警雷达采用脉冲多普勒系统，具有下视能力，能在各种地形上空监视有人和无人驾驶飞行器，并能区分固定目标，区分地面行驶的车辆与低空飞行的飞机。二是在9000米的高度值班巡航时，能以不同的工作方式有效地探测半径370千米范围内的高空与低空目标、水上目标，识别敌我，向空中指挥员显示完整的陆、海、空军态势，指挥己方飞机完成截击、战斗、对地/对海支援、遮断、空运、空中加油、空中救援等空中作战任务。三是计算机系统目标处理容量大，抗干扰能力强，能处理600个不同的目标信息。四是在较远距离上彼此通信协调较为困难。

E-4空中指挥机　美国波音公司用波音747-200B型客机改装的空中指挥机，用于美国本土受到核和常规空袭时，保证战时美国总统和最高指挥当局在机上与美国战略核力量指挥部的通信联络，以及对三军的作战指挥。1973年首飞，1974年开始装备。有A、B两种型号，共生产4架（A型3架，B型1架）。B型是改进型，工作舱分为3层：上层是驾驶舱和休息室，中层是指挥室、会议室、通信控制中心、技术控制中心和休息室，下层是电子通信设备舱和维护工作间。主要设备包括13套外部通信设备及其所用的46组天线，具体有超高频卫星数据链、搜索雷达、塔康系统、甚高频无线电导航、双重无线电罗盘等。机长70.51米，翼展59.64米，最大时速969千米，续航时间12小时（无空中加油）。主要特点：经加固后，可抗核爆效应，先进的通信设备不仅可抗干扰，进行军内高速保密通信联络，而且还能代替地面控制系统，直接进行导弹发射的指挥与控制，还能与民用有线和无线通信网相通联。

E-8"联合星"监视与指挥机　由美国波音公司和格鲁曼公司共同研制的特种飞机。主要用于探测、跟踪缓慢移动的和固定的地面目标，引导作战部队对目标进行攻击。1988年底首次试飞，1991年初投入海湾战场进行实战检验。设备主要包括AN/APY-3X频段合成孔径相控阵雷达、2部高频/单边带电台、16部HAVEQUICRII超高频电台、5部甚高频/调频电台、1部联合战术信息分配系统数据通信终端设备、154部计算机与处理器、LR-85A惯性测量系统、导航设备等。一般情况下，飞机在离前线100～200千米的己方上空，以1100米高度做往返飞行，可监视150千米×180千米的范围，最大可达512千米×512千米，能搜索、跟踪、定位与识别地面固定目标和活动目标，可区分履带车和轮式车辆，也可探测直升机、低速飞行的飞机和海上舰艇，可确定桥梁、汽车、坦克和导弹发射架等目标的准确位置。机长46.61米，翼展44.62米，最大起飞重量151100千克，最大平飞速度1010千米/小时，最大巡航速度973千米/小时，实用升限11885米。主要特点：机载设备齐全，性能先进；机载雷达的探测范围大；多功能，多用途；航程远，续航时间长；既能与联合监视目标攻击雷达系统的地面站通信，也能与E-3预警机和EC-130E战场指挥控制机通信。

RC-135 "联合铆钉" 侦察机　由美国波音公司在KC-135加油机基础上改装而成。自20世纪60年代以来，先后生产了A、B、C、D、E、M、S、U、V、W、X等型号。目前，美国空军装备的是S、U、V、W等型号，共22架。这些型号的侦察机可分别用于信号情报、电子情报和弹道导弹情报的侦察。其中，RC-135S是侦察弹道导弹的主要机型，可以收集、处理和分析导弹制导的电波频率及相关信息；RC-135V和RC-135W重点收集电磁信号，实时侦测空中各种电磁波信息，对目标进行定位、分析、记录和信息处理。雷达技术侦察系统可以收集预警、制导和引导雷达的频率等技术参数，并对其进行定位，世界上各种雷达参数都在其测量范围内，其测量精度相当高，测量脉冲的宽度可精确到正负0.1微米、方位可精确到正负1度。机上通信信号侦察系统可侦察到音频、话频、电传、电报等信号。在1万米高度可侦测到600～800千米以内的电台。机上还有红外探测器和前视雷达，探测距离达238～370千米，可在360千米内分辨出3.7米长的物体。机长46.6米，翼展44.4米，最大航程可达1.2万千米，飞行高度通常在15千米以上，巡航速度为860千米/小时，续航时间超过12小时，由于各种型号的RC-135都有空中加油装置，实际飞行时间可以大大超过12小时，空中滞留时间最长可达20小时。

EC-130H"罗盘呼叫"电子干扰机 由美国洛克希德·马丁公司在C-130H运输机的基础上改装而成。1982年开始服役,是美国空军专用于 C^3I 对抗的大功率远程电子干扰机,主要用于干扰敌方指挥、控制与通信系统。美国空军装备EC-130电子干扰机21架(其中H型14架,J型7架)。主要设备包括AN/ALQ-62侦察告警系统、SPASM干扰系统、AN/ALQ-122多功能雷达、AN/APN-147多普勒雷达、AN/AAQ-15红外侦察系统、AN/ARN-52塔康导航系统等。机长29.79米,翼展40.41米,最大时速618千米,巡航时速547～592千米,最大航程7560千米,最大起飞重量70310千克,实用升限7010米,续航时间14小时。主要特点:一是干扰距离远,可在目标区120千米以外对通信设备进行干扰,既能达到干扰目的,又可保证本机安全;二是干扰频率宽、功率大,可一面接收敌方通信信号,一面对其无线电指挥通信和导航设备进行压制干扰。

EA-6B"徘徊者"电子干扰机 由美国格鲁曼公司在A-6E的基础上改装而成。1968年首飞,1971—1991年装备部队,是美国海军和陆战队的专用电子战飞机,也是世界上唯一的舰载电子战飞机。总共生产170架,美国海军和陆战队分别装备119架和20架。主要任务是压制敌电磁探测设备,掌握战区的制电磁权。主要设备包括AN/ALQ-99F电子干扰系统、灵敏侦察接收机、AN/AYK-14中央计算机、全天候自动着舰系统以及多功能显示器、通信、导航与识别系统等。翼下可携带AGM-88A"哈姆"反辐射导弹,ICAP-2型可带4枚,ADVCAP可带6枚。机长18.24米,翼展16.15米,最大起飞重量29483千克,最大着陆(舰)重量20638千克,最大平飞速度(海平面)1048千米/小时,巡航速度774千米/小时,最大航程1769千米,转场航程3254～3861千米,实用升限12550米。主要特点:一是座舱安排科学合理,效率高,视线好,而且舒适;二是干扰功率强,距离远,方式多,可与作战飞机灵活协同。

空中猎鹰：直升机

直升机是利用旋翼桨叶提供升力、推进力和操纵力的飞行器，最主要的优点是能够垂直起降并在空中悬停。按用途可分为攻击直升机、运输直升机和多用途直升机。攻击直升机是以航炮、航空火箭、空地导弹为主要武器，对敌地面、水面和水下目标进行空中攻击的直升机。运输直升机是用来运送人员和货物的直升机。多用途直升机既可用于机降突击、对地火力支援，也可用于侦察观测、电子对抗、指挥控制等。目前，美军装备直升机5000余架，包括AH-64"阿帕奇"、AH-1"眼镜蛇"、AH-6"防御者"、AH-1T"海眼镜蛇"、AH-1W"超级眼镜蛇"等攻击直升机，CH-46"海上骑士"、CH-47"支奴干"、CH-53E"超级种马"等运输直升机，UH-60A"黑鹰"、UH-1"易洛魁人"等多用途直升机，以及OH-58"基奥瓦"、MH-60"黑鹰"、SH-60"海鹰"、SH-3H"海王"等其他用途的直升机。

AH-64"阿帕奇"攻击直升机　美国休伊直升机公司（1985年8月与麦道合并）制造的全天候、双引擎武装直升机。1973年开始研制，1975年首飞，1984年装备部队。有A、B、C、D、E 5种型号。机载特种装备包括AN/ARC-164/186特高频与甚高频通信设备、KY-28/58保密话音设备、AN/ASN-128多普勒导航系统、AN/ARN-89B自动测向仪、AN/APX-100敌我识别器、AN/APR-39雷达信号探测器、AN/AVR-2激光告警接收器、AN/ALQ-144红外干扰器。装备1门M230型30毫米链炮，配弹1200发；可外挂16枚"海尔法"导弹，或76枚70毫米火箭弹，或8枚"海尔法"导弹和38枚70毫米火箭弹。机身座舱下部和两侧等要害部位都装有复合材料装甲隔板，抗地面炮火和抗坠毁能力强，在以每秒12.8米速度垂直坠落时，飞行员的生存率可达95%。即使机上任一部位被12.5毫米爆破弹击中或旋翼被23毫米炮弹击中后，仍可继续飞行30分钟。机长17.76米，主旋翼直径14.63米，机高4.65米，空重5165千克，最大起飞重量10433千克，最大时速365千米，巡航时速265千米，作战半径480千米，最大航程1900千米，实用升限6400米。与前几种型号相比，D型"长弓阿帕奇"具有一系列优点：命中率比A型提高4倍，生存率提高7.2倍；使用毫米波雷达，在烟雾、夜暗下仍然威力不减；能同时搜索128个目标，并将最危险的16个目标按威胁程度排序，再从数据链上传送给其他飞机；能够在少于30秒的时间内发起第一次精确攻击；所需维护人员比A型减少1/3。

AH-1"眼镜蛇"攻击直升机　美国贝尔直升机公司研制的反坦克武装直升机。1965年1月开始研制，9月首飞，1967年开始装备部队。单引擎改进型包括AH-1G、JAH-1G、TH-1G、AH-1Q、AH-1S等10余种型号；双引擎改进型包括AH-1J、AH-1T、AH-1W、AH-1Z等10余种型号。机载装备包括AN/APX-100（V）敌我识别器、AN/ARN-118"塔康"战术导航系统、AN/ARC-182（V）无线电通信设备、AN/APR-39（V）脉冲雷达信号探测器、AN/ALR-144（V）红外干扰器、AN/APR-44（V）雷达告警设备。装备8枚"陶"式反坦克导弹、4枚"毒刺"空空导弹、1门20/30毫米三管机炮（配弹750发）、1具70毫米多管火箭发射器。机长16.18米，主旋翼直径13.41米，机高4.09米，空重2993千克，最大起飞重量4535千克，最大时速315千米，巡航时速270千米，最大航程510千米，实用升限3720米，悬停升限3720米。可在昼夜及恶劣气候下提供近距离火力支援，还可执行运输直升机武装护航、指示目标、反装甲作战、反直升机作战和侦察等任务。该型直升机正在逐步被AH-64"阿帕奇"攻击直升机所取代。

CH-46"海上骑士"运输直升机　由美国波音公司研制的中型运输机。1961年开始研制，1962年首飞，1964年开始装备美国海军和陆战队。有A、D、E、F等型号。美军共拥有345架。装备2挺M2或M60机枪。机长25.69

米，旋翼直径15.31米，最大起飞重量11032千克，最大速度268千米/小时，航程176千米（单程），续航时间2小时（CH-46D）或1.75小时（CH-46E）。可装载25名士兵或1814千克货物。陆战队用它把部队从舰上运到岸上或把部队从营地运到作战前沿位置。海军用它把装备运到舰上或执行搜索与救援任务。

CH-47"支奴干"运输直升机 由美国波音公司研制的多功能、双引擎、双螺旋桨中型运输直升机。CH-46的改进型。1958年开始研制，1963年开始装备美国陆军。有A、B、C、D、F、J等型号，产量超过1179架。装备1挺M240 7.62毫米机枪。机长30.1米，旋翼直径18.3米，机高5.7米，空重10185千克，最大负载重量12100千克，货舱容积可载33～55人或12700千克的货物，最大起飞重量22680千克，最大速度315千米/小时，最大航程2060千米，爬升率10.1米/秒，实用升限5640米。主要用于运送火炮、工程设备、笨重物资、人员，或回收被击落飞机和后送伤病员。主要特点：一是适应能力强，能够全天候飞行，可在恶劣的高温、高原气候条件下完成任务；可进行空中加油，具有远程支援能力；部分型号机身上半部分为水密隔舱式，可在水上起降。二是运输能力强，可运载33～35名武装士兵，或运载1个炮兵排，还可吊运火炮等大型装备。三是抗毁伤能力强，其玻璃钢桨叶即使被23毫米穿甲燃烧弹和高爆燃烧弹射中后，仍能安全返回基地。

UH-60A"黑鹰"多用途直升机 由美国西科斯基飞机公司研制。1972年提出研制计划，1978年首飞成功，1979年开始装备部队。改进型主要包括UH-60L、HH-60、EH-60C、MH-60A、HH/MH-60G、MH-60K、UH-60M等。机载武器包括32枚"地狱火"导弹和2挺M60或M240或M134机枪。机长19.76米，旋翼直径16.36米，机高3.76米，空重5118千克，最大起飞重量9185千克，最大速度296千米/小时，巡航速度257米/小时，续航时间2小时18分钟，实用升限5790米。可运送1个全副武装班（11人），最大舱外运载3600千克，一次起飞即可把1门105毫米榴弹炮、6名炮手和30发炮弹转换阵地。机上关键部位和重要系统都安装了保护装甲，能够经受多种轻武器的射击。主要用于运送部队和装备，为战斗中的部队提供再补给，可执行航空医疗后送、搜索和救援、侦察、指挥与控制、反潜等任务。

空中大力士：运输机与加油机

运输机是用于运送军事人员、武器装备、空投伞兵和物资的飞机。按照空运任务的性质，可分为战略运输机和战术运输机。美军装备的主要运输机约20种，近2000架，主要的机型有C-5、C-12、C-17、C-20、C-21、C-40、C-130等。加油机是为作战飞机和作战支援飞机加油的飞机，通常由大型运输机改装而成。根据加油设备的不同，可分为插头锥式加油机和伸缩套管式加油机。目前，美军装备的加油机主要有KC-135、KC-10、HC-130J、HC-130N、HC-130P等机型。

C-5"银河"战略运输机　由美国洛克希德·马丁公司研制。1963年开始研制，1968年首飞，1970年开始装备部队。主要用于运载坦克、导弹及其发射装置、架桥设备等。有A、B、C、M等4种型号。美国空军现有各型C-5运输机79架。主要机载设备有飞行所需全部通信和导航设备以及彩色气象雷达。专用故障检测设备能检测800多个试验点并能进行分析和记录。驾驶舱内有正副驾驶员、随机工程师、领航员和货物装卸员座椅。机舱分为上下两层，上层舱前部有可供15名人员休息的舱间，后部可运载75名士兵。下层主货舱可运载270名士兵。运货时有如下方案：2辆M1坦克、16辆3～4吨卡车、6架AH-64攻击直升机、10枚"潘兴"中程地对地导弹及其发射车辆、36个标准集装货板。机头罩可向一侧折转便于从前部装货。机长75.54米，翼展67.88米，机高19.85米，机舱容积上舱227.4立方米，下舱985立方米。最大载重22万千克，最大巡航速度908千米/小时，实用升限10300米，最大载重航程（5%余油）5530千米。主要特点：航程远、载重量大，可遂行洲际空运任务和实施远程快速空运；通信设备完善，能遂行昼夜间、复杂气象条件下的空运任务。

C-17"环球霸王Ⅲ"运输机　由美国麦克唐纳·道格拉斯公司（现在的波音公司）研制的大型战略战术运输机。第一代"环球霸王"是C-74运输机，第二代"环球霸王"是C-124运输机。1981年开始研制，1991年首飞，1993年开始装备部队。美国国会与空军几经讨论，决定封顶购买223架C-17运输机。2014年4月7日，波音正式停产并关闭C-17生产线。C-17的货物装卸设备和机载电子设备很先进，装有雷达报警系统和电子对抗设备吊舱，座舱装有装甲，生存能力较强。除用于货物运输外，还可成为空中指挥所、侦察平台、加油机和海上巡逻机的备选机种。机长53.04米，翼展51.81米，最大起飞重量26.55万千克，最大载重77吨，最大速度830千米/小时，低空巡航速度648千米/小时，作战半径4400千米，实用升限13700米。可空运4架UH-60"黑鹰"运输直升机、2架AH-64"阿帕奇"攻击直升机和3架OH-58"基奥瓦"侦察直升机，或者可空运3架AH-1S"眼镜蛇"攻击直升机和3架OH-58"基奥瓦"侦察直升机。可空运或空投25吨的"布雷德利"步兵战车、M-1系列坦克等地面重型装备。可空投102名伞兵。主要特点：一是载重量大，是C-130H运输机的4倍、C-141B的2倍；二是能在跑道长度不到1000米的简易机场起降；三是具有很好的维护性和很高的可靠性。

C-130"大力神"运输机　由美国洛克希德·马丁公司研制。1952年开始研制，1955年首飞，1956年开始交付使用。自1955年开始生产以来，不断进行改进，先后有A、B、C、D、E、WC、EC、HC、KC等30余种衍生型号。目前，美国空军拥有C-130运输机380架，其中E型机13架、H型机276架、J型机91架。主要用于执行空投、空降、救灾、运送兵力、伤病员后送等任务。主要设备包括DF-310E超高频无线电导航系统、51RV-4B甚高频无线电导航系统、CMA711欧米加导航系统、LTN-72惯性导航系统、DF-206自动测向器、51Z-4指点信标接收机、RDR-1气象雷达等。机长29.79米，翼展40.41米，最大起飞重量70310千克，最大载重量19356千克，巡航速度602千米/小时，最大航程7876千米，实用升限10058米。可装载92名士兵或64名伞兵；或74名担架伤员和2名医务人员；12080千克装备或5个463L货盘。主要特点：一是多用途，能进行空运和多种战术支援任务；二是起降性能好，能在前线强行着陆并能在野战跑道上起降；三是可保障地面部队从空中实施快速机动。

KC-135"同温层油轮"加油机 由美国波音公司制造。在C-135军用运输机基础上改装而成。1954年开始研制，1956年首飞，1957年装备美国空军。改进型有KC-135E和KC-135R。采用伸缩套管式加油设备，伸缩套管长度收缩时8.3米，延伸最大长度14.3米；加油作业的调节距离5.8米，可以在上下54度、横向30度的空间范围内活动，可以同时给几架战斗机加油；用一个油箱加油时，每分钟可以加油400加仑，前后油箱同时使用时，每分钟可以加油800加仑。机长41.53米，翼展39.88米，最大起飞重量146285千克，最大货运能力37648千克，最大运油量90719千克，在9000米高空飞行时最大飞行速度为982千米/小时，航程5552千米（执行货运任务时达17766千米），升限15240米。主要特点：载油量大；加油速度快（输油时间短）；飞行稳定性能好；使用灵活，备有软、硬管式加油设备；既可为小型飞机加油，也可为大型飞机加油；由于自身加油漏斗的限制，有时难以给特殊机种加油，限制了性能的发挥。

KC-10"扩张者"加油机 由美国麦道公司（现在的波音公司）制造。1978年开始研制，1980年首飞，1981年交付美国空军使用，目前在编59架，是一种经过改装的麦道DC-10型机，将空中加油和远程货运两项任务融合在一架飞机上，是当前世界上最大的空中加油机，可装载75名人员或76912千克货物。机上装有通信、导航、敌我识别系统，以及气象雷达和加油设备。机长55.35米，翼展50.40米，最大起飞重量26.762万千克，最大供油量90270千克，最大平飞速度982千米/小时，巡航速度900千米/小时，最大航程11112千米，活动半径3540千米，实用升限11490米。加油点1个（硬管）或3个（软管），输油速率4180升/分钟，浮锚式1786升/分钟。主要特点：载油量大，加油能力强，可同时为3架飞机加油；功能全，可采用软管和硬管两种加油方式，能为美国空军、海军和陆战队的飞机加油；加油率高，使用范围广，航程远；用途广，是一种加油运输两用机；可靠性高，维护方便；适宜在严寒地带使用；可空中受油。

空中"撒手锏"：空基导弹

自从第一枚"V-1"飞航式导弹落在伦敦以来，半个多世纪过去了。在这半个多世纪中，导弹技术以惊人的速度向前发展，导弹武器已成为美军的主战兵器之一。美军空基导弹包括空地导弹和空空导弹。

AGM-86空射巡航导弹 美国波音公司为空军研制的全天候、多用途空射巡航导弹。1973年开始研制，1982年装备部队。有AGM-86A（未生产）、AGM-86B、AGM-86C 3种型号。主要对付导弹地下井、轰炸机基地、核仓库、指挥中心等战略目标。曾大量运用于海湾战争、"沙漠之狐"和科索沃战争。导弹长6.36米，弹径0.693米，翼展3.66米，发射重量1.458吨，最大射程为2500千米（B型）、2750～3000千米（C型），巡航高度为7.6～152.4米，巡航速度为0.6～0.72倍音速，圆概率误差30米。制导系统采用惯性+地形匹配制导（B型）、惯性+全球定位系统制导（C型）。战斗部采用W80-1小型核弹头，重122.5千克，核当量20万吨（B型）；采用高爆炸药/高爆杀伤常规弹头，重1488千克（C型）。主要特点：一是射程远，能实施防区外打击；二是体积小、高度低，雷达难以探测和跟踪；三是精度高，威力大，战斗部可加装非核电磁发生器，能准确打击并有效摧毁预定目标；四是无法打击运动目标，作战效费比低于激光制导武器；五是弹速低，易被拦截。

AGM-154联合防区外发射武器　美国海军和空军联合开发、美国雷声公司研制的通用防区外发射战术制导武器。1989年开始研制，1994年首次发射试验，1997年开始生产，1999年首次实战使用。有AGM-154A、AGM-154B、AGM-154C 3种型号。A型和C型供海军使用，主要打击面状目标。B型供空军使用，主要打击坦克、装甲车等坚固目标。弹长4.1米，弹径0.508米，翼展2.4米，弹重483～681千克，射程27～74千米，发射高度75～12000米，惯性导航+全球定位系统制导，主要对付静止状态的集群或区域目标和高价值固定目标。主要特点：射程远，杀伤力强；子弹药为末敏弹，能自动寻的攻击，"发射后不管"；采用模块化设计，可使用各种子弹药、一体化战斗部和装载非杀伤载荷。

AIM-120"阿姆拉姆"中程空空导弹　美国雷声公司和休斯飞机制造有限公司联合研制。1981年开始研制，1984年首次发射，1988年开始生产，1991年装备美国空军，1993年装备美国海军。有A、B、C、D、E 5种型号。A型为首次生产型，B型为高密度内挂型，C型为高密度内挂改进型，D型为远距型，E型为未来发展型。主要对付战斗机、轰炸机和巡航导弹。弹长3.66米，弹径0.18米，翼展0.64米，弹重157千克，最大射程90千米，巡航时速4马赫，惯性/指令惯性+主动雷达末端制导。各型号之间的性能参数略有差异。主要特点：具有"发射后不管"、上射下射、攻击多个目标、抗强电子干扰、全天候作战等能力。2003年售价为每枚38.6万美元。已被销售到澳大利亚、英国、德国、日本、韩国等20余个国家。

此外，美国空军还装备了"小牛"空地导弹、增程型"斯拉姆"空地导弹、"哈姆"高速反辐射导弹、"高级巡航导弹"、"联合空地防区外发射导弹"、"麻雀"空空导弹、"响尾蛇"空空导弹等。

海战兵器

美军海上兵器是一个庞大家族，包括航空母舰（11艘）、导弹巡洋舰（22艘）、导弹驱逐舰（62艘）、导弹护卫舰（9艘）、濒海战斗舰（4艘）、海岸巡逻艇（13艘）、弹道导弹潜艇（14艘）、巡航导弹潜艇（4艘）、核动力攻击潜艇（54艘）、两栖作战舰艇（33艘）、水雷对抗舰（13艘）、战斗后勤舰（33艘）、舰队支援舰（21艘）、预备役作战舰艇（6艘）等，共计299艘。冷战结束后，美国海军独步天下，在各大洋横行无阻，再也没有旗鼓相当的对手。

海上巨无霸：航空母舰

航空母舰是美国海军最大的作战舰只，战时用于海上攻击、反潜、防空、反水面作战、对岸打击、为两栖作战提供火力支援等，平时用于保持军事存在和实施战略威慑。目前，美国海军拥有核动力航空母舰11艘，包括"尼米兹"号、"文森"号、"华盛顿"号、"斯坦尼斯"号、"里根"号、"艾森豪威尔"号、"罗斯福"号、"林肯"号、"杜鲁门"号、"布什"号和"福特"号。

"福特"号航空母舰　由美国纽波特纽斯造船及船坞公司制造。2005年

8月11日开工建造，2013年11月9日正式下水，2017年7月22日服役，是美国乃至全世界最大的航空母舰。该级航母计划在2058年之前建造10艘，取代"尼米兹"级航母成为美国海军舰队的新骨干。舰号CVN-78，舰长337米，舰宽41/77米（船体/飞行甲板），吃水12米，满载排水量112000吨，乘员4539人，动力系统2×A1B核反应堆，续航力可储存食物60天/份，航速大于30节。采用双波段雷达设计，舰岛安装八面相控阵雷达，下方四面S波段雷达，上方四面X波段雷达。S波段雷达负责对空中目标的远程警戒，可以在数据链的配合下，引导航母战斗群中"阿利伯克"级驱逐舰的"标准2/6"远程防空导弹。X波段雷达主要作为火控雷达，用于引导航母战斗群中护卫舰的中近程防空导弹。装备两套RIM-162 ESSM导弹系统、两套RIM-116 RAM导弹系统和两套密集阵近程防御武器系统。通常搭载8架S-3A/B反潜机，5架E-2C/D空中预警机，6架SH-3G/H或SH-60F直升机，75架F-35C战机。主要特点：一是注重隐形，上层建筑采用集成化设计，使总体布局更趋简化，雷达反射截面积减小；二是关键部位使用了隐身材料并对舰体水下部位进行优化设计，减少噪声；三是具备超一流的信息集成能力，能与己方各军种的各种武器实现"互联、互通、互操作"，充分体现了"网络中心战"思想；四是舰载机趋向无人化；五是将装备新概念武器，建造商已为电磁轨道炮预留了安装空间和电力容量。

  "布什"号航空母舰 由美国纽波特纽斯造船和船坞公司制造。2001年开始建造，2003年铺设龙骨，2006年举行命名典礼，2009年进入舰队部队司令部服役，舰号CVN-77，驻诺福克，是"尼米兹"级核动力航空母舰的第10艘舰（也是最后一艘），美国海军的第77艘航母。CVN-77是下一代航母CVX的试验舰，一些新技术在CVN-77上试用，成熟后将用在CVX舰的建造上。舰长332米，满载排水量超过10万吨，船体吃水线以上大约有20层楼高，最多可搭载百架战机（通常情况下只搭载60～70架飞机和直升机），能运载近6000名水兵和陆战队员，舰上装载的食物可保障全舰官兵90天。最大航速30节，造价62亿美元。主要特点：一是现代化程度极高，使用了目前最先进的技术，舰上两个核反应堆可供军舰连续工作20年而不需要添加燃料；二是攻击能力强，最多可搭载近100架飞机，并拥有多座对空导弹发射系统和近防炮；三是隐身性好，自动化管理程度高；四是防护能力强，两舷、舰底、机库甲板都是双层船体结构，舰内有数十道水密横舱壁，水下部分有增厚甲板、多层防雷隔舱。

"里根"号航空母舰 由美国纽波特纽斯造船和船坞公司制造。1998年开始建造，2000年下水，2001年命名，2003年进入太平洋舰队服役，舷号CVN-76，驻圣迭戈，是"尼米兹"级核动力航空母舰的第9艘舰。舰长332.85米，飞行甲板宽78.34米，甲板面积1.8万平方米，排水量9.7万吨，满载排水量101400吨，水线以上有20层楼高，可搭载各型战机85架，可容纳乘员6000人，舰载食物可保障全舰官兵90天。航速30节以上，造价45亿美元。配置海军第2舰载机联队，机种包括F/A-18"大黄蜂"战斗/攻击机、F/A-18 E/F"超级大黄蜂"战斗/攻击机、E-2C"鹰眼"预警机、C-2"灰狗"运输机、S-3B"海盗"反潜机、EA-6"徘徊者"电子战机、SH-60"海鹰"或MH-60"黑鹰"多用途直升机等。主要特点：航母装备了当时最新的科技成果，两座核反应堆发动机可以连续运转20年而无需添加燃料。

"华盛顿"号航空母舰 由美国纽波特纽斯造船和船坞公司制造。1986年开始建造，1990年下水，1992年编入大西洋舰队服役，2008年编入太平洋第七舰队（取代退役的"小鹰"号），是"尼米兹"级核动力航空母舰的第6艘舰。舰长333米，舰宽76.8米，标准排水量81364吨，满载排水量104200吨，可搭载各型战机90架，可容纳乘员5680人，最大速度35节。配置海军第5舰载机联队，机种包括F/A-18"大黄蜂"战斗/攻击机、F/A-18 E/F"超级大黄蜂"战斗/攻击机、E-2C"鹰眼"预警机、EA-6B"徘徊者"电子战机、S-3B"海盗"反潜机、C-2"灰狗"运输机、SH-60F/HH-60H反潜直升机等。装备2座"海麻雀"导弹发射器，2座21单元RIM-116滚体导弹，3座"密集阵"近防系统。

海上轻骑：水面战舰

水面战舰是指浮在水面上的所有作战、战斗支援和战斗勤务支援舰只。但这里所说的水面战舰主要是指导弹巡洋舰、导弹驱逐舰（一种排水量和作战能力比巡洋舰小、比护卫舰大的多用途水面作战舰艇）、导弹护卫舰（一种排水量比驱逐舰小、火力比驱逐舰弱的中型水面作战舰）和濒海战斗舰。目前，美国海军共有水面舰艇216艘。

"提康德罗加"级导弹巡洋舰 由美国英格尔斯造船厂建造。首舰于1980年开始建造，1981年下水，1983年开始服役，现有22艘，每艘平均造价8.63亿美元。舰长173米，舰宽17米，吃水9.5米，标准排水量7260吨，满载排水量9957吨。航速30节以上，以20节航速航行，续航力6000海里。装备2座MK41垂直发射装置，两个导弹库可装122枚导弹，可混装"战斧"导弹、"标准"Ⅱ对空导弹和"阿斯洛克"反潜导弹；舰尾有2座四联装"鱼叉"反舰导弹发射架。还装备2座127毫米炮和2座"密集阵"六管20毫米炮，发射速度为每分钟3000发炮弹；2座三联装鱼雷发射管（MK46-5鱼雷36枚）和2架SH-60B或SH-2F反潜直升机。主要特点："宙斯盾"防空武器系统火力强，反应速度快，抗干扰能力好，可靠性高，能遂行全空域作战，具有区域防空能力。

"伯克"级导弹驱逐舰 由巴斯钢铁公司和英格尔斯船厂建造。1981年开始设计，1988年开工建造，1989年下水，1991年开始服役。有FlightⅠ、FlightⅡ、FlightⅡA 3种型号。现有62艘，每艘平均造价7.4亿美元。舰长

153.8米，舰宽20.4米，吃水9.9米（含声呐），满载排水量8315吨。航速32节，以20节航速航行，续航力4400海里。编制人数346人。主要武器装备包括：2座四联装"鱼叉"导弹发射架（导弹8枚）；2座MK41垂直发射装置，90个发射单元，可发射"战斧"或"标准"导弹或"阿斯洛克"反潜火箭，共带弹90枚；1门127毫米火炮；2门20毫米多管速射炮；2座三联装鱼雷发射管；2架SH-60B反潜直升机。主要特点：装备"宙斯盾"防空武器系统，采用"凯夫拉"装甲整体防护结构和隐形技术，携载先进的反舰、反潜武器和抗电磁脉冲电子设备，具有很强的抗核生化能力。

"佩里"级导弹护卫舰　由巴斯钢铁公司建造。1975年开始建造，1976年下水，1977年开始服役。有短舰身型和长舰身型两种型号。短舰身型长135.6米，舰宽13.7米，吃水4.5米；标准排水量2750吨，满载排水量3660吨。最大航速29节，以20节航速航行，续航力4500海里。编制人数200人（含19名直升机人员）。目前，共有6艘。主要武器装备包括1座MK-13/4型标准/鱼叉导弹两用发射架、1门MK75 76毫米舰炮、1座MK15 20毫米密集阵近程武器系统、2座MK32三联装鱼雷发射管、2架SH-60B反潜直升机。可承担防空、反潜、护航和打击水面目标等任务。主要特点：一是武器配置较齐全，作战能力较强；二是重量轻、体积小、噪声低、操纵性好，低速性和可靠性佳；三是维修方便，价格适中。

"自由"号濒海战斗舰　美国洛克希德·马丁公司建造，是一种快速、机动和网络化的水面舰艇，可执行水雷战、反潜战、水面战、监控和侦察、海上拦截、特种作战、人道主义救援等多样化任务，有助于美国海军应对不断增长的濒海或近岸威胁。2004年开始建造，2006年下水，2007年开始服役，是美国海军第一艘濒海战斗舰。有"自由"级和"独立"级两个级别，预定建造55艘，目前已有4艘舰（"自由"号、"沃斯堡"号、"独立"号、"科罗拉多"号）服役。舰长115米，舰宽17.5米，吃水3.9米，满载排水量3000吨，最高时速47节，续航距离6482千米/18节。船员40人（军官8人，士官32人），任务人员35人，总共75人。装备1门MK-11057厘米70倍径炮、2门MK-44链炮、2挺M2重机枪、21枚RIM-116导弹、15个非直瞄近程导弹垂直发射架、2架MH-60R/S直升机、1架MQ-8无人机。主要特点：采用集装箱式模块，可根据不同的军事部署和作战需要，非常简便地更换设备和武器装备。

海底蛟龙：核动力攻击潜艇

潜艇是在水下进行战斗活动的军舰，是美国海军的主要作战兵力之一。美国海军的潜艇已全部实现核动力化，具有多种作战功能，能够执行收集秘密监视数据、传送战术情报、控制水面和海底的战斗空间、对地面和海上目标实施打击、把特种作战部队运送上岸等任务。目前，美国海军有各型核动力攻击潜艇72艘。

"俄亥俄"级导弹核潜艇　由美国通用动力公司制造，共建造了18艘。1976年开始建造，1979年下水，1981年开始服役。艇长170.7米，艇宽12.1米，吃水11.8米，排水量18750吨，下潜深度400米，航速20节以上，续航力100万千米。艇员编制155名，其中军官15名。每艘"俄亥俄"级核潜艇拥有24个垂直导弹发射管，可发射24枚"三叉戟II"型导弹；4具MK-68鱼雷发射管，可携带12枚MK48型多用途线导鱼雷；1部3英寸诱饵弹发射器。"三叉戟II"型导弹的最大射程在1.2万千米以上，命中精度90米，每枚导弹最多携载12颗弹头。根据美俄达成的削减进攻性战略武器条约，从2002年起，美国战略导弹潜艇的数量被限制在14艘，但美国海军不想让其中的4艘"俄亥俄"级潜艇退出现役，便将它们改装成巡航导弹核潜艇，携带常规导弹。主要特点：一是在中低速航行时不使用主循环泵，冷却剂在一回路系统中自然循环，增强了安全性；二是采用了许多降噪新技术新材料，辐射噪声低；三是艇上设有应急柴电动力装置，可在事故情况下，以5节的航速返回基地。

"洛杉矶"级核动力攻击潜艇　由纽波特纽斯造船公司、通用动力电船公司联合建造。1972年开始建造，1976年建成服役，到1996年共建造了62艘，是美国海军有史以来建造数量最多的核潜艇，现已有20艘退役，剩下的42艘仍在服役。艇长110.3米，艇宽10.1米，吃水9.9米；水下排水量6927吨，水面排水量6080吨；最大下潜深度450米，水面航速20节，最大水下航速32节，巡航20节；编制人数133人。一次装料可航行10年。主要武器装备：12个垂直导弹发射管，可发射"鱼叉"潜对舰导弹和"战斧"巡航导弹；4个533毫米鱼雷发射管，带14枚MK-48反潜鱼雷；可布设MK-67触发水雷和MK-60"捕手"水雷。主要特点：一是攻击力强；二是作战效能高；三是隐蔽性好。

"海狼"级核动力攻击潜艇　由美国通用动力电船公司建造。1989年开工建造，1995年下水，1997年开始服役，总共建造了3艘。艇长107.6米，艇宽12.9米，吃水10.9米；水下排水量9124吨，水面排水量8060吨，最大下潜深度610米，最大水下航速35节，巡航20节，编制人数133人。一次装料可航行10年。主要武器装备：12个垂直导弹发射管，可发射UGM-84"鱼叉"导弹和UGM-109"战斧"巡航导弹；8个660毫米鱼雷发射管，可携带50枚MK-48型反潜鱼雷或100枚水雷。主要特点：适应多用途多区域作战，隐身性能好，作战效能高，光电设备先进。

"弗吉尼亚"级核动力攻击潜艇　又称为774级，由纽波特纽斯造船公司和通用动力电船公司联合建造。是美国海军第一艘同时针对大洋和濒海两种功能设计的核潜艇，包括BlockⅠ到BlockⅤ5个型号，计划建造30艘，已有11艘服役，预计将取代"洛杉矶"级潜艇。艇长114.91米，艇宽10.36米，潜航排水量7800吨，最大潜深488米，潜航极速34节，自持力

70天，乘员134人。主要装备12个垂直导弹发射管，可发射UGM-84"鱼叉"和UGM-109"战斧"巡航导弹；4个533毫米鱼雷发射管，可发射MK-48反潜鱼雷和水雷。主要特点：建造成本高，每艘达25.6亿美元；自动化、模块化水平高，更具时代优势；潜水深、航速快，濒海作战能力突出。

登陆明星：两栖战舰

美国处于西半球，要把作战兵力、武器装备和作战物资投送到太平洋群岛、亚洲大陆、非洲大陆和欧洲大陆实施作战行动，两栖作战力量必不可少。因此，美国建造了大量的两栖作战舰艇。目前，美国海军有两栖舰艇33艘，其中指挥舰2艘、通用两栖攻击舰1艘、多用途两栖攻击舰8艘、船坞运输舰10艘、船坞登陆舰12艘。

"蓝岭"号两栖指挥舰　美国费城海军造船厂建造。1967年动工建造，1969年下水，1970年开始服役，是美国海军第七舰队的旗舰。舰长194米，宽25米，主甲板宽32.9米，满载排水量18372吨，航速23节，16节航速时续航力为24076千米，舰员编制821人，指挥部人员190人。装备两座八联装MK25"海麻雀"舰空导弹系统、两座MK33双联装76毫米舰炮、两座M×15"密集阵"近程防空武器系统、Mx36无源电子干扰装置和SLQ-32（V）3电子战系统。"蓝岭"号上的"旗舰指挥中心"是一个大型综合通信及信息处理系统，它同70多台发信机和100多台收信机连接在一起，同三组卫星通信装置相通，可以每秒3000个单词的速度同外界进行信息交流；接收的全部密码可自动进行翻译，通过舰内自动装置将译出的电文送到指挥人员手中，同时可将这些信息存储在综合情报中心的计算机中。其主要作用是对两栖作战中的对空、反潜、反舰兵力及航渡中的登陆编队实施指挥。"蓝岭"号曾访问香港6次、访问上海4次、访问青岛和湛江各1次。

另一艘两栖指挥舰是舰队部队司令部的两栖指挥舰"惠特尼山"号。

"黄蜂"级两栖攻击舰 美国英格尔斯造船厂建造。1985年开始建造，1989年开始服役，共建造6艘。集直升机攻击、作战、运输、船坞登陆、医院船等功能于一身，主要用于为登陆部队提供火力支援和对登陆作战部队实施指挥。舰长253.2米，舰宽32米，吃水8.1米；标准排水量40500吨，满载排水量41150吨；最大航速24节，续航时间500小时，自给能力20天；编制1108人，可装载1894人。装备机械化登陆艇12艘、高速滩头登陆艇3艘、AV-8B"海鹞"垂直短距起降飞机8架或CH-46E"海上骑士"运输直升机42架、八联装舰空导弹发射架2座、"海麻雀"舰空导弹16枚、"火神"密集阵舰炮3座、雷达9部。

其他"黄蜂"级两栖攻击舰包括"埃塞克斯"号、"奇尔沙治"号、"拳师"号、"巴丹"号和"好人理查德"号。

"惠德贝岛"级船坞登陆舰 美国洛克希德造船建筑公司建造前3艘，以后的由阿冯达尔工业公司建造。1981年开始建造，1985年2月开始服役，至今已有12艘服役。主要用于登陆作战中运送登陆艇和各种作战物资。舰长185.6米，舰宽25.6米，吃水6.3米；标准排水量11125吨，满载排水量15726吨；舰后半部飞行甲板为直升机起降平台，可起降CH-53运输直升机和AV-8B鹞式飞机；最大航速22节，巡航速度18节，续航力14816千米，续航时间440小时，自给能力18天。编制340人，可装载450名陆战队员、2艘车辆人员登陆艇与4艘气垫登陆艇或64辆履带式装甲战车；为陆战队设置141.58立方米货舱、1161平方米车辆甲板（含预装载的2艘气垫登陆艇）；如运送陆战队的全部货物，则有1914立方米的货舱和1876.6平方米车辆甲板（只运送车辆），包括2艘LCAC气垫登陆艇和航空燃油90吨。主要武器装备：1座RAM舰对空导弹发射装置，装被动红外/反辐射导弹；2门25毫米炮；2门20毫米"火神"密集阵舰炮；8挺12.7毫米机枪。主要特点：体现均衡装载思想，一舰两型便于运用，具有防空反导能力。

海上"撒手锏"：海基导弹

美军海基导弹种类多、数量大，主要分为潜射弹道导弹、反舰导弹和防空导弹。

UGM-133A"三叉戟II"潜射弹道导弹　美国洛克希德·马丁公司在"三叉戟I"型基础上改装而成，是美国最先进的潜射战略弹道导弹。1984年开始研制，1987年进行首次飞行试验，1989年进行潜射试验，1990年开始部署。现装备美国海军"俄亥俄"级核潜艇（每艇24枚）和英国海军"前卫"级核潜艇（每艇16枚）。弹长13米，直径2.11米，起飞重量5.9吨，装载3～14枚10万吨当量的W76或万吨当量的W88核弹头，3级固体火箭推进，最大射程1.13万千米，时速2.1万千米，惯性制导，命中精度20～80米。1989年以来，美英已成功试射150次。

BGM-109"战斧"巡航导弹　美国通用动力公司研制。1972年开始研制，1976年首次试飞，1983年装备部队。经历了从BlockI到BlockV 5个发展阶段，发展出陆基型、潜射型、空射型、舰载型4个型号，包括BGM-109A对陆核攻击导弹、BGM-109B反舰巡航导弹、BGM-109C常规对陆攻击导弹、BGM-109D布撒型对陆攻击导弹、BlockIII对陆攻击导弹、BlockIV"战术战斧"等。弹长5.56米，直径0.527米，翼展2.65米，最大射程2500千米，最大巡航速度0.72马赫，最大巡航高度7～150米，起飞重量1.2吨，地形匹配制导辅助惯性导航系统，有效载荷122.5千克，核弹当量1万～5万吨，命中精度30米。主要特点：在航行中采用惯性制导加地形匹配或卫星全球定位修正制导，可以自动调整高度和速度进行高速攻击；导弹表层有吸收雷达波的涂层，具有隐身飞行性能；低空飞行，命中率高。海湾战争中首次大规模使用。

RIM-116A"拉姆"舰空导弹　由美国和德国联合研制。1979年开始研制，1980年进行发射试验，1989年开始生产，1992年开始装备部队。是一种不依靠外部信息系统的独立的反导系统，能大大增强舰艇对抗反舰巡航导弹的能力。美国购买了4900枚"拉姆"和32套发射装置，德国购买了1923枚"拉姆"和58套发射装置。弹长2.79米，直径12.7厘米，翼展26.2厘米，弹重70.9千克，最大飞行速度超过2倍音速，作战半径9.6千米，平均无故障时间为188小时。有三种发射架：第一种为"密集阵"式发射架，装21枚"拉姆"；第二种为轻型发射架，装8枚"拉姆"；第三种是用"海麻雀"导弹发射架改装而成，装10枚"拉姆"。有三种发射方式：自动发射、半自动发射、人工发射，其中半自动发射是主要的发射方式，发射人员要参与识别目标和发射导弹。主要特点：采用射频与红外复合制导，具有"发射后不管"的能力，抗干扰能力强。

RIM-161"标准"舰空导弹　美国雷声和雷锡恩公司为美国海军研制的中远程全天候舰队防空系统。1963年开始研制，20世纪七八十年代大量装备部队。分为Ⅰ、Ⅱ、Ⅲ型三大系列，每个系列又分为多种型号。最早投入使用的是"标准"Ⅰ系列（SM-1），美国海军主要使用"标准"Ⅱ系列（SM-2）。"标准"Ⅲ系列（SM-3）是一种新型远程防空导弹，是美国海基战区导弹防御系统的重要组成部分。美国海军正在研制"标准"Ⅳ（SM-4）对陆攻击型导弹。"标准"Ⅰ型导弹，编号为RIM-66C和RIM-66D，1978年投入使用，1984年停产，有效射程46千米。"标准"Ⅱ型导弹，编号为RIM-66G、RIM-66H和RIM-66J，1983年装备美国海军，由于采用了新的MK104双推力火箭发动机，射程达到180千米。"标准"Ⅲ型导弹的研制工作始于1984年，1988年获准批量生产，编号为RIM-66K、RIM-66L和RIM-66M；后来又出了改进型BlockⅢ A（1992年获准批量生产）和BlockⅢ B（1995年获准小批量试产）；由于增加了MK45 Mod8和MK45 Mod9

目标探测装置、MK125战斗部、辅助红外传感器等设施，对来袭目标的毁伤能力、自动寻的能力、反掠海目标能力和电子战能力大幅提升。"标准"Ⅲ型导弹长6.55米，弹径0.348米，翼展1.57米，重量1501千克，最大速度3马赫，采用指令、惯性+GPS和光电制导，弹头重量18.2千克，射程425～1200千米。"标准"Ⅱ和"标准"Ⅲ型导弹都被用作美国海军"宙斯盾"防空反导系统拦截弹，可拦截大气层外飞行的近程和中程弹道导弹。

此外，美国海军还装备了"企鹅"反舰导弹、"海军小牛"近程空舰导弹、"鱼叉"反舰导弹、"海麻雀"舰空导弹等导弹。

陆战兵器

从独立战争到伊拉克战争，美国陆军依靠自己手中的武器打遍天下，赢得了一场又一场战争。随着社会的进步和科学技术的发展，美国陆军手中的武器越来越先进。随着人类信息社会的到来，美国陆军手中的装甲车辆、火炮、导弹、枪械等装备，又开始增添信息化要素，其战术技术性能不断得到改善，威力与日俱增。

陆战之王：装甲战车

从第一辆坦克问世至今，已有近百年的历史。在两次世界大战的战火中，坦克逐渐确立了自己在陆战和现代陆军中的地位，被视为"陆战之王"。从技术的角度看，坦克是内燃机时代的产物；从军事的角度看，坦克则是为了打破由机枪、堑壕、铁丝网和速射火炮组成的盾而产生的矛，是第一次世界大战堑壕胶着战的必然结果。但实际上，坦克是武器的三大要素——火力、防护和机动的统一体。正因为如此，在高技术兵器层出不穷的今天，坦克仍然维持着它在陆战中独一无二的地位，备受陆军的重视。

M1"艾布拉姆斯"系列主战坦克　美国通用动力公司设计生产的第三代主战坦克。有M1、M1A1、M1A2三种型号。以美国陆军参谋长克雷顿·艾布拉姆斯的名字命名。1971年开始研发，1980年开始服役，至少生产了7780辆。每辆造价235万～430万美元。车长9.83米，车宽3.66米，车高2.37米（至炮塔顶）。战斗重量：M1，54.5吨；M1A1，57.15吨；M1A2，63.05吨。最大公路时速：M1，72.4千米；M1A1，66.7千米；M1A2，66.7千米。乘员4人。主要武器：M1，M-68A1 105毫米51倍径旋膛炮1门；M1A1/A2，M-256 120毫米44倍径滑膛炮1门；次要武器：M-240 7.62毫米机枪2挺；M-2 12.7毫米机枪1挺；M-250 66毫米烟幕弹发射器2具。装有自动火力探测和压制系统，具有日夜火力控制和行进间射击的能力。火控系统首次采用了数字式计算机、激光测距仪、各种与弹道相关的传感器等装置。发现目标到发射炮弹的时间为4～7秒（静止对静止），首发命中率为85%～95%。M1A1和M1A2坦克均采用了120毫米滑膛炮，发射贫铀穿甲弹和高爆破甲弹，极具杀伤力。该系列坦克还采用了含贫铀材料的复合装甲，弹舱设有防爆门，车内设有自动灭火装置，可在核生化条件下作战。它所采用的热成像夜视设备可根据目标与背景之间的温度差，发现和判定目标，并可透过丛林、烟尘和其他伪装在视距2000～3000米上对目标发起攻击。

M2"布雷德利"系列装甲战车　美国食品机械化学公司军械分部研制的履带式、中型战斗装甲车辆，以美国陆军五星上将奥马尔·布雷德利的名字命名。1980年定型并投产，1983年装备美国陆军。有M2A1、M2A2、M2A3、M2A2DOS等改进型号。车长6.45米，车宽3.2米，车高2.56米，战斗全重22.67吨，乘员3人，载员7人，最大公路时速66千米。装备1门M242"大毒蛇"25毫米机关炮、1挺M240C型7.62毫米机枪和1具"陶"

式反坦克导弹发射架。M2和M2A1步兵战车在车侧和车后部另有6个5.56毫米的射击孔，M2A2的后部有2个射击孔。主要特点：一是防护性能好，车上配有"三防"和烟幕施放装置，前部和炮塔可正面防御20～30毫米火炮，车底部装有防雷装甲，车内还有气体过滤和自动灭火设备。二是火力较强，车上配置了火炮、机枪和反坦克导弹，火控系统采用了热成像仪，可全天候捕捉目标。三是机动性和越野性能好，能水陆两用，能伴随现有主战坦克作战。M3装甲骑兵战斗车是M2装甲车的改进型，在外形上两者相差无几，主要区别在于两者的乘员舱和内部装备不同。

M113系列装甲人员输送车　美国食品机械化学公司军械分部研制的履带式装甲人员输送车。1958年制成样车，1960年定型为M113装甲人员输送车。1959年美军签订首批900辆车采购合同。1960年初在食品机械化学公司的圣何塞兵工厂投产并开始装备部队。有M113A1、M113A2、M113A3等改进型号。车长5.3米，车宽2.686米，车高（车顶/车体）2.52/1.85米，战斗全重12470千克，乘员2人，载员11人，最大公路时速/行程64/360千米，最大水上时速50.8千米，爬坡度30度，越壕宽1.68米，通过垂直墙0.61米。M113的车体是箱子状，车身两侧装甲是垂直的，装甲厚度为12～38毫米，可以抵御炮弹破片和枪弹的袭击。M113基型车的车体为铝合金全焊接结构，车体顶部有一挺12.7毫米机枪，但车体上没有射击孔。M113结构简单，造价低廉（1984年的单价是17.84万美元），共生产了8万余辆，占全世界装甲输送车总数的近1/2，至今仍在世界上的50多个国家和地区服役。

"斯特赖克"轮式装甲车　由加拿大通用汽车和美国通用动力公司联合研制。2000年11月开始研制，2002年4月开始装备部队，单价约150万美元。以两名美国士兵斯图尔特·S.斯特赖克和罗伯特·F.斯特赖克的名字命名。合同规定生产2131辆。有步兵输送车、指挥车、机动火炮系统、火力支援车、战场救护车、迫击炮车、工兵车、反坦克导弹车、核生化检测车、侦察车等车型。车长6.985米，车宽2.72米，车高2.64米，最大重量17.2吨，乘员2人，载员9人，公路最大时速100千米，最大行程500千米，能越2米宽壕，爬31度坡。装备1门105毫米滑膛炮，1挺M2型12.7毫米机枪，或MK19型40毫米自动榴弹发射器，或MK240型7.62毫米机枪；可携带18发105毫米炮弹、400发12.7毫米子弹和3400发7.62毫米子弹，以及最新的C^{4}ISR火控系统和防原子、防生物与化学武器的探测仪。一架C-130可载运一辆齐装满员的"斯特赖克"，一架C-17可轻松载运三辆齐装满员的"斯特赖克"，可在96小时之内部署到世界任何地方。目前，美国陆军已经装备6个"斯特赖克"旅。

此外，美国陆军还装备了LAV-25轮式步兵战车、AAV7A1两栖突击车、M93"狐狸"核生化侦察车、M998"悍马"轮式车、EFV远征战车、RG-31防地雷车、"美洲野牛"防雷清障装甲车、MRAP防雷装甲输送车等装甲车辆。

陆上战神：自行火炮

美国陆军装备的火炮种类繁多，包括迫击炮、榴弹炮、加农炮、火箭炮、高射炮等。这些射程远近不同、威力大小不等的火炮，构成了美军战场上威力巨大的火力网，在战争中打出了声威，被誉为"陆上战神"。

M109系列155毫米自行榴弹炮 世界上装备数量和国家最多、服役期最长的自行榴弹炮之一。1974年以前由通用动力公司麾下的凯迪拉克汽车分公司和克莱斯勒公司生产，1974年以后改由BMY公司生产。1959年制成第一辆样车，1963年开始装备美军装甲师、机械化步兵师和陆战队。有M109A1、A2、A3、A4、A5、A6等改进型号，生产量约7000辆，其中美军装备2400辆。车长（炮向前）9.12米，车宽3.15米，车高2.8米，战斗全重24～25吨，乘员6人（车长、驾驶员、炮长、3名装填手）。M126型155毫米榴弹炮，23倍身管，寿命2500发；半自动输弹机，射速1发/分，短时间可达到3发/分；高低射界-3°～+75°；炮弹基数28发，分装式；射程（榴弹）14.6千米（A6型可达30千米）。辅助武器：12.7毫米高射机枪，弹药基数500发。最大时速56.3千米，最大行程354千米，装甲厚度20毫米。可发射核炮弹（W48和W82型核炮弹），有两栖作战能力。

M119型105毫米轻型牵引榴弹炮　英国皇家武器研究所和诺丁汉皇家军械厂负责设计和制造。1966年开始研制，1974年开始装备英国陆军部队。1985年，美国陆军决定采用英国的L119型105毫米榴弹炮，并进行改装，同年12月定型为M119型105毫米轻型牵引榴弹炮。1990年12月，开始装备美军轻型步兵师、空降师、空中突击师和陆战队。战斗全重1.86吨，炮班共6人。最大射程14.3千米（榴弹）、19.5千米（火箭增程弹），高低射界-5.5°～+705°，方向射界±5.5°（不用座盘）、360°（使用座盘），最大射速8发/分，持续射速3发/分。配用弹种包括榴弹、发烟弹、照明弹、碎甲弹、火箭增程弹，弹重15～16千克。系统由105毫米M119型榴弹炮和牵引车组成。主要特点：威力大，射程远；重量轻，能用直升机吊运；战斗转换时间短，展开快；可靠性好。

M270型227毫米多管火箭炮　由美国、法国、英国、德国和意大利5国联合研制，由沃特公司生产。1979年底正式命名并进行首次射击试验，20世纪80年代初完成作战适应性鉴定并开始批量生产，1983年开始装备部队。操作人员3名，战斗全重25.9吨，最大公路时速64千米，最大行程480千米，最大爬坡度30度，过垂直墙高0.914米，越壕宽2.54米。发射装置：12个298毫米口径的玻璃钢定向管（被组装成2个集装箱式发射—储存器，储存期可长达10年）。自备起重再装填设备，单人即可操作，装填时间5分钟/12发。高低射界0°～+60°，方向射界左右各194度，转动速度5度/秒，仰俯速度0.9度/秒。主要使用M26火箭弹、M28火箭弹、M28A1火箭弹、M39陆军战术导弹和M74反人员反装甲弹。火箭弹射程32千米（制导火箭弹可达70千米）。每辆车可装2枚陆军战术导弹，也可装1枚战术导弹和6枚火箭弹。战术导弹射程：Block I 型25～165千米、Block IV型100～300千米、Block II型35～140千米、Block II A型100～300千米。该火箭炮为军和师两级战术部队提供全般火力支援，一次齐射12枚火箭弹能抛出7728个子弹，覆盖面积相当于6个足球场。

M142自行火箭炮（海马斯） 美国洛克希德·马丁公司导弹与火控分公司1993年开始研制的轮式高机动火箭炮系统。1998年7月进行样炮试验，2002年工程研制结束并提供样炮在伊拉克战争中试用，2004年11月结束作战实用评估，2005年开始批量制造并装备美国陆军和陆战队。该系统由发射车和弹药补给车组成。发射车长7米，宽2.4米，高3.2米，使用中型战术车辆底盘，有效载荷5吨，战斗全重10.89吨，动力系统为1台6.6升柴油发动机，最大速度86千米/小时，最大行程480千米；乘员3名，有两个弹仓，每个弹仓可装载1个6联装火箭发射器或者1个导弹发射器，可实现±100°方位角、0°～60°高低角内的灵活转动。弹药补给车，乘员3名，作战时跟随发射车行进，提供弹药保证；前后两节车厢各可装载4个弹仓单元，如果全部装载火箭弹，则可以装载8个6联火箭发射器；为增大弹药携行量，弹药补给车后方可加挂1节拖车。6联发射器整个模块一次性安装，装（换）弹只需1名乘员耗时5分钟就能完成。车载大功率发电机可持续提供功率200千瓦的电能，为车载雷达、通讯设备、电子系统等提供稳定可靠的电源；大容量的电池可以保证雷达、通讯设备等长时间工作，而不必启动发动机。车载火控系统采用快速中央处理器，用激光陀螺代替机械陀螺，并加装了全球定位系统接收器和激光多普勒雷达测风仪。发射普通火箭弹射程达42千米，发射陆军战术导弹射程达300千米。1门炮1次齐射可抛出7728枚子弹药，覆盖6万平方米地区，面积相当于6个足球场。该系统具有重量轻、反应快、火力强、通用性好、机动性高、生存力强等特点。

此外，美国陆军还装备了M102型105毫米牵引榴弹炮、M198型155毫米牵引榴弹炮、M777型155毫米牵引榴弹炮、M120/121型120毫米迫击炮、M252型81毫米迫击炮、M224型60毫米迫击炮等火炮。

地面"撒手锏"：陆基导弹

美军陆基导弹包括洲际弹道导弹、战术弹道导弹、防空导弹和反坦克导弹。

LGM-30G"民兵Ⅲ"洲际弹道导弹　美国波音公司制造的第三代陆基战略导弹。1966年开始研制，1968年8月首次试射，1970年12月开始服役，1975年7月完成部署，1978年11月结束生产，是美国第一种分导式多弹头地对地战略导弹，采用地下井发射方式。弹长18.26米，弹径1.67米，携带MK-12和MK-12A分导式多弹头（3个），起飞重量35.4吨，最大时速2.4万千米，最大射程1.3万千米，命中精度220米（MK-12）至166米（MK-12A）。美军装备"民兵Ⅲ"型导弹500枚（分别部署在怀俄明州沃伦、北达科他州迈诺特和蒙大拿州马姆斯特罗姆空军基地），其中200枚携带MK-12弹头（TNT当量3×17.5万吨），300枚携带MK-12A弹头（TNT当量3×33.5万吨），弹头有突防装置，每枚单价为920万美元（1984年美元值）。美国政府计划耗资70亿美元对"民兵Ⅲ"型陆基弹道导弹进行升级延寿，进一步提高"民兵Ⅲ"型导弹的可靠性和打击精度，将其服役年限延长至2030年。同时，启动新型"陆基战略威慑导弹"研发项目，替代拟于2030年退役的"民兵Ⅲ"型洲际弹道导弹。

MGM-140陆军战术导弹系统　美国洛克希德·马丁公司研制的美军第

三代近程地对地战术弹道导弹系统。1986年开始研制，1988年首次试验，1990年装备部队。有Block Ⅰ、Block Ⅰ A、Block Ⅱ、Block Ⅱ A等型号。弹长3.96米，弹径0.61米，弹翼1.4米，弹重1672千克，弹头为M74或M77型子母弹（内含950个子母弹），多管火箭炮发射，与"联合侦察和目标攻击系统"配合使用，子弹末端采用毫米波和红外制导，射程100～150千米，命中精度50米，子弹杀伤半径15米。用于打击纵深集结部队、装甲车辆、导弹发射阵地、指挥中心、机场等，可携带反人员和轻型装备、反装甲、反硬目标、布撒地雷、反前沿机场和跑道等6种战斗部，可为军、师两级提供全面战场支援。主要特点：使用简单；毁伤力强；射程远，可实施精确打击；采用固体火箭发动机，便于维护。

MIM-104"爱国者"防空导弹 美国雷声公司研制的第三代中远程、中高空地空导弹系统。1967年开始研制，1970年首次进行试验，1982年开始生产，1984年开始装备部队。主要用于取代"奈基"Ⅱ型和"霍克"防空导弹。有"爱国者-1""爱国者-2""爱国者-3"三种型号。1994年美国陆军选择"增程拦截弹"作为"爱国者-3"的拦截弹，美国洛克希德·马丁公司便将"爱国者-2"型导弹改制成"爱国者-3"型导弹。1997年完成工程研制和初始飞行试验，1998年列装部队。"爱国者-3"有"爱国者-3 Ⅰ""爱国者-3 Ⅱ""爱国者-3 Ⅲ"三种型号，是集团军和军级机动防空系统，可发射多枚导弹同时摧毁距离不等的目标；可独立作战，也可和其他拦截弹配合组成两层反战术弹道导弹系统。"爱国者-3"由固体助推火箭、制导设备、雷达寻的头、姿态控制与自动控制系统和杀伤增强器等组成。弹长4.635米，弹体直径0.255米，起飞重量304千克，助推火箭关机后的重量为140千克。弹头与助推火箭在飞行中不分离，始终保持一个整体。最大拦截高度20千米，最小拦截高度300米，最大拦截距离50千米，最小拦截距离500米，最大飞行速度5马赫。"爱国者-3"导弹系统由1辆相控阵雷达车、1辆指挥控制车、1辆天线车、1辆电源车和8辆四联装导弹发射车（携带32枚待发导弹）组成。主要特点：一是全天候作战，打击目标种类多；二是武器设备系统少，机动性能好；三是作战能力强，可以同时对100个目标进行搜索和监视，并制导8枚导弹拦截不同方向和高度的目标；四是抗电子干扰能力强；五是能够与其他陆军系统和联合系统实现互操作。

"标枪"反坦克导弹　美国洛克希德·马丁公司和雷锡恩公司联合研制的第三代反坦克导弹。1989年开始研制，1993年进行使用试验，1996年装备部队。"标枪"系统是陆军携行式武器，重量轻、弹体小，整套系统约重22.7千克，包含被动目标识别，射控组件及整合式昼（4倍）夜间（4～9倍）放大瞄准器。弹体重11.8千克，长108厘米，弹体直径12.6厘米。发射管重4.1千克，长119.8厘米，直径142.1毫米，射程约2500米。双弹头设计，可以同时引爆目标的表层防护，另一弹头则穿透装甲，深入破坏。每套系统都具有两种性能，一是用以攻击装甲车车顶，二是用以攻击直升机和碉堡等。射手可采用站、跪、卧及坐姿发射。主要特点：采用半主动激光制导、激光驾束制导和红外成像制导方式，破甲厚度800～1000毫米，具有对付反作用装甲和"发射后不管"的能力。

此外，美国陆军还装备了陆基拦截弹、"毒刺"便携式防空导弹、"陶"式反坦克导弹、"海尔法"反坦克导弹等导弹。

太空兵器

军用卫星是专门用于各种军事目的的人造地球卫星，包括侦察卫星、军用通信卫星、军用导航卫星、导弹预警卫星、军用气象卫星、军用测地卫星等。从20世纪50年代末出现到90年代直接参加局部战争，军用卫星已经发展为美国作战指挥系统和战略武器系统的重要组成部分，被称为军事力量的"倍增器"。美国军用卫星犹如徘徊在太空的幽灵，看不见，摸不着，却无时无刻不在窥视着地球上各个国家和人们的一举一动和信息交流，为美国军事指挥人员提供决策所必需的各种信息。

KH-12"高级锁眼"光学成像侦察卫星　美军20世纪60年代开始使用的侦察卫星，主要有KH-1、4、5、6、7、8、9、11、12等9种型号，目前使用的主要是1989年8月开始发射的KH-12型照相侦察卫星。全重16.9～17.6吨，长度约15米，直径约4.5米，轨道倾角97.8°～98°，轨道高度450千米，地面分辨率普查1～2米、详查0.1米，轨道周期90.56分钟，设计寿命8年。主要有效载荷：高分辨率CCD数字成像相机、多谱段扫描仪、热红外成像仪和电子信号情报接收机。主要特点：一是可进行轨道机动，对重要目标详查时可降低高度；二是兼有普查和详查功能，遥感设备先进，分辨率高；三是可由航天飞机在轨道上补充燃料，工作寿命长；四是视野狭窄，KH-12运行周期为90.56分钟，这就意味着"锁眼"卫星每天飞行至某一特定地区上空只能1～2次，只要根据卫星运行周期计算出过顶时间，在卫星过顶前的十几分钟，将目标隐藏起来，那么，"锁眼"再先进，也只能是"目中无物"；五是KH-12尽管地面分辨率达到了100毫米，但这只能说明地面上的目标在屏幕上显示的图像是一个点而已。若想真正辨清目标的外形特征、大小尺寸，还必须再大一些，理论上需要地面分辨率的5～6倍。另外，照相侦察卫星是利用目标反射的可见光进行工作的，也就是说卫星与目标之间保持良好的可见光传输通道，卫星才能发挥高分辨率的优势。否则，若目标光照条件发生变化或受目标与背景的对比度等影响（如目标上空出现烟、雾、雨、雪、尘埃等），其实际的地面分辨率就会大打折扣。

美军目前使用的成像侦察卫星还有"长曲棍球"合成孔径雷达成像侦

察卫星和8X"增强型成像系统"光学、雷达综合成像侦察卫星。

"入侵者"电子侦察卫星 美国第五代电子侦察卫星。采用大型网格相控阵侦收天线，具有多轨道能力，可替代现用的同步轨道和大椭圆轨道侦察卫星，集通信情报和电子侦察于一身。全重约4.5吨，长度约100米（天线），直径约5米，轨道倾角0°，轨道高度3.6万千米，轨道周期约24小时，设计寿命9～10年。主要有效载荷：2副碟形大型天线、多馈源喇叭形接收机。主要特点：一是采用大型网格相控阵侦收天线，灵敏度大幅度提高；二是携载大椭圆轨道"天基红外系统"卫星传感器，对地球极区的导弹预警能力增强。

美军目前使用的电子侦察卫星还有"大酒瓶""水星""教官""喇叭"等。

"军事星"通信卫星 由洛克希德·马丁公司总承包，星体三轴稳定设计。"军事星"系统包括MILSTAR-1、2、3等三代卫星，各军种用户终端和一个卫星测控站。1994年3月，首颗MILSTAR（DFS-1）卫星发射入轨，定点在120°W；次年11月，第二颗MILSTAR-I（DFS-2）卫星顺利升空，后定点在4°E。DFS-1、2两星配对工作，提供对美国太平洋至大西洋部队的保密通信覆盖。"军事星Ⅱ"全重约4.5吨，轨道倾角0°，轨道高度约3.6万千米，轨道周期约24小时，设计寿命10年。主要有效载荷：192个低速率信息通道、32个中速率信息通道。通信频段：甚高频、超高频、特高频。传输速率：1.544兆/秒。用于连接陆军旅、海军水面舰只和潜艇、空军战略飞机、空中指挥所、洲际导弹发射中心和陆战队机动部队。"军事星Ⅱ"的主要特点是，总通信容量大幅提高，造价降低20%，机动性能也得到一定的提升。

美军目前使用的军用通信卫星还有"国防卫星通信系统Ⅲ"通信卫星、特高频后续卫星、跟踪与数据中继卫星等。

"国防支援计划"导弹预警卫星 美国于20世纪70年代初将"国防支援计划"（DSP）导弹预警卫星送上太空，至今已发展到第三代。第一代共发射了7颗，第二代共发射了8颗，从1970年11月开始陆续发射第三代DSP卫星，截至2004年共发射了22颗。第三代DSP卫星重约2.36吨，长约10米，直径约6.7米，轨道倾角0°，轨道高度3.6万千米，轨道周期约24小时，设计寿命9年。有效载荷：红外望远镜。使用波长2.7微米、4.3微米。每分钟探测频率5～6次，反应时间50～60秒，传输时间少于90秒。主要特点：一是具有连续性，可全天候、全天时连续不断地监视全球的导弹发射；二是具有实时性，可将所探测到的信息和数据借助光电传输手段和中继站，几乎同步地传输给北美防空防天司令部，以满足作战指挥的需要；三是具有灵敏性，全球陆、海、空任一区域的导弹发射，其尾焰的红外辐射均可在1分钟内被星载探测器捕捉并定位；四是精度高，其发射点、目标点和弹道等参数计算数据定位精度可达5千米。

"全球定位系统"（GPS）Ⅱ型导航定位卫星 GPSⅡ型导航系统是以24颗全球定位人造卫星为基础，向全球各地全天候地提供三维位置、三维速度等信息的一种无线电导航定位系统。由三部分构成：一是地面控制部分，由主控站、地面天线、监测站及通信辅助系统组成；二是太空部分，由24颗卫星组成，分布在6个轨道平面；三是用户装置部分，由GPS接收机和卫星天线组成。GPSⅡ有A、R、F三种型号。截至2006年底，美军在轨导航定位卫星为30颗（GPS-2A型15颗，GPS-2R型5颗，GPS-2R改进型10颗），分布在6个轨道面上，全部参与定位，民用的定位精度可达10米内。综合定位的话，精度可达厘米级和毫米级。主要特点：一是全球全天候定位，保证了地球上任何地方任何时间至少可以同时观测到4颗GPS卫星，确保实现全球全天候连续的导航定位服务；二是定位精度高，GPS相对定位精度在50千米以内可达6～10米，100～500千米可达7～10米，1000千米可达9～10米；三是观测时间短，快速静态相对定位测量时，当每个流动站与基准站相距在15千米以内时，流动站观测时间只需1～2分钟，而采取实时动态定位模式时，每站观测仅需几秒钟；四是测站间无需通视；五是仪器操作简便。

无人系统

美军无人系统包括空中无人系统、地面无人系统和水面/水下无人系统。美国国防部根据无人航空器的大小、航程、速度、持久力和综合能力，把无人机分为5种类型。类型1为独立的、便携式、手抛发射无人机，用于保障小分队或基地安全。能对山那边或房屋角落实施侦察和监视。在视距内行动，类似由无线电操纵的航模，例如，RQ-11"乌鸦"、RQ-12"黄蜂"和RQ-20"美洲狮"。类型2为小到中型无人机，通常用于支持旅和旅以下部队的情报、监视、侦察和目标获取需求。通常在未经准备的场地用弹射器发射，例如"扫描鹰""弹性旋翼"等。类型3为中空中远程长航时无人机，通常在未经准备的场地发射，不需要修整跑道。例如，RQ-7B"影子"、RQ-21"黑杰克"等。类型4为中高空增程长航时大型无人机。通常需要在经过准备的场地进行发射和回收，超视距通信，有严格的行动空域要求。例如，MQ-8"火力侦察兵"、MQ-1C"灰鹰"和MQ-5"猎人"。类型5为中高空航程最远、航时最长的最大型无人系统，需要经过准备的发射和回收场地，超视距通信，有最严格的行动空域要求。例如，MQ-9"死神"、RQ-4"全球鹰"和MQ-4C"海王星"。[①]

---

① Thomas G. Mahnken, Travis Sharp, Grace B. Kim: Deterrence by Detection: A Key Role for Unmanned Aircraft Systems in Great Power Competition, Center for Strategic and Budgetary Assessments, PP.9-10, 2020.

RQ-11"乌鸦"无人机　由美国航宇环境公司研制。手抛发射小型无人机，为营以下部队提供支援。2003年首飞，随后开始装备美国特种作战部队，到2007年共装备2469架。高置机翼单翼布局飞行器，推进式螺旋桨，既能在视距范围从地面站进行遥控，也能使用GPS导航自动飞行。机长0.9米，翼展1.4米，空重1.9千克，Aveox27/26/7简易电动马达。最大飞行速度81.5千米/小时，最大航程10千米。

"扫描鹰"无人机　由美国波音公司下属的英西图公司研制。中小型无人机，主要用于海上监视与观察、情报搜集、目标搜捕、通信中继等各种战术支援。可采用固定式控制站或安装在车辆、舰船上。2001年1月9日首飞。平直翼气动布局，2.5马力单缸双冲程发动机。机长1.2米，翼展3.1米，空重12千克，最大起飞重量20千克，最大飞行速度148千米/小时。

RQ-21"黑杰克"无人机　由美国波音公司下属的英西图公司研制。中空中远程长航时无人机，主要用于海上侦察。2012年9月被正式命名为"黑杰克"，2013年9月首飞，2014年投入使用。双翼撑、单发、单翼飞机，总重61千克。机长2.5米，翼展4.8米，最高飞行速度167.4千米/小时，巡航速度101.4千米/小时，最长航时24小时，最高飞行高度5943.6米，有效载荷17千克，最大起飞重量61千克。装备昼夜全动态视频摄像机、红外标记和激光测距仪、地面控制系统、弹射起飞和"天钩"回收系统，无需跑道。

MQ-1C"灰鹰"无人机　由美国通用公司研制。是由MQ-1"捕食者"（2018年3月9日最后一次执行任务）改进而来的中空长航时无人机。主要用于侦察、监视和攻击目标。机长8米，翼展17米，有效载荷488千克，能够在8000多米的高空，以每小时270千米的速度执行侦察任务，可不间断飞行30小时。装备合成孔径雷达、电光/红外/激光测距仪/激光指示器、地面移动目标指示系统、AN/AAS-52多光谱瞄准系统、通信中继器、4枚"海尔法"导弹和"蝰蛇"制导炸弹。具备侦察、监视、目标搜索、指挥控制、通信中继、发送接收信号情报、电子对抗、火力打击、战损评估等功能。主要装备美国陆军航空作战旅。2017年，通用公司开始生产增程"灰鹰"无人机，使其续航时间达到40多小时。

RQ-4A"全球鹰"无人侦察机 由美国诺斯罗普·格鲁曼公司研制。美国空军乃至全世界最先进的无人机。1995年开始研制，1998年2月首飞，1999年6月到2000年6月进行部署和评估。2001年4月24日，"全球鹰"从美国爱德华空军基地起飞，连续飞行22小时抵达澳大利亚爱丁堡空军基地，创下无人机飞越太平洋的纪录。机长13.5米，机高4.62米，翼展35.4米，最大起飞重量11622千克，最高飞行速度650千米/小时，航程25000千米，实用升限20000米。机载燃料超过7吨，最大航程可达25945千米，自主飞行时间长达41小时，可以完成跨洲际飞行。可在距发射区5556千米的范围内活动，可在目标区上空18288米处停留24小时。主要设备包括合成孔径雷达、电视摄像机、红外探测器、防御性电子对抗装备、数字通信设备等。合成孔径雷达的探测距离范围为20～200千米，能在一天中监视1.374×105平方千米的面积，图像分辨率为0.9米，可区分小汽车和卡车；或者对1900个2千米×2千米的可疑地区进行仔细观察，图像分辨率为0.3米，能区分静止目标和活动目标。电视摄像机用于对目标拍照，图像分辨率接近照相底片的水平。红外探测器可发现伪装目标，能分辨活动目标和静止目标。侦察设备所获得的目标图像通过卫星通信或微波接力通信，以50Mb/s的速率实时传输到地面站，经过信息处理，把情报发送给战区或战场指挥中心，为指挥官进行决策或战场毁伤评估提供情报。曾在监控加州山火、海地地震、福岛核电站泄漏等行动中发挥作用。

MQ-9"死神"无人机 由美国通用动力公司研制。1994年开始研制，2003年首飞，2005年量产。2014年，增程MQ-9首飞。MQ-9B无人机是MQ-9的升级产品，有军用和民用两种型号，可以增添多种任务模块，衍生出"空中守卫者"和"海上守卫者"等型号。机长 10.97 米，翼展 20.12 米，载荷 1747 千克（内置载荷 386 千克、武器载荷 1361 千克），最大起飞重量 4763 千克，最大航速 460 千米/小时，续航时间 15 小时，巡航高度 15000 米（空载）、9000 米（满载）。装备电子光学设备、红外系统、微光电视和合成孔径雷达，具备很强的情报监视侦察能力和对地攻击能力，能在作战区域停留数小时，持续执行作战任务。机载武器包括 2 枚 GBU-12 激光制导炸弹、4 枚 AGM-114"海尔法"空地导弹、227 千克的"联合直接攻击弹药"和 113.5 千克的小直径炸弹。每架 MQ-9 配备 1 名飞行员和 1 名传感器操作员，在地面控制站内操控。飞行员坐在控制站屏幕的左侧，关注主屏幕和几个分屏幕上显示的信息，查看无人机传回的图像，观察各系统的工作状态，通过操纵杆或键盘操控无人机。传感器操作员的操作间与飞行员的操作间十分相似，但连接的操作系统更多。主要任务是为地面部队提供近距空中支援，或在山区和危险地区执行持久监视与侦察任务。"死神"无人机已在阿富汗、伊拉克、也门等地执行过数千次"定点清除"任务，作战效果良好。

"背包机器人"　由美国艾罗伯特（iRobot）公司研制。1998 年，艾罗伯特公司与美国国防高级研究计划局签署合同，为美军研制军用机器人。至今已研制出 4 代军用机器人，分别是 710 Warrior、210 Negotiator、510 Packbot 和 SUGV。其中最为人熟知的是"背包机器人"，据统计其销量已超过 3000 个。该机器人机械臂长 203 厘米，全伸展时可举起 4.5 千克的重物，最大可举起 13.6 千克的重物。可用于室内侦察、搜寻可疑物品、处置简易爆炸装置、清扫路面障碍、巡逻、监视等。由于外形小巧，功能全面，重量较轻，深受美军喜爱。

"魔爪"机器人　由英国奎奈蒂克公司北美分公司福斯特·米勒公司研制。2000 年首次交付，截至 2009 年 6 月 30 日，至少交付了 2800 个。"魔爪"

（Talon）机器人可以执行拆除简易爆炸装置、侦察、危险品操作、战斗工程支援等任务。手臂收起时长86.4厘米，宽57.2厘米，高27.9厘米，离地距离7厘米。机械手臂可以承载45千克的有效载荷，拖曳能力达到340千克，可以360°旋转，上面配备有夹子、麦克风、扬声器等，操作员可以在最远1000米处通过双向无线电进行控制。可爬43°的楼梯，可通过45°的侧坡和38厘米的积雪或碎石。可安装7个各种类型的高清摄像头和红外摄像头，能为士兵提供彩色、黑白、红外或夜视画面。可承受反复的清洗消毒，能够在受污染的区域长时间工作。采用2个标准的300W容量铅电池，续航时间4小时，最大行驶速度8.37千米/小时。以"魔爪"机器人底盘为平台，安装1挺M249型5.56毫米机枪或M240型7.62毫米机枪、1支M16突击步枪和1具M202-A火箭弹发射器，就成为大家熟知的"利剑"魔爪机器人。

自主式无人潜航器 自2009年起，美国海军开始部署和测试一系列自主式无人潜航器（AUV）。潜航深度5～1000米，航速30～70千米/天。包括4个级别：（1）便携式无人潜航器。这种潜航器可由人工携带，一般由橡皮艇施放，直径约76～230毫米，全重不超过45千克，水下自持力10小时（高负荷状态）至20小时（低负荷状态），主要用于情报监视和侦察，一次性通信导航与中继，浅水水雷探测、识别和灭杀，爆炸物处理等。（2）轻型无人潜航器。这种潜航器外形似鱼雷，直径323毫米，重量226千克左右，有效载荷比便携式多出6～10倍，水下自持力20小时（高负荷状态）至40小时（低负荷状态），可由现役轻型鱼雷（如MK46或MK50鱼雷）发射管发射和回收，主要用于港口侦察与监视，移动式通信、导航与中继，雷区探测、海底调查等。（3）重型无人潜航器。这种潜航器像鱼雷，直径533毫米，重量1360千克左右，有效载荷体积46立方英尺，水下自持力30小时（高负荷状态）至80小时（低负荷状态），可用现役重型鱼雷发射管（如MK48鱼雷）发射和回收，将来也可由大型水面舰艇投射，主要用于战术侦察和监视、反水雷作战充当诱饵目标、大范围秘密侦测、海洋调查等任务。（4）巨型无人潜航器。这种潜航器体积较大，直径在900毫米以上，排水量10吨左右，活动半径1904米，水下自持力150小时（高负荷状态）至400小时（低负荷状态），可由攻击型核潜艇和巡航导弹核潜艇的垂直发射隔舱或外置式发射装置施放，也可由水面支援舰艇携载投放，主要用于持续警戒、侦察和监视、反潜作战、反水雷作战、有效载荷投送、特种作战、爆炸物处置、信息战、对时敏目标的突然打击等。

指挥控制系统

美军指挥控制系统的开发始于20世纪50年代，从世界首个半自动化指挥控制系统"赛其"（Semi-Automatic Ground Environment，SAGE）到"全球指挥控制系统"（Global Command and Control System），已发展到第四代。50—70年代的第一代指挥控制系统共部署了36种214部雷达、远距离通信和数据传输设备等，将北美23个扇区的地面雷达、通信设备、计算机和武器连接起来，实现了航迹绘制和数据显示的自动化。70—80年代的第二代指挥控制系统除继续完善战略级指挥控制系统外，更加重视战术指挥控制系统的建设，逐步转向解决各军兵种独立作战的指挥自动化问题。80年代后期至90年代中期的第三代指挥控制系统旨在打破军种间的信息壁垒，能够随时随地向所有参战人员提供融合的实时的通用战场空间信息和态势图。90年代中期至今的第四代指挥控制系统，是以全球信息栅格为核心、面向多样化任务、支持一体化联合作战的网络中心化系统。作为武器装备表上的软装备，指挥控制系统在夺取作战胜利中发挥着比硬装备更为重要的作用，应该受到高度关注。

全球指挥控制系统（GCCS） 原称全球军事指挥控制系统，1962年10月组建，主要由国家军事指挥系统、美军各作战司令部及国务院、中央情报局等政府有关部门的指挥控制系统组成，包括10多种探测系统（如侦察卫星、预警卫星、预警机、地面雷达预警网等）、30多个指挥中心（如国家地下、地面、空中指挥中心，北美防空防天司令部指挥中心，航天司令部地下地面指挥中心，各联合司令部指挥中心等）和60多个通信系统（如国防通信系统、国防卫星通信系统、舰队卫星通信系统、极低频和甚低频对潜通信系统等）。主要任务是保障国家最高指挥当局、参谋长联席会议、各联合司令部和特种作战司令部指挥控制的需要，用于监视当前态势、判断情况、作出反应、管理部队和指挥作战。最初由一系列现成的设备拼凑在一起，没有整体设计，也没有统一的管理机构，数字格式不统一，互联有困难，组建后10年仍然是一个松散的联合体。20世纪70年代初成立了以国防部副部长为主席的全球军事指挥控制系统管理委员会，改造了设备，更换了计算机，统一了数字格式，实现了数据处理的标准化。1995年底，经过大规模改造后的"全球军事指挥控制系统"更名为"全球指挥控制系统"（GCCS），成为美军指挥控制系统的核心。

GCCS研制计划分为3个阶段：第一阶段（1992—1995年）主要进行军事需求论证和方案设计，制定统一的系统标准和条令；第二阶段（1995—2004年）主要是使C^4I系统互联互通；第三阶段（2004—2010年）在实现所有指挥、控制、通信、计算机系统和情报网之间最大程度互联互通的同时，建立一个全球信息管理与控制体系。GCCS的建设内容涵盖各军种的诸多支撑和核心策略计划，到2003年已在全球部署625个基地。

为响应国防部"武士"C^4I中的全球指挥控制系统计划，美国陆军确立了陆军作战指挥控制系统的体系结构，建设陆军全球指挥控制系统（GCCS-A），将陆军的所有作战功能领域和所有级别的部队都纳入该系统中，并根据统一的技术体系结构使指挥控制系统实现数字化；美国海军根据GCCS公共操作环境（COE）和国防信息基础设施公共操作环境的要求，开始建设海军全球指挥控制系统（GCCS-M），以支持联合、多国和联盟部队的作战行动；美国空军提出了"全球参与——21世纪空军构想"长期战略，建成以战术航空控制系统、空军机载战场控制指挥中心和空中机动司令部指挥控制信息处理系统为主的空军全球指挥控制系统（GCCS-AF）。[①]

全球联合指挥控制系统（GCCS-J） 全球指挥控制系统的核心，实施联合作战的基础，战区进行计划制订、辅助分析、联合作战指挥和筹划的基本工具。GCCS-J是一个指挥、控制、通信、计算机和情报系统（包括软件、硬件、程序、标准和接口），为参联会、国防部长、国家军事指挥中心、战场指挥官、联合部队指挥官和军种部队指挥官提供强大、无缝连接的指挥控制功能，为战区司令部和联合特遣部队指挥官计划、实施和控制各种军事行动提供全频谱支持。主要模块包括：（1）全球框架结构；（2）联合作战计划与执行系统；（3）综合图像和情报；（4）通用作战图；（5）跨域服务现代化倡议；（6）敏捷客户实体通用作战图；（7）联合指挥控制通用用户界面。主要特点包括：（1）大数据支撑，可支撑军用、民用各类数据格式，可实时创建/查看数千个图形叠加来描绘战场元素；（2）计划追踪与分析，可把决策转变为作战计划，满足美国军事力量部署要求，支持兵力部署、重新部署，实施应急和危机行动计划；（3）辅助决策分析，能够为战区指挥官和参谋人员决策提供辅助分析和决策支持相关功能；（4）联合情报支持，能提供近乎实时的情报数据，加强战区指挥官和参谋人员的态势感知能力。

陆军作战指挥系统（ABCS） 由7个基本系统和6个辅助系统组成，能

---

① 蓝羽石、毛永庆、黄强等编著：《联合作战指挥控制系统》，第24页，国防工业出版社，2021年。

使作战指挥员及参谋人员掌握正确的实时信息，更迅速、更正确地下达作战命令，更有效地指挥部队和武器系统执行作战任务。

7个基本系统包括：（1）机动控制系统（MCS）。陆军配属在营至军各级指挥机关的战术计算机系统及其终端的总称，是一种战术指挥控制系统。为规划、协调、监视和控制战术作战提供自动化、在线和近实时能力。机动控制系统允许操作员定义路线和查看覆盖图，以提供态势感知。（2）空中和导弹防御工作站（AMDWS）。为部署的部队提供自动防御规划能力，支持陆军防空导弹系统和防空火炮系统摧毁目标。防空与导弹防御规划与控制系统负责将中高空的目标信息提供给防空导弹部队，确保己方战区领空的安全；将低空目标的情报信息提供给野战防空导弹营，为地面部队提供早期预警能力。（3）作战指挥维持和支持系统（BCS3）。将多个数据源集成到一个程序中，为指挥官提供战场后勤的可视化布局，是专门负责后勤整合的系统。（4）全源分析系统（ASAS）。一种移动式、自动化战术情报处理与分发系统，通常装载在作战指挥车等平台上，用于将情报和传感器信息融合成统一的敌情图，生成通用作战图中"红军"一方的态势信息。（5）高级野战炮兵战术数据系统（AFATDS）。帮助指挥官选择最适当的时间和空间、选用最适合的火炮和弹种来攻击目标；能指挥控制和协调所有迫击炮、榴弹炮、加农炮、攻击直升机、海军水面火力支援、近距离空中支援等火力，最大限度地发挥效能。（6）21世纪部队旅及旅以下作战指挥/蓝军跟踪系统（FBCB2/BFT）。使用卫星和地面通信技术跟踪友军的车辆和飞机，并显示在计算机屏幕上。（7）战术空域综合系统（TAIS）。战场空域管理自动化系统，安装在悍马车硬质车厢壁上独立运行，提供空—地联合战场空间管理。

6个辅助系统包括：（1）数字地形支持系统（DTSS）。提供数字地形分析、地形数据库、更新的地形产品和硬拷贝复制，能以立体图形方式显示地形背景，可一目了然地了解地形对敌方机动性能的影响，还能向作战指挥官提供敌方指挥所、补给供应点及部队集结地的地形位置。（2）陆军全球指挥控制系统（GCCS-A）。陆军作战指挥系统的重要补充，用于战区力量的动员—复员、部署和支援，是战术分队、陆战队、各类作战飞机、陆军作战指挥系统和美国国防部之间的主要联系系统。（3）综合气象系统（IMETS）。安装在高机动多用途轮式车辆上的战术自动气象系统，用于接收、处理和传播ABCS的天气观测、预报等。（4）未来指挥所（CPOF）。通过全球联合指挥控制系统、数字地形支持系统和其他方式与陆军作战指挥系统连接，在战术环境中实现多个指挥层级之间协作的规划和图形操作工具。（5）数字化步兵引导系统（DLS）。与陆军作战指挥系统一起工作，向旅及旅以下部队提供指挥与控制能力，包括部队跟踪信息、计划、协同、同步和任务执行。（6）战术地面报告系统（TIGR）。为士兵研发的一种网络态势共享工具，用于共享和发布士兵所处区域的作战信息。

海军指挥控制系统（NCCS） 海军指挥控制系统按指挥层次分为舰队级指挥控制系统、编队级指挥控制系统和本舰指挥控制系统。舰队级指挥控制系统为岸基系统，负责将来自全球指挥控制系统、海洋监视情报系统、潜艇及其他信息源传输来的信息进行综合，然后将相关区域的海洋监视情报、敌情威胁、环境数据以及各种作战指令发送到海上编队的战术旗舰指挥中心。编队级指挥控制系统装备于海上舰队的指挥舰和航母之上，负责编队指挥、舰载机群的作战协调等。本舰指挥控制系统又称为作战管理系统，用于掌握编队海域信息，进行威胁判断和武器分配。

海军指挥控制系统包括：（1）海军全球指挥控制系统（GCCS-M）。海军装备的主要指挥控制系统，为海上、岸上、战术/机动用户提供海战指挥与控制能力，使各级指挥员能够获得近实时的共用态势图，计划、引导和控制部队的战术作战。目前，海军约有260艘舰艇和潜艇安装了海基型GCCS-M；约有36个站点（包括海军指挥中心、5个舰队司令部、北约总部等）安装了岸基型GCCS-M。（2）旗舰数据显示系统（FDDS）。支持航母战斗群指挥官进行大范围作战的编队级指挥系统。1983年开始装备部队，增强型1989年装备部队，至今已装备20多套。能够帮助航母战斗群指挥官计划、指挥和监视大范围海上作战和两栖作战。（3）先进战斗指挥系统（ACDS）。具有增强能力的战术数据处理和目标指示系统。与MK14武器指挥系统、MK68和86射击指挥系统、"鱼叉"舰对舰导弹以及巡洋舰/驱逐舰上的MK114和MK16水下火控系统、航母上的MK23目标捕获系统和分布式舰艇自防御系统集成，成为海军非"宙斯盾"舰的标准作战系统。（4）舰艇自防御系统（SSDS）。逐渐集成了先进战斗指挥系统的功能，成为海军舰艇本舰作战系统的核心，将舰艇平台上的所有硬杀伤（导弹系统和快速反应火控系统）和软杀伤（诱骗）武器系统、雷达等传感器综合在一起，实现对反舰巡航导弹的分层防御能力。（5）"宙斯盾"作战系统（ACS）。集传感器、武器系统、计算机、软件和显示系统于一体的综合海上作战系统。装备了"宙斯盾"作战系统的舰船可执行多种任务，如防空、弹道导弹防御、反潜、水上防御、对岸火力支援等。[①]

空军全球指挥控制系统（GCCS-AF） 空军的战略指挥控制系统，全球指挥控制系统的空军组成部分。能够在必要的时间和地点为军级至战略级空军提供数字化信息分发手段；能够提供态势感知、兵力部署、军事力量规划、情报和作战支持能力。主要系统包括：（1）作战情报系统。能够处理来自各种渠道的情报信息，为空军最高指挥官和战区指挥官提供准确、近实时的情报信息。（2）战术航空控制系统。为空中部队指挥官提供相应

---

① 李瑞、朱伟锋、王允峰：《美国海军指挥控制系统未来发展研究》，《舰船电子工程》，第6—8页，2013年第6期。

的系统和资源，支持态势感知、作战计划、空中任务指令和空域指控命令的制定。（3）战区应急自动计划系统。能够产生和下达日常空中任务命令并监视其执行情况。（4）空中任务支援系统。能够为战斗航空兵、轰炸航空兵、空运航空兵和特种作战航空兵提供作战任务计划。（5）其他分系统。可提供飞行跟踪、资源和补给品管理、通信和信息传输、导航、战场情况分析、计划制订等功能。GCCS-AF主要部署在美国太平洋空军（包括驻日第5航空队、驻韩第7航空队、驻关岛第13航空队等），可与海军的"宙斯盾"舰和陆军的"爱国者"导弹连接，形成立体导弹防御体系。

美军武器装备主要特点

美军武器装备投入大，更新快，性能先进，不论是远程战略轰炸机、核动力航空母舰、防区外攻击弹药，还是无人系统和全球作战指挥控制系统，都处于世界领先地位，在某些方面还与其他国家军队形成了代差。总的来看，美军武器装备主要有以下特点。

一、创新研制和升级更换并举，确保武器装备全球领先

美国进入工业时代早，国防工业十分发达。美军的主战装备大多生产于20世纪50—80年代。由于过于老旧，其战术技术性能已经满足不了信息时代的作战要求。例如，B-52战略轰炸机1952年首飞，1955年开始装备部队，已经服役66年，早已超过寿命周期；F-16战斗机1972年开始研制，1979年开始装备部队，已经服役42年，也快寿终正寝；M1"艾布拉姆斯"主战坦克1971年开始研制，1980年开始装备部队，已经服役41年，也跟不上时代的需要了。这些老旧武器装备本该被新式武器装备替换并退出现役，

但美军却没有新的型号可以替换它们，只好采用贴花方式，一次又一次地更新其信息系统、电子系统、火控系统等，不断提升其战术技术性能，延长其寿命周期。但与此同时，美军也投入巨资创新研制新式作战平台，力求在武器装备上领先其他国家一两代。例如，1997年首飞、2004年批量生产的F-22隐身超音速战斗机，2006年首飞、2013年开始装备部队的F-35联合战斗机，2005年开工建造、2013年下水、2017年开始服役的"福特"号航空母舰等，其战术技术性能都远优于其他国家的同类装备，有的甚至形成了代差。美军这种创新研制和升级更换同时并举的做法，既节省了国防投入，又保持了武器装备的先进性，值得其他国家军队借鉴。

二、空战兵器高低搭配，全天候作战能力增强

美国空军的主力制空战斗机包括F-15、F-16、F-22和F-35。F-15和F-16是第三代战斗机，主要装备AIM-9"响尾蛇"、AIM-7"麻雀"和AIM-120"阿姆拉姆"导弹的先进型号，具有全天候全向攻击、上视/上射和下视/下射、"发射后不管"、"多目标攻击"和较好的抗电子干扰能力。它们机动性好，空战火力强，机载电子设备先进，是世界上最先进的战斗机之一。F-22和F-35是第四代战机，主要装备M61A2"火神"机关炮和GAU-22/A四管"加特林"机关炮，携带AIM-120"先进中程空空导弹"、AIM-9"响尾蛇"导弹、GBU-32联合直接攻击弹药、GBU-39小直径炸弹、1000磅激光制导炸弹等弹药，具有很高的隐身性能和超音速巡航能力，探测、感知、识别能力强，能够先敌发现，先敌发射，在对地攻击和空战中占有巨大优势。第三代和第四代战机搭配使用，美国空军就可优劣互补，不受气候和夜昼影响，全天候攻击地面、海上和空中目标，完全掌握制空权。此外，美国空军的B-52H、B-1D和B-2A远程战略轰炸机，在加油机的支援下已经完全具备全球攻击能力，可携带常规导弹和核导弹对世界各

地的敌方目标实施精确打击。

三、海战兵器集成化，联合作战能力大幅提升

美国海军的主战兵器主要包括航空母舰、驱逐舰、护卫舰、两栖舰艇、各型潜艇及其携带的各类武器弹药。冷战结束后，美国海军的作战对象从苏联转向地区强国，战场从海洋转向近海沿岸及其纵深，作战任务从远洋作战转向近岸作战，由海向陆对岸上事件施加直接影响。为实现这种转变，美国海军对其武器装备进行了全面集成，即利用先进的信息技术，将各种传感器、作战平台和武器系统连接为一个有机整体，增强多兵种合同作战、多军种联合作战或多国联军作战所需要的互操作性，大幅提升信息对抗和联合指挥控制能力。例如，美国海军研制的协同作战能力系统，把航母战斗群编队中各平台装载的目标探测系统、指挥控制系统和武器系统有机连接起来，允许各平台以极短的延时共享各种探测器获取的所有数据，使作战系统在编队内实现了集成。海战兵器的集成化，不仅增强了海军的反舰、反潜和防空作战能力，而且增强了对地攻击、反弹道导弹、反水雷作战和电子战能力，能够为美军联合作战作出更大贡献。在阿富汗和伊拉克战争中，美国海军航空兵和从战舰上发射的巡航导弹，就为战争的胜利作出了巨大贡献。

四、陆战兵器品种多、数量大、配系全，协同作战能力强

美国陆军武器装备以第三代为主、第二代为辅，性能先进、协同作战能力强。按作战功能，可分为坦克和装甲车辆、火炮、反装甲武器、野战防空武器、攻击直升机、运输直升机、多用途直升机、轻武器、地雷、电子信息武器等，品种多、数量大、配系全，可在多种战场环境中使用。根据美国传统基金会《2021年美国军事实力索引》，到2020年9月30日，美

国陆军装备M1A1/2"艾布拉姆斯"坦克678/1619辆、M2"布雷德利"步兵战车4006辆、"斯特赖克"装甲战斗车4859辆、M113装甲人员输送车4339辆、高机动多用途轮式车99800辆、AH-64D/E"阿帕奇"攻击直升机381/351架、UH-60"黑鹰"直升机2185架、CH-47"支奴干"重型直升机506架、MQ-1C"灰鹰"无人机158架……这些武器装备不仅品种多、数量大,而且配套完善。仅以炮兵武器装备配系为例,它由迫击炮、105毫米榴弹炮、155毫米榴弹炮(包括牵引式和自行式)、227毫米多管火箭炮、陆军战术导弹及相关信息系统组成,火力覆盖范围从5.8千米到495千米(迫击炮/105毫米榴弹炮,5.8～10千米;105毫米榴弹炮/155毫米榴弹炮,10～19.5千米;155毫米榴弹炮/227毫米多管火箭炮,19.5～30千米;227毫米多管火箭炮/陆军战术导弹,30～57千米;陆军战术导弹,57～495千米),不留任何空隙,协同作战能力非常强。

五、无人系统比重增大,必然导致作战方式发生变化

尽管美国陆军没能实现《2001财年国防授权法》提出的目标——到2015年使陆军无人作战车辆占其作战车辆的1/3,但美军装备的无人系统仍然数量最多,类型最全。在无人机方面,美军已装备"全球鹰""死神""捕食者""灰鹰""火力侦察兵""猎人""影子""扫描鹰"等机型,初步形成覆盖高、中、低空的无人装备体系,数量达几万架(截至2020年中,陆军装备无人机17000多架)。在地面无人系统方面,美军已装备"背包机器人"系列、"魔爪"系列、"侦察兵"XT等机器人以及M160远程遥控扫雷系统等,总数达1.5万余套。在水面/水下无人系统方面,美军已装备3型无人水面艇、17型无人潜航器(2000～4000套),如遥控猎雷系统、反水雷无人水面艇、模块化近海无人水面艇、REMUS 100无人潜航器等。目前,美军还在研制"阿特拉斯机器人"、"班用多用途机器人"以及"X"级、"海港"级、"通气管"

级和"舰队"级水面无人系统。技术决定战术。如此众多的无人系统进入美军武器装备体系，必然导致美军作战思想和作战方式发生变化。2020年1月3日，伊朗伊斯兰革命卫队司令卡西姆·苏莱曼尼，在伊拉克巴格达国际机场被美军MQ-9"死神"无人机发射的AGM-114"海尔法"导弹暗杀，预示着无人系统可能导致美军作战方式发生重大变化。

六、指挥控制系统全球联网，指挥控制能力增强

20世纪50年代以来，美军指挥控制系统在数字技术、互联网技术、栅格技术等新技术，在"快速决定性作战""网络中心战""跨域协同作战"等新作战理论，在海湾战争、科索沃战争、阿富汗战争、伊拉克战争等战争实践的有力推动下，不断创新发展，迭代更新，目前已发展到第四代——全球指挥控制系统。该系统在全球信息栅格的支撑下，已经具备"即插即用、柔性重组、按需服务"的能力。"即插即用"是指系统各组成要素能够随时随地动态接入军事信息基础设施，快速获取和使用所需网络、数据、服务等资源。"柔性重组"是指系统具备动态重构的能力，即系统能根据作战任务、战场环境、作战单元毁伤情况，快速灵活地对组成要素进行扩充、剪裁和重组，以适应各种变化。"按需服务"是指系统依据任务情况，灵活地组织和生成用户所需要的通信、计算、信息、软件等资源，快速、合理、高效地为用户提供资源服务。有了这样的指挥控制系统，美军指挥官就能先于对手获得所需信息，形成认知优势、决策优势和行动优势，大幅提升指挥控制能力。

美国F-35联合打击战斗机事故频发

美国F-35"闪电Ⅱ"联合打击战斗机是全球最先进的隐身战斗机之一，

2013年开始交付部队使用。到2022年1月已有美国、英国、以色列、意大利、澳大利亚、挪威、荷兰、日本、韩国等9个国家的军队装备该型战机，总量750架。2014年到2023年，F-35战斗机事故频发，引起世界各国军队高度关注。

一、F-35战斗机概况

F-35"闪电II"联合打击战斗机是由美国洛克希德·马丁公司设计生产的单座、单发、隐身多用途战斗机。1993年启动验证机研究。英国、意大利、荷兰、加拿大、挪威、丹麦、澳大利亚和土耳其参与研究。2006年12月15日在得克萨斯州首飞成功，2013年开始交付部队使用。F-35有A、B、C三种型号，A为陆基型，B为垂直起降型，C为舰载型。美军将用F-35逐渐取代F-14、F-15、F-16、F-117、AV-8B等机种，全球订单约3300架。其中，美军计划购买2456架，包括美国空军1763架F-35A、美国陆战队353架F-35B和67架F-35C、美国海军273架F-35C。美国陆战队2015年7月开始装备F-35B，美国空军2016年8月开始装备F-35A，美国海军2019年2月开始装备F-35C。

F-35的技术战术性能　装备AN/APG-81有源相控阵雷达、光电分布式孔径系统、综合电子战系统和光电瞄准系统；装备1门GAU-22/A四管加特林机炮，储弹量180发；携带2枚AIM-120C中距空空导弹和2枚1000磅激光制导炸弹；机长15.67米，翼展10.7米，最大起飞重量31800千克，最大时速1.6马赫，航程2220千米，作战半径1093千米（A型）、833千米（B型）、1110千米（C型），实用升限18288米。

F-35的主要特点　一是隐身性能强。F-35的隐身设计（前向雷达反射面积约为0.065平方米，比苏-27、F-15低两个数量级），不仅减小了被发现的距离，还使全机雷达散射及红外辐射中心发生改变，导致来袭导弹的脱靶率增大。二是探测、感知、识别能力强。其电子系统的探测距离接近现有雷达探测距离的3倍，能够向飞行员提供超高分辨率的合成孔径雷达图像，可以在防区外对目标进行精确探测和识别。三是不受天气影响，全天候地攻击陆、海、空目标。

二、F-35战斗机发生的事故

据不完全统计，2014年到2023年，美国、英国、日本、韩国的F-35战斗机共发生事故15起，涉及F-35A、B、C三种机型和空军、海军、陆战队三个军种，事故原因多种多样。

第1起事故发生在2014年6月23日。美国空军第58中队的一架F-35A（序列号10-5015）在埃格林空军基地训练时遭遇发动机起火，飞机报废，无人员伤亡。

第2起事故发生在2016年9月23日。美国空军第61中队一架临时部署于芒廷霍姆空军基地的F-35A（序列号12-5052）遭遇后机身起火，等待修复，无人员伤亡。

第3起事故发生在2016年10月27日。美国陆战队第501战斗机训练中队的一架F-35B（序列号168057，机身编号VM-01）在飞行中遭遇机身起火，紧急迫降在波弗特陆战队航空站，无人员伤亡。

第4起事故发生在2018年8月22日。美国空军第58中队一架F-35A（序列号11-5024）在埃格林空军基地降落时，前起落架失效。飞机轻微损坏，无人员伤亡。

第5起事故发生在2018年9月28日。美国陆战队的一架F-35B战斗机，在南卡罗来纳州进行训练时坠毁，飞行员弹射逃生。坠机的原因是燃油管破裂，导致飞机漏油失去动力。随后，所有的F-35从10月11日起停飞，美军对所有的F-35战机进行管道检查。在检查合格后，才允许起飞。

第6起事故发生在2019年4月9日。日本航空自卫队的一架F-35A战斗机，在太平洋上空执行训练任务时从雷达上消失。据悉，这架F-35A隶属于三泽空军基地，从基地起飞后坠毁在青森县以东约135公里的外海，事故导致机毁人亡。事故发生后，美国海军和日本海上自卫队立刻展开搜救，最终在海面上发现了坠毁战机的碎片，飞行员的尸体则在6月才被发现。坠机事故发生后，日本紧急停飞了已服役的12架F-35A战斗机。

第7起事故发生在2019年5月7日。驻日美国陆战队的一架F-35B战斗机在起飞时撞到了鸟类，被迫中止飞行。这架战机最终安全返回跑道，无人员伤亡，战机发动机损毁、隐身涂层剥落，整个维修成本超过200万美元。

第8起事故发生在2020年5月19日。美国空军第58战斗机中队的一架F-35A降落在埃格林空军基地时坠毁，飞行员成功弹射逃生。事故原因是飞行员疲劳驾驶、氧气系统存在问题、头盔显示器出现故障、飞行控制系统未响应飞行员的输入。

第9起事故发生在2020年9月29日。美国陆战队的一架F-35B战斗机在空中加油过程中与为其加油的KC-130J加油机相撞：F-35B战机坠毁在加利福尼亚州，飞行员弹射逃生；KC-130J加油机被迫降落在一片田野上，机组人员无伤亡。

第10起事故发生在2021年11月17日。英国皇家空军的一架F-35B从"伊丽莎白女王"号航母上起飞时坠入地中海，飞行员弹射逃生。事故原因是地勤人员忘了卸掉飞机发动机进气道的防雨罩，导致它被吸入进气道损毁了发动机，使战机失去了动力。

第11起事故发生在2022年1月4日。韩国空军的一架F-35A从南瑞山空军基地起飞进行训练时，飞行控制系统和发动机突然停止工作，战机失去控制。飞机紧急降落时，起落架打不开，飞行员采用"腹部着陆"法，安全降落，无人员伤亡，战机损坏也不严重，因为地勤人员得到通知后马上在跑道上覆盖了保护泡沫。据调查，是战机低空飞行时撞上的飞鸟直接把进气道击穿了。

第12起事故发生在2022年1月24日。美国海军"卡尔·文森"号航母上的一架F-35C在降落时发生事故坠海，飞行员弹射逃生，7人受伤。有人猜测可能是飞行员人为失误导致战机撞上了甲板。

第13起事故发生在2022年10月19日。美国空军一架F-35A在犹他州空军基地附近坠毁，飞行员弹射逃生。

第14起事故发生在2022年12月1日。驻日美国陆战队一架F-35B因电力问题迫降，随后在牵引过程中，前起落架突然断裂，导致机头砸向地面。

第15起事故发生在2023年9月17日。美国陆战队第2航空联队第501战斗机攻击训练中队的一架F-35B战斗机因出现一个"未知的问题"，飞行员被迫弃机弹射逃生，但飞机不知去向。后在附近民众的帮助下，搜索人员在南卡罗来纳州查尔斯顿附近发现并确认了飞机残骸。

三、F-35战斗机事故频发引起的推测

虽说任何新式武器装备出现事故都在所难免，但像F-35这样短期内高频率地发生事故还是不多见的。近几年来，F-35的事故发生率高达1.1%，引发世界多国军队广泛关注。F-35发生事故的真实原因，只有战机制造者和使用者最清楚，但这属于军事秘密，不可能向外界透露。F-35战斗机服役以来，已有6支装备F-35战机的部队（包括以色列空军、美国空军、美国陆战队、英国空军、意大利空军和挪威空军）参加了实战，但未见客观的作战能力评估和报道。那么，F-35战斗机的作战能力到底如何？F-35战斗机发生的事故是技术因素、人为因素还是飞行环境造成的？局外人只能根据自己掌握的情况进行分析和推测。

推测一，F-35战斗机本身存在缺陷。据报道，美国国防部承认F-35存在诸多缺陷。其中，一类缺陷12个，包括：（1）超音速飞行时隐身涂层和天线结构易损坏；（2）飞行员座舱超压问题；（3）ALIS系统不能精确显示零部件库存；（4）F-35头盔显示的绿光问题；（5）机身摄像头在微弱星光下成像质量下降；（6）低温电池告警问题；（7）迎角20度时加力飞行会出现偏航；（8）天气炎热垂直着陆时推力会下降；（9）雷达对海搜索模式视角范围小；（10）着陆时大风吹过轮胎会打断液压管路；（11）美国以外的盟国用户，无法用ALIS"自动后勤信息系统"把敏感信息共享给美国；（12）武器系统接口问题。此外，F-35还存在油箱漏油、软件漏洞、座舱冒烟、发动机叶片出现裂痕等问题。例如，美国陆战队的F-35B坠毁，就是因为燃油管破裂，导致飞机漏油失去动力造成的。如果这些问题不解决，F-35的作战能力肯定会大打折扣。

推测二，F-35战斗机事故是由人为因素引起的。除本身缺陷外，F-35战斗机事故也可能由人为因素引起。地勤人员违反操作规程，飞行员飞行时间短、技术不熟练、过度紧张、过度疲劳、注意力不集中、心理素质差、反应速度慢，等等，都可能是引发F-35飞行事故的原因。例如，英国皇家空军的F-35B坠海事故，就是因为地勤人员忘记拆掉飞机发动机进气道防雨罩造成的；美国空军的F-35A坠毁，就是因为飞行员疲劳驾驶造成的。

推测三，F-35战斗机事故是由飞行环境造成的。除了技术和人为因素，F-35战斗机事故也可能由飞行环境造成。空中飞鸟、强大气流、极端天气都可能引发F-35飞行事故。例如，驻日美国陆战队的F-35B和韩国空军F-35A战斗机出现事故，都是因为起飞时撞到了鸟类造成的。

推测四，F-35战斗机的实际作战能力可能言过其实。美国向世界各国大肆宣扬F-35战斗机的优异作战能力，声称将用F-35取代F-14、F-15、F-16、F-117、AV-8B等战机，无非是为了达成两个目的：一是威慑竞争对手，二是促进军火贸易。果不其然，美国的"王婆卖瓜"引发盟国和伙伴国争相抢购F-35。那么，F-35的作战能力究竟如何呢？2018年9月，美国陆战队在阿富汗首次将F-35B用于支援地面部队清除恐怖分子；2019年4月，美国空军的F-35A首次使用JDAM制导炸弹轰炸伊拉克境内的IS极端组织。此外，以色列空军、英国空军、意大利空军和挪威空军都已将F-35用于实战。但是，却很少见到有关F-35优异作战能力的详细评估和报道。是害怕泄密不好多说，还是战绩平平无话可说？这一切只有使用者自己知道。

21世纪美军作战训练

为未来做准备，要求我们进行不同的思考，发展能够快速适应新挑战和意外环境的各种部队和作战能力。我们的新安全环境充满突然性和不确定性。在这样一个世界里，适应能力是至关重要的。

——美国国防部长拉姆斯菲尔德2002年1月31日

在美国国防大学的讲话①

美军认为，军事训练是提高部队战斗力的基本途径，是打赢战争的重要因素。美军把军事训练分为院校训练和部队训练两个部分，认为院校训练是传授知识和锻炼思维，以适应各种工作的活动；部队训练是以练习的方式获得并保持完成特定任务的知识、技能和态度。由于本书篇幅所限，这里只研究部队训练部分。

在部队训练中，美军遵循下列6条原则：（1）依据联合和军种作战条令；（2）指挥官是主要教练员；（3）着眼于任务；（4）按实战要求施训；（5）统一计划，分散实施；（6）同时多级，循序渐进。

---

① Joint Chiefs of Staff: JP3-0, Joint Operations, P. Ⅲ-1, February 13, 2008.

训练领导机构

美军军事训练由国防部长统一领导，主要由人事与战备副部长负责管理。军事训练的具体执行机构，主要是国防部人事与战备副部长办公室、国防部相关业务局（主要是作战支援局）和直属机构、参联会、军种部和作战司令部等。

人事与战备副部长的具体职责，包括审查训练政策和训练大纲，监督作战司令部的训练和演习等。国防部相关业务局和直属机构负责提供业务范围内的保障。根据接受保障单位的需求，各业务局负责提出本领域的训练保障目标，确定本领域训练的内容、条件、标准和需求，制订相应的联合训练计划，配合接受保障单位完成任务。参联会负责协助国防部长对军事训练进行业务指导。负责颁布联合训练指导性文件，制订联合训练规划、计划，监督联合训练落实等。军种部负责本军种未指派部队和人员的训练，主要是单个人员和部队基础训练，也包括联合训练的军种相关训练和通用性训练，具体业务包括政策制定、组织计划等。作战司令部既是联合训练的受训主体，也是所属部队联合训练的组织者，同时对所属部队的军兵种训练提供指导。

负责联合训练的组织机构

联合训练是依据联合条令或联合战术、技术与程序进行的任务演练，目的是使联合部队或联合参谋机构做好准备，对作战司令部司令执行既定或预期任务的战略、战役或战术需求作出反应。负责联合训练的组织机构包括参联会、军种部和作战司令部。

参联会　参联会主席是国防部长的全权代表，是联合训练的具体指导者，负责为全军联合训练制定政策和指南。新颁布的联合训练文件规定，参联会主席在原有职责基础上增加以下责任：确认联合训练需求；制定关于联合训练系统和联合训练信息管理系统的方针和指南；开发《通用联合课目表》课目的具体程序。联合参谋部是辅助参联会主席对联合训练实施具体指导的机构，是各项政策、指南和方案的具体制定者，是参联会主席各项职责的落实者，主要通过下设的联合部队发展部开展工作。联合部队发展部在组织和指导编修联合出版物、制定武装部队联合训练方针政策等

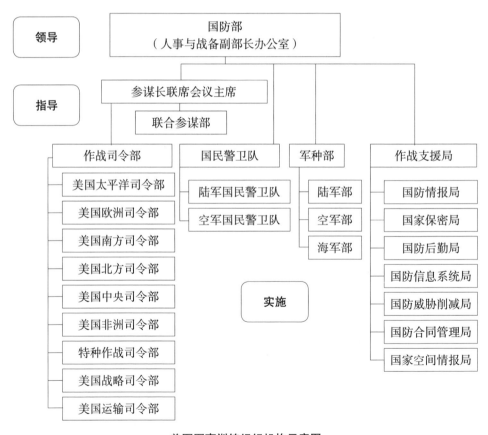

美军军事训练组织机构示意图

资料来源：董鸿宾主编：《美国军事基本情况》，军事科学出版社，2013年。

方面，直接向参联会主席负责。在联合训练方面主要职责包括：颁布《联合训练总进度表》；监督并调整联合训练的资金和资源使用；编写联合训练考核大纲；协助作战司令部对联合训练进行考核；协调国家指挥当局和国防部组织的演习活动；协调多国联合训练；检查联合演习和联军演习。

军种部　衔接联合训练与军种训练的关键单位，负责按照军种条令及军种战术、技术和程序实施军种训练，使军种部队达到《联合必训课目表》中提出的训练要求，将训练好的部队交给联合作战司令部。各军种部由负责作战和计划的副参谋长领导本军种的联合训练，具体事宜由参谋部落实。军种部在联合训练中的职责包括：从本军种角度训练部队，向联合作战司令部提供合格的军种部队进行联合训练；进行联合训练时，向本军种参训部队提供保障；编修军种条令；支持联合作战司令部的联合训练。

作战司令部　承接国家战略指导和军事战备训练的关键环节，它实施的战役级训练是战略级训练和战术级训练的桥梁和纽带。作战司令部的主要职责包括：落实参联会主席在《美国武装部队联合训练总计划》中确定的指导思想；确定本级的联合训练课题，提出联合训练需求；制订、更新并颁布本级联合训练的年度计划与进度；对根据本级联合训练计划实施的训练活动进行考核；对下属联合司令部及其部队完成各项训练任务进行指导和管理；根据需要，接受或向其他联合作战司令部提供部队开展联合训练；完成联合训练活动的总结报告。

负责陆军训练的组织机构

根据《美国法典》的规定，美国陆军部长负责陆军的人员招募、组织、装备、训练、保障、动员等事务；人员与战备助理部长负责陆军训练政策的制定和训练相关事宜的组织与协调；陆军参谋长负责训练计划的制订和执行，分管人事的副参谋长和分管作战、计划的副参谋长负责具体业务。

陆军训练与条令司令部负责陆军训练的政策、组织、计划和指导。该司令部下设参谋部、诸兵种合同中心、陆军就职司令部（入伍司令部）、合同支援司令部、陆军能力一体化中心、初始军事训练机构、分析中心、战争学院、非任命军官职业发展研究所等，业务范围覆盖陆军训练的各个方面。实际上，陆军部各级领导、机关和部队都对所属人员和部队负有训练责任，如陆军部队司令部负责协调、计划、组织和实施陆军部所辖部队的集体训练，陆军器材司令部负责本系统人员训练并为整个陆军提供训练装备保障，战区陆军部队或陆军军种组成部队负责本军种的岗位训练等。陆军各级部队和兵种训练，由相关业务局指导和协调，分别在各级部队和诸兵种训练设施内进行。陆军涉及的联合训练内容，需要在国防部和参联会指导下与联合参谋部和其他军种协调进行。陆军后备队和陆军国民警卫队通过陆军预备役主任和陆军国民警卫队进行协调。

陆军训练与条令司令部

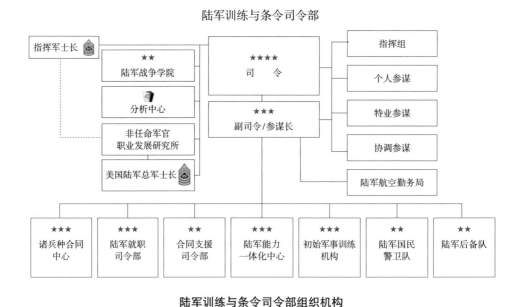

陆军训练与条令司令部组织机构

资料来源：董鸿宾主编：《美国军事基本情况》，军事科学出版社，2013年。

负责海军和陆战队训练的组织机构

海军和陆战队的军事训练总体上由海军部长和陆战队司令负责，人力与预备役事务助理部长负责海军训练政策的制定和训练相关事宜的组织与协调。海军作战部长负责训练计划的制订和执行，具体业务分别由分管人力、单个人员教育与训练的副部长和分管作战、计划与战略的副部长负责。海军和陆战队采用单个人员与部队训练相分离的模式，由教育与训练司令部负责单个人员训练，由太平洋舰队和舰队部队训练司令部负责部队训练。

海军教育与训练司令部通常只负责海军和陆战队单个人员训练，辖7个训练司令部，其中最重要的训练司令部为：海军技术训练司令部，下辖4个技术训练中心，负责海军各级人员的技术训练和特种训练，以及对岸基舰队学校的监督和领导；海军航空兵训练司令部，下辖6个教练机联队，负责海军现役人员的飞行训练；海军航空兵预备役训练司令部，负责海军预备役人员的飞行训练。海军和陆战队的部队训练，由太平洋舰队训练司令部和舰队部队训练司令部具体实施。这两大司令部下辖4个舰种司令部和舰种训练大队。部队训练在舰队训练司令部指导下，由舰种司令部负责组织，由舰种训练大队负责实施。

负责空军训练的组织机构

空军训练由空军部长负总责，人力与预备役事务助理部长负责政策制定和协调，参谋长负责制定训练政策和落实训练计划，并进行执行层面的组织协调，具体业务由人力与人事副参谋长和作战与计划副参谋长及相关参谋部门负责。空军教育与训练司令部是空军教育和训练的牵头单位，下辖第2和第19航空队。第2航空队驻密西西比州基斯勒空军基地，负责全军的基础训练和技术训练，下辖第17、第37、第81、第82训练联队和第

381训练大队。第19航空队驻得克萨斯州伦道夫空军基地，负责空勤人员的初、高级飞行训练、过渡训练和作战改装训练，下辖第12、第14、第47、第56、第58、第80、第97、第314、第336、第479等飞行训练联队，编有33个飞行中队，主要装备T-3、T-37、T-38等教练机，C-130E、C-141E、C-17、C-5等运输机，KC-135R等加油机，F-15C/D等战斗机。

负责预备役部队训练的组织机构

对预备役部队的训练工作，美国采取统一领导、逐级负责的组织领导形式。在国防部，由分管预备役事务的助理国防部长负责预备役部队的军事训练。在军种部，由分管预备役事务的助理部长和分管作战的副参谋长，负责制定本军种预备役部队训练的政策、计划和程序。陆军训练与条令司令部负责制定陆军预备役部队的训练大纲，明确训练内容、时间、方法和考核标准；陆军部队司令部通过本土5个集团军司令部对辖区内的陆军预备役部队训练进行管理，并通过全国的1000多个预备役中心组织预备役部队和人员进行训练。海军作战部通过预备役部队司令部下设的水面部队司令部和航空部队司令部，组织海军预备役部队进行训练。海军还在全国设立了16个预备役战备司令部和180个预备役中心，组织所在地区预备役人员进行训练。空军教育与训练司令部负责制定空军预备役部队的训练大纲，明确训练内容、时间、方法和考核标准；空军国民警卫队和空军后备队局通过预备役中心组织预备役部队和人员进行训练。

现役部队训练

现役部队训练（集体训练）不仅包括军事指挥序列中各级部队、分队和班组所需要的一切正规训练和分散式训练，而且包括联合部队（一国两个军种以上）和联军部队（多国部队）执行任务能力的训练。这类训练有多种规模，从两人小组到数千人组成的多国特遣部队。部队训练着眼于训练一群人去完成共同的任务和工作，其目的是培养能完成作战任务的、有凝聚力的班组和部队。部队训练的明确目标是培养一支训练有素的和能奉命动员、展开、战斗并取得作战胜利的部队。

联合训练

美军联合训练包括个人联合训练、参谋机构联合训练和集体联合训练。个人联合训练是训练指挥官和参谋人员，重点是培养单个人员在联合机构担负联合职务的能力，是参谋机构联合训练的基础。参谋机构联合训练是训练单个参谋人员和参谋机构，重点是提高参谋人员的业务能力和参谋机构完成任务的能力。集体联合训练在单个人员和参谋机构联合训练的基础上进行，主要训练高级指挥官和参谋人员，重点是提高作战司令部司令和参谋人员的战略、战役筹划能力。

联合训练又分为战略、战役、战术三级。在组织筹划上，参联会主席负责战略级联合训练，作战司令部负责战役级联合训练，各军种负责战术级联合训练。在具体实施上，职能性作战司令部实施战略级联合训练；地区性作战司令部、下属作战司令部实施战略级和战役级联合训练；联合特遣部队实施战役级和战术级联合训练。

联合训练采用学术学习和演习两种方式，一般按3年一个周期进行，包括确定需求、制订计划、实施训练和进行评估4个阶段。在整个训练过程中，都要使用《通用联合课目表》和《联合必训课目表》，来提供训练内容，确认训练需求和评估训练效果。

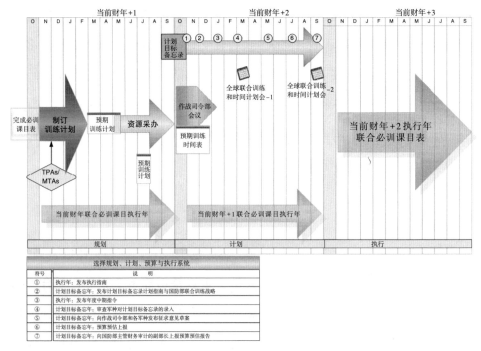

美军联合训练周期

陆军训练

基于伊拉克和阿富汗两场战争的经验教训，美国陆军认为未来战争是混合战争，军事行动包括进攻作战、防御作战、稳定行动和民事支援行动。2008年12月16日，美国陆军颁布新版训练条令《全谱作战训练》，正式提出"全谱作战训练"思想，旨在全面加强陆军训练工作。

全谱作战训练原则　《全谱作战训练》条令规定了陆军训练的七项原则：（1）指挥官和其他领导者负责训练；（2）士官负责训练士兵、班组和小分队；（3）要像实战一样训练；（4）训练要达到标准；（5）进行维修保养训练；（6）实施多级部队协同训练；（7）培养机智灵活的领导者和建制部队。

全谱作战训练周期　陆军部队必须经过战备训练周期的训练，才能投入战斗。陆军模块化旅战斗队和支援旅的战备训练周期通常为3年，分为恢复/训练期、完备期和可部署期。（1）恢复/训练期的训练。处于恢复/训练期的部队，通常是作战换防后的部队或是未按计划部署而需要重新训练的部队。在此训练阶段，单兵和营以下分队的训练通常以旅为单位在各自的驻地组织实施；部队的合成训练以及特殊课目的训练通常在训练基地组织实施。训练内容包括任务所需训练课目表中所指定的全部训练课目。通常情况下，部队根据核心任务训练课目表所规定的内容进行训练。部队的训练水平达到核心任务训练课目表中所规定的标准，并通过训练评估之后，便可进入完备期训练。（2）完备期的训练。通常由师部或更高级别的司令部组织。具体训练内容依据战区陆军司令部下发的关键任务表确定。通常情况下，处于完备期训练的部队主要针对预期作战任务组织针对性训练。（3）可部署期的训练。部队完成完备期训练任务之后便可进入可部署期训练阶段。在这一阶段，主要针对未来遂行任务的环境组织适应性训练。具体训练内容通常由指挥官依据具体的作战任务或上级指挥官的指令确定。

全谱作战训练方式　主要采用基地训练、部队训练和自训3种训练方式。基地训练是指军官、士兵和文职人员在训练基地、训练中心和院校接受的初级训练和军事职业教育，是部队训练和自训的基础。部队训练是指军官、士兵和文职人员在驻地、作战训练中心、动员中心和作战地域进行的训练，是基地训练的延续和提升，旨在巩固作战技能、进一步提高作战能力。自训是指军官、士兵和文职人员为拓展自身知识面、提高态势感知能力、强化专业技能，有计划地进行自训，是对基地训练和部队训练的必要补充。

全谱作战训练内容　陆军部队训练包括体能训练、武器合格训练、核生化作战训练、求生/规避/抵抗/逃脱训练、战争法训练、战斗救生员训练、联合空降/空中输送训练、两栖作战训练、陆军现代化训练、动员后训练、合同作战、联合作战等内容。

特种作战训练　陆军在肯尼迪特种作战中心和布雷格堡进行特种部队

评价与挑选训练、特种部队资格训练和特种部队高级技能训练，在本宁堡进行特种作战基础训练，在布利斯堡进行沙漠作战训练，在达洛尼加进行山地作战训练，在埃格林进行丛林沼泽地作战训练。

陆军作战训练基地　陆军有12个主要训练基地，包括5个联合训练基地和7个兵种训练基地。联合训练基地包括：（1）欧文堡国家训练中心，位于加利福尼亚州巴斯托市东北60千米处的荒漠地带，占地近2600平方千米，气候恶劣、地形复杂；（2）联合战备训练中心，位于路易斯安那州波克堡，占地803平方千米，内设机场，具有丛林、沼泽地、开阔地等多种地形条件，是美国陆军轻型部队的主要训练场所；（3）联合战术训练中心，位于堪萨斯州东北部利文沃思堡，占地28.3平方千米，内设机场，主要负责美国陆军战役与战术级作战问题的研究；（4）霍恩菲尔斯机动作战训练中心，位于德国霍恩菲尔斯，占地162平方千米，主要为驻欧洲重装营提供4天的作战训练；（5）寒区作战训练中心，位于阿拉斯加州格里利堡，占地2500多平方千米，主要任务是组织部队冬季训练。兵种训练基地包括：（1）本宁堡步兵中心，位于佐治亚州本宁堡，占地736.6平方千米，内设机场；（2）西尔堡野战炮兵训练中心，位于俄克拉荷马州西尔堡，占地381平方千米，内设机场；（3）布利斯堡防空炮兵中心，位于得克萨斯州布利斯堡，占地507平方千米，内设机场；（4）伍德堡工程兵训练中心，位于密苏里州伦纳德·伍德堡，内设机场；（5）胡德堡装甲兵基地，位于得克萨斯州胡德堡，占地878平方千米，内设机场；（6）卡森堡机械化步兵基地，位于科罗拉多州落基山，占地556平方千米，可进行旅级部队演习；（7）布雷格堡空降兵基地，位于北卡罗来纳州布雷格堡，占地575平方千米，内设机场。

陆战队训练

陆战队部队训练主要包括两栖作战训练和特殊条件下作战训练。

两栖作战训练　分为岸上训练、海上训练和两栖登陆演习3个阶段。（1）岸上训练。在岸上进行的部队训练从最小战术单位开始，然后逐步上升到排、连和营。主要有以下几种形式：①在基地进行的部队训练。训练课目包括：艇组、直升机组和波次组织；两栖车辆和直升机波次的队形、距离和间隔；登陆战术和技术；登陆计划；通过滩头障碍物；装备的防水；建立和保持通信；两栖突击时的控制和协调。②模拟登陆演习。在模拟登陆演习中，实体模型用来供部队和装备练习上船，而卡车用来模拟水（海）上运动。演习包括登陆和由模拟登陆场界线向内地的有限战术运动。③在演习登陆地域的部队训练。部队在演习登陆地域的训练比在基地地区的训练范围要广。在由舰到岸演习中，一般使用登陆艇、两栖攻击车辆和直升机。部队登陆后，即对内陆目标进行攻击。步兵部队和支援部队一起参加训练，以便使所有部队相互配合。（2）海上训练。参加海上训练的部队有战斗部队、战斗支援部队和战斗勤务支援部队。海上训练主要包括舰上生活训练，下船卸载操练，由舰至岸运动演练，把补给品和装备装上登陆艇、直升机、两栖车辆和登陆舰船等。（3）两栖登陆演习。通常包括在基地或集结待命区域集结部队，装载装备和补给品以及部队上船，部队出航，预演，在指定的突击部队会合区域重新编组，航空兵部队和水面舰艇部队进行侦察、火力准备，主攻部队登陆、向内陆发展，装备和补给品回载、人员返船，进行讲评和演习鉴定。

特殊条件下作战训练　依据未来作战方向和地区的不同需要，通过轮训的方式实施各种特殊条件下的作战训练。（1）严寒条件下的作战训练。陆战1师每年抽调部队轮流到加利福尼亚州布里奇波特山地战训练中心、陆战2师定期派部队到德拉姆兵营、陆战3师每年冬季在富士兵营进行严寒条件下作战训练。（2）丛林战训练。从各陆战师抽调部队（通常以营为单位），以轮训的方式在巴拿马的美国陆军丛林战训练中心等地实施丛林战训练，每期 3 周，训练内容包括小分队战术与技术、小分队战斗与巡逻、丛林地区野外生活等。(3)山地战训练。每年夏季和冬季抽调部队到加利福尼亚州陆战队山地作战训练中心进行训练，每期1～4周。(4)沙漠战训练。陆战队在陆战队空中地面战斗中心进行沙漠作战和陆空协同作战训练。参训部队一般以营为单位，每期3周，重点进行诸兵种合同战术训练。(5)求生、逃避、抗拒审讯和脱逃训练。陆战队举办专门训练班对部队进行这方面的训练，每年轮训400～500人。(6)城市作战训练。在北卡罗来纳州勒琼仿真城进行两个方面的演练：一是演练向城区渗透时，如何保护自己，并迅速夺取敌占建筑物；二是如何避免破坏宗教圣物和历史文物、如何疏散外交人员和平民等。

陆战队训练基地　陆战队有6个主要训练基地。(1)尤马陆战队航空站，位于亚利桑那州尤马县，拥有超过1133万平方米的轰炸和空中训练靶场，以及良好的飞行气象条件，承担陆战队80%的空地航空训练，主要任务是支持太平洋舰队和舰队部队司令部陆战队的空中武器训练。(2)陆战队空中地面战斗中心，位于加利福尼亚州，占地242亿平方米，是世界上面积最大的陆战队基地，非常适合空地作战训练演习，可在实弹射击环境中演练舰队陆战队的合同作战和机动能力。(3)彭德尔顿陆战队基地兵营，位于加利福尼亚州圣迭戈市北56.3千米，占地51396万平方米，是陆战队在西海岸最大的两栖训练基地，号称全球最好的两栖登陆训练营，每年有4万名现役军人和2.6万名预备役军人在这里训练，被誉为"培养陆战队各种特殊人才的摇篮"。(4)圣迭戈陆战队新兵训练营，位于圣迭戈市西北，占地157万平方米，是陆战队在西海岸面积最小的基地，但却是全美两大新兵训练基地之一，新兵必须在此经过艰苦训练并通过考核后，才能成为一名合格的陆战队队员。(5)勒琼陆战队基地兵营，位于北卡罗来纳州昂斯洛县，占地61919万平方米，是陆战队最大的两栖训练设施之一。

（6）匡蒂科陆战队基地，位于弗吉尼亚州波托马克河西岸，占地259平方千米，常驻单位有陆战队作战发展司令部、陆战队军事学院、高级战斗技能学校等。

海军训练

海军舰艇部队训练基本上可分为两大阶段：在舰种司令部进行的训练和在前方舰队进行的训练。

在舰种司令部的训练　海军舰艇建成服役或大修之后，首先编入第二或第三舰队进行基础训练。训练工作由舰种司令部组织实施，主要包括训练准备、复习训练、日常操练、编队演习、战备检查和部署前训练。（1）训练准备。当海军新造舰艇正式服役或大修舰艇出厂前，舰艇长根据《美国海军标准编制和条令》第8章有关规定以及舰种司令员的补充指示，开始制定该舰的训练大纲，包括建立舰上训练机构、挑选训练军官、成立训练计划委员会、制订训练计划、建立综合训练记录等。（2）复习训练。在训练司令部下属的复习训练大队监督下实施，为期约2个月，目的是使军舰能够单独执行任务。复习训练的程序是：先舰上单兵操练，后小组操练，最后是全舰操演。训练方式是：通过一系列的讲课、检查、操练、操演，最后进行全舰高级操演。训练地点：通常先在港口、基地实施，最后一天则在海上进行战斗操演。战斗操演过关后，军舰就转入日常操练。（3）日常操练。日常操练的目的，是使舰员达到预定的各项要求和能应付各种紧急情况。日常操练的程序是：先个人后小组，最后进行全舰操演。训练方式是：训导、操练和操演。个人和小组操练在军士的监督和指导下进行。当专业士兵能够熟练掌握本职工作时，即转入小组训练，在小组训练中要求整个小组一起进行训练和协同动作。在全舰各个小组操练完毕后，就转入诸如导弹射击组、火炮组和小艇装载组等较大单位的操练。最后，进行全舰操演。舰艇在结束日常操练后，就转入编队演习。（4）编队演习。同舰种或不同舰种间的合同演习，通常由编队指挥官组织实施。主要演练反潜猎潜、防空、两栖火力支援等课目。编队演习阶段结束后，就转入战备检查。（5）战备检查。通常由编队指挥官主持实施，检查组成员包括编队其他军舰的指挥官，检查时间为期24小时。战备检查的核心部分是全舰人员进行战斗演练。战备检查合格后，就准备进行部署。（6）部署前训练。也称"高级演习"，主要演练舰载航空兵攻击、防空、潜艇攻击、对潜防御、两栖作战、海上补给等课目。做好各种部署准备之后，第二舰队和第三舰队的司令员就将其派往前方地区，加入第六或第七舰队。

在前方舰队的训练 舰艇编入前方舰队之后，其主要活动就是进行战斗执勤和参加各种军事演习，不再进行专门的基础训练。

特种作战训练 海军特种部队主要担负直接行动、战略侦察、外国内部防卫、战斗搜救、战斗空降、战斗评估等任务，特别注重体能、技能、水下基础、空降基础、战法、模拟实战等训练内容。

海军训练基地 海军有10个主要训练基地。（1）大湖海军训练中心，位于伊利诺伊州芝加哥市以北56.3千米处，占地6.6平方千米，是海军最大的训练基地，负责对海军新兵进行为期8周半的训练。驻有海军新兵训练司令部、勤务学校司令部、海军医院、海军技术训练中心等单位。（2）太平洋舰队作战训练中心，位于加利福尼亚州圣迭戈市，占地0.4平方千米，驻有舰队反潜作战训练中心水面训练大队、舰队情况训练大队、海军教育与支援中心等单位。（3）太平洋舰队反潜战训练中心，位于加利福尼亚州圣迭戈市以西约5千米处的洛马角，驻有第三舰队司令部、第11潜艇中队司令部、太平洋海运司令部和太平洋潜艇训练中心。（4）舰队部队司令部作战训练中心，位于弗吉尼亚州诺福克市以南8千米处，占地4.8平方千米，驻有大西洋海军教育与训练中心、大西洋海军战术训练大队、海军与陆战队情报训练中心、海军水面战中心等。（5）舰队部队司令部反潜战训练中心，位于弗吉尼亚州诺福克市诺福克海军站，主要为舰队部队司令部所属舰队提供反潜战基础训练和高级训练。（6）海军水面舰艇战中心，位于弗吉尼亚州达尔格伦，占地约17平方千米，驻有海军水面舰艇作战中心达尔格伦分部、海军空间司令部、舰载综合防空作战武器系统训练与战备中心、联合作战分析中心。（7）怀廷菲尔德海军航空站，位于佛罗里达州米尔顿市，是世界上最繁忙的海军航空站之一，负责海军航空司令部46%的飞行训练任务，每年有1200人在此地完成基础飞行训练，是海军飞行员的两个主要训练基地之一，另一个是得克萨斯州的科珀斯克里斯蒂海军航空站。（8）法伦海军航空站，位于内华达州法伦市附近，拥有340平方千米的对地攻击和电子战训练场，是唯一能够提供航母舰载机联队进行攻击训练的场所。驻有海军战斗机武器学校、海军攻击空战中心、航母空中早期预警武器学校等单位。（9）威洛格罗夫海军航空站联合预备役基地，位于宾夕法尼亚州费城以北约36千米处，主要任务是训练预备役部队。除海军外，还驻有陆战队、陆军、空军的预备役部队和宾夕法尼亚州国民警卫队。（10）科珀斯克里斯蒂海军航空站，位于得克萨斯州科珀斯克里斯蒂市东南10千米处，驻有海军航空训练司令部、第4航空训练大队、水雷战司令部和第15反水雷直升机中队，是海军飞行员的两个主要训练基地之一。

空军训练

空军部队训练分初步合格训练、作战合格训练和提高训练3个阶段，由各专业司令部负责组织实施。

初步合格训练 时间6个月，飞行约120小时。初步合格训练由三部分组成：一是熟悉飞行训练，时间约1个月，使用指定飞机熟悉当地的地形特点和通信导航设备的使用方法等；二是技术基础训练，熟练掌握飞机基本驾驶技术；三是战术基础训练，主要进行紧急起飞、防拦、空靶、电子干扰等课目训练。训练结束后，所有飞行员都应达到基本胜任本单位作战任务所需要的熟练程度。

作战合格训练　时间3个月，进行高级作战技能训练，使飞行员熟悉战斗命令、作战计划、应急计划、指挥控制程序等，获得实施指挥和执行战斗任务的资格。获得这种资格的飞行员将被任命为教官或指挥官，但只有部分飞行员能获得这种资格。

提高训练　提高训练采用周期循环法，每个周期6个月，每个周期的飞行时间不少于120小时，模拟训练约60小时。训练内容由各部队担负的任务决定，训练课目分为主课目和辅助课目。各周期的训练大纲基本一样，不同的是各课目的飞行架次可以调整，成绩好的课目减少架次，不好的增加架次。每个训练周期分为3个训练阶段：第一阶段是执行作战任务的基本技术；第二阶段进一步提高飞行员技战术水平；第三阶段完成所担负作战任务的全部训练计划。第一训练周期结束后，接着转入第二训练周期，但这种转换不是简单的重复，每次循环训练难度和强度都随之增加。

特种作战训练　空军特种部队担负三大任务：一是利用专门设计的飞机在指定的时间内，将"海豹"小队和"绿色贝雷帽"部队送到世界各地遂行特种作战任务；二是向特种作战部队提供所需的空中支援；三是将特种作战部队撤运出任务区。空军特种作战训练主要针对特定作战任务，进行初级理论、生存能力、专业能力、特种飞行、反恐怖、特种作战等训练，着重提高应对地区冲突和局部战争的能力。

空军训练基地　空军有7个主要训练基地。(1)内利斯战术作战训练中心，位于内华达州拉斯维加斯，下设4个靶场，是空军轮训部队进行"红旗"实战模拟演习的主要场所。每年组织4次"红旗"(包括"沙漠旗"和

"夜旗")对抗演习，每次6周，其中夜战训练约4周，参演飞机90～100架，飞行近2.2万架次，每次有12～17支部队参加。突出电子对抗、低空与中空作战，以及多机种联合与联军对抗训练。（2）空中机动作战训练中心，位于新泽西州迪克斯堡，由作战处、后勤处、第421训练中队、第33试验中队组成，负责运输机和空中加油机的远程机动作战训练。（3）空军仪表飞行中心，位于得克萨斯州伦道夫空军基地，是美国空军仪表飞行的职能机构，任务是研究仪表飞行训练计划、指导仪表飞行训练、确定飞行情报的使用要求、制定和实施国内与国际性飞行程序标准，并根据需要试验与评估仪表控制、显示与导航系统。（4）战略作战训练中心，位于南达科他州埃尔斯沃斯空军基地，下设情报处、战术处、战略武器学校、战略训练中心、综合训练靶场以及飞机维护保障中队。任务是训练B-52、B-1B战略轰炸机的机组人员，着重提高轰炸技术特别是低空轰炸技术和机组对目标的探测识别能力和生存能力。（5）爱德华兹空军基地，位于加利福尼亚州西南部的莫哈韦沙漠中，占地约12万平方米，是著名的飞行测试基地。其主要任务包括：为有人或无人驾驶飞机及其相关的航空电子设备、飞行控制和武器系统实施发展性及后续的测试与评估；担负飞行员、工程人员及导航员的培训；作为X-33RLV火箭的发射场及航天飞机的辅助着陆场。同时，爱德华兹空军基地也是所有宇航飞行器试验与鉴定飞行的主要场地，包括美国最新的"X"系列飞机都在此试飞。（6）比尔空军基地，位于加利福尼亚州萨克拉门托以北64千米，占地9308平方米，隶属空军教育与训练司令部，属于战略侦察机基地。驻有U-2和T-38教练机，负责U-2和RQ-4A"全球鹰"无人机的侦察活动。（7）范登堡空军基地，位于加利福尼亚州洛杉矶西北约240千米处，占地398.2平方千米，是美国主要的战略导弹和军用航天器发射试验基地之一，也是美国各种战略导弹武器系统进行研究试验和作战试验的靶场，还是美国最重要的卫星（主要是侦察卫星）发射基地。基地主要担负战略导弹使用试验、战略导弹部队发射训练、各种军用卫星和其他航天器的飞行试验。由空军航天司令部第30航空联队管理使用。

预备役部队训练

预备役部队同现役部队一样，是一支法定的武装力量，是战时接受动员和扩编的主要兵力来源。其战时任务除了为已经投入战斗的部队提供增援兵力外，主要是为现役的战斗部队提供战斗支援和战斗勤务支援。预备役部队大体上可区分为联邦后备队和国民警卫队两大类。两者的最大区别是，联邦后备队是美国联邦政府的武装力量，直接归国防部和军种部领导；而国民警卫队则是美国各州的地方武装，受州政府的指挥和领导。当然，到了战时或国家进入紧急状态时，国民警卫队也要听候国家最高指挥当局的调遣。因此，预备役部队也必须像现役部队一样进行严格的、不打折扣的军事训练，为转入现役投入战争做好准备。预备役部队的训练一般分为非现役训练、现役训练和临战训练，每年训练38~39天，其中21天为现役训练时间，其余为非现役训练时间。无故缺席每月例会者可强制其服2年现役（未服过现役者）或者45天现役（已服过现役者）作为处罚措施。无故拒不参加每年演习的人员可移交军事法庭处置。

非现役训练

非现役训练是指美军预备役部队人员利用业余时间参加的军事训练，包括预备役部队的定期训练、单个人员集训和执勤，由预备役部队、训练中心和院校组织，通常以周末集训的形式进行，每次4小时。

现役训练

现役训练是指美军预备役部队人员，根据命令以现役身份（转服现役）与现役部队混合编组或单独编组后，共同进行的军事训练。这是预备役部队军事训练的主要形式和重点内容。现役训练由现役部队或预备役部队组织，在军队院校和现役部队训练中心进行，目的是提高预备役部队的整体素质和协同作战能力，熟悉战时预定扩编的部队。现役训练分为初级训练、年度训练、院校训练、海外训练和动员训练。

初级训练　指未服过现役新入伍的预备役部队官兵，参加为期6个月的基础训练。士兵训练一般在新兵训练中心进行，主要学习基本军事技能。军官训练一般在军种院校进行，主要学习军官的基本任务和部队的组织指挥。

年度训练　指预备役部队成建制地编入战时预编的现役部队或到现役部队训练中心，共同进行战术演练。这是预备役部队的基本训练形式，每次训练时间为3周。

院校训练　指预备役部队的专业技术人员进入军事院校进行专业训练，训练时间长短不一，视专业领域而定。美军预备役官兵每年在各类军事院校学习的达5万人左右，约占编组预备役部队人数的5.78%。

海外训练　指预备役部队根据军种部的统一部署，与现役部队一起或单独参加美军和盟军在海外联合军事演习的训练。冷战后，几乎所有由美军主导或参与的海外联合军事演习，都有预备役部队或人员参加。

动员训练　指由各军种和地方政府组织的动员训练，目的是使应征人员达到国防部规定的各类预备役部队的动员要求。美国各州每年都要组织本州的国民警卫队进行"战备动员鉴定"演习，通过检验部队的快速动员能力，修订动员计划，改善战备状态。

临战训练

临战训练是指美军预备役部队在国家进入紧急状态或战争状态时，或者根据美国总统的授权，完成动员征召后，根据部队编组、战场态势和担负的任务，在部队部署前进行的军事训练，目的是使预备役部队和人员掌握战时所需的技战术，提高协同能力。

预备役训练设施

预备役训练设施分为3类。（1）专业培训基地。包括各州的国民警卫队基地，主要保障预备役官兵进行专业技术训练。例如，位于加利福尼亚州的柯林斯陆军预备役基地，主要负责培训预备役官兵驾驶"布雷德利"战车；位于该州的海峡群岛空军国民警卫队基地，主要负责预备役官兵的试飞训练；位于俄勒冈州的赖利亚兵营，主要负责国民警卫队官兵的射击训练。（2）预备役训练中心。可供预备役部队进行大规模攻防演练和实兵演习。例如，位于加利福尼亚州西部的陆军帕克斯预备役训练中心，拥有现代化的训练设施，可满足1.1万名预备役人员的训练需求。（3）征兵站。主要安排预备役人员的周末训练，如位于加利福尼亚州的赛普维达国民警卫队站等。此外，各军种现役部队的一些训练场地和设施也对预备役部队开放，如位于美国西海岸都柏林的战斗支援训练中心，就常年为现役部队、预备役部队和地方人员提供训练场地与设施。

作战演习

作战演习既是体现和检验部队战斗力的主要手段，也是增强部队军事素质、提高部队战斗力的有效方法。目的是练习已掌握的技能，评估训练效果，检验新武器装备和验证新作战理论。演习对象是作战司令部、联合特遣部队和军种部队。演习类型包括图上演习、指挥所演习、野战演习等。演习程序一般分为4个阶段：计划、准备、实施和评估。

陆军演习

陆军演习分为图上演习、不带实兵战术演习、指挥所演习、野战训练演习、野外指挥作业演习、实弹射击演习、火力协调演习、部署演习等8种类型。此外，陆军部队还要参加上级组织的联合演习和多国部队演习。

图上演习 在地图、透明图、地形模型或沙盘上推演军事情况的一种最经济的军事演习。图上演习适合于营至军各级的指挥与控制训练。营以下分队不实施这种演习。图上演习只需少量人员就可全面演习多级参谋工作程序与技能，并且可在驻地和野外实施。

不带实兵战术演习 指挥官在野外实际地形上训练下级指挥官与各级参谋人员的演习。这种演习的保障人员少，花费不多，适合于部队进行各种课目的训练。参加不带实兵战术演习的人员应是部队指挥官选定的下级指挥官、参谋人员，直接支援单位的指挥官或作训军官。指挥官或作训部门应向参演人员介绍地形情况，提出最新情况（一般情况、最初情况和补充情况）和最新要求。参演人员编成小组，进入情况，分析态势，提出解决办法，制订解决方案。

指挥所演习 只使用战术通信系统和指挥所人员在营区或野外实施的演习。在营区实施的指挥所演习是扩大了的图上演习，而在野外实施的指挥所演习效果最好。指挥官运用指挥所演习训练下属指挥与参谋人员制订计划和实施战斗支援与战斗勤务支援，使他们能够作为整体的一员履行职责。除指挥机构与通信人员外，部队通常由调理员显示。

野战训练演习 在野外模拟战斗条件下实施的训练活动，主要演练作战、情报、战斗支援、战斗勤务支援、通信等职能部门的指挥与控制能力；演练诸兵种战斗分队的运用；演练各种武器系统的使用。野战训练演习可设置多种战术情况，有一种或几种部（分）队参加，是各种演习中最逼真的一种。

野外指挥作业演习 部分实兵、规模介于指挥所演习和野战训练演习之间的一种训练活动，一般在训练资源有限或因气候等原因不能按计划进行野战训练演习时实施，特点是以个体代整体，以局部代全局。例如，排长乘车扮演全排；炮兵连连部扮演炮兵连等。野外指挥作业演习比野战训练演习花钱少，但能收到同样的训练效果。这种演习能把各种系统有效地结合起来，是训练旅和旅以上部队的最佳方法。

实弹射击演习 使用建制的和支援的武器系统发射实弹的训练活动，需要广大的演习区，并耗费大量训练资源，通常只限于排、连战斗队两级实施。

火力协调演习 通过协调各种建制火力，综合发挥火力效能的一种训练活动，可在排、连、营各级进行。火力协调演习的目的是通过综合运用各种建制武器火力、间瞄火力和支援火力，演练部队指挥官的指挥与控制技能。

部署演习 单兵、部队和支援机构从原驻地部署到另一地的训练活动。部署演习的课目和程序要保证士兵在实际部署时能正确地计划并领取军事装备和个人装备，能熟练地操作自己的武器系统并掌握作战技能，同时能妥善处理个人事务和家庭事务。

海军演习

海军有关演习的出版物主要有"舰队演习出版物"和"盟军演习出版物"两个系列，共计 8 种：《潜艇与反潜演习》、《空中和防空演习》、《舰艇演习》、《盟军潜艇与反潜演习手册》、《盟军战术演习手册》、《盟军海军通信演习》、《盟军海军战斗情报中心/计算机辅助战斗情报系统与雷达校准演习》和《北约试验战术与补充的战术指南》。此外，舰种指挥官还下发自己的演习出版物，作为对"舰队演习出版物"的补充。海军单独进行的演习主要有以下几种。

反潜猎潜演习 可长达3周，参演兵力可包括1艘反潜航空母舰（如果可能的话）、1个岸基巡逻机中队、1个驱逐舰中队、其他反潜水面舰艇、岸基监视系统和几艘潜艇。演习区域可达数千平方海里。

防空演习 可长达2周，参演兵力可包括2艘或2艘以上的航空母舰、几艘巡洋舰、1个驱逐舰中队和岸基飞机等。演习区域可以相当大。

两栖登陆演习 可长达1个月，参演兵力可包括1个两栖大队或稍小的单位、1个驱逐舰中队、1个扫雷舰小队、搭乘两栖舰船的陆战队和一些勤务部队。通常演练敌前航渡、目标区的抗击、登陆、撤出等课目。演习地区通常局限于登陆地区。

两栖火力支援演习 为期较短，主要演练舰艇和航空兵火力支援系统。演习地区局限于射击和轰炸地区。

合成训练部队演习 为期1～2个星期，主要把用于训练的部队合成在一起，以便最有效地使用它们，通常由编队指挥官根据训令组织实施。

舰队战备演习 经常性演习中规模最大的一种，通常包括各舰种的部队和即将实施高级训练或拟进行海外部署的舰艇，主要演练远洋作战。参演部队一分为二，进行对抗演练。

海上攻防作战演习 主要包括太平洋舰队主持的舰队演习，第七舰队主持的戒备演习及各类反潜演习、反舰演习等。参演兵力小至1艘舰艇，大至1个舰队，演习次数最多。

两栖作战演习 一般为实兵登陆演习，主要在韩国、冲绳、关岛等地进行，演习代号有"要塞大风""英勇闪击""英勇前驱""英勇标志""海上战士""东部小牛""热毒气"等。演习时间通常在1个星期左右。

基地防御演习 主要在关岛地区进行"战斗周"演习，规模较小，一般以反渗透等特种作战课目为主。

反恐怖演习 主要在韩国和关岛地区进行，参演兵力为营规模，即1个两栖中队、驻关岛巡逻机分遣队和1个电子侦察机中队，代号为"狗窝熊"。

特种作战演习 参演部队主要来自驻科罗纳多的海军第1特种作战大队，一般与关岛地区的反恐怖演习结合进行。

寒区作战演习 主要探讨寒冷气候条件下部队与装备的防寒方法和海军作战战术，一般在冬季举行。

预置部队演习 始于1986年，主要演练港内装卸载、熟悉港湾环境、熟悉航道、舰只进出港、通信联络、舰队开进等，旨在检验和提高海上预置舰的快速反应能力。小规模演练每月举行1次，季度性演习每年举行4次。

此外，海军部队还要参加上级组织的联合演习和多国部队演习。

空军演习

空军举行的例行性演习名目繁多，通常包括：（1）全球核大战指挥所演习和全球危机处置指挥所演习；（2）战略空军部队的"环球盾牌"演习、升空警戒演习、远程奔袭演练和战备检查演习等；（3）战术空军部队的"红旗"系列演习、"对抗雷"演习等；（4）综合性演习，即与盟国一起举行的诸军兵种联合演习。演练课目主要包括防空作战、低空作战、夜战、电子战、机动作战、特种作战等。

空军根据近几场局部战争的经验教训，加强了多机种、多军兵种、多国空军协同作战演练。其主要做法：一是减少单课目、单机种的训练比重，增加兵种间的综合课目训练，尤其是加强了新组建的混编联队的多机种间的协同作战训练；二是逐步减少空军单独举行的训练演习，增加与其他军种的联合演习；三是加强与盟国部队的联军演习，如美国空军在海外热点地区参加的演习多数都是与其他国家联合举行的。

联合演习

联合演习是美军两个以上军种一起举行的军事演习，目的是提升各军种的联合作战能力，实现大于个体之和的整体作战效果。美军联合演习主要包括以下几种。

核大战演习 由国家指挥当局（总统和国防部长）通过参联会组织实施。该演习通常设想在遭到敌方战略核导弹首次打击后，美国用幸存下来的陆基和潜射战略导弹和战略轰炸机部队实施报复。演习一般分3个阶段：第一阶段，各级指挥机构展开，部队转入临战状态，国家进行局部或全面动员，组织疏散；第二阶段，实施核反击，检查核攻击效果；第三阶段，进行演习讲评和鉴定。1990年以来，美军已停止举行核大战演习。

诸军种联合演习 一般由参谋长联席会议指挥或协调，各联合司令部组织实施。参演部队包括各军种的现役和预备役部队。兵力往往多达数万甚至数十万，而且持续时间较长。此类演习主要有舰队部队司令部主持的"坚实盾牌""海洋冒险"等，印太司令部主持的"双重突击""太平洋地平线"等，中央司令部主持的"流沙""勇敢骑士"等，南方司令部主持的"蓝色前进""未来防御"等。

多国演习

多国演习包括美军与盟国军队进行的联军演习和与伙伴国军队进行的联合演习，既包括双边演习，也包括多边演习。多国演习通常由演习发起国军队派人出任指挥官，参演国军队依据统一的计划进行，目的是提高参演国军队协同采取行动的能力。美军多国演习主要包括以下几种。

与亚太国家的多国演习　美国与亚太国家举行的双边演习主要包括与日本的"利剑""铁拳""山樱""森林之光"等，与韩国的"联盟""鹞鹰""跆拳道"等，与菲律宾的"卡拉特""肩并肩""狗窝哨"等，与泰国的"金色眼镜蛇""英勇前驱""暹罗湾"等，与澳大利亚的"护身军刀""袋鼠""英勇前驱"等，与新西兰的"对抗投掷"，与蒙古的"可汗探索"，与印度尼西亚的"扫布雷"等。美国与亚太国家举行的多边演习主要包括美俄日印泰等20多个国家举行的"环太平洋"演习、美日澳三国举行的"对抗北方"演习、美日加新（西兰）四国举行的"黎明突击"演习、美日韩澳四国举行的"红旗—阿拉斯加"演习和"太平洋先锋"演习、美日印澳四国举行的"马拉巴尔"演习、美英澳三国举行的"红旗13-3"演习、美印（尼）马新（加坡）四国举行的"航行通过"演习等。

与中东、非洲国家的多国演习　美国与中东、非洲国家举行的多国演习主要包括美、埃、英、法、阿（联酋）五国举行的"明星"演习，美国和埃及举行的"海风""新月"等演习，美国与科威特举行的"彩色金子""渴望权杖""固有行动"等演习。

与欧洲国家的多国演习　冷战结束后，美国与北约国家举行的演习逐步减少，规模也不断缩小，主要包括"捍卫者—欧洲""波罗的海行动""海上微风""寒冷反应""联盟天空"等。俄乌冲突爆发后，欧洲国家多国演习的数量不断增多，规模不断扩大，持续时间越来越长。2022年举行了"网络锁盾""特洛伊足迹""刺猬""波罗的海行动""海王星盾""活力猫鼬""高贵伙伴"等联军演习；2023年举行了"活力魔鬼鱼""猎户座""空中卫士""网络联盟"等联军演习；2024年伊始，又开始举行为期6个月的"坚定捍卫者-2024"军事演习。

与美洲国家的多国演习　美国与美洲国家举行的多国演习主要是"尤

尼塔斯"演习。自1960年开始以来，该演习每年举行1次，一般是美国海军舰艇编队沿南美海岸逆时针或顺时针方向巡航1周，沿途和1个或多个南美洲国家的海军组成特混舰队，共同进行各种海上战术训练。主要演练反潜作战、水面作战、防空作战、海上通信、电子战等。与美洲国家举行的其他联合演习还有：与加拿大的"蜂巢"演习，与洪都拉斯的"大松树"演习，与巴拿马的"火炬"演习，等等。

美军作战训练和演习主要特点

作战训练主要特点

在联合作战理论指导下，美军各军种训练主要围绕如何提高军种协同和联合作战能力进行。虽然各军种的武器装备、作战任务和作战方式各不相同，但通过严格训练提升实战能力的目标是一致的。因此，美军在作战训练中呈现出以下共同特点。

一、着眼于复杂作战环境进行训练

未来作战环境将是多种因素相互联系的复合体，呈现出极不稳定的易变特点。一是作战对象并不固定。主权国家、非国家行为体、宗教集团、恐怖组织、跨国势力、恐怖分子都是潜在的对手，它们可能单独或联手发起挑战。二是作战手段具有多样性，包括常规军事能力、非常规军事能力、恐怖袭击、网络攻击等。美国军事问题专家伊万斯形象地指出，在未来冲突中，微软技术与弯刀并存，隐形技术遭遇到了自杀炸弹。三是作战力量具有一体化特征，包括国家与非国家主体、物质与心理、动能与非动能、作战力量与非作战力量之间的结合。

二、着眼于多样化作战任务进行训练

美军作战行动将涉及冲突的各个层次，即从稳定的和平、不稳定的和平、反暴乱到全面战争。美军不仅要对付传统的武装力量，而且要和那些语言文化迥异的外国民众打交道。遂行全谱作战是美军的基本任务，稳定行动或民事支援行动已成为与攻防作战同等重要的军事行动。因此，美军不仅要进行进攻作战、防御作战、机动作战等传统作战形式的训练，而且要进行反毒品、反恐怖、非战斗人员撤离、维持和平、外国人道主义援助等非战争军事行动训练。

三、着眼于提升夜间作战能力进行训练

夜间作战的最大障碍是夜暗。在看不清作战环境的情况下，作战双方都难以充分发挥自身作战能力。即使是装备了先进夜视器材的部队，若不进行长期艰苦训练，也难以获得夜间作战优势。因此，不论是陆军、空军训练还是海军、陆战队训练，都普遍增加了夜训课目，力求通过夜间作战训练熟练掌握各种夜视装备，适应夜间作战环境，提升夜间作战能力。例如，美国空军举行的"红旗"系列演习，就大幅增加了夜间飞行训练与对抗强度，着眼于使用夜视仪、红外摄像机、雷达等夜视装备，提升夜战能力。

四、着眼于培养有勇有谋的领导者进行训练

美军当前和未来作战环境既危险又复杂，要求领导者具备以下能力：一是作战能力强，精通技战术课目；二是头脑灵活，能够胜任作战任务；三是能够与联合部队、多国部队和军地机构配合，实现各种目标；四是文化嗅觉敏锐，能够运用文化意识创造性地作战；五是能够在充满挑战的复

杂作战环境中捕捉和利用战机；六是秉持美军的价值观和勇敢精神。因此，美军各军种都把培养智勇双全的领导者放在训练工作的首位。

作战演习主要特点

作战演习是战争预实践。美军不仅重视自身的合同作战与联合作战演习，而且重视与盟友和伙伴国的联合作战演习，将其作为展示力量与存在、威慑潜在对手、熟悉作战环境、加强与盟友及伙伴国军事关系的重要手段。近年来，在亚太"再平衡"战略和印太战略的指导下，美军演习聚焦大国竞争总体布局，呈现出一些鲜明特色。

一、扩大演习规模，凸显美国军事存在

为落实奥巴政府的"再平衡"战略、特朗普政府的"印太战略"和拜登政府版本的"印太战略"，美军特意扩大一些演习的规模，凸显美国在太平洋、印度洋和亚洲的军事存在，增强对中国军事威慑，让其盟友和伙伴国放心。例如，美军2013年举行的"红旗13-3"演习，与2012年的同期演习相比，参演飞机增加了50余架，参演单位由15个增加到30个，参演机型由17种增至25种。再如，美日两国2018年举行的"利剑"联军演习（每两年一次），也是历年来最大规模的，日本出动4.7万名自卫队队员（约占自卫队总数的20%），美军参演人数超过1万人，美日总参演人数比上次演习增加约1.1万人，共有20多艘舰船和170架战机参演，包括美军的"里根"号核动力航母、"洛杉矶"级攻击核潜艇和日本海上自卫队的"日向"号直升机母舰、潜艇等。演习科目主要包括两栖攻击、弹道导弹防御、海上空战、反潜战等，旨在"加强美日同盟的战备状态和互操作性，展示两国海上力量的联合作战能力，共同应对太平洋地区危机"。

二、精心设置演习科目，明显针对中国军队

无论是美日、美菲双边演习，还是美日加新（西兰）和美日韩澳多边演习，美军都以中日钓鱼岛领土争端、中印领土争端和中国在南海与相关国家的领土争端为背景，精心设置演习科目，共同应对所谓"中国威胁"，针对中国军队的意图十分明显。美日"铁拳-2019"演练精确射击能力、火力和机动攻击、两栖侦察、人员规划、后勤支持、熟练掌握医疗技能、火力支援行动、两栖登陆等科目；美日"森林之光2020"演练小规模陆战队分散部署在太平洋诸多小岛上为美国海军提供作战支持等科目；美日印澳"马拉巴尔2020"演练高端水面战、反潜战、武器射击等科目；美菲"卡拉特-2013"演练反潜协作、水下爆破、两栖登陆等科目；美日加新（西兰）"黎明突击-2013"演练海上兵力投送、区域防空、海上渗透、立体登陆、引导舰机实施联合火力打击等科目。上述这些演习科目都是针对中国军队而设置的。

三、非传统安全演习由双边向多边扩展，增强美军影响力

美军主导的作战演习一般只邀请盟友和伙伴国军队参加，其他国家军队即使受邀参加，也只参加一些非重要演习科目。但非传统安全领域的演习，美军却希望有更多国家的军队参加。其目的有二：一是通过演习展示美国军队实力和领导力，威慑他国军队；二是通过演习增强相互了解，便于各国军队共同应对海啸、地震等自然灾害和各种人道主义危机。2012年，美菲打破以往单纯双边合作框架，首次邀请日本、澳大利亚、韩国3个亚太盟国以及越南、马来西亚、印尼、新加坡4个南海周边国家观摩以"应对自然灾害"为想定的指挥所演习。此外，中国、印度等国军队也多次受邀参加由美军主导的"金色眼镜蛇"演习的搜救和人道主义援助科目。

四、着眼实战，演练实际作战预案

无论是单军种作战演习还是联合作战演习，美军都特别强调演习的真实性：一是演习环境必须近似未来实际作战环境，二是演习内容和科目必须接近甚至就是未来作战预案，其目的是不断提高美军的实际作战能力。例如，为了发动伊拉克战争，美军在美国西部沙漠构建了近似伊拉克沙漠环境的作战训练场地，让部队熟悉和适应沙漠战；美国中央司令部进行了"内部观察""胜利会战"等指挥所演习和"千年挑战——2002""月光无垠""胜利打击－Ⅲ""渴望权杖2002""沙漠之春"等实兵演习，检验对伊作战预案，从中发现问题并找到解决问题的办法，不断完善对伊作战计划，确保以较小代价打赢对伊战争。

新冠疫情对美军作战训练造成严重影响

根据美国国防部网站（https://www.defense.gov）2022年3月25日6时数据，美军新冠肺炎确诊病例61.198万例，其中军人39.3315万人，占现役总兵力179.56万人（包括国民警卫队）的21.9%；文职12.1611万人，占国防部77.74万文职雇员的16%；家属6.1357万人，合同商3.5697万人。死亡683人，其中军人94人，文职人员414人，家属36人，合同商139人。接种疫苗712.6666万剂，其中部分接种39.369万人（军人34.298万人，文职5.071万人），完全接种199.3299万人（军人165.1463万人，文职34.1836万人）。

根据美国约翰斯·霍普金斯大学当地时间2022年3月30日17时20分数据，美国累计确诊新冠肺炎病例8005.0746万例（占总人口3.31亿人的

24.2%），累计死亡97.9305万例，新冠肺炎确诊病例和死亡病例全球排名第一。

作为群居密集的军事组织，美军为美国新冠肺炎病例全球第一作出了不小贡献。如此严重的新冠疫情，必定会对美军作战能力、作战部署、部队建设等造成严重影响。

一、新冠肺炎确诊病例多，预定部署计划难实现

美军各军种都有不少新冠肺炎确诊病例。截至2022年3月25日，美国各军种新冠肺炎确诊病例如下：陆军12.8914万人，陆战队3.7648万人，海军8.9552万人，空军7.7605万人，国民警卫队5.6472万人，国防部直属机构3124人。从2020年3月起，"罗斯福"号、"里根"号、"尼米兹"号、"卡尔·文森"号等航母先后检测出新冠肺炎确诊病例。3月24日，本应部署到太平洋和印度洋地区执勤的"罗斯福"号航母发现3名水兵感染新冠病毒后，感染人数一路飙升，很快就有1200余人被感染，不得不停止执勤，驶回关岛海军基地休整，4800余名舰员上岸隔离，舰长克罗泽尔也因致信海军高层请求应对新冠疫情而被解除舰长职务。该航母在关岛停留了近两个月，最终查明1273名舰员被感染，1名舰员病亡。在此期间，该航母完全失去了战斗力，根本无法按预定计划进行部署。

二、抗疫任务繁重，部队作战准备受影响

美国国防部把新冠病毒看作美国面临的最大现实威胁，拨出大量人力物力支援联邦政府抗疫。2021年1月27日到5月10日，国防部就接到联邦紧急状态管理局派遣的495起任务和来自联邦各部局的66起抗疫请求。国防部派出了6.21万人（包括来自50个州、3个领地和哥伦比亚特区的国民警卫队）帮助联邦政府抗击新冠病毒，同时还向10个州派遣了5000名医务人

员、两艘海军医院船、几个海军远程医疗设施、陆军战地医院中心、陆军后备队城市扩展医疗特遣队和空军远程医疗支援部队，为联邦政府和各州提供了大量紧急支援；国防部派出4600人前往加利福尼亚、科罗拉多、佛罗里达、佐治亚、伊利诺伊、印第安纳、肯塔基等27个州，帮助进行疫苗接种工作；国防部帮助国务院将因新冠病毒流行滞留国外的4500名美国公民送回国内；国防后勤局在1.45万个地点（包括各州、护理院和学校）进行了2.3亿次快速即时抗原检测、执行了3.0711万份合同，提供了价值36亿美元的关键救命医用物资，包括测试盒、呼吸机、药物、个人防护装备、食物、衣物等；美国运输司令部向私营部门供应链投送了近150万个N95口罩、9.37亿双手套、1.127亿个医用外科口罩、3940万件外科手术衣、240多万个温度计、250多万个防护面具、140万件衣裤相连的工作服、10.9万个听诊器、37万个氧气面罩和16万多个插管。与此同时，美国陆军派出了5万名官兵支援国家的抗疫活动、3300人维护西南边境安全、1.5万人随时准备应对自然灾害。在3个多月的时间内，美军就动用了如此多的人力物力支援国家抗击新冠疫情，必定影响美军日常战备活动。

三、抗疫防疫占用国防费用，美军部队建设受影响

面对来势汹汹的新冠疫情，美军不得不从国防经费中挤出部分经费，用于新冠病毒的研究、预防和诊治。2020年1月，美国国防部投入13亿美元，开始进行诊断、治疗和预防新冠肺炎的研究工作，探索检测、诊断、治疗和预防新冠肺炎的新方法。截至2021年5月10日，国防部通过社区疫苗接种中心，为美国军人和民众接种了7700万剂疫苗，其中25.9059万人接种了第一针，60.9491万人完成了接种；国防后勤局向美国本土以外的83个地点投送了58.6万剂新冠病毒疫苗；美国运输司令部通过军事空运向古巴、格陵兰、吉布提、阿富汗、土耳其、迭戈加西亚、尼日尔、科

威特、洪都拉斯、卡塔尔等地的美军基地投送了6.57万剂新冠疫苗。2020年3月，美国国会为国防部拨款10亿美元，用于防止和应对新冠疫情。其中，6.87亿美元用于缓解国防工业基地困境，1亿美元用于《国防生产法》贷款项目，2.13亿美元用于增加国内生产重要医疗卫生资源，包括新冠病毒测试盒、N95口罩、呼吸机过滤器、注射器等。2021年3月，美国国会依据《2021年美国救援计划法》拨款100亿美元，用于加强抗击新冠病毒的活动。2022财年，美军联合医疗预算请求为540亿美元，其中5亿美元专门用于抗击新冠疫情。尽管美国2020—2022财年国防预算分别高达7500亿美元、7037亿美元和7150亿美元，但在美国政府债务超过30万亿美元的背景下，这些抗疫防疫经费支出还是会对美军建设产生不可忽视的影响。

四、新冠疫情持续蔓延，联合军事演习受影响

2020年2月24日，美韩两国国防部长在美国五角大楼共同出席新闻发布会时宣布：由于对新冠肺炎的忧虑日益增加，美韩军队正在考虑缩减将于3月9日举行的韩美联军演习规模。这是新冠肺炎对美军全球军事活动影响的第一个具体体现。与此同时，美国国防部长埃斯珀表示，将于2月25日在泰国拉开帷幕的"金色眼镜蛇－2020"将正常举行，但规模会有所缩减：29个国家的8900余名官兵将参与或以观察员身份观摩演习，比2019年30个国家的约1万人参演规模有所下降。韩军原计划派遣470多名官兵参演，后来把参演人数减少至30多人。3月8日，美韩联军司令部宣布推迟原定于上半年举行的各类军事演习，禁止美军官兵及其家属往来于美韩之间，有效期至5月6日。3月6日，由美国牵头的北约、欧盟及其他17国的高级军官在德国威斯巴登美国驻欧陆军司令部召开会议，讨论即将举行的"欧洲捍卫者－2020"联军演习。3月8日，意大利陆军参谋长萨尔瓦多莱·法

利纳中将声明自己确诊感染新冠肺炎并在居所隔离。由于美国驻欧洲司令部陆军司令卡沃利中将在会议期间与萨尔瓦多莱·法利纳中将近距离接触，他于3月10日宣布自我隔离并远程办公。3月16日，德国国防部表示，由于新冠疫情影响，美国已经决定退出"欧洲捍卫者-2020"军事演习。这次演习原计划在德国、波兰和波罗的海三国进行，由美国主导，有来自18个国家的3.7万名军人参加，旨在演练美军向欧洲投送2万名军人。北约秘书长斯托尔滕贝格称其为"冷战以来规模最大的一次向欧洲调遣美军的演习"。美军与盟军演习规模缩小、被推迟或取消，减少了美军的训练时间和科目，必然会对美军作战能力和战备水平造成负面影响。

五、新冠肺炎确诊病例多，美军部队征兵难

根据美国约翰斯·霍普金斯大学的统计，截至2022年3月30日，24.2%的美国人感染了新冠病毒，其中许多人属于兵役适龄人群。由于美军不允许患过新冠肺炎的青年应征入伍，许多美国青年失去了进入军营的机会。此外，有消息称，感染新冠病毒的士兵被隔离后，不仅没有得到应有的关爱和照料，反而受到粗暴对待，这又使有条件应征入伍的青年对军营望而却步。结果，2020年美军入伍人数比计划招收人数少了7000人。美军只好采用延长在役人员服役年限的办法，来维持现役部队的正常运转。如果新冠疫情不能尽快结束或美军不能及时改变现有征兵规定，美军征兵难的现象仍将存在。

此外，新冠疫情还使长期困扰美军的酗酒、吸毒、自杀、性骚扰等问题愈发严重，更加深刻地侵蚀美军战斗力。

21世纪美军作战实践和发展趋势

在21世纪,"超匹配力量"比"压倒性兵力"更重要。过去,根据"压倒性兵力"理论,人们常常以数量多寡来衡量兵力优势——即看一场冲突中投入的兵力数量。而到了21世纪,在冲突中数量优势已不再能代表力量优势。毕竟巴格达陷落时,美军地面部队的总数也仅有10万多人。弗兰克斯将军不是以传统的3:1的数量优势取胜的,而是靠超强的作战能力和创造性地运用"超匹配力量"而获胜的。

——美国国防部长拉姆斯菲尔德[1]

进入21世纪以来,美军主要进行了阿富汗战争和伊拉克战争。为了准备下一场战争,美军开发了网络中心战、快速决定性作战、空海一体战、跨域协同作战、多域作战等新作战概念,并通过各种军种演习、联合演习和联军演习验证新作战概念。从这些战争实践、作战概念创新和军事演习中,可以发现21世纪美军作战基本特征和发展趋势。

---

[1] 李辉光主译:《伊拉克战争——战略、战术及军事上的经验教训》,第2页,军事科学出版社,2005年。

伊拉克战争：从平台中心战到网络中心战

　　伊拉克战争是美国在21世纪初进行的第二场较大规模局部战争，由美国中央司令部组织实施，始于2003年3月20日，主要作战行动止于2003年5月1日，历时43天，是人类历史上第一场初具网络化形态的战争。

　　2003年3月20日凌晨5时35分（巴格达时间），美军对萨达姆实施首次"斩首行动"，拉开了伊拉克战争的序幕。第一次"斩首行动"未果后，美军迅即发起"震慑行动"，对巴格达、摩苏尔、基尔库克等城市的重要政府机构、要员住地、指挥中心、通信枢纽、国家电台和电视台、共和国卫队、重要机场和港口等1500多个目标实施空中打击。整个"震慑行动"期间，每天出动各型战机1000余架次，最多时达2000多架次，平均每天投射800多枚巡航导弹、集束炸弹、电磁脉冲炸弹和贫铀弹，有时达1000多枚。21日，美英联军采取南线主攻，北线配合，南北夹击，多方向围攻巴格达的战役布势，发起地面进攻。南线，联军分为左、中、右三路攻击队形，以左、中路形成钳形攻击部署，目标直指巴格达。北线，由于土耳其未允许美军借道攻伊，致使其南北夹击的作战计划落空；开战后，美军迅速采取空降等措施，在库尔德人控制的伊北部地区开辟战线，以钳制伊军的反击力量，为合围巴格达创造条件。4月5日，美军已对巴格达形成四面合围：东面，陆战1师的坦克和装甲部队已于4日晚抵达东郊；南面，第3机步师第1、第2和第3旅以及第101空中突击师完全控制了萨达姆国际机场；西面，陆军某部抵达攻击阵位；北面，特种作战部队空降至巴格达通往北方的主要高速公路，在巴格达与提克里特之间构成对内对外防御正面。面对美英联军的猛烈进攻，伊军进行了一定程度的抵抗，但无法阻挡联军前进的步伐。5月1日，小布什总统在"林肯"号航母上宣布："我们在伊拉克的主要作战行动已经结束。"随后，战争转入稳定行动阶段，主要是清扫伊军残余势力，稳定社会秩序，建立亲美政权，恢复国民经济，播种美式民主。2011年12月15日，美国驻伊拉克部队在巴格达附近的军事基地举行了降旗仪式，为历时8年多的伊拉克战争正式画上句号。

伊拉克战争与海湾战争相隔13年，是相同的对手在相同的地点进行的一场完全不同的战争。与海湾战争相比，伊拉克战争主要有以下不同。一是战争目的不同。海湾战争的目的是把伊拉克军队驱逐出科威特，恢复科威特的合法权利；伊拉克战争的目的是推翻萨达姆政权，建立亲美政权。二是作战指导思想不同。海湾战争的作战指导思想是消耗战思想，伊拉克战争的指导思想是效果战思想。三是使用的部队不同。海湾战争使用的是传统的机械化部队，伊拉克战争使用的是新型的空天远征部队、数字化部队、"斯特赖克旅战斗队"和处于转型中的机械化部队。四是采用的作战理论不同。海湾战争主要采用"空地一体战"作战理论，伊拉克战争主要采用"快速决定性作战""网络中心战"等作战理论。五是武器装备的信息化程度不同。在海湾战争中，美军只有大约10%的作战飞机具备投射精确制导弹药的能力，投射的精确制导弹药只有8%；伊拉克战争中，几乎所有的美军作战飞机都安装了用于精确打击的目标系统、数据链和导航定位电子设备，能够投射多种精确制导弹药，投射的精确制导弹药占80%。这些不同之处，致使美军作战思想和作战方式发生了根本变化，呈现出以下主要特点。

一、从集中兵力到集中效能

集中优势兵力，以强胜弱，是人类战争的普遍规律。无论是在冷兵器时代的战争中还是在热兵器时代的战争中，无论是在工业时代的机械化战争中还是在信息时代的网络化战争中，古今中外的军事家都力图在决定性的时间和地点集中优势作战力量，迅速取得决定性战果。

长期以来，美军把"集中兵力"奉为九大战争原则之一，用于指导各种作战行动。美国陆军1982年版FM100-5号野战条令《作战纲要》对"集中兵力"原则的定义是："在决定性的地点与时间集中战斗力量。在战略层次，这一原则要求美国在关键安全利益受到最严重威胁的地区或地域，投入或准备好投入优势的国家力量……在战术层次，这一原则要求在决定性的地点与时间集中优势的战斗力量，以取得决定性的战果。这种优势来自指挥官选定的地点、时间和方式恰当地综合运用战斗力诸要素去保持作战主动权。集中兵力，加上恰当地运用其他战争原则，可能使数量上居于劣势的部队取得决定性的作战结果。"①

美军2001年版联合出版物JP3-0《联合作战条令》对"集中兵力"原则的定义是："（1）集中兵力的目的是在最有利的地点和时间集中战斗力的效能，以产生决定性战果。（2）实现集中兵力就是在短时间内能取得决定性战果的地方，同时和一体化地运用适当的联合部队能力。常常必须持续集中兵力以取得预期效果。集中效能而不是集中部队，能够使甚至在数量上占劣势的部队产生决定性战果，最大限度地减少人员伤亡和资源浪费。"②

从上述两个定义可以看出，虽然都是"集中兵力"原则，但其内涵已经发生很大变化。前者强调在决定性的时间和地点集中，后者强调在最有利的时间和地点集中；前者强调集中作战力量（即兵力兵器），后者强调集中战斗力的效能而不是集中部队；前者强调通过集中作战力量取得决定性战果，后者强调持续集中战斗力的效能直至取得预期效果；前者的集中兵

① Headquarters, Department of the Army: FM 100-5 Opoerations, B-2, August 20, 1982.

② Joint Chiefs of Staff: JP3-0, Doctrine for Joint Operations, A-2, September 10, 2001.

力可能增大伤亡和造成资源浪费，后者要求在集中战斗力效能的同时最大限度地减少人员伤亡和资源浪费；前者要求综合运用战斗力诸要素去保持作战主动权，后者要求同时和协调一致地运用联合部队的适当能力去实现作战目的。

"集中兵力"原则内涵的这些变化，是由多种因素引起的，但其中最主要的是美军获取情报信息的能力更强，C^{4}ISR系统基本实现网络化，作战飞机的航程更远、载弹量更大、打击精度更高。

与前几场战争相比，美军在伊拉克战争中占有更大的信息优势。美英联军投入战场的情报监视侦察系统，特别是E-2、E-3和E-8预警和指挥控制飞机，由于战术技术性能得到了不同程度的改进，为美英联军集中战斗效能提供了更加有力的信息情报支援。尤其是在科索沃战争中才首次正式使用的E-8C联合监视与目标攻击雷达系统（JSTARS）飞机，在跟踪伊军活动和确定打击目标方面作出了独特的贡献。该机能够判定地面车辆和直升机运动的方向、速度和军事活动的模式。它获取的信息由4台高速数据处理器处理（每台处理器每秒钟能执行6亿多个操作命令），处理后的信息再通过高速计算机线路，分发到所有的战术操作员那里。它通过加密数据链路，与空军指挥所、陆军移动地面站和远离战争地点的各军事分析中心进行通信联络，提供地面状况信息和画面。在伊拉克战场上，由于联军掌握了制空权，E-8C被部署在作战前沿和巴格达地区，跟踪数百平方英里内伊拉克装甲部队和车辆的运动情况，清楚地向联军部队显示哪个地区有敌军、敌军在向何处机动、机动速度是多少、哪座桥梁可为我所用等信息。即使在恶劣气候和沙尘暴条件下，E-8C也能准确地跟踪和定位伊拉克部队的位置。这种全面、实时、准确的战场情报信息支援，使美英联军能够在广阔作战地域迅速机动打击手段，充分发挥火力打击的威力，在最有利的时间和地点集中战斗力的效能。

与前几场战争相比，美军在伊拉克战争中使用的 C^4ISR 系统的最大变化不在于单个子系统功能的改进，而在于其网络化程度的大幅度提升。C^4ISR 系统网络化为美军联合作战提供了一体化的信息支持能力，使美军基本实现了战场感知系统、指挥控制系统和作战行动系统之间的纵向无缝连接，使指挥官能够实时或近实时地感知战场态势，迅速定下作战决心和迅速部署作战行动。更为重要的是，美军已开始打破各军兵种之间、各部门之间"烟囱"式的信息壁垒，把作战体系内各平行的作战单元及相关要素横向联结起来，在较大范围内和较大程度上实现了各参战军兵种之间和指挥控制、侦察情报、后勤保障各部门之间的信息横向即时交流，从而初步形成互联、互通、互动的信息网络，将战场感知系统、指挥控制系统、火力打击系统、后勤保障系统等作战体系内的诸要素联结为一个有机的整体，不仅数以千计的各类武器平台之间可以直接通过兼容的数据链传递信息，而且相当数量的单兵也能直接进行跨军兵种、跨部门的信息联通，如配有微型网络终端设备的地面士兵可以直接呼叫海、空军战机攻击临时发现的移动目标。战略、战役和战术三级 C^4ISR 系统的网络化，整个作战体系内信息的纵向与横向共享，为美军集中战斗力效能奠定了坚实的基础。

因此，在伊拉克战争中，美军没有像在海湾战争中那样大规模地集结兵力兵器。在海湾战争中，参联会主席鲍威尔坚持使用压倒性的优势兵力，美军花了近半年的时间，在沙特、巴林、卡塔尔、阿曼、土耳其、波斯湾、阿曼湾、红海、地中海等地集结陆、海、空军达 69 万人（开战后继续增兵至 80 余万人）、坦克 3700 辆、装甲车 4000 余辆、各型飞机 2790 架、直升机 2000 余架、各型舰艇 210 艘[①]和 4 万多个集装箱的作战物资（到战争结束时，还有 20% 的集装箱未打开）。而在伊拉克战争中，国防部长拉姆斯菲尔德崇

---

① 军事科学院世界军事研究部：《中国军事百科全书（第二版）：世界战争史（学科分册Ⅱ）》，第697页，中国大百科全书出版社，2007年。

尚"快速决定性作战"思想，强调集中战斗力效能，仅在海湾地区集结兵力近30万人、飞机1000多架、舰船130余艘、坦克1100余辆、装甲战斗车700余辆、火炮210余门[①]，几乎同时发动陆、海、空、天、信息多维一体联合作战，仅用21天就推翻了萨达姆政权，结束了主要作战行动。在主要作战行动中，美军仅阵亡96人，被俘7人，失踪10人[②]，最大限度地减少了人员伤亡和资源浪费。

二、从对称作战到非对称作战

对称作战和非对称作战思想，是美军在1991年版1号联合出版物《美国武装部队的联合作战》中首次提出并在1995年版和2000年版1号联合出版物及相关联合作战条令中不断发展和完善的作战思想。

美军2001年版《联合作战条令》指出，"对称作战是相同类型部队之间的战斗，地对地、海对海、空对空是对称冲突的例子"，而"非对称作战是不同类型部队之间的战斗，如空对地、空对海、海空对地空，以及地对空和海等"。

人类社会自有战争以来，就存在着各种形式的对称和非对称作战。作战双方往往力求通过集中优势的兵力兵器或发挥不同作战条件、作战方式和作战力量的优长，削弱对方优势，利用对方弱点，最终达到以优对劣、以长击短，从而实现对称与非对称的相互转化，为赢得战争胜利创造条件。

在伊拉克战争中，美英联军以压倒性信息优势和精确打击优势，对伊拉克实施"斩首行动"、"震慑行动"和广泛而猛烈的心理作战，仅用3个星期就以较小的代价攻占了伊拉克首都巴格达，充分展示了现代战场"以高对低"的非对称优势。但在稳定行动阶段，美军主要是对反美力量实施

---

① 中国人民解放军总参谋部军训和兵种部：《伊拉克战争研究》，第52页，解放军出版社，2004年。
② 中国人民解放军总参谋部军训和兵种部：《伊拉克战争研究》，第239页，解放军出版社，2004年。

防御性非对称作战，全力应付伊拉克境内的恐怖袭击，结果是伤亡惨重，未能取得预期结果。这表明，在信息时代的战争中，强弱和优劣是相对的，强军强中有弱、优中有劣，弱军弱中有强、劣中有优。非对称作战既可以是强军以强对弱、以高制低的作战行动，也可以是以弱对强、以低制高的作战行动。在现代条件下，实力处于劣势的一方，对优势之敌采取非对称作战，也可以收到奇效。基地组织利用美国人认为本土绝对安全，疏于防范，出其不意地发动"9·11"恐怖袭击，使美国本土遭受自"珍珠港事件"以来最沉重的一次打击。

三、从基于消耗战到基于效果作战

消耗战是以消耗敌方兵力兵器及其他战争物质力量为目的的作战。基于效果作战：一是主张战争的政治与军事目的高度统一，不追求与政治目的无关的单纯军事战果，放弃以往积小胜为大胜、最终通过军事胜利达成战争政治目的的思路，主张打破战略、战役和战术级军事行动的区分，尽可能直接谋取战略效果；二是提出以协调、增效和累积的方式综合使用国家全部军事和非军事能力，特别强调发挥美军的非对称优势；三是主张从过去的"集中兵力"发展为"集中效能"，通过集中造成物理、功能和心理效果，达成战争的政治目的；四是以逆向思维方式制订作战计划，先确定期望的效果，再决定手段与方式，追求最迅速和最经济地达成目标；五是在谋求和评估效果时，不仅考虑行动的直接效果，还要考虑该行动的第二和第三级次的间接效果，更充分和全面地论证行动的可取性。"基于效果作战"谋求一体化地运用制敌机动、精确打击和信息作战，去获取最佳作战效果。

在伊拉克战争中，当土耳其拒绝美军从其领土向伊拉克发动进攻时，运载第4机步师和第1骑兵师重型装备的船队，南下东地中海，绕道红海、阿拉伯海和波斯湾，把武器装备转运至科威特，使这两支部队能在较短时间内从伊拉克南面投入战斗；当战场兵力吃紧、需要增兵时，美军快速的空、海运力量把大量兵力运抵海湾；当美军遭土耳其拒绝不能开辟北方战线时，其强大的空运力量把第173空降旅等部队空降在伊拉克北方，开辟出一条新战线，使伊军腹背受敌；当美英地面部队快速向伊拉克纵深推进时，试图阻止其前进的伊军部队就暴露在美英空中部队的无情打击之下。这些快速实施的机动作战，不仅使美军夺取了位置优势，而且有助于精确打击、信息作战等行动的顺利实施。美军使用BGM-109"战斧"巡航导弹、AGM-154联合防区外发射武器、GBU-31联合直接攻击炸弹等精确制导弹药约2万枚，对伊政府首脑、指挥控制设施、共和国卫队等"重心"目标实施精确打击，不仅瘫痪了伊军作战体系，而且对其造成强烈的心理震撼，为达成预期战略目的铺平了道路。贯穿战争始终的"硬摧毁"和"软杀伤"信息作战行动，使伊军情报、侦察、指挥控制等信息系统遭到毁灭性打击，使伊军成为"聋子""瞎子""瘫子"，总是处于被动挨打的地位，而美军则处于战场单向透明的优势地位，始终掌握作战主动权。与此同时，美军广泛开展心理战，一面通过新闻媒体宣传强化精确打击效果，对伊军民造成强烈的心理震慑，另一面对伊军部队投撒传单，告诉士兵只要远离主战武器就可免受打击。结果，使伊大批民众成为战争旁观者，使伊军消极避战，30多万人的军队在不到一个月的时间内就土崩瓦解。

在"基于效果作战"思想的指导下，美军综合运用制敌机动、精确打击、信息作战等作战样式，直接打击伊军作战重心、关键脆弱点和因果链，在未对伊军造成大量人员伤亡、未对伊拉克关键基础设施造成严重破坏的情况下，迅速达成了推翻萨达姆政权的战争目的。

四、从攻城略地到攻心灭志

在以往战争中，要夺取战争胜利，就必须攻占对方城池，占领对方领土，使对方军队失去进行战争的依托，最后消灭对方军队，或迫使其投降。因为按照当时的战争手段和战争逻辑，只要有土可守，军队就可以继续战斗下去。在信息时代的战争中，这种情况正在发生变化。攻城略地可能还会发生，但是，它已经不是打败敌军的主要途径，相反，攻心灭志已经成为战争指导者关注的一个重点。

在伊拉克战争中，美国发挥商用媒体在新闻舆论战中的主力军作用，依靠大量军用和商用通信卫星，采用数码摄像机、手机、便携式手提电脑、小型卫星天线等高技术装备，通过电视、因特网、无线电广播等媒体，对伊拉克发起了全天候、全时空、全过程的心理战攻势。战前，美方重视顶层统筹谋划，利用多种媒体为对伊动武正名，"未制其人，先乱其心"。在切尼副总统的亲自领导下，美国国际公众信息处会同国防部新闻处、战区新闻处、联合新闻处和伊拉克反对派成员，共同研究制订心理战方案。美国投巨资为伊反对派开设了数个无线广播电台和电视台，密集运用5个频道5种语言实施不间断的心理战攻击；调动国内外多种媒体大量报道美国政府和军队高级领导人有关对伊动武正义性的讲话，大肆宣扬对伊动武的合理性和必要性，不仅瓦解了伊拉克民众保卫现政权的抵抗意志，而且争取到了意大利、西班牙等40多个国家的支持。战中，美方采取多种措施，加强心理战，摧毁伊军民的抵抗意志，加速战争进程。一是建立新闻发布中心。每天按时由新闻发言人布鲁克斯准将公布战况，夸大战果，缩小损失，诱导世界新闻媒体按美方的口径报道战争。二是推出"嵌入式"报道方式。允许500多名新闻记者（来自电视、广播、报刊等多种媒体）跟随美军作战部队全程跟踪报道，表面上好像是要让全世界了解真实的战场情况，但实际上是为了将媒体置于自己的监控之下，以免他们报道不利于美军的消息。三是散布假新闻。发布"萨达姆被炸伤、副总统拉马丹被炸死、伊高层领导人叛逃、51师师长等8000多名伊军投降"等许多虚假信息，以此打击伊方民心士气，诱其不战而降。四是允许电视直播战争场面。一方面是为了显示精确制导弹药的巨大威力和美军势不可当的推进速度，震撼伊拉克军民的心理；另一方面是为了向世人表白：美国进行的战争是针对萨达姆的、没有附带损伤的、没有人道主义灾难的"干净战争"，减少美国内外的反战声浪。五是以美军建制心理战力量执行战场心理战任务。由于管制严密，伊国内民众基本无法收看到西方媒体的节目，因此，对伊心理战行动，只能通过投撒传单等印刷品、插播广播和电视信号的方式强制实施。美军EC-130E型心理战飞机每天18—23时都要飞临伊拉克上空，以5个波段对伊广播。截至主要作战行动结束，美军共出动EC-130E型飞机58架次，实施空中无线电广播306小时，空中电视广播304小时。为配合"伊拉克自由行动"，美军预先制作了108种无线电信息，并首次使用EA-6B电子战飞机执行心理战任务。美军共出动各型飞机158架次（F-16CJ出动68架次、B-52出动34架次、A-10出动32架次、F-18C出动24架次），投撒传单81种、3180万余份。美军投撒传单和进行广播、电视宣传的范围，基本覆盖了伊拉克主要城市。六是摧毁伊拉克媒体。当伊拉克电视台和广播电台的存在不利于美军作战行动时，就持续不断地对其进行轰炸，让伊拉克军民和外界听不到伊拉克政府的声音。美军大规模、高强度的精确火力打击，使美方新闻宣传的可信度得到巩固和加强；心理战的猛烈攻势，又使武力战的效果得到倍增。在这场高度信息化的战争中，美方心理战和武力战互为依托，互相作用，其作战效果很快就得到了体现：通过21天的战斗，伊拉克军政高层的战斗意志被征服，集体消失；伊拉克军队的抗敌意志彻底动摇，悄然溃散；美英联军兵不血刃地占领了巴格达，取得了决定性胜利。战后，美方着力抚平战争创伤，美化重建前景。4月9日攻占巴格达后，美方心理战开始向战后重建阶段过渡，目的是抚平战争创伤，为美军占领伊拉克寻求支持。从10日开始，美方开设的电视台，反复播放美英两国首脑的讲话，宣称要把伊拉克建设成一个民主自由的国家，并将伊政权归还伊拉克人民。在讲话中布什许诺，美国将帮助伊拉克人民维护秩序，重建基础设施，恢复正常生活，为建立一个真正具有代表性的伊拉克政府奠定基础。美方心理战在一定程度上弱化了伊民众的反美情绪，有利于美军的稳定行动。

五、从持久战到快速决定性作战

在以往的战争中，作战双方都努力打一场快速的决定性机动战，但却常常发现面对的敌人过于强大，或恢复能力过强，难以快速取胜。当势均力敌的对手不会像他们所希望的那样屈服时，他们就被迫进行消耗战。在工业时代，工业化国家所拥有的资源为其进行大规模、广范围、长时间的战争提供了物质手段，使其能够从战场上的失败中恢复过来，短时间内难以将对方的战争潜力消耗到不能继续战争的程度，再加之对方的抵抗意志非常强烈，短期内不可能取得战争的最后胜利。因此，基于消耗的作战一般都是持久战。美国内战持续了5年，第一次世界大战持续了5年，第二次世界大战持续了7年，中国的抗日战争持续了14年。

伊拉克战争开始前，一位中国军事专家预言："一旦战争爆发，它可能不会是第一次海湾战争那种持续42天的'持久战'，而将是一场为期两三周的速决战。"[①]后来的战争进展表明，这个预言是正确的。伊拉克战争中，美军将快速决定性作战思想用于实战，取得成功。这主要表现在以下几个方面。一是所有战略、战役和战术级行动都始终围绕推翻萨达姆政权、改造伊拉克社会这一中心目标展开。从战略上看，美军为争取库尔德人在战后重建上的配合与支持，宁肯放弃北方战线，而没有答应土耳其进军伊拉克北部的要求。从战役上看，美军在空袭十几个小时后，就出动地面部队，

---

① 樊高月：《第二次海湾战争将是一场速决战》，《军事博览报》，2003年3月12日，第1版。

很大程度上是为了抢占南部油田，防止伊军焚毁油田，为战后重建和美国垄断资本服务。从战术上看，美军此次空袭重点打击装备而不是人员，打击萨达姆及其高官而不是普通民众，打击指挥通信设施而不是水、电等基础设施，都是出于政治层面的考虑。二是战前和战中通过联合情报、监视和侦察系统，从地面、高中、低空和太空对伊拉克构成立体、全维的监视与侦察体系，对伊拉克的情况和作战环境了如指掌，编制了详尽的作战评估体系，基本达成知彼知己和战场单向透明，实施了"以知彼知己为中心的作战"。三是通过高效的指挥与控制，把信息优势转化为决策优势，基本实现了一体化联合作战。与13年前的海湾战争相比，中央司令部前指一开始就是联合的，取消了军种司令部。中央司令部配有6个大显示屏，其内容每2.5分钟就更新一次，通过共用相关作战图像和联合互动计划，弗兰克斯对战场情况了如指掌，能够近实时地向各级部队下达指示。而在海湾战争时，施瓦茨科普夫将军仅有一个显示屏，而且内容每2小时更新一次。由于指挥控制系统高效运转，美军有很强的战场主宰和调控能力。例如，3月24日，美军第3机步师进抵距巴格达仅80千米的卡尔巴拉后，由于后勤补给线不断遭到伊军小股部队袭击，随后又爆发了沙尘暴，美军迅即调整战略：先头部队就近转入防御，而主力部队则扫荡伊军的小股部队和巩固对南部的占领。这一调整收到了效果，联军利用沙尘暴天气，基本调整到位，到30日天气好转后，美军继续发动强大攻势。这一计划的调整很大程度上得益于先进的联合互动计划系统。四是强调"先"字和"快"字，包括先敌决策、先敌动手、先敌展开，在绝对速度和相对速度上都快于敌人。美军在3月20日凌晨5时许，突然对伊拉克实施"斩首行动"，使敌人未曾料到，从而达成了战役突然性。接着，在空袭仅仅十几个小时后，就发起地面攻击，也大大出乎伊军意料。地面主力第3机步师更是创造了日推进170千米的高速度，开战3天就推进了400千米，直逼巴格达城下。速度之快，令人瞠目。五是通过综合运用精确打击、制敌机动和信息作战，重点打击伊军作战重心、关键薄弱环节和因果链，基本达成基于效果作战。六是通过共用相关作战图像、联合交互计划、全球信息栅格等，为空中、海上和地面作战部队提供了实时或近实时的战场感知，初步实现了网络中心战。海湾战争时，美军一般需要两天才能完成对目标的侦察评估和打击准备。但在伊拉克战争中，美军能够在2分钟内完成侦察、识别并击毁敌方空中或陆地机动目标的任务。这都归功于美军构建的全球信息栅格，它使作战指挥官能够获取实时的战场态势图，快速灵活地作出决策。

六、从"粗放"式打击到精确交战

在机械化战争时代，武器装备的发展一直沿着增大杀伤破坏力的轨迹发展，武器装备的物质能量不断增加，直到接近物理极限。在战争中，作战双方所追求的是最大限度地使用和发挥大规模杀伤性武器的效能，通过最大规模的破坏来摧毁对方的战争机器和潜力（包括从肉体上大量消灭敌人），结果导致战场上万炮轰鸣的"粗放"式打击，火力从面积毁伤发展到立体摧毁。

精确交战（precision engagement）是指在网络化战场上作战人员通过运用精确制导武器，有效地控制打击的目标、火力和强度，以最小的消耗和损失达成最理想的作战效果。

随着信息技术的飞速发展和被广泛用于军事领域，精确制导武器的种类越来越多，质量越来越好，造价越来越低，发射平台越来越多。海湾战争时，美军仅拥有空射巡航导弹、远距离对地攻击导弹、"战斧"导弹等为数不多的几种精确制导武器；伊拉克战争时，美军除有多种精确制导导弹外，还有新型联合直接攻击弹药、AGM-154联合防区外武器、GBU-28激光制导炸弹、CBU-89集束炸弹、CBU-97传感器引爆子母炸弹等精确制导弹药。这些精确制导弹药具有各自不同的优势，可以根据打击目标的具体情况，选用相应的精确制导弹药，增强打击效果，降低消耗费用。此外，地面部队配备有10万台轻型精密GPS接收机，平均每个班至少1台，而在海湾战争中平均每个连最多只有1台性能要差得多的GPS接收机。

在海湾战争中，美军只有大约10％的作战飞机具备投射精确制导弹药的能力，而在伊拉克战争中，几乎所有的美军作战飞机都安装了用于精确打击的目标系统、数据链和导航定位电子设备，能够投射多种精确制导弹药。在海湾战争中，摧毁一个预定目标需要实施几次攻击还是一个问题，而在伊拉克战争中，问题变成了一次攻击可以摧毁几个目标，大约600架作战飞机具备多目标打击能力，如B-1战略轰炸机能携带24枚联合直接攻击弹药，可同时对24个目标实施精确打击。

作战的精确化从3个方面给战争注入新的活力。一是极大地提高了作战效能。据测算，1架F-117A战斗轰炸机出动1个架次投掷1颗联合直接攻击弹药的效果，就相当于第二次世界大战时期1架B-17轰炸机出动4500架次投掷9000颗炸弹的水平，越战时期1架B-17轰炸机出动95架次投掷190颗炸弹的水平。二是相对地减少了战斗附带损伤。如海湾战争中，美军用"战斧"巡航导弹等精确制导弹药摧毁了巴格达50个战略目标，却没有对其他50万个建筑与设施造成大的损毁。三是提高了作战行动的可控性。首先可控制打击目标，如只针对敌方的领导机构、C⁴ISR系统和能源系统的关节点等重心目标实施有选择的点穴式打击，而不扩散打击范围；其次可控制打击行动，如根据要达成的战斗效果选用不同的弹药、不同的打击方式和不同的打击强度，甚至在巡航导弹飞行途中根据需要临时取消打击行动或改变打击行动。[1]

---

[1] 徐根初：《跨越——从机械化战争走向信息化战争》，第28—29页，军事科学出版社，2004年。

七、从接触作战到非接触作战

如何在战争中保存自己，消灭敌人，历来是兵家挖空心思、千方百计解决的一个问题。从冷兵器时代到热兵器时代，从机械化战争到网络化战争，各国军队的一个共同做法，就是尽可能地延长自己的打击力臂，使自己能够打着敌人，使敌人打不着自己。从公元前5世纪马其顿军队以7米多长的"长枪"组成方阵到我国东汉时期发明的"抛石机"，再到当今美军的防区外打击弹药，无一不是为了"只许我打得着你，不许你打得着我"这个目的。

在伊拉克战争中，"战斧-3"巡航导弹就是在敌方防御圈外上千千米的地方发射，打击精度达到3米，比海湾战争时提高了一倍；联合直接攻击弹药采用GPS制导后，精度也由海湾战争时的13米提高到3米。此外，信息技术的飞速发展，导致精确制导弹药种类增多，价格降低（如联合直接攻击弹药仅需1.8万美元），进而使美军能够在"斩首行动"和"震慑行动"中大量使用舰射巡航导弹和空射、空投精确制导弹药，对萨达姆行宫和藏身处、复兴党总部、雷达预警系统等重要目标实施猛烈的非接触精确打击。

伊拉克战争表明，信息时代的"非接触作战"主要有以下5个基本特征：一是在作战指导上，强调以己之长，击敌之短；二是在作战目标上，强调打击敌作战"重心"，而不是四面出击，全面开花；三是在作战空间上，强调实施全维、全纵深同时作战；四是在力量运用上，强调分散部署兵力，集中释放作战能量；五是在作战行动上，强调大范围机动作战和多种作战样式综合运用，尤其强调发挥远程精确打击的作用。

信息时代的战争强调非接触作战，但并不否定接触作战。如果战争目的需要，同样要动用地面部队进行近距离的较量。在伊拉克战争中，美军为了达成推翻萨达姆政权、建立亲美政权的目的，在进行空天一体非接触作战的同时，就不得不投入大量地面部队进行接触作战。

八、从顺序战到并行战

"并行战"（parallel warfare）理论是"快速决定性作战"理论的重要组成部分，最先由约翰·沃登提出，后来得到戴维·德普图拉的进一步阐释。他们认为，由于传统陆战无法直接打击最重要的目标，只好用线性方式逐级逐层消灭敌人，最后打击敌人的战略重心，这就是传统的"顺序战"（series warfare）。尽管空中力量出现后为直接攻击战略重心提供了技术手段，但随着防空技术的发展，空中作战也不得不采取线性方式，即先摧毁敌防空能力，再夺取空中优势，再夺取制空权，最后展开空中进攻和支援地面进攻。而"并行战"则要求指挥官把敌人作为一个系统集成，首先找出其重心和脆弱点，确定攻击哪些目标才能产生预期效果，然后同时打击那些目标，迅速达成作战目的。"并行战"要求在时间上同时，即同时攻击多个重要目标；在空间上同步，即对敌领土全境和全纵深实施打击；在作战层级上同一，即同时打击战略级、战役级和战术级目标，也就是说，不受地理的限制，在作战的战略、战役、战术三级同时使用兵力。

在伊拉克战争中，美军全面实践了"并行战"理论。一是战争一开始就同时对伊拉克全纵深目标进行了大规模的攻击。在战争初期的"斩首行动"中，美军对萨达姆等国家领导人的多处行宫、住宅同时实施精确打击；在后来的"震慑行动"中，美军对伊防空系统、指挥控制系统、交通枢纽、舆论工具等重要目标同时进行打击。从作战空间上看，美军在伊拉克全纵深对乌姆盖斯尔、巴士拉、纳西里耶、巴格达、基尔库克、摩苏尔等目标同时实施打击。这些作战行动既包括打击国家领导人、关键工业基础等战略级目标，也包括防空系统、指挥控制系统等战役级目标，还包括作战部队、坚固防御阵地等战术级目标。二是并行推进空袭作战、海上作战、地面作战、特种作战、心理作战等作战行动，致使伊军作战系统同时遭受多层次、全方位的猛烈攻击。这种"并行战"打得伊军措手不及，既无招架之功，也无还手之力，更没有时间和机会来调整和改变作战计划，整个作战体系还没有来得及发挥应有的作用就陷于瘫痪。三是把敌人作为一个系统集成，主要打击敌人作战重心。美军自始至终都把萨达姆作为要打击的伊方作战重心之一，认为萨达姆是伊拉克军民的精神支柱，只要除掉萨达姆本人，就可使伊拉克军民的抵抗处于群龙无首的状态，胜利便唾手可得。因此，战争一开始美军就利用高技术武器优势，三番五次地对伊拉克军政首脑机关和作战指挥系统实施"斩首"打击，力求以较小的军事投入获取最大的军事效益。[①]

伊拉克战争表明，"并行战"不受地理条件限制、跨作战层级地同时运用部队，能够集中战斗力的效能，直接打击敌人的作战重心、关键脆弱点和因果链，以较少的作战消耗快速达成战争目的，是网络化战场上的重要作战样式之一。

九、从平台中心战到网络中心战

在机械化战争中，作战平台是战斗力的载体，一切作战行动都围绕作战平台进行。在信息时代的战争中，信息成为重要战斗力，网络成为信息的载体，一切作战行动都将围绕网络进行。今天的"网络中心战"就是针对机械化战争中的"平台中心战"（platform-centric warfare）提出来的。

网络中心战是指通过全球信息网格，将分散配置的作战要素集成为网络化的作战指挥体系、作战力量体系和作战保障体系，实现各作战要素间战场态势感知共享，最大限度地把信息优势转变为决策优势和行动优势，充分发挥整体作战效能。其实质是通过成熟的网络化部队，提高信息共享

---

① 车先明、陈学惠：《美军作战理论前沿问题聚焦》，第137页，军事科学出版社，2005年。

程度、态势感知质量、协作和自我同步能力，在广阔空间实施高度同步的联合作战，极大地提高完成任务的效率。

在伊拉克战争中，美军将网络中心战理论用于实战，初步检验了网络中心战的各种能力。一是验证了传感器网络的战场态势感知能力。美军借助立体化侦察传感系统，特别是"蓝军跟踪系统"、无人航空器进行超视距监视跟踪，使战场态势信息每2.5分钟刷新一次，比海湾战争的每2小时刷新一次有了质的飞跃，确保了多国部队充分共享战场态势信息。二是验证了信息网络的传输能力。美军利用全球指挥控制、全球战斗支援、国防文电、国防信息网等系统，构成战时信息传输网络，使美国中央司令部与战区内25国驻军保持高效联络，其中国防卫星系统通信效能较阿富汗战争时提高了75％。利用上述网络，作战指令通过加密电子邮件能以10兆速率传送给作战部队。三是验证了指挥控制网络的快速决策支持能力。美军通过将中央司令部前方指挥所、空军前方指挥所、陆军21世纪旅和旅以下部队作战指挥系统，联结为一体化指挥体系，为上至五角大楼、中央司令部，下至4个参战军种部队的指挥机构，提供了近实时的战场数据和目标情况，进行了信息的快速融合与处理，确保了各级作战指挥的高效协调。四是验证了"发现即摧毁"能力。美军在海湾战争中从发现到打击目标有时长达10多个小时，在阿富汗战争中至少也需要19分钟，而在伊拉克战争中已缩短为几分钟。2003年4月6日，美军无人机发现伊军12枚车载"蛙7"式地对地导弹，通过预警机调度空中待命战机将其全部摧毁，整个过程不足10分钟。

十、从协作式联合到一体化联合

美国联合部队司令部司令E.P.贾姆巴斯蒂亚尼认为，美军联合作战走过了消除军种间冲突、缝合军种间缝隙、军种能力一体化3个阶段，目前正在向"基于效果的合作与以网络为中心"的阶段发展。在以往的战争中，美军的联合作战主要是消除军种间冲突、缝合军种间缝隙的协作式联合作战。在伊拉克战争中，美军才基本上实现了一体化联合作战。他说："在'沙漠风暴行动'中，我们的空地作战只有10％是一体化的，而在'伊拉克自由行动'中，这一比例跃升到90％，这标志着前所未有的变化。技术与训练的进步也使我们能够在提高杀伤力的同时减少空中资源的使用量，如在'沙漠风暴行动'时是4架飞机摧毁1个目标，而在'伊拉克自由行动'中是1架飞机摧毁大约4个目标。"中央司令部司令弗兰克斯在评论这种联合作战水平时也说："'伊拉克自由行动'是美国历史上联合与联军程度最高的作战。"[①]

在伊拉克战争中，美国动用了90多颗军事卫星和70余颗民用卫星，不仅为美军的C^{4}ISR系统提供全天候、全天时信息保障，而且为所有作战行动提供广泛而直接的支援。其中5颗导弹预警卫星每30秒向地面发送一次伊拉克导弹发射预警信息；6颗光学雷达侦察卫星每天10多次飞临伊拉克上空，提供分辨率精确至分米级的图像；24颗全球定位卫星随时捕捉战场上机动目标的位置，准确引导GPS制导弹药实施攻击。

在伊拉克战争中，没有出现海湾战争那样的空袭作战、地面作战阶段划分，也没有出现科索沃战争那种持续不断的空袭，取而代之的是要素更为齐全、空间更为广阔、速度更为迅捷、结合更为紧密的联合作战。各种作战行动统一安排，协调实施，特种作战、精确打击、地面推进、信息作战、心理作战等，互相支援，互相作用，互相影响，互相加强。

十一、从立体到多维一体

在机械化战争中，敌对双方的作战行动主要集中在陆地、海上和天

---

① 军事科学院外国军事研究部：《世界军事参考》，2003年10月17日，第87期。

空，作战空间三维一体。随着信息时代的到来和信息技术被广泛用于军事领域，三维一体的作战空间已经容纳不下信息时代的作战行动：天基军事侦察卫星、全球定位卫星、通信卫星、气象卫星等把作战空间扩展到太空，信息作战把作战空间扩展到电磁空间和网络空间，特种作战、心理作战等把作战空间扩展到认知领域。从海湾战争到伊拉克战争，信息时代战争已经逐步完成其作战空间的扩展过程，已经把机械化战争三维一体的作战空间扩展为网络化战争陆、海、空、天、信息、特战、认知七维一体的作战空间。

伊拉克战争中，美军在全球信息栅格的基础上，依靠全球指挥控制系统、国家军事指挥系统、国防信息基础设施、国防信息系统网络、国防报文系统等战略级指挥控制系统，联合作战计划与实施系统、战区指挥控制系统、初期联合空战中心能力系统等战役级指挥控制系统，陆军战术指挥控制系统、海上联合指挥信息系统、移动用户设备系统、联合战术信息分发系统、21世纪旅及旅以下部队作战指挥系统/蓝军跟踪系统等战术级指挥控制系统，国防部情报信息系统、全球联合情报通信系统、可配置联合情报支援系统等情报监视侦察系统，形成纵横相连、上下一体的战场网络，基本实现了战场感知系统、指挥控制系统和作战行动系统之间的横向无缝连接。这一方面可使指挥官实时或近实时地感知战场态势，迅速定下作战决心和部署作战行动，另一方面可把平行的作战单元及相关要素横向连接起来，使各参战军兵种之间，指挥、情报、预警、后勤、装备各部门之间，能够即时进行横向信息交流，从而形成互联、互通、互动的信息网，将战场感知系统、指挥控制系统、火力打击系统和后勤保障系统联结为一个有机的整体，不仅使各类武器平台之间可以通过数据链直接传递信息，而且使单兵也能直接进行跨军兵种、跨部门的信息联通。例如，配有微型网络终端设备的地面士兵可以直接呼叫海、空军战机攻击临时发现的目标。由此可见，随着美军全球信息栅格和C⁴ISR系统的不断发展和完善，美军未来多维作战空间中联合作战的一体化程度将越来越高。

十二、从战争迷雾到单向透明

战争是一个充满不确定性和偶然性的领域。战场客观环境的复杂性、敌对双方互争优势与主动的主观努力以及各自内部因相互运动而产生的摩擦，使战争成为人类最为扑朔迷离、流变不居的社会活动。克劳塞维茨把战争的不确定性和偶然性称为战争迷雾，认为只有靠军事天才的眼力与果断，才能统率军队在黑暗而充满暗礁的战争海洋中航行。[①] 在机械化战争时代，尽管科学技术和武器装备有了很大发展，但战争迷雾仍然是一个始终困扰军事指挥员的难题。然而，在信息时代的战争中，战场透明化已经不再是可望而不可即。美国陆军前参谋长沙利文认为，信息化战场上将"晴空万里"，很少有"战争迷雾"。伊拉克战争的战场透明度已比"海湾战争提高一个数量级"。从海湾战争到伊拉克战争的实践表明，网络化战场已经遍布信息传感器，能够明察秋毫，不放过战场上的任何蛛丝马迹。

在伊拉克战争中，美军拥有比海湾战争、科索沃战争和阿富汗战争更多的军用卫星、更多的空中侦察手段、更多的人工情报和更先进的C⁴ISR系统。综合运用这些侦察手段，就形成了优势互补的高中低、全纵深、全天候、全时空侦察监视网，从而减少了"战争迷雾"，使战场更加透明。在营造透明化战场、筛选高质量信息的过程中，美军主要采取了以下做法。一是多层次、多技术情报验证。美军针对伊拉克地形特点，利用卫星和空中侦察机，进行了多层次的立体侦察。在距地面300～600千米的太空轨道上，美军部署了多颗间谍卫星对伊军进行战略性侦察；在伊拉克上空2万米处有U-2

---

① 徐根初：《跨越——从机械化战争走向信息化战争》，第20页，军事科学出版社，2004年。

侦察机和"全球鹰"无人侦察机进行战役战术侦察；在6000米高度，还有"捕食者"无人侦察机进行动态的敌情详查。凡是重要的目标和情报，往往都有两种以上侦察技术手段加以验证，从中获得真正有用的信息。二是高技术侦察手段与人力侦察并重。早在伊拉克战争爆发前，美军就向伊拉克境内派出了大批特种部队，进行情报搜集和验证工作。他们携带先进的全球定位系统、加密通信器材、数码相机等侦察设备，对太空和空中侦察获得的情报做进一步的核实，同时发现和收集太空和空中侦察遗漏的目标信息。对伊拉克的1500多处重要目标，美军都通过人力手段进行了补充侦察。战争过程中，美军准确击中多处萨达姆官邸和伊拉克高官住宅，都与美军特种部队的侦察有关。三是加强对情报信息的融合与处理。美军的战略和战区指挥机构都有专门的情报分析中心，主要负责收集、分析、融合、处理来自各个部门各个渠道的情报信息，由于美军司令部门都配备有先进的计算机技术装备，特别是研发了大量软件分析和处理系统，因而大大提高了情报信息的处理和分发速度，能够从大量的战场信息中迅速筛选出准确的、有价值的情报，为指挥决策、武器控制提供高质量的情报保障。

十三、从分散式后勤到聚焦式后勤

在机械化战争条件下，后勤是一个松散的"条块式"庞大系统，纵向职能系统林立，后勤资源和需求信息流程长，平级单位之间、需求与供应之间不能横向沟通，致使"后勤资源迷雾"和"后勤需求迷雾"一直是困扰后勤保障的难题。"后勤资源迷雾"就是后勤搞不清楚手里有什么东西，"后勤需求迷雾"就是后勤搞不清作战部队需要什么东西。结果，后勤只能以"撒胡椒面"的方式对部队进行保障。这种"分散式"后勤到处"摆摊设点"，规模不断膨胀，灵活性大大降低，结果造成保障力量过于分散，保障资源严重浪费，保障行动难以形成合力。

美军在《2020年联合构想》中指出："聚焦式后勤将利用先进的信息系统，把实时的全部资产可视图融入通用相关作战态势图，在所有后勤职能部门和后勤单位之间建立有效的联系。这些系统与强大的决策辅助手段结合，将提高对部队需求的分析、计划和预测能力。这些系统也与商业领域紧密联系，从而可以利用商业实践和商业经济为军队服务。有了这些能力，再加上革新后的组织体制和运转程序，就能极大地加强对整个后勤系统的末端管理和对后勤输送系统的精确实时控制，从而满足联合部队指挥官的优先需求。"①

在伊拉克战争中，美军建立了以信息为主导、以行动为中心的后勤保障体系，在集中统一指挥下，实行统分结合的联勤保障。运输装备大都装有全球定位接收器，可通过卫星系统和基地发出指令，不受军兵种系统和作战编成的束缚，随时向参战的三军部队实施补给，基本实现了作战需要多少送多少，哪里需要送哪里。空军按照分散部署、集中使用的原则，在中东和欧洲10个国家的14个空军基地部署了作战力量，后勤保障由各空军基地负责，海军6个航母编队的各种保障，由驻巴林的海军后勤机构负责，收到了很好的效果。在战争中，后勤力量看似分散，实则集中，看似繁杂，实则有序，其主要原因就是透明的后勤信息贯穿了保障的全过程。美军后勤指挥官通过信息技术，几乎可以掌握每一个散兵坑里士兵的需求，也可以随时掌握每一个运输保障车队的位置，并向他们发出相关的保障指令。与海湾战争相比，美军在伊拉克战争中只用了4000多个集装箱的物资（少用了90％），却取得了更好的效果。

十四、从军队保障到社会化保障

在机械化战争中，后勤保障主要是军队的事情。随着信息时代的到来

---

① 军事科学院外国军事研究部译：《备战2020——美军21世纪初构想》，第200页，军事科学出版社，2001年。

和信息技术的快速发展，商业保障在军队后勤保障中发挥着越来越重要的作用。从海湾战争到伊拉克战争的10余年间，世界各国军队都着力利用社会和民间力量，对军队进行保障，商业保障自幕后走到前台，从间接转向直接，由民间迈上战场，与军队后勤共同担负起精确化后勤保障的历史使命。

在伊拉克战争中，美军充分利用军队外部资源，把后勤保障的非核心职能外包给民间企业，通过与民间公司签订合同等方式，为部队提供物资、勤务等保障，极大地弥补了美军建制力量的不足。在兵力投送方面，民间运输力量成为主力。美国22家货运和客运航空公司的200多架大型运输机，参加了美军的兵力投送行动：90％以上的美军官兵是乘坐民航班机前往海湾的。2003年4月1日，五角大楼宣布，美军将租用民航飞机的期限由原定的1个月延长至2个月，以弥补军事空运的不足。与民航飞机一样，美军租用的商船也在伊拉克战争中发挥了重要作用。至3月中旬，美军已租用50余艘本国大型商船，向海湾输送包括军用卡车、坦克、直升机和武器弹药集装箱在内的各种装备和物资。与此同时，美军还包租了德国、葡萄牙、挪威、丹麦等国的8艘货船，从欧洲向海湾地区转运直升机、弹药、油料等补给品，以节省时间和经费。

美军对伊作战特点与存在的问题

美国时间2003年5月1日21时，布什总统在从海湾返回的"林肯"号航母上宣布："我们在伊拉克的主要作战行动已经结束。"布什的讲话，为持续43天（实际上主要战斗在4月9日就已经结束）的伊拉克战争画上了一个不大不小的句号。美军依靠大量高新武器装备和绝对空中优势，在未遇有力抵抗的情况下，以较小代价赢得了战争的胜利。应该说，伊拉克战争是美军进行的又一次成功的作战行动，具有许多不同于前几场战争的显著特点，同时也暴露出一些问题。认真分析和研究这些特点和存在的问题，具有重要的现实意义。

一、美军作战特点

在伊拉克战争中，美军以"速战速决"为指导思想，以信息优势为基础，实施"快速决定性作战"行动，充分发挥陆、海、空、天、特联合作战的整体威力，经过21天的战斗就取得了决定性战果。纵观其作战过程，发现它们具有高、精、明、快、心、联、小、新的特点。所谓"高"，就是依靠高技术优势，实施高控制作战；所谓"精"，就是大量使用精确制导弹药，实施"点穴式"打击；所谓"明"，就是采用多维感知系统，确保战场单向透明；所谓"快"，就是快速推进，直取"重心"；所谓"心"，就是心理战与火力战遥相呼应，既攻城又攻心；所谓"联"，就是联军联合作战，陆、海、空、天、特一体；所谓"小"，就是兵力规模小，技术含量高；所谓"新"，就是试验新作战思想，检验新军事革命成果。具体而言，包括如下几个方面。

一是依靠高技术优势，实施高控制作战。与伊拉克军队相比，美军的高技术优势是显而易见的：第一，美军武器装备信息化程度很高（陆、海、空三军武器装备的信息化程度分别在50％、60％、70％以上），伊军武器装备则根本没有进行信息化改造；第二，美军将大量新型弹药用于战场，如AGM-158联合防区外发射空地导弹、AGM-154联合防区外武器、BLU-118温压炸弹、高能微波炸弹、"高威力空爆炸弹"等，伊军却没有任何新型弹药；第三，美军有10余种无人机参战（如"猎犬""指针""阴影""龙眼""先锋"等），其中"全球鹰"和"捕食者"发挥了主要作用，伊军则没有任何无人机；第四，美军的F-14、F-16、F/A-18、B-2、M1A2、"阿帕奇"等作战平台上的作战系统都已得到改造和升级换代，伊军的作战平台不仅没有得到改造和升级换代，其作战能力反而有所下降……美军利用这些高技术优势，对战场实施全面控制。第一，控制作战空间。美军完全掌握了制空、制海、制天、制地权，可在作战空间自由机动。第二，控制作战节奏。根据需要既可以每小时40～50千米的速度向前推进，也可每天只向前推进10余千米；既可白天黑夜连续进攻，也可只在夜间发动进攻，白天不采取行动。第三，控制打击目标。可根据需要打击某个目标或某个目标的某个部分，而不造成附带损伤。第四，控制战争目的。既可使作战行动实现某个局部目的而不使战争升级，也可通过作战行动颠覆一个国家政权而不使自己陷入困境。由此可见，伊拉克战争是一场美军利用高技术优势进行的高控制战争。

二是大量使用精确制导弹药，实施"点穴式"打击。大量使用精确制导武器是高技术战争的一个特点，并且这个特点在伊拉克战争中表现得尤其突出：在美军投掷的2万余枚弹药中，精确制导弹药约占80%，而在海湾战争中，精确制导弹药仅占8%，在科索沃战争中仅占35%，在阿富汗战争中仅占60%。美军使用的精确制导弹药主要包括"战斧Ⅲ""战术战斧"等舰射巡航导弹，AGM-86、AGM-129等空射巡航导弹，AGM-154、AGM-158等联合防区外发射空地导弹，GBU-31/32/35/38等联合直接攻击弹药，BLU-118温压炸弹，"铺路"系列（如GBU-24/27/28、EGBU-28）激光制导炸弹等。这些弹药大多采用全球定位系统制导，不仅大大提高了命中精度（联合直接攻击弹药的精度为3米，近程战役战术导弹为0.1～1米），而且增强了抗干扰能力，几乎不受云雾、沙尘、浓烟的干扰，可全天候、全时空使用。在"斩首行动"和"震慑行动"阶段，美军使用精确制导弹药对萨达姆行宫和藏身处、伊高级官员住所、伊指挥控制设施、复兴党总部等目标，进行准确的"点穴式"打击，既摧毁了预定目标，又没有造成大的附带损伤，达成了笼络伊拉克民心、减少战后重建困难的作战企图。

三是采用多维感知系统，确保战场单向透明。在伊拉克战争中，美军采用了比前几场战争更多的感知系统，确保战场单向透明。在太空，美军通过发射和变轨等方式，使可供使用的侦察、通信、气象和全球定位卫星达到90余颗（其中全球定位卫星28颗，KH-11和"长曲棍球"卫星各3颗）。全球定位卫星可使美军随时掌握战场上机动目标的位置，并准确引导各类精确制导弹药；侦察卫星每天10多次经过伊拉克上空，可提供分辨率为0.1～0.15米的图像，有利于美军的目标识别与精确打击；通信卫星可以极大地提高信息的传递速度和准确性，使美军指挥官能够通过加密的卫星通信对前线部队实施有效指挥，而前线的士兵也可通过卫星通信将战场的情况快速、准确地传递给后方的指挥部。在空中，美军动用了U-2战略侦察机、RC-135电子侦察机、E-8C联合监视与目标攻击雷达系统飞机以及"全球鹰""捕食者""先锋"等无人驾驶侦察机。U-2侦察机不仅可对目标进行航拍，然后带回后方进行加工处理，而且可通过传感器和卫星向地面站传输实时信息。电子侦察机可侦听重要目标和记录伊拉克高层官员的谈话内容，并可将通话者的位置确定在1～2千米的范围之内。在地面，美军不仅部署了各型侦察车辆和各种传感器，而且部署了大量特种作战部队和中央情报局特工收集情报。这种多层次、多来源、全时空、近实时的多维感知系统，减少了"战争迷雾"，使战场对美军单向透明，从而使美军随时都能听得见，看得清，打得准，始终掌握战场的主动权。

四是快速推进，直取"重心"。美军特别重视对作战"重心"的攻击。所谓"重心"，是指"军队获得行动自由、物质力量或战斗意志的特性、能力或力量源"。美军认为，一旦敌方的作战"重心"被攻占或被摧毁，其防御体系就会陷入瘫痪，敌方也就难以组织起有力的抵抗，己方就可取得决定性胜利。因此，美军始终把识别和攻击敌方"重心"作为重中之重。在伊拉克战争中,美军始终把以萨达姆为首的领导集团、伊拉克民心士气和伊拉克首都巴格达作为打击的"重心"目标。无论是"斩首行动""震慑行动",还是地面部队快速向前推进,美军都始终针对伊拉克的"重心"目标。而在对"重心"目标的攻击中,美军自始至终都强调"快速"。美军的快速,一是指推进速度快,一天向前推进150千米,仅4天就推进至距巴格达仅80千米的卡尔巴拉,这在现代战争史上是罕见的;二是指作战节奏快,不分白天黑夜连续实施作战行动;三是指攻防转换快,一旦进攻受阻,可立即转入防御,而且不会遭受损失;四是指信息流动快,4月7日美军打击萨达姆开会处,从获得情报到实施打击,整个过程仅用了45分24秒钟。这种快速推进、直取"重心"的作战行动,充分体现了美军"快速决定性作战"的新思想。

五是心理战与火力战遥相呼应,既攻城又攻心。美军此次对伊作战的目的是推翻萨达姆政权,建立一个亲美政权。要实现这个目的,不仅需要清除以萨达姆为首的伊拉克领导集团,而且需要攻占伊拉克首都巴格达和巴士拉、摩苏尔、基尔库克等战略重镇。而要做到这两点,既需要强大的火力战粉碎伊军的武力抵抗,又需要强有力的心理战瓦解伊拉克军民的抵抗意志。因此,战争还未开始,美军就开始实施强有力的心理战:一方面,多次举行大规模军事演习,大肆渲染其强大军力,对伊军民实施心理威慑;另一方面,通过投撒传单、发电子邮件和进行无线电广播,离间伊军民同伊政府的关系,引诱伊军民放弃抵抗,站到美军一边来。战争开始后,美军通过散布"萨达姆已经被炸死""伊军有两个师投降"等假消息,利用媒体夸大空袭效果等手段,加强心理攻势,企图彻底粉碎伊军民的抵抗意志,迫其不战而降。与此同时,美军以猛烈的轰炸和无情的火力打击,强化其心理作战效果,使伊军民产生恐惧心理,陷入绝望心境。美军心理战和火力战互相作用,互相加强,最后终于产生了美军所期望的效果:巴格达守城部队司令、萨达姆的堂弟马希尔·希夫扬·提克里蒂，命令守城部队全部撤退，伊拉克政府高官集体"蒸发"，美军兵不血刃地攻占了巴格达；其后，又在未遇抵抗的情况下攻占了萨达姆的老家提克里特。由此可见，伊拉克战争是美军心理战与火力战完美结合的典范。

六是联军联合作战，陆、海、空、天、特一体。海湾战争后，联合作战和多国作战理论被确立为美国陆、海、空三军的统一作战理论。此次伊拉克战争是对这种作战理论的又一次实战检验。战争中，美军投入兵力约19万人，英军投入兵力约4.5万人，澳大利亚投入兵力约2000人。英国和澳大利亚都是美国的老盟友，其军队参加联军作战时，主要采用北约军队标准作战程序，在联军作战指挥、武器装备的标准化和通用化、作战术语的使用等方面，不会有大的问题。况且，这次美、英、澳联军作战采用的是为首国家指挥结构，英军和澳军都处于美军中央司令部的指挥与控制之下，协调问题比较容易解决。此次联军联合作战的真正挑战，是如何恰到好处地运用各国的陆军、海军、空军、陆战队和特种作战部队，使陆、海、空、天、特真正形成无懈可击的一体化战场，充分发挥大于个体之和的整体作战威力。从伊拉克战争整个作战过程看，空军部队自始至终掌握了制空制天权，没有给伊空军半点可乘之机，其准确、持久的猛烈轰炸重创了伊拉克作战力量，为地面作战创造了有利条件；海军自始至终控制了海上通道，其舰载机和作战舰艇为空袭伊拉克作出了巨大贡献；地面部队充分利用空袭造成的效果和有利战机，快速推进，直逼巴格达城下；特种作战部队深入敌后侦察，保护油田，夺占机场和重要设施，在关键时刻发挥了关键作用；航天部队充分发挥作战支援和保障作用，使各种信息得到快速的分析、处理和传输，保证了C^4ISR系统准确而高效地运转。可以说，陆、海、空、天、特在伊拉克战场上基本上形成了一个有机运转的整体，联军联合作战的效能得到了较好的发挥。

七是兵力规模小，技术含量高。3月初，有消息称美英军已向伊拉克周围部署了30万大军，形成了大兵压境之势。其实，这是美英虚张声势，其目的是不战而屈人之兵。战争打响后，美英军抵达海湾的总兵力可能在24万人左右，其中海空军约13万人，地面部队约11万人。在这11万地面部队中，担负进攻任务的美军第3机步师、第101空中突击师、第1陆战远征部队和英军第7装甲旅、第16空中突击旅和第3突击旅，加在一起也就6.5万人左右。这6.5万人同伊拉克陆军的35万人相比，比例为1∶5.4。按照传统攻防作战理论，攻方兵力应是守方的3～5倍。现在却恰恰相反，守方的兵力为攻方的5.4倍。是不是美军作战计划人员记错了公式？不是！这是美军作战计划人员刻意之作。按照"快速决定性作战"思想，美军在拥有信息优势和绝对空中优势的情况下，应使用一支规模小、机动快、作战能力强的部队，绕开设防之敌，快速推进，直扑敌方作战"重心"，以便一举取得决定性战果。从数量上看，伊军地面部队数倍于美英军地面部队，但从军事技术上看，美英军的武器装备大多实现了信息化，与伊军的武器装备形成了"时代差"；美英军有立体侦察监视系统，战场单向透明；美英军不仅有空中力量为其创造进攻条件，而且随时可以得到空中力量的支援。因此，美英军虽然在数量上大大少于伊军，但其作战能力却数倍甚至数十倍于伊军。然而，伊军前两个星期的顽强抵抗，却使美军对自己心中没了底，于是赶紧宣布增兵10万。可是，当第4机步师和第2、第3装甲骑兵团火速赶到伊拉克时，主要战斗已经结束。美军急于投入实战检验的第一个数字化师，却偏偏没有派上用场，对美军来说，这不能说不是一大遗憾。不过，美军仍然有理由高兴：这至少表明其"快速决定性作战"思想在伊拉克这样的对手面前还是可行的。

八是试验新作战思想，全面检验新军事革命成果。把战场作为新式武器的试验场是美军的一贯做法，这次也不例外。但与往次战争不同的是，美军此次不仅试验了新武器，而且试验了新型部队和新作战思想。"快速决定性作战"是美军为适应高度网络化部队在21世纪头10年的作战需要而提出来的最新作战思想。其基本要素是：依靠联合情报、监视与侦察，实现相关作战图像共享，真正做到知彼知己；建立适应性强的指挥与控制机制，进行联军联合作战；综合运用主导性机动、精确打击和信息作战，实施基于效果的作战行动。在伊拉克战争中，美军运用这一作战思想时遇到过一些困难，但基本上是成功的。在武器装备方面，"鹰眼2000"预警机、RQ-1B"捕食者"无人机等都是首次用于实战；而战场上使用的"长弓阿帕奇"直升机、F-14、F-16、F/A-18、B-2等作战飞机，其作战系统都已经过改造和升级换代，其实际作战能力也需要得到验证。在新型部队方面，美军不仅新建了"计算机应急特遣队""信息对抗分队""电子安全工程分队"等部队，而且建成了第一个数字化师，重组了第2装甲骑兵团（使其由重型骑兵部队转变为轻型骑兵部队），组建了6个"过渡战斗旅"，还编组了10支航空航天远征部队、2支快速反应航空航天远征联队和5支机动航空航天远征部队。这些新型部队有的已投入战斗并得到了检验，如航空航天远征部队；有的虽已投入战斗，但却没有得到很好的检验，如第4机步师和第2装甲骑兵团。但总的来看，伊拉克战争是一场全面检验美军新军事革命成果的战争。

二、美军存在的问题

美英联军虽然以较小的代价迅速赢得了伊拉克战争的胜利，但在作战中也出现了不少问题。概而言之，主要有以下3点。

一是情况判断失误。在伊拉克战争中，美军在判断战场情况方面多次出现失误。首先，错判了土耳其对美军使用其军事基地的最终态度。美军认为，土耳其是北约成员国，一定会同意美军使用其军事基地。因此，在没有得到土议会批准的情况下，就于2月19日把第4机步师的重型装备运到了土耳其伊斯肯德伦港，等待卸载。土耳其大国民议会于3月1日晚否决了允许美军使用其军事基地的议案后，美军声称将放弃A计划，启用B计划。但实际上，美军仍按兵不动，暗地里认为美军最终将获得土耳其军事基地的使用权。直到开战后的第四天，美军才觉得使用土耳其军事基地的希望已经完全落空，只好命令运输船队南下苏伊士运河，绕到科威特卸载。但此时改变作战计划为时已晚，给正在进行的作战行动造成了不利影响。其次，美军错判了战争初期伊拉克军民的抵抗意志。美军以为，只要炸弹一响，伊军就会投降，什叶派穆斯林就会夹道欢迎美军的到来。美军没有想到，在国家生死存亡的紧急关头，阶级矛盾会暂时让位于民族矛盾，同根同种的阿拉伯人会捐弃前嫌，同仇敌忾，团结起来一致抵抗外来侵略者。因此，伊拉克军民在战争初期的顽强抵抗，完全出乎美军的预料，一度使其陷入困境之中。最后，美军错判了战局的发展方向。当遇到伊拉克军民的顽强抵抗并且没有大批的伊军投降时，美军竟然一时慌了手脚，认为战争正朝着持久战的方向发展。于是，从美国总统布什到国防部长拉姆斯菲尔德，再到中央司令部司令弗兰克斯，都放出风声说，战争不会很快结束，要准备打持久战，并且匆忙作出了增兵10万的决定。所有这些情况都表明：尽管拥有众多情报来源和大量情报分析人员，美军对伊拉克的观察、认识和判断仍有不足。

二是作战计划不周密。美军作战计划不周密主要表现在两件事情上。一是没有预留预备队，开战不久就被迫增兵。美军的传统战法是使用决定性力量一举夺取决定性战果，基本不留预备队。此次作战为了试验"快速决定性作战"新思想，美军决定使用小规模部队绕过设防伊军快速推进，直扑伊军作战"重心"巴格达。既然是试验，就可能出现各种预料不到的情况，就应该留有充足的预备力量，以应付各种意外情况。但从战场上发生的情况看，美军根本没有预留充足的预备兵力。由于沿途遭到伊军的袭击和骚扰，作战行动才进行一周，美军就感到前线兵力吃紧，后勤补给出现问题，只好暂时停止前进，等待国内增派援兵。二是B方案不完善，北方战线开辟晚。美军3月23日决定放弃A方案后，本应立即实施B方案，迅速开辟北方战线，以配合南线的进攻。可是，美军实施B方案的行动非常缓慢，不仅投送的兵力非常有限，而且展开作战行动的时间也很晚——开战10天后，即3月29日，北方战线才开始小规模作战行动。由于北方没有压力，伊军指挥当局把注意力集中在南方战线上，增加了美军向巴格达推进的困难。虽然战场上临时出现一些意想不到的情况是正常的，但出现这样的失误不能不说是作战计划不周密造成的。

三是协调不力误伤多。不论是联军作战、联合作战，还是联军联合作战，都需要周密的协调，才不会造成误伤。由于进行非线式作战，敌我部队犬牙交错，无明显的战线，多国部队各种武器混合使用，远距离交火，夜间能见度低等客观情况，美军在海湾战争、科索沃战争和阿富汗战争中，都发生过误伤。在对"沙漠风暴行动"发生的28起误伤事件进行分析时，美军发现：由于目标识别错误造成的误伤占39%，由于协同问题造成的占29%，由于技术故障造成的占21%，原因不明的占11%。由此可见，要避免误伤发生，一是采用有效的敌我识别系统，二是进行周密的作战协调，三是采取其他相应措施。海湾战争以来，美军一直在采取各种措施减少作战误伤，但收效甚微。在伊拉克战争中，尽管只有美、英、澳三个老盟友参加作战行动，误伤事件还是层出不穷，让美英军感到很没有面子：3月22日，英国皇家海军两架"海王"直升机在波斯湾执行任务时相撞坠海，7名机组人员（其中美军1名）葬身鱼腹；23日，英国皇家空军1架"旋风"战斗机被美军的"爱国者"导弹击落，飞行员跳伞逃命；26日，美军1架F-16战斗机准确击中"爱国者"导弹阵地的雷达，所幸没有造成伤亡；28日，美军1架A-10攻击机击中2辆英军装甲车，造成1死3伤；4月3日，美军1架F/A-18"大黄蜂"战斗机在伊拉克南部被"爱国者"导弹击落；4月5日，美军 1 架 F-15 战斗机误炸巴格达南面的美军炮兵阵地，导致 3 名士兵死亡；4 月 6 日，美军战机误炸库尔德武装护卫队，导致 18 人死亡，45 人受伤。在短短的 18 天战斗中，就出现了 7 起误伤事故，足以说明美军在敌我识别和作战协调方面还存在比较严重的问题。

"网络化"是信息时代战争的基本形态

随着人类社会由工业时代向信息时代过渡，人类战争形态也在由工业时代的机械化战争向信息时代的战争转变。那么，信息时代的战争形态究竟是什么呢？学术界对此众说纷纭，各持己见，有"数字化战争""智能化战争""信息化战争""信息战争"等多种说法，但占主导地位的是"信息化战争"。上述说法虽然都从不同的角度反映了信息时代战争的一些基本特征，但它们不是信息时代战争的基本形态。信息时代战争的基本形态应该是"网络化"，而非"信息化"。"网络化"之所以成为信息时代战争的基本形态，主要是由以下因素决定的。

一、在信息时代，信息已经成为新的生产力，而网络则是这种新力量的主要载体

在历史上，随着蒸汽机的诞生，人类社会进入工业时代，机械力逐渐取代人力，车辆、舰船、飞机等成为社会生产力和军队战斗力的主要载体。经过几百年的发展，机械力到达物理极限，人类开始寻求新的力量源——信息。

人类寻求新力量源的革命，始于 1946 年第一台电子数字计算机（ENIAC）的诞生。电子数字计算机的发明，开创了数字计算和数字化这个新时代，拉开了当代信息革命的序幕。"当代的信息革命，就字面而言，是

指在信息的采集、存储、处理、检索、传播、利用等各个方面的一系列技术革新和技术革命，其实质是关于人类信息和知识的生产和传播的一场革命。"这场革命对人类社会发展的影响，虽然是从科学计算和数据处理开始的，但提高劳动生产率却始终是人类不懈追求的目标。在过去60年中，现代信息技术广泛用于传统工业的各个部门，在工业革命所实现的机械化、电气化、自动化的基础上，进一步实现数字化、智能化和网络化，使制造业和其他产业部门的劳动生产率上升到一个全新的高度。到20世纪90年代，由计算机辅助制造系统、计算机集成制造系统和柔性制造系统结合在一起的自动化生产系统，将新产品设计的速度加快了16倍，使产品更改和更新速度提高了数百倍。随着信息技术的不断发展、芯片运算能力的不断增强和记忆能力的不断扩大，人类的逻辑思维在理论上完全可以用机器来替代。在土地、资本与各种物质资源依然重要的同时，信息资源正在成为信息社会经济系统最重要的资源基础。能否及时掌握和利用与社会经济活动密切相关的、反映各种生产要素状态和运动的信息，已经成为一个国家、企业和个人在信息时代竞争力强弱的主要标志。因此，各国都在不断加大各行业的信息化投入，努力增强本国的竞争优势。美国1995年对各行业信息化的投入占年收入的2.5%，2005年的投入则达5.8%，增加一倍以上。在1995年至2000年的5年时间中，美国计算机与芯片产业的产出增加了3倍以上（310%），劳动生产率增加了281.7%。美国对信息化的大量投入，取得了丰厚的回报。据经济学家的估计，美国经济增长的1/3直接来自信息产业，美国新经济70%的增长因素来自信息革命。

然而，信息的采集、传输、处理和分发都有赖于计算机和网络。计算机计算速度越快，传输信息的路径越宽，互联网分布越广，信息的时效性就越好，价值就越大。因此，从计算机和网络问世以来，各国就在为提高计算机速度和扩大信息网络进行着不懈的努力。经过半个多世纪的发展，计算机网络得到了突飞猛进的发展。2004年5月，联合国经社理事会指出：
"互联网的普及应用无论是在广度上还是在深度上其影响均可与18世纪的
工业革命相比拟。"截至2008年6月底，全球互联网平均普及率达21.1%
（其中冰岛85.4%，美国71.9%，韩国71.2%，日本68.7%，俄罗斯20.8%，
中国19.1%，印度5.3%）；中国网民数量为2.53亿人，美国网民数量约为
2.3亿人。每日每时全世界都有不计其数的网民在互联网上获取或交流信
息，互联网已经成为打破各国边界、沟通全球信息、对国际国内事务施加
影响的有效工具。美国总统奥巴马当选的重要原因之一，就是很好地利用
了互联网。与此同时，电子商务、电子政务、电子军务、电子交通等专用
网络也在飞速发展，开始对本行业的快速发展和社会活动的正常运转，发
挥举足轻重的作用。互联网和各种专用网络的广泛应用，极大地提高了社
会劳动效率和生产率，降低了成本，改变了企业、政府和各种社会团体的
活动方式和决策方式。由此可见，各种广域网、局域网、城域网上高速流
动的公用和专用信息，已成为推动世界政治、经济、军事、外交等各行各
业快速发展的原动力，而网络则成了承载这种原动力的主要载体。一个无
网难交流、无网难发展、无网难强大、无网难作战的时代正在到来。

二、战争形态以战斗力载体命名，而不以时代特征命名

准确而完整的信息是军队克敌制胜的必要条件之一。当代信息革命的
发展，不仅对军队获取准确而完整的信息的手段有着革命性影响，而且对
军队体制编制、作战方式和战争形态的变化也有着革命性影响。恩格斯指
出："一旦技术上的进步可以用于军事目的并且已经用于军事目的，它们便
立刻几乎强制地，而且往往是违反指挥官的意志而引起作战方式上的改变
甚至变革。"

在人类历史上，战争形态已经经历了3次革命性变化，目前正在经历

第四次革命性变化。前三次革命性变化是指从木石器战争到冷兵器战争、从冷兵器战争到热兵器战争、从热兵器战争到机械化战争。目前正在进行的这次革命性变化，是从机械化战争到信息化战争呢，还是从机械化战争到网络化战争？分析前三次战争形态的变化，我们发现新的战争形态是以战斗力载体命名，而不以时代特征命名。除了人这个最具活力的战斗力载体外，在原始时代，承载战斗力的是木制石制兵器，我们称之为"木石兵器战争"而不称之为"原始战争"；在农牧时代，承载战斗力的是刀、矛、剑等冷兵器，我们称之为"冷兵器战争"而不称之为"农牧战争"；在农业时代，承载战斗力的是地雷、霰弹枪、土炮等火药武器，我们称之为"热兵器战争"而不称之为"农业化战争"；在工业时代，承载战斗力的是装甲车、军舰、军机等机械，我们称之为"机械化战争"而不称之为"工业化战争"。在信息时代，信息成为社会生产力，而当这种生产力用于军事领域时，它就成了战斗力。在全球信息环境中，军事战略的重心已从注重传统军力的发展和运用转向军事信息优势的争夺，即通过强化自身的信息和信息系统、破坏对手的信息和信息系统，形成己方的政治军事优势，力求以信息优势压倒敌人，达成"不战而屈人之兵"的目的。而承载这种信息优势的载体就是纵横交错的战场感知网络、指挥控制网络和各种交战网络。因此，就像我们把工业时代的战争称之为"机械化战争"而不称之为"工业化战争"一样，我们应该把信息时代的战争称之为"网络化战争"而不称之为"信息化战争"。

三、网络是战斗力载体的叠加，而不是对原有战斗力载体的否定

从人类文明发展的历程看，农业化、工业化、信息化不是有你无他、互相排斥的发展过程，而是一个承前启后、相互渗透、相互融合的过程。不是工业化了就不要农业化了，信息化了就不要工业化了，而是农业化的发展导致了工业化，工业化的发展导致了信息化。这是人类社会发展的客观规律，任何事物的发展都不可能超越历史阶段，所以农业化不可能跳过工业化直接发展到信息化。

同样，网络也是在机械的基础上发展起来的新型力量载体，它的出现并没有否认原有力量载体的作用。一般而言，新力量载体是对旧力量载体的叠加，而不是对旧力量载体的否定。热兵器的出现，并没有把冷兵器扔进历史的垃圾堆，冷兵器仍在一定程度上发挥作用，只不过是由主要载体退居次要载体，而且制造冷兵器的钢铁还成为热兵器不可分割的组成部分。坦克、军舰、战斗机等机械兵器的出现，并没有使火药兵器黯然失色，相反火药兵器与机械兵器紧密结合，共同承载战斗力，结果使战斗力成倍增长。在信息时代，信息成为一种特殊的力量，机械已经不能很好地承载这种力量，于是出现了新的力量载体——网络。网络的出现没有而且也不可能取代机械去承载全部战斗力。网络承载的是信息流，机械承载的是物质流。只有网络和机械紧密结合，共同承载信息和物质两种力量，才能使军队作战能力极大跃升。所以，在信息时代，网络只有在冷兵器、热兵器、机械兵器的基础上，才能把信息的力量发挥到极致，成就信息时代的网络化战争。

四、外国军事转型和战争经验，成为前车之鉴

与西方发达国家相比，我国尚未完全实现工业化，进入信息时代的时间稍晚，开发信息技术的步伐较慢，我军对信息时代战争本质的认识也不够全面。在这方面，西方国家新军事革命的"领头羊"美国可以为我们提供一些有益的参考和借鉴。

其实，美军对信息时代战争本质特征的认识也经历了由浅到深、由片面到全面、由零碎到系统的发展过程。起初，美军认为计算机是靠0和1这

两个数字来处理和传输信息的，信息时代的军队应该是数字化军队。于是，美军从1992年开始试验和组建"数字化"部队，到2000年正式建成第一个数字化师，并且准备继续组建数字化军。但后来美军发现，信息传输不仅要靠数字，而且更重要的是靠网络，因为只有网络才能使海量信息在各级指挥机构、各军种部队和本军种各级部队之间横向、纵向高速流动，各级指挥机构和作战部队才能实时或近实时地共享信息，也才能协调一致地实施联合作战。因此，"网络化"才是信息时代军队的主要特征。于是，美军把"网络化"确定为联合部队七大特征之一，弃"数字化"而用"网络化"（"数字化"和"网络化"是一致的，只是后者立意更高，视野更广，更能体现信息时代的本质特征）。一时间"网络化"（networked）成为美军使用频率最高的术语，在美国国防部《实施网络中心战》一文中，"网络化"一词就出现了78次；相反，在美军的各种文件中却找不到"信息化"（informationization或informatization）这个词。目前，美军已建成规模庞大的分布式网络系统，"千年挑战""施里弗 I""数码珍珠港"等大规模联合作战演习都通过这些网络进行，阿富汗战争和伊拉克战争也靠这些网络倍增作战效果。

为了推动军事转型和打赢信息时代的战争，美军积极鼓励作战理论创新。"行动中心战""网络中心战""知识中心战""快速决定性作战"等创新性作战理论，如雨后春笋，层出不穷。美军根据信息技术发展趋势和对未来战争本质特征的认识，最后将美国海军于1997年提出的"网络中心战"理论，确定为全军共同采用的未来联合作战理论而加以大力开发。目前，"网络中心战"已成为美军设计未来战争、开发作战概念、研发武器装备和改革体制编制的指导性理论。

在武器装备建设上，美军过去主要采取"贴花"方式提高武器装备的信息化程度。现在，美军武器装备建设重点已转向网络化建设：在投巨资建设全球信息栅格的同时，大力加强战场态势感知网络、指挥控制网络和交战网络建设，努力提高各级指挥控制机构、各军种作战部队和本军种各级部队的互联互通和信息共享能力，力图通过网络把各种作战能力融合成一个有机的整体，为应对信息时代的战争做好充分准备。

在体制编制上，美军为适应未来网络化战争的需要，已开始着手组建网络战部队和网络司令部。2002年，美国海军航天司令部和网络作战司令部合并为海军网络与空间作战司令部。2006年，美国空军组建了第一支网络战部队，又于2007年成立了网络司令部。2009年6月23日，美国国防部长盖茨宣布美军将正式组建网络司令部，并提名国防部国家安全局局长、陆军中将基斯·亚历山大兼任网络司令部司令。新组建的网络司令部，不仅囊括负责保护五角大楼全球网络系统的"全球网络联合部队"，而且包括负责对敌发动网络攻击的"网络战联合职能组成司令部"，下辖陆、海、空军网络战部队，是目前全球规模最大的网络司令部。按计划，美军的网络战部队将全面担负起网络攻防任务。

五、根据未来战争需要，加强网络化建设

网络作为现代信息技术革命性发展的产物，从根本上改变了人类信息处理的能力和速度，改变了人们交流和通信的方式，不仅对人类的工作、学习和生活方式产生了深刻影响，而且对军队的作战方式和战争形态产生了重大影响。为了打赢信息时代的战争，我们必须准确地认识信息时代战争的"网络化"特征，有"的"放"矢"地进行军队建设和军事斗争准备。一是加强对未来战争"网络化"特征的研究，创新网络化作战理论，以此牵引信息时代的军队建设。二是以"网络化"为龙头，全面系统地设计全军的武器装备建设，确保战场态势感知网络、信息传输网络、指挥控制网络和交战网络互联互通，实现实时或近实时信息共享。三是正确认识机械

化与网络化的关系，在加强网络化建设的同时必须尽快实现机械化，这样才能更充分地发挥网络化的巨大作战潜力。四是尽快建立网军，并逐步调整改革整个军队的体制编制，使之适应未来网络化战争的需要。五是跟踪研究外国军队军事转型和网络化发展情况，及时吸取经验教训，以便充分发挥"后发"优势，缩小与发达国家军队的差距。六是重视网络空间的占有和利用，防止其他国家挤压我网络空间。随着人类社会逐步进入信息时代，网络空间将会越来越拥挤。从某种意义上说，信息时代的网络空间很可能比领土、领海和领空更重要。

总之，我军建设应以"网络"为重要抓手，紧紧围绕"网络化"这个重点和中心，以信息网络为基础，以战场态势感知网络、指挥控制网络和交战网络为重点，抓好顶层设计和配套建设，在作战理论创新、武器装备开发、体制编制变革中充分贯彻"网络化"思想，通过各种有形无形的网络，把我军的各种作战能力整合成一个有机的整体，为打赢未来网络化战争做好充分准备。

"三空作战"将成为美军作战的重中之重

美国国防部长罗伯特·盖茨在为2010年2月1日发布的《四年防务审查报告》作的序言中指出："为应对美军在力量投送、慑止侵略、援助盟国与伙伴国能力方面面临的潜在威胁，本版《四年防务审查报告》对新的空海一体战概念、远程打击、太空与网络空间给予比其他常规与战略现代化项目更多的关注与投入。"由此可见，在未来4年或更长的时间内，"空海一体战"、"网空作战"和"太空作战"（以下简称"三空作战"）三种新兴作战样式将成为美军作战的重中之重，应该引起高度重视和密切关注。

一、"三空作战"是信息时代的联合作战

美军"三空作战"出现的时间有早有晚,发展的程度也各不相同,但从本质上讲,都是信息时代的联合作战。

2009年9月,美国空军参谋长施瓦茨与海军作战部长拉夫黑德签署了"空海一体战"秘密备忘录,同时成立了空海军联合工作组,负责协调"空海一体战"的具体事宜。2010年2月,美国国防部发布新版《四年防务审查报告》,正式提出"美国空军和海军正在共同开发一种新的联合空海一体战概念,以击败军事行动领域的所有对手,包括拥有尖端'反介入'和'区域拒止'能力的对手"。5月18日,美国战略与预算评估中心发布研究报告,全面阐述实施"空海一体战"的目的、意义、措施和方法。5月27日,空海军联合工作组在华盛顿向空海军高层汇报他们的研究成果。"空海一体战"虽然提出较晚,但推进很快,必将在西太平洋地区产生立竿见影的效果。

2010年2月1日,美军颁布新版《四年防务审查报告》,首次提出"网空作战"概念。虽然"网空作战"概念是最近才提出来的,但其思想早已出现在美军颁布的《信息作战》条令中,只不过当时称之为"计算机网络战"。实际上,美军早已开始组建"网空作战"力量:从1995年美国国防大学培养出16名专门以计算机为武器的第一代"网络战士"到2009年美军正式组建"网络司令部",美军网络战部队已近9万人。美军在全球4000多个军事设施中建有1.5万多个不同的计算机网络,已经装备"特洛伊木马""蠕虫病毒""逻辑炸弹"等2000多种病毒武器,目前正继续推进"舒特""高级侦察员""网络监控""国家网络靶场"等网络战项目。

1998年,美国空军颁布AFDD2-2条令《太空作战》,正式确立"太空作战"理论。2002年,美国参联会颁布联合出版物JP3-14《联合太空作战

条令》，正式确认"太空作战"是美军联合作战理论的重要组成部分。经过十多年的发展，美军"太空作战"理论已经比较成熟，对美军太空力量建设产生了重大影响：研制和发射运载火箭、组建太空作战部队、建立太空作战指挥控制机构；开发"奈基—宙斯"系统"战略导弹防御系统""国家导弹防御系统"并实战部署陆基海基导弹拦截系统；成功试射 X-37B 和 HTV-2"猎鹰"无人驾驶太空飞机；两次用导弹击毁失控军事卫星；等等。

在信息时代，太空已经成为争夺军事优势的制高点，网络空间已经成为敌我双方博弈的新战场，远程精确打击已经成为达成作战目的的有效手段，"太空作战"、"网空作战"和"空海一体战"都是信息时代战争的独特作战样式，它们互相依存，互相支援，共同构成信息时代战场上的联合作战。由于未来战场上各种信息的流动主要经由各种网络，无论是"空海一体战""空地一体战"还是"太空作战"，都离不开传感器网络、指挥控制网络和交战网络，"网空作战"在未来战争中将处于核心地位。在信息时代的战争中，谁控制了网络空间，谁就控制了作战速度、作战节奏和作战结果，谁就掌握了通向胜利的钥匙。

二、"三空作战"的主要对象是中国

奥巴马政府上台后，奉行"巧实力"政策，以退为进，大搞"握手外交"，努力改善与其他国家的关系，意在修复因伊拉克战争和金融危机而受损的美国形象，维护美国在世界上的领导地位。在中美关系上，奥巴马也一改历任美国新总统一上台必先对华强硬的姿态，把美中关系称作"世界上最重要的双边关系"，把"战略经济对话"改为"战略和经济对话"，着意提高对话层次。在两次"中美战略与经济对话"中，美中两国都派出强大阵容，美国财长盖特纳"风雨同舟"和希拉里"殊途同归"的评语，再加上"中美国""G2""中美共治"等新闻评论，听起来好像中国和美国已经是风雨同舟、患难与共、携手共治世界的亲兄弟了。

然而，事实却并非如此。军事是实现政治目标的工具，是政治意图的外在表现形式。在中美政治、经济关系高调向前发展的同时，美国对华军事关系却急转直下。2006年，美国开始调整其全球军事基地，基本做法是强化亚太地区的军事基地，缩减欧美地区的军事基地，干预台海军事冲突和围堵中国的战略意图十分明显。2008年，美国新版《国防战略》文件提出"平衡"战略，要求在各种战略风险特别是在打赢反恐战争和准备好应对其他地方或将来可能出现的冲突之间保持平衡，其从伊拉克和阿富汗战争抽身以在西太平洋地区集中力量对付中国的急切心情跃然纸上。如果说美军过去把中国军队作为主要作战对象的企图还有些遮遮掩掩的话，那么美国国防部2010年2月发布的新版《四年防务审查报告》和美国战略与预算评估中心2010年5月发布的《空海一体战》研究报告，已经完全撕下了美国军队脸上的遮羞布，露出了与中国军队为敌的真面目。在《空海一体战》研究报告中，"中国人民解放军"（PLA）一词出现了383次。

《四年防务审查报告》对中国军力发展的长远战略意图表示怀疑，《空海一体战》报告则把中国军队的"反介入和区域拒止"能力视为美国西太平洋地区利益的严重威胁，要求以"空海一体战"抵消中国军队的"反介入和区域拒止"能力。所谓"反介入和区域拒止"能力，即解放军反对美军进入台海地区干预解放军反"台独"军事斗争的能力。美军要抵消解放军"反介入和区域拒止"能力，实际上是要剥夺解放军反"台独"军事斗争和维护国家独立统一的能力，是要置解放军于败军之地。

为摧毁解放军"反介入和区域拒止"能力，《空海一体战》报告提出了一整套具体战法：实施反太空作战，致盲中国军队的天基海洋监视系统，防止中国军队打击航母等高价值水面部队；以"宙斯盾"和其他导弹防御系统保护美国空军前沿基地和日本；实施远距离渗透打击行动，摧毁中国军队的陆基远程海上监视系统和远程弹道导弹发射架；打击中国军队的有人和无人机载情报、监视与侦察平台和战斗机，支援美国空军加油机及其他支援飞机的前沿行动；以隐形轰炸机的攻势布雷行动支援美军的反潜战；以非隐形轰炸机的持续打击支援美国海军的远距离封锁作战；等等。

其实，美军早已开始在西太平洋地区为"三空作战"投棋布子。一是不断扩建关岛海空军基地，增加常驻兵力：美国海军拟在关岛部署一个航母打击群（大队），核动力攻击潜艇已增至15艘；美国空军将增加6架轰炸机、48架F-15E型战斗机、3架"全球鹰"无人侦察机、12架空中加油机和最新型的F/A-22"猛禽"隐形战斗机，要求安德森空军基地能够起降B-1、B-2和B-52战略轰炸机。二是将最先进的核动力航母"华盛顿"号部署在日本横须贺海军基地，牵制中国海空军力。三是将陆军第1军司令部从美国本土华盛顿州迁往日本，加强太平洋陆军司令部的指挥与控制能力。四是在东亚滨海地区增加特种作战部队的数量，提高其作战能力。五是准备在马来西亚、新加坡、泰国、菲律宾、越南等东南亚国家和澳大利亚建立新基地和租用印度的军事基地，提升快速反应能力。

三、"三空作战"标志着美国防务战略的重大转变

2008年版《国防战略》报告提出"平衡"战略以来，美国防务战略一直处于调整变化之中。虽然奥巴马政府至今都没有颁布新版《国防战略》和《军事战略》报告，但2010年2月公布的新版《四年防务审查报告》已经清晰地呈现出调整变化的轮廓。这些调整变化大致可以归纳为6个"转变"。

在威胁判断上，由以国际恐怖主义和宗教极端主义为主要威胁，转变为以"反介入和区域拒止"能力为主要威胁。"9·11"事件后，美国认为恐怖主义是主要威胁，于是发动了长达近10年的反恐战争。现在，美军认

为是中国的"反介入和区域拒止"能力对美国在西太平洋地区的利益构成了主要威胁,要集中力量对付中国军队。在作战对象上,由以恐怖分子和非国家行为体为主,转变为以传统型国家军队为主。在反恐战争中,基地组织等恐怖组织是美军的作战对手;在将来的"三空作战"中,中国军队是美军的作战对手。在作战地点上,由以中东南亚地区为主,转变为以西太平洋地区为主。伊拉克战争发生在中东地区,阿富汗战争发生在南亚地区;而未来的"空海一体战"将发生在西太平洋地区。在作战样式上,由以"空地一体战"为主,转变为以"三空作战"为主。在近四场局部战争中,美军的作战对手主要在空中和地面,因此主要采用"空地一体战",而"网空作战"和"太空作战"还没有形成独立的作战样式;在未来的战争中,美军的作战对手可能在空中、海上、网络空间和太空,因此将同时实施"空海一体战"、"网空作战"和"太空作战"。在作战目的上,由以打击恐怖活动、保护美国在世界各地的利益为主,转变为以保持美军在西太平洋的行动自由、遏制中国崛起为主。美军进行反恐战争,主要是保护美国利益不受侵害;美军进行"三空作战",主要是遏制中国崛起,永保美国"超级大国"和"世界领导者"的地位。在军队建设上,由以"网络中心战"建设为主,转变为以"三空作战"建设为主。从2001年起,美军建设主要围绕"网络中心战"进行;从2010年起,美军建设将主要围绕"三空作战"进行。

这些转变使美军有了明确的作战对象和作战地点,能够根据作战对象和作战环境的实际情况进行针锋相对的作战准备。《空海一体战》报告就明确地提出了8条建议:减轻对关岛、其他重要基地和海上部队的导弹威胁;改变中国军队与美国军队在远距离打击高价值和时间敏感目标方面的不平衡状况;增强水下作战能力;弥补天基指挥与控制、通信、情报、监视与侦察能力的漏洞;加强未来数据链、数据结构、指挥与控制以及情报、监视与侦察基础设施的标准化和互通性；加大跨军种电子战能力的投入；增强"网空作战"攻防能力；发展和列装定向能武器。

四、"三空作战"必将引起新一轮军备竞赛

正如冷战时期美国陆军和空军针对苏联的"空地一体战"既适合于中欧战场又适合于伊拉克和阿富汗战场一样，美国空军和海军针对中国军队的"空海一体战"既适合于西太平洋战场也适合于其他类似战场。因此，美军"三空作战"建设必将带动其他国家的"三空作战"建设向前发展，引起新一轮军备竞赛。

此轮军备竞赛既有主动参与者，也有被动参与者。一方面，美国认为，"三空作战"不是美国的专利，日本、澳大利亚等盟国也应在其中发挥重要作用。日本、澳大利亚等盟国为了满足美国的要求和提升自身的军力，必将加大"三空作战"建设的经费投入，加快"三空作战"力量的建设步伐，努力缩小与美军的差距，他们是此轮军备竞赛的主动参与者。另一方面，受到美军"三空作战"威胁的中国和有同样感受的其他国家，也将被迫采取行动，加大军费投入，全面做好应对"三空作战"的准备，他们是此轮军备竞赛的被动参与者。无论是主动参与者还是被动参与者，他们都将在美军"三空作战"的带动下，加大军费投入，努力开发适合自己的"三空作战"理论，加速研制新型"三空作战"武器装备和建立强大的"三空作战"力量，以便在未来"三空作战"中处于主动地位。

在太空领域，尽管中、俄等国一再倡议签订太空非军事化协定，以确保人类和平利用太空，但美国不仅对此置之不理，反而变本加厉地在太空试验激光武器、动能武器、X-37B和HTV-2无人驾驶飞行器等进攻性武器，加速太空军事化进程。这必将刺激其他国家为在太空获得一席之地而违心地参与太空军事竞争。

在网空领域，美国一方面大肆渲染外国黑客入侵美国网络，美国网络空间安全受到严重威胁，另一方面却悄悄地开发"网空作战"理论，创建"网空作战"力量和指挥控制机构，研制"网空作战"武器装备，演练"网空作战"战法，准备在需要的时候对别国进行网络攻防作战。为了应对别国的网络攻击，保护本国网络空间的安全，其他国家也必然会研发自己的"网空作战"武器装备，建立自己的"网空作战"力量。可以预见，在未来相当长的一段时间内，"网空作战"领域的竞争将愈演愈烈。

在西太平洋空域和海域，由于美军EP-3侦察机、无人侦察机和"无瑕"号远洋侦测船对我进行持续不断的侦察，本来比较稳定的西太平洋安全环境被搅得动荡不安。美军"空海一体战"的提出和实施，必将迫使该地区其他国家加强空海力量建设和空海战场建设，进一步加剧该地区的紧张局势。

"树欲静而风不止。"尽管中国高举和平崛起、共建和谐世界的旗帜，努力维持亚太地区的和平与稳定，但美军执意与中国军队为敌，大力加强"三空作战"建设，这必将使错综复杂的亚太安全局势发生难以预料的变化。我们必须丢掉幻想，准备战斗，以前所未有的危机感和紧迫感全面加强军队建设，为应对随时可能出现的困难局面做好充分准备。

"三非"作战引领现代战争

在新技术、新术语层出不穷的今天，"三非"作战不时跃入人们的眼帘，引起军内外人士的广泛关注。所谓"三非"作战，是指"非对称作战"、"非线式作战"和"非接触作战"，是对现代高技术战争基本特点的概括和描述。其实，"三非"作战早已有之。如1943年俾斯麦海战中飞机对舰船的攻击就是典型的"非对称作战"，成吉思汗的骑兵横扫半个欧洲就是典型的"非线式作战"，清朝时期八国联军使用火器与手持大刀、长矛的清军交战就是典型的"非接触作战"。但是，在过去的战争中，对称作战、线式作战和接触作战处于主导地位，"三非"作战处于从属地位。随着科学技术的进步和武器装备的发展，特别是高新技术和信息化武器装备的大量涌现，"三非作战"有了不同的含义和表现形式，成为现代战场陆、海、空、天、电一体化联合作战的基本特征。

一、"非对称作战"就是趋利避害，扬长击短

虽然"非对称作战"（asymmetric engagement）的战例早已有之，但作为一个军事术语，则是美军在1991年11月颁发的1号联合出版物《美国武装部队的联合作战》中首次提出来的。随后，美军其他联合出版物、军种作战条令、美国国防部长的年度《国防报告》等官方文件和非官方出版物，开始广泛使用这一术语。其他相关术语还有：非对称行动、非对称攻击、非对称打击、非对称威胁、非对称方法、非对称手段、非对称挑战、非对称优势、非对称效果等。美军2001年版《联合作战条令》指出，"对称作战是相同类型部队之间的战斗，地对地、海对海、空对空是对称冲突的例子"，而"非对称作战是不同类型部队之间的战斗，如空对地、空对海、海空对地空，以及地对空和海等"。"如果双方部队、技术和武器相类似，与敌军交手的行动就是对称的；如果双方部队、技术和武器不同，或者一方采取恐怖主义行动，拒绝按照常规交战规则行动，这种情况下的作战行动就是非对称的。"美国国防部1997年版《联合条令百科全书》中指出："非对称攻击是通过毁灭性的作战方法，打击敌弱点或者给敌人制造弱点，避免己方伤亡，节省作战资源。"

在现代战场上，"非对称作战"的战例举不胜举，俯拾即是。在海湾战争中，美军充分利用空中高技术优势，对伊拉克地面军事目标进行了38天连续不断的狂轰滥炸，致使伊军战场作战能力损失50%以上，而后的地面作战行动如入无人之境。在科索沃战争中，北约战机对南联盟地面部队和重要军事设施进行了78天的猛烈空袭，南联盟既无招架之功，更无还手之力，最终只好俯首称臣，按北约开出的条件结束了战争。在伊拉克战争中，美英联军以压倒性信息优势和精确打击优势，对伊拉克实施"斩首行动""震慑行动"和广泛而猛烈的心理作战，仅用3个星期就以较小的代价攻占了伊拉克首都巴格达。这些都充分展示了现代战场"以高对低"的非对称优势。然而，在现代条件下，实力处于劣势的一方，对优势之敌采取非对称作战，也可以收到奇效。基地组织利用美国人认为本土绝对安全，疏于防范，出其不意地发动"9·11"恐怖袭击，使美国本土遭受自"珍珠港事件"以来最沉重的一次打击。巴勒斯坦人对以色列实施"人体炸弹"攻击，车臣分裂分子绑架俄罗斯人质、制造自杀性爆炸事件，伊拉克人在战后对美军频繁采取袭击行动，都显示了非对称作战的巨大威力。

由此可见，"非对称作战"主要是指利用优势力量或超常规手段，寻找和扩大敌人的弱点，积极创造有利战机，以敌意想不到的作战方式，在敌意想不到的时间和地点，实施机动灵活的作战行动，给敌人制造最大限度的不确定性和混乱，最终以较小的代价获取较大的战果。其实质是趋利避害，扬长击短，出奇制胜。在未来战场上，若强敌对我实施"非对称作战"，我可主要采取以下战法进行反击：一是以"撒手锏"武器摧毁、破坏和干扰敌全球定位系统、卫星侦察系统、卫星通信系统等，切断敌信息源，使敌严重依赖于信息的信息化武器装备全部或部分丧失作用，减少己方损失并为反击创造条件。二是集中精兵利器，以敌意想不到的方式，摧毁或瘫痪敌指挥控制系统，切断指挥控制信息的纵向和横向流动，使敌整个作战体系陷于瘫痪。三是以特种作战或远程精确打击手段，摧毁、破坏敌重要军事基地和港口，制敌海、空优势于水面和地面。四是以各种非对称手段给敌人造成最大人员伤亡，使其知难而退或迫于民众压力而中止战争。若我对弱敌实施进攻，则应充分发挥我陆、海、空、天和远程精确打击优势，对敌实施非对称打击，同时防止敌人的非对称攻击。

二、"非线式作战"就是没有明确的前方后方

"非线式作战"（nonlinear operations）是相对"线式作战"（linear operations）而言的。"线式作战"是指交战双方围绕相对稳定和明显的战线进行的攻防作战。在人类战争史上相当长的时期内，"线式作战"占据主导地位，第一、第二次世界大战是其鼎盛时期。"非线式作战"实践早已有之，但现代"非线式作战"理论则是美国陆军1982年版《作战纲要》首次提出的："基于空地一体战理论的作战行动是非线式作战，即使用火力和机动打击敌全纵深。"美军1993年版《联合作战条令》指出："全维的联合作战行动在主要方面是非线式的。也就是说，空中、海上、空间和特种作战的主导作用可能或多或少地独立于地面部队的作战线。"美军1997年版《联合条令百科全书》指出："非线式作战倾向于依靠所选择的作战基地（陆上或海上）实施作战行动，没有明确规定的作战线。同样，由于没有明确规定的后方地域，后方地域和交通线的安全就不是优先关注的问题……地面部队更多地关注指定的目标，而较少关注与友邻部队的地理位置关系。"

由于信息化武器装备的飞速发展，C^4ISR系统和远程精确制导弹药大量用于战场，作战双方不必像过去那样采取层层"剥洋葱"的战法，先打前沿，后打纵深，再打后方地域，而可以依靠军用卫星和各种远程侦察监视系统，洞察整个作战空间的敌情，并以各种相应的武器系统同时对敌前

沿、纵深和后方实施打击。从近几场高技术战争看，传统的以陆海战场为主的平面战场已经发展为陆、海、空、天、电、心理等多维作战空间，以兵力和火力实施近距离交战为主的作战样式已经发展为"硬摧毁"与"软杀伤"相结合的远程精确作战，进攻一方无须突破对方防御，就可有效打击对方全纵深内的重要目标，甚至主要依靠火力突击，就能达成一定的战略目的。因此，在高技术战场上，"非线式作战"的运用比以往任何时候都更加普遍。"非线式作战"包括非线式进攻和非线式防御，可在相连或不相连的作战区中实施，但都需要强有力的通信和持续作战能力。在非线式进攻作战中，攻击部队必须把进攻行动集中于决定点，只用少量部队实施创造条件的作战行动；预备队必须具有高度战术机动能力。在非线式防御作战中，防御部队主要是消灭敌军部队而不是保守大片地区，倾向于采用决定性作战、创造条件作战和持续作战这样的战场结构而不是纵深、前沿和后方地域这样的战场结构。美军入侵巴拿马和"沙漠风暴行动"的最后 36 个小时，就是典型的大规模非线式进攻作战。科索沃战争和阿富汗战争中，双方没有形成交战线，所有作战行动基本上都是非线式的。伊拉克战争中，有局部的线式作战，但大多数作战行动是非线式的。

　　"非线式作战"的战场结构不规则，兵力密度小，部队流动性大，火器杀伤力强，从地图上看，"是标有红蓝两色的圆圈，而不是通常代表敌我双方兵力的红蓝两色线条"。这种作战没有前方、后方之分，战略、战役、战术之间的界限模糊不清，攻防转换快，作战行动空前激烈。为了应对未来战场上的"非线式作战"，一方面，我应大力发展 C^4ISR 系统、信息作战武器装备、远程精确打击兵器和太空作战系统，提高我军陆、海、空、天、电多维一体联合作战能力，确保在需要时可对敌实施全纵深同时作战，使敌人在任何地方都没有安全感；另一方面，我应提高国家、军队的全维防护能力和培养全国军民对敌全纵深同时打击的心理承受能力。

三、"非接触作战"就是只许我打得着你,不许你打得着我

如何在战争中保存自己,消灭敌人,历来是兵家挖空心思、千方百计解决的一个问题。从冷兵器时代到热兵器时代,从机械化战争到网络化战争,各国军队的一个共同做法,就是尽可能地延长自己的打击力臂,使自己能够打着敌人,使敌人打不着自己。从公元前5世纪马其顿军队以7米多长的"长枪"组成方阵到我国东汉时期发明的"抛石机",再到当今美军的防区外打击弹药,无一不是为了"只许我打得着你,不许你打得着我"这个目的。尽管"非接触作战"的实践和思想古已有之,但作为一个明确的军事术语,还是我军近几年在研究高技术局部战争特点中提出来的,并且在英语中还没有找到一个确切的对应词。从国外对这个问题的研究情况看,20世纪80年代末美国陆战队提出了"超地平线登陆"和"超视距打击"理论。1993年美国战略与国际研究中心提出了"脱离接触,间接打击"的研究报告,并在美国《陆军时报》等刊物上发表,引起美国军界的极大关注。但美军作战条令一直没有使用"非接触作战"这个术语,其思想主要体现在"精确打击""全维保护""防区外打击"等概念和术语中。科索沃战争后,俄罗斯军事专家斯里普琴科著有《非接触战争》一书,比较详细地阐述了"非接触作战"问题。总的来看,"非接触作战"理论还处于刚刚起步的发展阶段。

实际上,实施"非接触作战"是需要一定条件的。首先,必须具备远距感知能力,确保能够在远处先敌发现目标。其次,必须具备远程精确打击能力,确保在敌打击范围之外摧毁目标。因此,只有军事技术占优势的一方,才有可能对敌实施"非接触作战"。在海湾战争中,美国50多颗军用卫星、高空侦察机、无人侦察机等侦察监视系统使作战空间变得单向透明,美军F-15、F-16战机和B-52战略轰炸机在万米高空或距目标数百千

米处，对伊军防空和指挥控制系统实施打击，伊军密集的防空炮火把巴格达夜空照得如同白昼，但由于其射高最多只有7000米，美军战机毫发无损。在地面作战中，美军M1A1坦克利用射程上的优势，在伊军T-72坦克的直射距离之外开火，伊军装甲部队遭到重创。在科索沃战争中，北约各型战机依靠绝对空中优势和信息优势，在不低于5000米的高空对南联盟进行78天的猛烈空袭，南联盟军队却由于防空武器鞭长莫及，只好望空兴叹，结果让北约部队开创了"零伤亡"战争先例。在伊拉克战争中，美军投入了更多的军用卫星、高空侦察机、无人侦察机和精确制导弹药，致使作战空间更加单向透明，作战力量对比更加悬殊，结果"非接触作战"运用得更加广泛，战果也更加显著：美军仅以海湾战争一半的兵力、时间和伤亡，实现了比海湾战争大得多的战争目的——推翻萨达姆政权。

不难看出，"非接触作战"主要依靠远距感知能力，使用远程精确制导弹药，打击敌"重心"目标，破坏敌作战体系，剥夺敌行动自由和战场主动权，全面保护自己，减少人员伤亡，以小的代价换取大的胜利。"非接触作战"虽有可减少人员伤亡的优点，但也有识别真伪目标难、制导弹药易受干扰的弱点。在科索沃战争中，北约战机在不低于5000米的高空对南联盟军事目标实施打击，结果击中的大多是假目标，南军并未遭受大的损失。在伊拉克战争中，美军的巡航导弹由于受到干扰有多枚导弹偏离目标。在未来战场上，我应主要采取以下方法抗击敌非接触打击：一是加强伪装，隐真示假，诱使敌精确制导弹药攻击假目标；二是根据敌制导弹药的不同制导方式，以不同的方法干扰敌精确打击弹药，使其偏离目标；三是防范敌无人侦察机和特种作战人员为敌精确打击指示目标；四是采取多种方法全面防护重点目标。与此同时，应充分发挥我远战兵器的作用，在关键时节对敌关键目标实施远程精确突击，对敌造成强大的心理震撼。

"三非"作战是一个相互联系的整体，但在层次上略有不同。"非对称作战"是一种战法，也是一种作战样式，更是一种作战指导思想，可用于战略、战役级作战行动，也可用于战术级作战行动，可以是物质的，也可以是心理的，三者中层次最高。"非线式作战"是一种作战样式，既包含了"非对称作战"和"非接触作战"的内容，又是对其表现形式的客观描述。"非接触作战"只是一种战法。总的来看，"三非"作战具有以下共同特征：一是在作战指导上，强调以己之长，击敌之短；二是在作战目标上，强调打击敌作战"重心"，而不是四面出击，全面开花；三是在作战空间上，强调实施全维、全纵深同时作战；四是在力量运用上，强调分散部署兵力，集中释放作战能量；五是在作战行动上，强调大范围机动作战和多种作战样式综合运用，尤其强调发挥远程精确打击的作用。随着各国军队信息化武器装备的不断发展，"三非"作战在未来战争中的地位和作用将不断提高。

美军阿富汗撤军乱象丛生

从 2011 年 7 月美国总统奥巴马宣布从阿富汗撤军，到 2021 年 8 月 30 日美国军队全部撤离阿富汗，撤军过程持续 10 年。由于美军在撤离的最后阶段，乱象丛生，近乎逃亡，因此被媒体戏称为美国的"西贡时刻"。

一、阿富汗战争的历史演进

"9·11"事件发生后，美国认为是受阿富汗塔利班政权庇护的"基地"组织策划和实施了这起恐怖活动。时任美国总统小布什要求塔利班政权停止庇护"基地"组织，交出其头目本·拉登，但遭到拒绝。于是，美国联合英、法、德等北约盟国，以反恐为名，发动了一场以推翻阿富汗塔利班政权为目的，名为"持久自由行动"的战争。2001年10月8日，美英联军使用战机和巡航导弹，对阿富汗塔利班武装的指挥控制机构、防空设施、装甲车辆、火炮阵地、掩蔽所、训练基地等战略战役战术目标，实施精确打击。在城市攻防作战中，美英联军与反塔利班北方联盟一起，在马扎里沙里夫、喀布尔、昆都士、坎大哈等城镇与塔利班武装进行了激烈的战斗。在清剿作战中，美英联军在托拉博拉、加德兹、霍斯特等地区进行了代号为"蟒蛇行动"和"水雉行动"的清剿作战，极大地削弱了塔利班武装和"基地"组织残部的作战能力。到2002年7月，美英联军摧毁了"基地"组织在阿境内的主要据点，推翻了塔利班政权，主要作战行动结束，但没有实现抓住"基地"组织头目本·拉登的战争目的。于是，战争继续进行。2011年5月1日，美国海军特种部队的24名"海豹"队员乘坐4架"黑鹰"直升机潜入巴基斯坦境内，击毙本·拉登，最终达成战争目的。同年7月，奥巴马宣布从阿富汗撤军。2014年10月26日，美英部队在阿富汗赫尔曼德省的军事基地永远地降下两国国旗，标志着持续13年的阿富汗战争正式结束。

战争结束并不意味着美英联军全部撤离阿富汗。为了扶持和巩固亲美政权"阿富汗伊斯兰共和国"，美国和北约盟国在阿富汗留下了大量部队，帮助装备和训练阿富汗安全部队和国防军。

在阿富汗战争中，美军兵力最多时达到10万人（2009年底到2010年8月），英军兵力最多时达到1万人（2009年12月前）。其间，美军阵亡2349人，受伤约1.6万人；英军阵亡453人。战争耗资约2万亿美元。

二、美国从阿富汗撤军过程

2002年7月美英联军结束在阿富汗的主要作战行动后，主要作战部队开始陆续撤离阿富汗，但仍有大量部队留在阿富汗实施清剿作战。美军特种作战部队2011年5月击毙本·拉登后，奥巴马于7月正式宣布从阿富汗撤军。阿富汗战争在2014年正式结束后，美英联军仍然有上万人的部队留在阿富汗，帮助阿什拉夫·加尼政府装备和训练安全部队和国防军。

2017年特朗普政府上台后，开始着手制订从阿富汗全部撤军的计划。2019年12月，美国国会成立了阿富汗研究小组，负责为阿富汗的和平过渡提供政策建议。经过与塔利班的漫长谈判，特朗普政府于2020年2月与塔利班签署和平协议，承诺到2021年1月15日将驻阿美军减少到2500人（当时约有1.3万人），换取塔利班对美国撤军行动的配合。签署和平协议的消息一出，立即轰动全球！没想到当年美国反恐战争的首要作战对象塔利班，如今竟能坐在谈判桌前与美国人讨价还价签订协议，获得特朗普政府的正式承认。为了迅速撤离阿富汗，特朗普政府甚至不顾阿富汗政府的反对，直接向塔利班承诺释放被关押的5000名塔利班士兵，还向阿富汗总统加尼施加压力，要求尽快履行美方承诺。

拜登政府2021年1月20日上台后，美国部分盟国和国内战略界很多人建议暂缓从阿富汗撤军或在阿保留少量军事存在。起初，拜登政府也不想接受在阿富汗的迅速溃败，便于4月宣布从阿富汗全部撤军的工作将于5月1日开始，9月11日全部结束，以"美国不会仓促退出"的理由，推迟了特朗普政府与塔利班达成的全部撤离时间节点。拜登当时信誓旦旦地称，美国装备和训练了超过30万阿富汗常备部队，阿政府军"将继续为阿富汗人英勇作战"。

7月6日，美国军方称已经撤出其最大的军事基地巴格拉姆机场。8月初，大部分美军部队已经完成撤离，看起来美国似乎可以全身而退了。然而，此刻才是美国溃败的开始。8月15日，塔利班进入首都喀布尔。这迫使拜登政府把完成撤离任务的时间提前到8月31日。于是，美国和西方各国改变了撤离日程，加速撤离所有外交和商务人士。此时，留在阿富汗的美国人约1.5万人。从8月中旬开始，喀布尔国际机场陷入一片混乱：通往机场的道路被封锁，美国公民无法到达机场；其他西方国家的外交官急于离开喀布尔，却没有飞机运送他们回家；年轻夫妇怀抱婴儿在机场外排队等待数日获取去国外的签证；成千上万的阿富汗人涌向机场，试图爬上美国空军的运输机，但飞机在人群中强行起飞，有人从飞机起落架上掉到地面摔死……刹那间，美国的撤离工作陷入困境。

为了保证8月31日完成撤离任务，拜登政府不得不向阿富汗增派兵力：向喀布尔派遣2个陆战队营和1个陆军营，保护美国驻阿使馆和保卫哈米德·卡尔扎伊国际机场；派遣一支由美国陆军和空军组成的1000人左右的联合支援部队，协助处理特别移民签证；向科威特派遣1个步兵战斗旅，以备应急所需。

8月26日，在哈米德·卡尔扎伊国际机场阿贝入口处发生自杀式炸弹袭击，炸死美军13人，炸伤美军至少15人，还炸死炸伤一些阿富汗平民。恐怖组织伊斯兰国呼罗珊分支（ISIS-K）宣称对此次事件负责。美国人还没有完全离开，极端恐怖势力已经重新找上门来。当年美国击毙"基地"组织头目本·拉登所营造出的反恐成功假象被无情戳穿。击毙本·拉登不仅没能根除阿富汗的恐怖活动，反而使哈卡尼网络（Haqqani Network）、伊斯兰国呼罗珊分支等极端组织快速发展，表明美国的阿富汗反恐战争已经失败。

当地时间8月30日，美国国防部宣布，美国已经完成从阿富汗撤军行动。阿富汗塔利班发言人穆贾希德在社交媒体上宣布："阿富汗时间30日晚9时，最后一批美军离开喀布尔机场。"白宫表示，从8月14日到30日，联合行动已经疏散了超过11.4万人。至此，美国从阿富汗撤军落下帷幕。

三、从阿富汗撤军留给美国的教训

从美军第一枚炸弹落到阿富汗到最后一名美军撤离喀布尔，美国在阿富汗经营了20年。20年过去了，美国除了在那里耗费了2万亿美元和葬送了2349名美国军人外，似乎什么也没有改变。美国扶持的亲美政权土崩瓦解，塔利班武装卷土重来，再掌政权。更让美国感到难堪的是，本该以胜利者荣归故里的姿态体面离开的撤军行动，竟然演变成了一场争先恐后、杂乱无章的仓皇逃离行动，致使"灯塔之国"黯然失色，声誉扫地。如果美国人敢于反思的话，他们从阿富汗溃败中应该得出以下教训。

1. 仅用军事手段反恐，不仅成本高昂，而且无法根除恐怖主义威胁

美国布朗大学曾发布研究报告，对美国反恐战争进行反思。该报告称，"9·11"事件以来，美国在全球85个国家开展反恐行动，花在反恐战争上的支出大约8万亿美元，包括国防部海外应急行动资金、国务院战争开支和反恐战争相关费用、国防部与战争相关的额外预算、退役军人预算、国土安全部开支及战争借款利息支出等。其中，2.3万亿美元主要用于阿富汗、伊拉克等地，约占资金总额的1/3。该报告称，持续20年的反恐战争导致全球直接死于战争暴力的人数在89.7万人到92.9万人之间，其中包括美国军事人员、盟国士兵、反对派武装分子、平民、记者以及人道主义救援人员。"疾病、饥饿、流离失所等原因造成的人员伤亡并未统计在内。"美国重视军事打击恐怖分子，却不重视消除贫困、族群对立、极端化思想等容易滋生恐怖主义的因素，结果是越反越恐。"9·11"事件以来，全球每年的恐怖袭击数量增加了5倍，美国国务院列出的恐怖组织也较2001年时增加了105个。惨重的代价迫使美国人反思：仅用军事手段反恐是否正确？

2. 决定战争胜负的是人民的支持和高昂的士气而不是武器装备

在一次新闻发布会上，有人问拜登总统："美国从阿富汗撤军后，塔利班是否会重掌政权？"拜登总统当即回答说："不可能。我们为阿富汗培训了30万安全部队和国防军，他们的武器装备优于塔利班，他们会保护阿富汗政权。"结果，其后不到一个月，塔利班就重返喀布尔，重掌阿富汗政

权。塔利班仅七八万人，武器装备也不如阿富汗安全部队和国防军，却在广大农村地区人民的支持下，以高昂的士气英勇战斗，所向披靡，在一个星期内就攻占了包括首都喀布尔在内的主要城市，开始组建阿富汗新政府。这再次表明，武器装备和数量优势并不是决定战争胜负的主要因素，人心所向和一往无前的战斗精神才是决定战争胜负的主要因素。

3. 美式民主并不适合所有国家

冷战结束后，美国"一超"独霸，企图用美国价值观改造世界，先后发动了"阿拉伯之春"、"颜色革命"、科索沃战争、阿富汗战争和伊拉克战争，开始用美式民主重塑被美国占领的国家。推翻塔利班后，美国在阿富汗扶持卡尔扎伊亲美政权。在美国的指导下，卡尔扎伊政府照搬了美国的总统制和联邦政府主导制。然而，事实证明，一个成熟的、多元化的政治体制，对民族构成复杂、地方山头林立的阿富汗来说并不合适。政府权力集中于以总统为核心的小圈子，不仅无法满足阿富汗各民族势力的权力分配需求，也导致了卡尔扎伊政府政令不出喀布尔、中央与地方完全脱节的尴尬境地。20年后，阿富汗政权重归塔利班，说明美式民主在阿富汗水土不服。

4. 知彼知己方能百战不殆

美国此次撤离行动如此狼狈不堪，一个重要原因是没能知彼知己。在知己方面，一是美国过度自信和狂妄自大，认为老子天下第一，无所不能，对外扩张过度；二是美国的情报以及根据情报制定的政策和计划出现重大失误，导致撤离行动处处被动，枝节横生；三是美国对阿富汗的实际状况缺乏了解，对阿富汗国家能力的建设始终停留在对喀布尔中央政权的改造上而忽视了对整个国家架构的改造；四是不了解阿富汗安全部队和国防军主要由过去的军警人员组成，缺乏战斗意志和作战能力。在知彼方面，对塔利班军队可能获得的民众支持度和战斗力估计不足，对塔利班军队对阿政府军的影响力估计不足，对塔利班部队攻坚克难的战斗精神和推进速度估计不足，因此处处被动，疲于应对。全球风险咨询公司欧亚集团总裁布雷默（Ian Bremmer）认为："在缩减驻阿富汗兵力上，美国在四个重要环节上都是失败的：情报、协调、规划和沟通，拜登政府高估了阿富汗军队的实力。"

5. 作战条令必须覆盖所有军事行动

海湾战争以来，美军主要进行了科索沃战争、阿富汗战争、伊拉克战争等较大规模的局部战争。在这些战争中，由于作战对手都是弱小国家，美军占有巨大优势，完全掌握作战主动权，一切作战行动都是按照动员—部署—作战—再部署的标准作战程序进行，赢得战场胜利毫无悬念。因此，美军作战条令特别重视进攻、防御和稳定行动，却忽视了退却和撤离行动。例如，在JP3-0号联合出版物《联合作战纲要》中，"攻击"出现了57次、"打击"出现了45次、"进攻"出现了65次、"防御"出现了248次，但"退却"仅出现1次、"撤离"仅出现4次，并且没作进一步阐述。也许，这说明了美军为什么会在阿富汗撤离行动中表现得如此狼狈不堪，乱象丛生。

2035年联合作战环境

2016年7月14日，美国参联会颁布《联合作战环境2035》。该文件阐述了未来安全环境及其变化可能对联合部队产生的影响，主要包括3个部分。第一部分阐述可能改变安全环境的情况；第二部分讨论这些变化可能怎样改变未来战争的特点；第三部分为思考联合部队的任务提供框架。其主要内容包括以下几个方面。

一、确认正在出现并将改变未来安全环境的三种趋势

该文件认为，联合部队将面临两种持续不断的现实：安全环境总是处

于不断变化之中；通过有组织的暴力追求政治目的仍然是安全环境的基本特征。当前，世界秩序、人口分布以及科技与工程领域正在出现的趋势，将重新定义2035年的安全环境。一是在世界秩序领域，战略关系正在转换，大国正在追求地区优势，地区强国正在走向全球，国际机制的作用正在发生变化，脆弱和失败国家带来的后果已经连接在一起。二是在人口分布领域，人口增长和移民带来的后果正在激化，城市问题正在成为全球安全问题，意识形态冲突正在演进，另类权威中心正在出现，私有化暴力正在兴起。三是在科技与工程领域，多学科科学研究正在进行，系统与系统一体化的重要性正在增加，太空竞争的措施与反措施正在出现，信息技术已经扩散，资本密集型新高端能力正在涌现。总的来看，竞争国家和某些强大的非国家行为体将不断挑战现有世界秩序规则；脆弱国家将越来越无力维持秩序；已知的科技进步很可能在国际行为者中导致更大程度的平等，从而使潜在对手能够更有效地挑战美国的全球利益。

二、预测未来冲突情景

该文件预测，2035年左右的冲突很可能受6种具体而独特的因素驱使。一是意识形态暴力竞争，即认同网络通过暴力促进和沟通不可调和的思想。二是美国领土和主权受到威胁，即侵占、侵蚀或蔑视美国主权及其公民的自由。三是对抗性政治地缘平衡，即野心日益膨胀的对手在使其影响最大化的同时限制美国的影响。四是全球公域遭受破坏，即在所有国家都可进入但不被任何国家拥有的空间和地方，拒止其他国家进入或迫使其他国家离开。五是网络空间竞争，即在网络空间确定和保护主权的斗争。六是破碎和重新确立秩序的地区，即没有能力应对国内政治破裂、环境压力或外国干预的国家。每一种冲突都包含竞争标准和持续混乱两种要素，不能孤立地看待某一种冲突。

三、确定战略目标和美军任务

该文件把美军在联合作战环境中的战略目标确定为：适应情况变化、管理对抗和强加成本、惩罚侵略和目标收益、强制改变和实现结局。美军联合部队将与国家力量其他要素协调一致地使用军事力量达成美军战略目标。具体任务包括：塑造或遏制，即帮助美国适应和应对变化了的国际安全形势；威慑或拒止，即管理竞争者的对抗行为或对采取侵略行动的竞争者强加高昂成本；破坏或降低，即惩罚对手的侵略行动或迫使对手放弃先前所得；逼迫或摧毁，即把预期变化强加于国际安全环境，实现预期结局。这些任务为更详细地讨论未来联合部队在未来安全环境中成功应对竞争标准和持续混乱所需要的作战方法和能力，提供了一个基础。①

2030年武器装备

20世纪末以来，以信息技术为核心的高新技术群迅猛发展并用于军事领域，催生了各种信息化武器装备并引发了新军事革命。美国成为这场新军事革命的"领头羊"。未来，在现有关键技术继续向更高水平迈进的同时，一大批前沿技术将得到空前发展与应用，有望在2030年左右形成具有实战能力的武器装备，将对军队建设和战争形态产生广泛而深远的影响。

2008年爆发的美国金融危机，对美国实体经济造成较大冲击，致使美国国民经济持续下滑，政府财政赤字屡创新高。2011财年，美国国防预算占GDP的4.2%，占联邦预算的18.4%，是美国政府的花钱大户。为了缓解

---

① 中国战略文化促进会：《2016年美国军力评估报告》，第16—17页，2017年8月。

政府的财政赤字压力，美国国会于2011年通过《预算控制法》，要求国防部在未来5年减少2590亿美元、在未来10年削减4870亿美元的基本国防预算。在国防预算持续递减的背景下，美军只好调整武器装备发展计划，把重点放在研发那些"能够改变游戏规则"的新型武器装备上。

2017年特朗普入主白宫后，把增加国防预算视为强军和大国竞争的根本保证，连续4年突破2011年《预算控制法》，使2017—2020财年的国防预算分别达到6190亿、7000亿、7163亿和7500亿美元，为扩大美军规模和武器装备采购提供了有力支撑。

一、确保新型武器装备尽早形成作战能力

在"全球快速打击"系统方面，美军加快实施"全球快速打击计划"，空军的X-37B轨道飞行器于2022年11月12日完成了第六次飞行试验，在轨飞行共计3772天（飞行天数分别为224天、468天、674天、718天、780天、908天）；陆军的先进高超声速武器进行了第二次飞行试验，未获成功；海军正在探索开发潜射高超声速导弹的可能性。在太空方面，发射STARE卫星和"移动用户目标"卫星，为监视太空碎片和机动人员提供更好的通信；继续开发"太空篱笆"、新一代全球定位系统、天基红外系统和先进极高频卫星等项目。在网空方面，美国2013年投入34亿美元开发网空作战武器，继续发展网络钓鱼、漏洞利用、木马埋植、内联网无线入侵等网络攻击技术，继续开发网络伪装、隐蔽与欺骗、网络战控制系统等项目。同时，继续利用云计算技术促进"全球信息栅格"建设，重点支持面向任务的弹性云、网空基因组、高可信网空军事系统、主动身份认证、认知云、众包软件正式认证、自适应快速恢复安全型主机等项目。在无人系统方面，继续采购"捕食者""灰鹰"系列无人机，升级改造"全球鹰"无人机；美国海军X-47B无人机在"布什"号航母上先后完成首次弹射起飞和拦阻着舰，首次与有人驾驶舰载机协同完成航母起降演示；MQ-4C"人鱼海神"和"猎户座"无人机成功首飞；同时，启动深海"浮沉载荷"无人分布式态势感知系统项目，"反潜战持续跟踪无人艇"原型样机通过关键设计评审，并着手研发下一代无人水面艇和扫雷设备。美国空军已完成X-56A无人机的飞行测试。美国陆军正在开发"班用多用途机器人"和验证"影子"无人机的新飞行能力。

二、持续改进全球反导系统

2013年，美国投入97亿美元强化导弹防御系统。美国终止了"天基跟踪与监视系统"项目，取消了"欧洲导弹防御系统"第四阶段部署计划和"标准-3"ⅡB导弹研制项目。同时，发射"天基红外系统"导弹预警卫星第2星，连续5次成功试射海基"标准-3"拦截弹，首次利用"宙斯盾"系统、"标准-6"远程防空导弹及"协同作战能力"系统进行拦截试验，首次演练了不同拦截系统实施一体化分层拦截的战术构想。2014年，美国继续改进全球反导系统，重点研制杀伤器、目标识别、空基探测器、定向能拦截等关键技术，启动了"通用杀伤器"、"远程识别雷达"、新型天基红外探测器等新研项目。与此同时，不断推进以网络为中心的全球一体化多层反导系统建设，采用"分阶段、适应性"方案，逐步构建以本土为后盾、以亚洲欧洲和中东地区为重点的全球反导体系。在拦截系统方面，美国正在修建"陆基中段防御"（GMD）系统拦截阵地的发射井，已将陆基拦截弹部署数量由30枚提升至44枚，而东海岸拦截阵地评估正在进行中；具备导弹防御能力的"宙斯盾"舰由27艘增至33艘，配备的"标准-3"拦截弹由120枚增至144枚；为拦截中、俄高超声速武器，美国提出并启动了改进"萨德"（THAAD）系统的计划。在预警探测系统方面，美国在日本建成并部署了第二部AN/TPY-2型X波段雷达，形成了在日本南北各部署1

部前沿预警雷达的局面，提升了美军在亚太地区的前沿预警能力；美国众议院军事委员会建议将中国台湾"铺路爪"远程预警雷达纳入美国反导系统，以提升对中国导弹发射的监测能力。在指控系统方面，美国正在部署6.4版本的"指挥、控制、作战管理和通信"（C2BMC）系统，正在研制8.2版本系统，不久将在导弹防御一体化作战中心（MDIOC）进行8.2版本系统的正式试验，随后将进入作战和半实物仿真试验阶段。在目标识别能力方面，美国启动了新型"远程识别雷达"（LRDR）项目，计划2020年部署在阿拉斯加州，旨在进一步提高中段精确跟踪和识别能力，重点针对太平洋地区的洲际弹道导弹；完成了新型"防空反导雷达"（AMDR）的关键设计评审，成功开展了目标跟踪试验，并于2019年服役；无人机搭载的B型多光谱瞄准系统（MTS-B）两次参与海基"宙斯盾"反导系统飞行试验，旨在验证助推段探测识别能力，以及依靠机载探测器引导"标准3"拦截弹发射和拦截的能力；正在研制视场角为6°和9°且能够持续监测地面小范围区域的试验型导弹预警探测器，L-3通信公司于2014年6月获得了6°视场角的凝视型探测器研发合同。在被动反导技术方面，正在积极研制电子战和干扰装备等被动导弹防御技术，2014年1月完成了第二阶段"海军水面电子战改进项目"为期11个月的地面试验；2014年6月21—25日在关岛南部试验了"碳纤维烟雾发生器"样机。试验中，舰载装置产生碳纤维颗粒，悬浮在空中形成烟雾，吸收和散射来袭导弹发射的雷达波，从而隐蔽己方舰船避开导弹攻击，验证了防御反舰巡航导弹和弹道导弹的能力。2014年，美国共开展4次反导飞行试验，全部取得成功；其中重点进行了陆基导弹防御系统和海基"宙斯盾"反导系统的拦截试验，此外还开展了陆基"宙斯盾"首飞试验和海基"宙斯盾"反导系统的探测跟踪试验。总的来看，美国目前已经初步具备反导作战能力，特别是中段和末段拦截技术已经比较成熟。

三、更新换代传统武器装备

目前，美国各军种都在利用有限的采购经费更新换代自己的武器装备。美国陆军继续采购AH-64、CH-47、UH-60、UH-72等直升机；升级改造坦克、战车、炮、直升机等主战装备；开发列装"战术互联网""联合战术无线电系统"等指挥控制通信系统。美国海军继续列装"弗吉尼亚"级核动力攻击潜艇、濒海战斗舰、P-8A等新型舰机；E-2D新型舰载预警机开始服役并形成初始作战能力；F-35C战斗机成功完成首轮海试；"美国"级新型两栖攻击舰首舰交付使用。美国空军为部分F-15E战斗机换装新型有源相控阵雷达；列装首批AGM-158B增程型"联合空地防区外导弹"；启动KC-46新型加油机飞行测试。

确保常规武器处于优势地位。为了增强在"反介入和区域拒止"环境中的作战能力，美国国防部"空海一体战"办公室为美军确定了9个重点投入领域，包括情报侦察监视系统、远程快速打击系统、网空太空作战系统、军用数据链、雷达抗干扰能力等。美国陆军于2013年5月颁布《2014财年陆军装备现代化计划》，要求优先发展10种武器装备，包括战术级作战人员信息网、地面战斗车辆、联合轻型战术车辆、多用途装甲车、"帕拉丁"综合管理项目、"基奥瓦勇士"直升机、联合战术无线电系统、"奈特勇士"系统、陆军分布式通用地面站系统和联合作战指挥平台。美国海军加快武器装备汰旧换新进程，先减后增，力争大幅提升海空作战能力。海军舰艇数量将从2013年的283艘减少到2015年的270艘，然后再增至2019年的300艘和2027年的304艘，在重点发展航母、攻击型核潜艇和水面舰艇的同时，更新换代电子战飞机，加速发展无人系统，增加机载和舰载精确制导武器的采购。美国空军重点关注能"改变游戏规则"的科学技术，主要开发新一代远程轰炸机、第六代战斗机、下一代空中加油机、天基系统、网络战等项目，重点提升空军制空、制天、制网络空间、全球精确打击、全球快速机动、全球一体化情报监视侦察等十二大核心能力。

保持可靠的核威慑力量。2010年，奥巴马政府提请国会批准未来10年拨款1800亿美元升级核武器（800亿用于更新核武器，1000亿用于更新运载工具）。2011年，美军提出用40亿美元升级部署在欧洲五国的B61核弹，以提高其精度和威力。2013年，美国国防部发布新版《美国核力量使用战略报告》，决定保持现有的"三位一体"核力量结构，保留欧洲的战术核武器，继续维持足够数量的非部署核弹头，以"维持处于战备状态并且可靠的核威慑"。美国在减少核武器数量的同时，持续升级B-52H型轰炸机、"民兵-3"型洲际弹道导弹、"三叉戟-2"型潜射弹道导弹、B61系列核炸弹以及W76、W78、W88核弹头等核武器系统，保持可靠的核威慑能力。与此同时，美国还决定建造12艘新型战略导弹核潜艇（最早2031年服役），延长"民兵-3"导弹服役年限至2030年，着手研制新型轰炸机和可携带核弹头的远程空射巡航导弹。至2013年，美国拥有核弹头4650枚，较2012年减少约260枚，其中约2150枚处于实战部署状态（陆基1150枚，海基500枚，空基300枚，欧洲200枚），2500枚处于存储状态。到2020年，美国拥有12种类型的核弹头共3800枚，并且拥有B-52H、B-2、"俄亥俄"级弹道导弹核潜艇等强大的投送系统。

抢先开发新概念武器。尽管美军科研经费一减再减，但美军在开发新概念武器上不遗余力。一是正式推出"脑计划"。2013年4月2日，美国发布了旨在推进先进神经技术的发展和应用、探索人类大脑工作机制、绘制脑活动全图的"脑计划"。目前，美军在脑机接口技术方面已取得突破性进展，实现了对小型飞行器、机器人等设备的控制操作。二是广泛应用3D打印技术。3D打印技术被应用于军事领域，将推动高新技术武器装备的升级和整个军事科技的发展。2013年5月31日，美国航空航天局与空间制造公司宣布正在研制首台微重力环境下3D打印设备。2014年11月，太空3D打印首获成功，美国航空航天局成功制造出首个3D打印物品，对降低航天器研发成本，缩短研制周期，创新系统结构具有重要作用。三是开发第六代战斗机概念。2013年，美国海、空军开展了名为F/A-XX和F-X的下一代战斗机需求定义工作，预计该机将在2030年后服役。四是研制电磁炮。2014年，7倍声速电磁炮进行了海上测试，2016年在DDG-1000驱逐舰上进行了测试，2018年正式投入使用。五是发展激光武器。2014年，美国海军正式提出研发和集成直升机载"高能激光武器系统"建议，将高能激光武器用于防御与进攻作战；基于太空的高能激光拦截推进段弹道导弹的试验获得成功，美军激光武器技术已经取得长足发展，目前正加大对激光武器作战概念的开发力度。六是发展生物科技武器。国防高级研究计划局创建生物科技办公室，负责对单个细胞活动到复杂生物系统进行研究，并将研究结果与传感器设计、纳米技术或微系统开发结合，创新下一代生物科技武器。

2030年作战样式

随着科学技术的快速发展并用于军事领域，到2030年前后，美国军队的武器装备将有很大发展。太空武器、网络战武器、无人系统等新型武器装备，将陆续列装部队，推动部队编制小型化、指挥体制扁平化、作战体系网络化、作战手段智能化、目标打击精确化，促使美国军队全面转型。这种转变必将导致未来战争形态发生根本性变化，从而要求美军采用新的作战形式和样式去打赢未来战争。目前，美军正投入巨大力量和资源去创新未来作战样式。

一、"全球一体化作战"将成为美军未来作战基本形式

"全球一体化作战",是美军在2012年9月10日颁布的《"拱顶石"联合作战概念：2020年联合部队》中提出来的,是"一体化联合作战"的升级版,是在联合作战指挥机构的统一指挥下,使用一体化联合部队,在陆、海、空、天、网作战领域,实施跨域协同联合作战行动。经过20多年的探讨、研究、实践和发展,美军联合作战指挥体制已比较完善,联合作战理论已形成体系,联合作战程序已实现标准化,C^4ISR 系统基本实现互操作,联军/多国作战已成为常态,军种联合基本实现无缝连接,目前正推动联合作战向更深层次发展：一是创新"联合作战进入概念""'拱顶石'联合作战概念：2020年联合部队"等联合作战概念,推动联合作战理论不断向前发展；二是把太空与网络空间作为新的作战领域,推动联合作战向跨机构、跨国家、跨领域方向发展；三是贯彻"大数据"战略,加速"全球信息栅格""陆战网""部队网""星座网"等基础设施建设,努力提升自身的信息获取、认知和共享能力,推动联合作战由战略战役级向战术级拓展；四是加速研制X-37B、X-47B、B-3等新一代武器装备,为全球一体化联合作战奠定坚实的物质基础。到2030年前后,美军可能实现全维、全谱、跨域协同增效联合作战,达成全球作战一体化,作战效益最大化。

二、非正规战将成为美军应对多元威胁的主要作战形式

非正规战包含叛乱与反叛乱、非常规战、恐怖活动与反恐怖活动、稳定/安全/过渡和重建行动、战略沟通、心理作战、民事/军事行动、情报与反情报活动、反跨国犯罪活动、强制执法活动等作战行动,通常使用间接和非对称手段(但也可能运用各种军事和其他能力)去削弱对手的实力、影

响力和意志力，而不是使用直接的常规军事对抗击败对手，其目的是影响和控制民众以获得其支持，而不是摧毁敌国战争能力，控制或占领其领土。非正规战主要是强国对弱国或国家对非国家行为体，交战双方军力严重失衡，战争的非对称性十分明显。为应对未来多元安全威胁，美军加大了非正规战理论创新力度，相继推出《非正规战联合行动概念》《非正规战实施路线图》等文件，不断探讨未来非正规战问题，要求联合部队依靠"全政府"的努力，采用间接和非对称作战方法，通过预防、威慑、瓦解、打击等行动，打赢非正规战。

三、特种作战将成为美军优先选择的高效作战形式

特种作战是使用特种部队、以特殊手段和方法进行的作战行动，具有行动规模小、隐蔽突然、持续时间短、政治风险小、效费比高等特点，深受美国高层决策者青睐。2011年5月1日，美国派遣24名"海豹"突击队官兵乘坐"黑鹰"直升机秘密潜入巴基斯坦境内击毙本·拉登，作战行动耗时约40分钟，官兵无一伤亡，达成加速从阿富汗撤军的政治目的。近几场局部战争后，美军更加重视特种作战在未来战场上的作用，开始从特种作战理论、特种作战武器装备等方面采取措施，加强特种力量建设。总的来看，特种作战正朝着3个方向发展。一是作战任务增加。美军2011年4月18日颁布的JP3-05《特种作战》(*Special Operations*)将特种作战任务由原来的9种增加到12种（增加了安全援助、反叛乱、信息支援3项任务）。二是作战方法创新。随着语言模拟、虚拟现实、仿生、隐形等技术用于军事领域，特种作战武器装备不断精确化、智能化、隐形化，未来特种作战将在引导空中打击、侦察渗透、突袭破坏等传统方法上进一步发展创新。三是作战力量扩大。美军正在扩编特种作战力量，陆军5个特种大队各增加1个特种作战营，海、空军和陆战队也有扩编计划。

四、网空作战将成为美军首先使用的作战样式

传统作战是在陆、海、空、天等有形空间进行，近年开始超越自然地理空间，向网络空间延伸拓展，且有愈演愈烈之势。美军已把网络空间作为继陆、海、空、天之后的第五维作战空间，已建立起网空作战指挥机构和庞大的网空作战部队，频繁举行网络战演习，加紧研制网络战武器装备，积极筹划未来网空作战。网空作战具有以下鲜明特点：一是攻击行动隐蔽突然。网络攻击大多采用恶意软件、后门植入、病毒传播、远程操作、定时启动、无线介入等手段进行，被攻击方难以预测攻击何时开始、来自何处、来自何人、规模多大、何时结束等情况，不易防范。二是作战手段选项多。平时可向特定目标预置网络病毒，事先准备对敌网络实施"软杀伤"；战时可使用电磁脉冲武器、微波武器和声波武器，对敌网络实施"硬摧毁"。三是作战空间覆盖面广。军用网、国际互联网、电力网、金融服务网等所有网络，都可能成为网空作战的战场。四是作战速度快、效果好。信息在网络中以光速传播，发动一次网络攻击行动可能只需几分钟甚至几秒，而且可对多个方向、多个目标同步实施。五是作战独立性强。网空作战可能单独运用并达成战略目的，成为信息时代战争中独特而又关键的作战行动。因此，美军在未来战争中很可能首先实施网空作战行动，切断对方信息源，使对方变成聋子、瞎子，为夺取战场主动权创造条件。

五、太空作战将成为美军争夺全谱优势的制高点

在陆、海、空、天、网5个作战领域中，太空不仅位置最高，具有位势优势，而且还有侦察、通信、导航、气象、测地等军用民用卫星，是各种信息情报的主要来源和总开关。控制了太空，就占据了五维作战空间的

制高点，就可以俯视陆、海、空、天、网，准确感知各个作战领域的态势，实现从感知优势到认知优势和决策优势的飞跃，为实现全谱优势和作战胜利创造条件。在近几场局部战争中，美军太空部队通过搜集情报、侦察监视、导弹预警、环境监测、卫星通信、全球定位、导航与授时等活动，向作战部队提供了95%以上的信息支援，起到了"力量倍增器"的作用。但要夺取和保持全谱优势，仅能遂行太空支援是不够的，还必须具备太空防御和太空进攻能力。太空防御能力包括防止敌方攻击己方天基系统的能力和一旦遭受攻击能够快速恢复天基系统或重建太空力量的能力。太空进攻能力包括太空态势感知、攻击太空目标、太空对地攻击等能力。只有同时具备太空支援、防御和进攻能力，才可能夺取和保持全谱作战优势，打赢跨域协同增效和全球一体化联合作战高端战争。美军不断加强太空作战能力建设，修改《太空作战条令》和《联合太空作战条令》，加速研制"上帝之杖"、"魔镜"激光、天基电波等对地攻击和反卫星武器，并将陆续把成熟的武器系统部署到太空。由此可见，真正意义上的太空战可能已经为时不远。

六、防空反导作战将成为美军全维防护的重要手段

未来弹道导弹、巡航导弹、智能火箭弹/炮弹类型不断增多，技术不断提高，多弹头、变轨、超高速、太空飞行与再进入技术等，使其具有更强的突防能力，成为摧毁敌方防空设施、战略要地和重要目标的"撒手锏"，给敌方国家安全造成重大威胁。强大的防空反导能力，可以削弱敌方导弹攻击能力或使敌方导弹攻击失效，降低敌方战略威慑力量的可信度，打破战略力量平衡。强大的防空反导能力，既可使敌方感到导弹攻击难以达成作战目的而被迫放弃进攻，达成慑止战争的目的，也可使其拥有者感到发动进攻不会遭到有力反击而轻易发起攻击。美国着重发展能有效拦截各飞

行阶段来袭导弹、全方位多层次一体化导弹防御系统，目前已开始陆续部署陆基、海基拦截导弹。与此同时，还与英、法、德、意等国共建欧洲导弹防御系统，企图把日、韩、印等国拉入亚洲导弹防御计划，努力构建一张确保美国及其盟友安全的全球导弹防御网。到2030年前后，美国天基红外系统和雷达、天基激光和动能拦截系统、太空加密通信系统等将基本建成并形成作战能力，"标准－3"反导系统和陆基中段防御系统可能具备摧毁洲际导弹的实战能力，美国依靠全球导弹防御系统保护本土、海外驻军和盟友安全的目标可能实现。

七、无人化作战将成为美军未来作战新宠

自英国1917年研制出第一架无人机以来，无人系统经过近百年的发展，已成为一个不同技术层次、用于多种环境、执行多种任务的无人"大家族"，被广泛用于战争之中，收到很好的效果。在阿富汗战争中，美军"捕食者"无人机发射"海尔法"导弹，使基地组织的二号人物穆罕默德·阿提夫等6人毙命。这次打击使无人系统的功能得到扩展，标志着无人系统从侦察监视向侦打一体转变。无人系统在战争中的广泛应用，使美军看到了它的广阔前景和巨大潜力，于是投入巨资打造无人系统。2007年，美国出台25年长期规划，斥资120亿美元发展陆海空无人作战系统，要求10年内美军1/3的地面车辆和纵深攻击机实现无人化。美军如此青睐无人系统，主要在于它有诸多优势：一是可减少战争伤亡；二是在特殊环境中作战、生存和突防能力比人类更强；三是可满足军队员额不断精简的需要；四是可降低战争成本。在未来战场上，机器人的应用范围必将越来越广，可能从个体应用、零散应用向群体应用、规模应用转变，机器人成建制地走上战斗第一线将不再是神话。到2030年前后，美军将有大量机器人部队投入战斗，无人化作战将成为未来战场上的新宠。

八、远程精确打击将成为美军未来火力打击主要样式

从近几场局部战争看，未来毁伤和摧毁敌人的基本任务，将主要以远程精确打击的方式完成。据统计，在海湾战争中，精确制导弹药占所用弹药的8%；科索沃战争中，该比例上升至35%；在阿富汗战争中，增至60%；伊拉克战争中，增至80%。从美国远程精确打击武器的使用和发展看，未来远程精确打击将呈现出以下发展趋势：一是打击距离越来越远。使用精确制导弹药的远程战略轰炸机，通过空中加油，可连续飞行上万千米抵达战区，实施火力打击。X-37B、X-51A等全球快速打击武器将来可在1小时内打击全球任何地区的任何目标。二是打击速度越来越快。首先，战场态势信息更新快。海湾战争中每2小时才能更新一次，伊拉克战争中每2.5分钟就更新一次，将来信息更新速度可能更快。其次，打击目标速度快。在海湾战争中，从发现目标到打击目标长达10多个小时；在阿富汗战争中，至少需要19分钟；在伊拉克战争中，只需要8分钟；将来，从发现目标到打击目标所需要的时间会更短，"发现即摧毁"将成为可能。三是打击精度越来越高。随着智能化程度的提高，精确制导弹药的制导模式已经由光学制导、电子制导发展到全球卫星定位制导，未来还可能发展到主动寻的，由单一制导发展到复合制导，打击精度可由13米提高到3米。随着制导技术的快速发展，精确制导弹药还将打得更准。目前，美军正致力于从提高卫星定位系统的抗干扰能力、增大射程、提升精度、增加机载等4个方面提升精确制导弹药的使用能力。到2030年前后，远程精确打击将能更有效地控制打击目标、火力、强度和附带损伤，以最小的消耗达成最理想的作战效果，成为未来战场上火力打击的主要样式。

九、城区作战将成为美军难以回避的作战样式

城市通常是国家或地区的政治、经济、运输、通信、工业和文化中心，拥有大量的人口，具有十分重要的战略地位，进攻城区易于达成战略目的，但同时也会带来更多的附带损伤。根据最近的人口预测，到2025年全世界约85%的人口将居住在城镇。世界这种城市化趋向，使城市在军事行动中的地位和作用进一步提高。虽然在城市地区实施的战斗大多是战役战术性的，但却可以达成战略目的。在伊拉克战争中，美军攻陷了巴格达就意味着萨达姆政权已经被推翻，美军入侵伊拉克的战略目标已经实现，主要作战行动已经结束。随着城市数量的增加、面积的增大和战略重要性的提高，城区作战的可能性大大地增加了。由于城区作战具有诸军兵种联合作战、高技术部队的优势降低、地面行动人员密集、采用任务式指挥与控制、行动耗费时日、伤亡惨重、比其他作战受更多限制、实际地形改变武器和弹药的使用效果、对后勤保障要求更高、为防御方提供有利条件等特点，未来城区作战将对美军构成严峻挑战。虽然技术特别是航空和信息技术的巨大进步，使城区作战行动变得更加精确，军事和非军事人员伤亡可以减少，但大量附带损伤仍然不可避免。因此，美军特别重视城区作战研究与训练，不仅制定有军种和联合城区作战条令，在多个训练中心建筑模拟城区进行作战训练，还不断总结巴士拉、巴格达、坎大哈等城区作战经验教训，不断修改完善现行教材和条令，力争不断提升未来城区作战能力。

十、联合作战进入将成为美军未来作战的最大挑战

"联合作战进入"概念，确立于美国国防部2012年1月17日正式颁布的1.0版《联合作战进入概念》，指向海外战区投送作战力量，确保自由展开军事行动，为完成后续任务创造条件。"联合作战进入"包括两个阶段的

任务：一是对抗"反介入"威胁，部署作战力量进入战区；二是对抗"区域拒止"威胁，确保进入兵力自由行动。"联合作战进入"能力用于平时，可通过海外部署宣示决心，维护利益，特别有利于危机爆发后慑止冲突，主导局势；用于战时，则便于先发制人，打赢战争。所谓"反介入"能力，是指使用远程作战力量阻止敌方兵力进入战区，其关键能力主要包括远程精确打击、远程侦察监视、反卫星等。所谓"区域拒止"能力，是指使用相对近程作战力量阻止敌方兵力在战区内自由行动，而非将敌人阻止于战区之外，其关键能力主要包括防空、水面、水下等作战能力。过去，只有大国才拥有"反介入和区域拒止"能力。现在，相对弱小的国家甚至非国家行为体，也或多或少拥有这种能力。它们将通过冲突前塑造、灾难性袭击、扩大战略战役纵深、攻击敌前沿基地、打击敌后勤等行动，阻止敌人进入作战地区或给敌人造成难以承受的巨大损失。面对这种"反介入和区域拒止"威胁，美军将根据战略预置、多线部署、同时作战、打敌太空系统等作战思想，采用"空海一体战""强行进入""近岸作战"等作战样式，充分发挥指挥控制、情报、火力、机动、防护、保障、信息等优势，实现作战进入和打赢战争的目的。

十一、心理作战将成为美军加速战争进程的重要行动

心理作战是指根据战略意图和作战任务，为促进政治、军事斗争目标的实现，运用特定信息和媒介，对目标对象的心理及行为施加影响的作战行动。其实质不是从物质上摧毁或消灭敌人，而是通过舆论宣传、心理施压、法理斗争，在精神、情感和意志上征服敌人，使敌陷于政治被动、士气瓦解、战斗意志消沉，从而达成小战甚至不战而屈人之兵的目的。战前实施心理战，可为战争正名，争夺道义高地，"未制其人，先乱其心"。战中实施心理战，可以放大武力战效果，有利于动摇和瓦解敌方抵抗意志，

加速战争进程。战后实施心理战，可抚平战争创伤，美化重建前景，稳定战后局势。长期以来，美军一直在加强心理作战能力建设：一是建立健全战略、战役、战术三个层级的心理作战指挥机构；二是网罗心理、语言、计算机、新闻等专业人才，组建各级专职心理作战部队；三是开展心理作战理论研究，制定完善军种、联合甚至联军心理作战手册；四是开发更新心理作战相关技术和装备。随着人类向信息时代不断迈进，心理作战也将发生巨大变化：一是信息传播工具更加先进，传播渠道更多，传播速度更快，传播范围更广，心理作战的作用和影响将不断扩大；二是随着火力打击强度、精度、速度的跃升，心理战与武力战之间相辅相成的作用效果更加凸显，呈现出互为"力量倍增器"的趋势；三是心理作战更加突出战前政治斗争和战后稳定重建，作用正从传统意义上的支援武力作战，向全程支援战争控局的方向拓展。同时必须看到，心理作战仍是一种从属性、辅助性作战行动，不能脱离武力独立达成战争目的。

十二、临近空间作战将成为美军未来作战的新样式

临近空间，又称近地空间或空天过渡区，通常指介于空气空间和外层空间之间、距地表20～100千米的广阔空间。该空间位置特殊，在区域监视、通信导航、远程运输等方面具有广阔的军事应用前景。目前，世界主要国家竞相研发临近空间飞行器，加紧争夺这一重要领域。美国在临近空间飞行器研发方面占据绝对领先优势，关键技术攻关不断取得新突破。"高超声速飞行器试验"计划项目下的3种飞行器，即X-43A/B/C、X-51A、HTV-2，都已进行飞行试验，并取得部分成功。作为空天力量的延伸、发展和融合，临近空间飞行器必将继承和延续空天力量的本质属性，未来可能担负3种作战任务。一是提供信息支援。临近空间飞行器与卫星相比，能提供更多、更精确的信息，却比使用卫星更经济；与航空器相比，能提

供更持久的目标监测、超视距通信,却比使用航空器更稳定、更安全。由于具备全天候、全天时的工作能力,能快捷、便利地在特定时间和空间部署有效载荷,扩大覆盖范围,更好地遂行侦察监视、导航定位、导弹预警、气象测绘等任务。二是投送兵力兵器。美军正在研制的"飞象"临近空间飞行器结合了空运的快捷和海运的大载重量,预计可在3～4天内运送1800名士兵或500多吨装备到达世界任何地点。三是执行对地打击。2030年前后,临近空间飞行器的运用将进入更高阶段,可能从临近空间打击地面、海上和空中目标。

十三、"空海一体战"将成为美军未来高端作战基本样式

"空海一体战"是美军2010年正式提出的新作战概念,意在利用高度网络化、一体化的军事力量,发挥远程精确打击战略优势,实施陆、海、空、天、网跨域协同联合作战,摧毁敌方"反介入和区域拒止"能力,确保美军在全球公域的行动自由,维护美国的全球利益和世界领导地位。"海空一体战"表明,未来高端战争的战场就在西太平洋和波斯湾地区,暗示其主要作战对手是中国军队和伊朗军队;强调深海反潜、侦察、设障和海上、天空、太空、网空、陆地跨域作战行动,显示未来海上作战将从水面和空中作战向水下、太空、网空和陆地作战扩展。"海空一体战"要求蓝水海军从远洋作战向近岸作战转变,参与水际滩头和陆地纵深的作战行动。美国国防部已建立"海空一体战办公室",提出了上百项相关倡议和计划。到2030年前后,"空海一体战"将成为传统高端作战的新样式。"空海一体战"在作战指导上,强调阻止敌方"一击制胜",进而以反击作战瘫痪敌方战争体系;在作战力量上,强调以海空力量为主体,整合太空、网空、地面力量和盟军力量,构建多维一体的作战力量体系;在战场体系上,以核心军事基地为支撑,进一步扩大战略纵深,优化前沿部署态势;在作战指

挥上，以印太司令部为依托，完善指挥协调机制，构建更加灵活高效的联合指挥系统；在作战行动上，以信息致盲为先导，实施网络化、一体化纵深攻击，破坏、摧毁和击败敌方"反介入和区域拒止"能力，打赢未来高端战争。

主要论文

1. 樊高月、刘书礼：《美军入侵巴拿马的作战经过与特点》，《外国军事学术》，1990 年 3 月。

2. 樊高月：《美军的新兵训练》，《外国军事学术》，1992 年 2 月。

3. 樊高月：《美军战役法的产生与发展》，《外国军事学术》，1992 年增刊。

4. 樊高月：《 美空军新版条令的主要内容》，《外国军事学术》，1993 年 4 月。

5. 樊高月、王保存：《高技术局部战争中美军作战的强弱点》，《外国军事学术》，1993 年 7 月。

6. 樊高月：《美军"力量投送"原则透视》，《外国军事学术》，1994 年 5 月。

7. 樊高月：《美军联合作战的几个问题》，《外国军事学术》，1994 年增刊。

8. 樊高月：《信息战就是电子战吗？》，《外国军事学术》，1995 年 1 月。

9. 樊高月：《美军作战理论的发展变化及特点》，《外国军事学术》，1995 年 10 月。

10. 樊高月：《美军未来作战样式展望》，《外国军事学术》，1996 年 1 月。

11. 樊高月：《美军高技术局部战争条件下作战特点》，《外国军事学术》，1996 年 4 月。

12. 樊高月：《美军联合战役理论的基本内容》，《外国军事学术》，1997 年 6 月。

13. 樊高月：《美军第 82 空降师简史》，《外国军事学术》，1998 年 6 月。

14. 荒原：《美军第 82 空降师的训练》，《外国军事学术》，1998 年 6 月。

15. 森林：《美军第 82 空降师 504 伞兵团 2 营攻占巴拿马维也霍要塞的战斗》，《外国军事学术》，1998 年 6 月。

16. 樊高月：《美军第 101 空中突击师简史》，《外国军事学术》，1998 年 7 月。

17. 荒原：《美军第 101 空中突击师航空旅在海湾战争中的堤道之战》，《外国军事学术》，1998 年 7 月。

18. 樊高月：《美军第 3 机步师简史》，《外国军事学术》，1998 年 8 月。

19. 樊高月：《美军第 1 装甲师简史》，《外国军事学术》，1998 年 10 月。

20. 荒原：《美军第 1 装甲师在海湾战争中攻占布萨亚的战斗》，《外国军事学术》，1998 年 10 月。

21. 樊高月：《美军院校教育的特点与发展趋势》，《外国军事学术》，1998 年 11 月。

22. 樊高月：《美军第 82 空降师作战强弱点分析》，《外国军事学术》，1998 年 12 月。

23. 樊高月：《剖析外军典型高技术部队》，《解放军报》，1998-04-21。

24. 樊高月：《越南丛林特技难展——美军第 101 空中突击师》，《解放军报》，1998-11-03。

25. 樊高月：《海湾战争第一枪——美军第 101 空中突击师》，《解放军报》，1998-11-10。

26. 樊高月：《美军第 10 山地师简史》，《外国军事学术》，1999 年 1 月。

27. 樊高月：《美陆军肯尼迪特种作战中心/学校教学内容》，《外国军事学术》，1999 年 2 月。

28. 樊高月：《美陆军特种作战训练》，《外国军事学术》，1999 年 3 月。

29. 樊高月：《美军第 1 机步师简史》，《外国军事学术》，1999 年 6 月。

30. 樊高月：《"海豹"难过"地狱之周"》，《解放军报》，1999-08-25。

31. 樊高月、李彦路：《美国陆军西点军校跨世纪人才培养教学计划》，《外国军事学术》，1999 年 9 月。

32. 樊高月：《美军发展联合作战理论的基本做法》，《外国军事学术》，1999 年 12 月。

33. 樊高月：《美国海军特种部队："海豹"小队》，《军事历史》，2000 年 1 月。

34. 樊高月：《美军联合作战理论的特点与发展趋势》，《外国军事学术》，2000 年 2 月。

35. 樊高月：《美军联合作战的 C4 系统》，《外国军事学术》，2000 年 9 月。

36. 樊高月：《集中人力，还是集中火力》，《外国军事学术》，2000 年 11 月。

37. 樊高月：《五大"巨变"促使美国陆军"变形"》，《解放军报》，2000-12-04。

38. 樊高月：《行动中心战：美军作战新理论》，《解放军报》，2001-01-17。

39. 樊高月：《隐形飞机的强弱点分析》，《装备》，2001 年 3 月。

40. 樊高月：《美军特种作战的未来走向》，《外国军事学术》，2001 年 4 月。

41. 樊高月：《"威力"侦察分队——美国海军陆战队特种作战部队》，《环球军事》，2001年4月。

42. 樊高月：《诺曼底登陆作战破障纪实》，《环球军事》，2001年8月。

43. 樊高月：《美军特种部队全景扫描》，《现代军事》，2001年11月。

44. 荒原：《明尼滑雪部队——美军第十山地师》，《现代军事》，2001年11月。

45. 樊高月：《美陆军新版〈作战纲要〉的变化和特点》，《外国军事学术》，2001年11月。

46. 樊高月：《美军的基地化训练》，《现代军事》，2002年5月。

47. 荒原：《欧文堡：美国陆军"国家训练中心"》，《现代军事》，2002年5月。

48. 荒原：《如何打赢现代登陆战》，《环球时报》，2002-05-16。

49. 樊高月：《直升机最怕导弹》，《环球时报》，2002-08-9。

50. 樊高月：《美国〈国土安全国家战略〉的主要内容及其影响》，《外国军事学术》，2002年9月。

51. 樊高月：《美攻伊要使四大"奇招"》，《环球时报》，2002-10-24。

52. 樊高月：《美军可能会如何攻打伊拉克？》，《现代军事》，2002年12月。

53. 樊高月：《外军联合作战指挥体制的特点与发展趋势》，《外国军事学术》，2003年3月。

54. 樊高月：《美军联合作战指挥机构及其运作》，《外国军事学术》，2003年3月。

55. 樊高月：《第二次海湾战争将是一场速决战》，《军事博览报》，2003-03-12。

56. 樊高月：《美军三大新战法能否奏效》，《环球时报》，2003-03-24。

57. 樊高月：《特种兵：使出五大招数》，《中国国防报》，2003-03-24。

58. 樊高月：《浅析伊拉克战争的特点》，《现代军事》，2003年7月。

59. 荒原：《伊拉克战争中美军的作战特点》，《现代军事》，2003年7月。

60. 森林：《伊拉克战争中伊军的作战特点》，《现代军事》，2003年7月。

61. 樊高月：《伊拉克战争中鲜为人知的"第一次"》，《解放军报》，2003-08-27。

62. 樊高月：《美国军事转型及其特点》，《外国军事学术》，2004年5月。

63. 樊高月：《美军〈联合转型路线图〉及其特点》，《外国军事学术》，2004年7月。

64. 樊高月：《美国战略重心东移及其影响》，《外国军事学术》，2004年11月。

65. 樊高月：《朝鲜半岛的秘密战事》，《世界军事》，2004 年 11 月。

66. 樊高月：《湄公河三角洲的幽灵》，《世界军事》，2005 年 2 月。

67. 樊高月：《美国反导保护伞究竟有多大？》，《解放军报》，2005-02-16。

68. 樊高月：《三大战法加速战争胜利》，《环球时报》，2005-03-04。

69. 樊高月：《解析美国国防战略》，《外国军事学术》，2005 年 5 月。

70. 樊高月：《美军新型部队："斯特赖克旅战斗队"》，《外国军事学术》，2005 年 6 月。

71. 樊高月：《美军网络中心战理论的产生与发展策略》，《通信战士》，2007 年 8 月。

72. 樊高月：《伊拉克战争对美国和伊拉克的影响》，《外国军事学术》，2008 年 4 月。

73. 樊高月：《信息时代战争形态是"网络化"还是"信息化"》，《军事学术》，2009 年 7 月。

74. 樊高月：《美军联合作战概念出现重大调整》，《外国军事学术》，2009 年 8 月。

75. 樊高月：《美军作战理论体系研究》，《外国军事学术》，2010 年 2 月。

76. 樊高月：《美军实施联合火力打击的特点及启示》，《炮兵学院学报》，2010 年 2 月。

77. 樊高月：《美国"无核武器世界"思想评析》，《外国军事学术》，2010 年 11 月。

78. 樊高月：《美"三空作战"及对亚太威胁》，《中国国防报》，2010-12-14。

79. 樊高月：《利比亚战争：我们从中看到什么？》，《中国国防报》，2011-09-12。

80. 樊高月：《冷战后美国新军事思想浅析》，《外国军事学术》，2011 年 11 月。

81. 樊高月：《对美军"空海一体战"的冷思考》，《外国军事学术》，2012 年 4 月。

82. 樊高月：《"海空一体战"：美国"再平衡"战略的重要支柱》，《外交观察》，2013 年春季号。

83. 樊高月：《网络空间安全与对策思考》，《军队指挥自动化》，2013 年 1 月。

84. 樊高月：《21 世纪外军作战趋势研究》，《中国军事科学》，2013 年 2 月。

85. 樊高月：《冷战后美俄核威慑战略的调整及其影响》，《外国军事学术》，

2013 年 9 月。

86. 樊高月：《美军"跨域协同"作战思想探析》，《国防》，2015 年 2 月。

87. 樊高月：《美国军种战略研究（上、下）》，《国防》，2015 年 8、9 月。

88. 樊高月、宫旭平：《美国太空战略思想的发展与演变（上、下）》，《国防》，2016 年 2、3 月。

89. 樊高月：《美国印太战略及其实施与影响》，《东北亚经济研究》，2021 年 2 月。

90. 樊高月：《"萨德"入韩对东北亚安全与经济发展的影响》，《东北亚经济研究》，2017 年 4 月。

参考书目

1. The Department of Defense: Indo-Pacific Strategy Report, June 1, 2019.

2. The Joint Staff: Description of the National Military Strategy 2018.

3. Joint Chiefs of Staff: JP3-0, Joint Operations, October 22, 2018.

4. The White House: National Security Strategy of the United States of America, December 2017.

5. Joint Chiefs of Staff: JP1, Doctrine for the Armed Forces of the United States, July 12, 2017.

6. the United States Air Force: America's Air Force: A Call to the Future, July 2014.

7. The White House: National Strategy for the Arctic Region, May 2013.

8. The Department of Defense: Arctic Strategy, November 2013.

9. The Department of Defense: Report on Nuclear Employment Strategy of the United States, June 12, 2013.

10. CJCSI 3010. 02D: Guidance for Development and Implementation of Joint Concepts, November 22, 2013.

11. Joint Chiefs of Staff: Capstone Concept for Joint Operations: Joint Force 2020, September 10, 2012.

12. The White House: International Strategy for Cyberspace, May 2011.

13. Joint Chiefs of Staff: The National Military Strategy of the United States of America, 2011.

14. Joint Chiefs of Staff: JP 3-0, Joint Operations, August 11, 2011.

15. Headquarters, Department of the Army: ADP 3-0, Unified Land Operation, October 10, 2011.

16. The White House: National Security Strategy, May 2010.

17. The White House: National Space Policy of the United States of America, June 28, 2010.

18. The Department of Defense: Nuclear Posture Review Report, April 2010.

19. Joint Chiefs of Staff: JP1-02, Department of Defense Dictionary of Military and Associated Terms, November 8, 2010.

20. Center for Strategic and Budgetary Assessments: AirSea Battle: a Point-of-departure Operational Concept, May 2010.

21. Joint Chiefs of Staff: JP3-14, Space Operations, January 6, 2009.

22. The Department of Defense: The National Defense Strategy of the United States of America, 2008.

23. Headquarters, Department of the Army: FM3-0 Operations, 2008.

24. United States Air Force: AFDD2, Operations and Organization, April 3, 2007.

25. Nye, Joseph, and Richard Armitage: "Report of CSIS Commission on Smart Power", CSIS, November 6, 2007.

26. Joint Chiefs of Staff: JP 3-0, Joint Operations,September 17,2006.

27. The Department of Defense: The National Defense Strategy of the United States of America, March 2005.

28. The Department of Defense: Findings of the Nuclear Posture Review, January 9, 2002.

29. U.S. Joint Forces Command: A Concept for Rapid Decisive Operations, RDO Whitepaper Version 2.0.

30. 蓝羽石、毛永庆、黄强等编著：《联合作战指挥控制系统》，国防工业出版社 2021 年版。

31. 樊高月、杜健主编：《美国军事思想》，军事科学出版社 2017 年版。

32. 樊高月：《美国军情解析》，解放军出版社 2017 年版。

33. 军事科学院外国军事研究部：《美国军事基本情况》，军事科学出版社 2013 年版。

34. 崔磊：《盟国与冷战期间的美国核战略》，世界知识出版社 2013 年版。

35. 樊高月、符林国：《第一场初具信息化形态的战争——伊拉克战争》，军事科学出版社 2008 年版。

36. 肖裕声主编：《21世纪初大国军事理论发展新动向》，军事科学出版社 2008 年版。

37. 李辉光主译：《伊拉克战争——战略、战术及军事上的经验教训》，军事科学出版社 2005 年版。

38. 中国人民解放军总参谋部军训和兵种部：《伊拉克战争研究》，解放军出版社 2004 年版。

39. 军事科学院外国军事研究部译：《备战 2020——美军 21 世纪初构想》，军事科学出版社 2001 年版。

40. 姚云竹：《战后美国威慑理论与政策》，国防大学出版社 1998 年版。

41. 军事科学院外国军事研究部：《美军作战手册》（上、下），军事科学出版社 1993 年版。

42. 钱俊德：《美国军事思想研究》，军事科学出版社 1992 年版。

43. ［美］亨利·基辛格：《选择的必要》，世界知识出版社 1962 年版。

44. 四川大学美国研究中心、四川大学国际关系学院：《美国军力发展报告》（2020—2023）。

45. 中国战略文化促进会：《美国军力评估报告》（2011—2019）。

46. 军事科学院外国军事研究部：《外国军事学术》（2001—2015）。